KB154441

영국적인, 너무나 영국적인

영국적인, 너무나 영국적인

초판 1쇄 발행일 | 2006년 7월 7일
초판 7쇄 인쇄일 | 2019년 4월 25일

지은이 | 박지향
펴낸이 | 안병훈

펴낸곳 | 도서출판 기파랑
등 록 | 2004년 12월 27일 제300-2004-204호
주 소 | 서울시 종로구 대학로8가길 56 동숭빌딩 301호   우편번호 03086
전 화 | 02-763-8996(편집부) 02-3288-0077(영업마케팅부)
팩 스 | 02-763-8936
이메일 | info@guiparang.com
홈페이지 | www.guiparang.com

ISBN 89-91965-85-7   93920

| 문화로 읽는 영국인의 자화상 |

영국적인,
너무나
영국적인

박지향 지음

기파랑 에크리 Ecrit

영국적인 것이란?

지난 10여 년간 영국 지식계에서 가장 활발하게 논의된 주제 가운데 하나는 잉글랜드적인 것Englishness이란 과연 무엇이며 영국적인 것 Britishness이란 과연 무엇인가이다. 동구권의 몰락과 함께 세력구도가 변화하고 옛 식민지로부터 유입된 소수집단들이 증가하면서, 그리고 유럽통합이 점차 구체화되면서, 유럽의 각 국민들은 자신들의 정체성을 다시금 묻게 되었다. 다민족 국가로서 영국의 고민은 더욱 심각했고, 영국성性이란 과연 무엇인지에 대한 자문이 쏟아져 나왔다.

이 책은 이러한 논의들을, 특히 문화를 중심으로 풀어 보려는 시도다. 나는 1997년에 《영국사: 보수와 개혁의 드라마》라는 책을 출간했다. 그것은 유라시아 대륙의 끝자락에 붙어 있는 자그마한 섬나라이자 전 세계 인구의 2%도 되지 않는 영국이 한 세기 넘게 아무도 넘볼 수 없는 최강대국의 지위를 유지한 사정을 나름대로 이해하려 한 책이었다. 그러나 그 책에서는 정치·경제·사회에 치중하는 바람에, 영국인들의 문화와 정신은 깊이 있게 다루지 못했다. 이제 이 책을 펴냄으로써 그러한 짐을 한결 더는 기분이다.

한 국민의 자기인식 내지 정체성이 천부의 것이 아니라 만들어지는 것임은 굳이 설명할 필요도 없다. 우리가 흔히 국민성이라 부르는 것도 마찬가지다. 집단적 정체성은 한 무리의 사람들이 오랜 세월 동일한 자연환경과 역사적 경험을 함께하면서 형성되는데, 영국인들의 국민 정체성은 19세기 초에 거의 완성되었다고 볼 수 있다. 그 무렵에 이르러 '이러이러하게 행동하는 것은 영국인답지 않다'는 말이 통용되었던 것이다.

문제는 여기서 영국인이 '잉글랜드인'으로 대표된다는 사실이다. 영국Britain이라는 나라는 1707년에 잉글랜드·웨일스가 스코틀랜드와 병합하여 연합왕국United Kingdom을 이루면서 공식적으로 성립되었지만, 브리튼 섬에 거주하는 많은 사람들에게는 아직 낯선 개념이었다. 물론 브리튼이라는 이름의 기원은 선사시대로 거슬러 올라간다. 카이사르가 이끄는 로마 군대가 기원전 55년에 브리튼 섬을 공략하러 왔을 때, 그 섬에 사는 사람들은 브리튼인이라 불렸고, 로마인들은 그 섬을 브리타니아라고 불렀다. 300여 년 동안 지속된 로마 지배 하에서 브리타니아는 대체로 잉글랜드·웨일스를 지칭했고, 스코틀랜드 지방은 별도의 이름인 칼레도니아로 불렸다.

12세기에 웨일스 출신 학자인 몬머스의 제프리Geoffrey of Monmouth는 《브리튼 왕 열전Historia Regum Britanniae》(1138)을 써서 브리튼의 역사를 연대기로 펴냈다. 사실과 전설을 섞어 쓴 이 책에서, 제프리는 '브리튼'이라는 이름의 기원을 브루투스라는 인물에서 찾았다. 브루투스는 트로이 전쟁에서 패망한 트로이를 떠나 이탈리아로 가서 로마를 창건했다고 전해지는 전설상의 인물 아이네이아스의 손자다. 사냥에서 사고로 아버지를 죽이고 쫓겨난 그는 바다를 헤매다가 다이애나 여신의 현몽으로 어느 섬에 도달한다. 백악질로 된 흰색 해안 때문에 알비온 Albion이라고 불린 그 섬은 그때 거인들이 지배하고 있었는데, 브루투스가 거인들을 산악지대로 쫓아낸 다음 섬 이름을 '브리튼'이라 짓고서 사회적·정치적 기반을 마련했다는 것이다.

'앵글인들의 땅'이라는 뜻의 잉글랜드라는 이름은 앵글로색슨족이 브리튼 섬을 정복했을 때 붙여졌다. 앵글로색슨족이 섬의 대부분을 점령하면서 본래의 브리튼인들은 지금의 웨일스와 콘월 지방으로 쫓겨났고, 브리튼의 기억은 앵글로색슨족에게 남겨졌다. 이런 복잡한 기억의 문제는 아서 왕의 전설을 다룬 7장에서 설명할 것이다. 그 후 브리튼의 역사는 잉글랜드의 역사에 의해 압도되었다. 그러다가 헨리 튜더라는 웨일스 출신의 왕이 새 왕조를 열면서(1485) 브리튼의 기억이 조금씩 되살아났고, 후사를 남기지 않고 사망한 엘리자베스 튜더의 뒤를 이어 1603년에 스코틀랜드 왕 제임스 1세가 잉글랜드 왕으로 즉위함에 따라 브리튼의 기억은 더욱 강조되었다. 그리고 1707년에 스코틀랜드와 잉글랜드·웨일스가 합병하여 연합왕국을 이루었을 때, 드디어 브리튼 왕국이라는 개념이 공식적으로 채택되었다. 그러나 잉글랜드가 브리튼을 대표하는 사정은 20세기 중엽까지도 계속되었다. 흔히 '잉글랜드'라고 하면 곧 영국을 뜻하는 것이었다. 이런 사정을 감안하여, 이 책에서는 잉글랜드와 영국이라는 명칭을 구분하여 사용한다. 또 잉글랜드-스코틀랜드 병합 이후의 국가를 '영국'으로 지칭한다. 그러나 잉글랜드와 영국을 무리 없이 교환할 수 있는 경우에는 두 명칭을 구분 없이 사용하기도 했다.

　　모든 나라의 국민들이 그렇듯이, 영국인들 역시 자신들만의 독특한 국민성이 있다고 생각한다. 영국인들은 흔히 보수적이고 전통을 중시하며, 내성적 성향과 겸양의 미덕을 가지고 있고, 말이 없고 조용한 기쁨을 느낀다는 평가를 받는다. 또한 실용주의와 공리주의가 영국인들의 특성으로 언급된다. 그리고 거기에 덧붙여, 이러한 성격이 앵글로색슨 '인종'으로부터 유래하며 섬나라라는 지리적 조건이 그런 독특한 국민성을 유지시켰다는 설명이 뒤따른다.

　　앞서 국민 정체성은 한 무리의 사람들이 자연환경과 역사적 경험을 공유하면서 함께 만들어간 것이라고 했다. 영국의 경우에는 자연환경이 특히 중요한 역할을 했는데, 이는 섬나라라는 특성 때문이다. 그러나 영국인들이 더욱 중요시하는 요인은 영국의 기후다. 날씨에 대한 영국인들의 집착은 유별나다. 프랑스 사람들이 사랑을 하고 이탈리아 사람들이 노래를 부르고 미국 사람들이 돈을 벌 때 영국인들은 날씨와 씨름한다는 말도 있다. 무엇보다도 날씨가 영국 국민성을 형성하며, 영국인이라는 것의 핵심 요소인 '국민적 금욕주의'가 바로 날씨로부터 기인한다고 생각하기 때문이다.

　　영국인들은 어린아이에게 말을 가르칠 때 "비야, 비야, 가버려라. 다음날 다시 오렴Rain, rain, go away, come again another day"이라는 노래를 가르친다.[1] 그럼으로써 일생 동안 궂은 날씨에 거행되는 운동경기, 공휴일에 비가 와서 야외활동을 못하게 되는 실망감에 대비하도록 한다. 나아가 이는 인생의 불확실성에 관한 가르침이 된다. 영국의 날씨는 또한 영국인들의 가장 중요한 자질인 중용과 '폭풍이 몰아치지 않는 온화한 변화'를 가르친다. 차갑지만 아주 춥지는 않은 기후, 따뜻하지만 너무 덥지는 않은 날씨, 비가 자주 오지만 넘쳐흐를 정도는 아닌 강수량 등을 통해 중용을 배우는 것이다. 그 밖에도 영국의 날씨는 금방 실망하지 않는 법, 주어진 상황에서 '최선을 다하는 법', 언제나 주의 깊게 준비되어 있는 자세 등을 가르친다고 한다. 잉글랜드의 기후는 오늘날까지도 그런 식으로 국민적 심성에 자리 잡고 있다.

영국인들이 스스로를 인식하는 또 하나의 중요한 자질은 경험주의와 실질적 정신이다. 영국인들은 추상적 사고나 원칙보다 구체적 세부 사항에 더욱 관심을 가지며, 사실이 요구할 때에만 이론을 구한다는 것이다. 그들은 고도의 학식과 지성보다 인격에 가치를 두고, 논리와 철학이 아니라 본능·상식·관습을 중히 여긴다. '영국의 진정한 속성은 훌륭한 상식'이라는 말도 있다. 19세기 중엽에 찰스 디킨스Charles Dickens는 "오래전에 우리는 안정되고 사실을 중시하는 실질적인 국민이 되기 시작했다"고 진단하면서, "만약 우리가 실질적이지 않다면 과연 무엇이란 말인가?"라고 물었다.[2] 이러한 경험적이고 실질적인 성격은 영국이 자랑하는 위대한 과학자 뉴턴Isaac Newton과 다윈Charles Darwin을 통해 가장 뚜렷한 성취를 이루었다.

영국인은 결코 자신에 대해 말하지 않기 때문에, 말이 별로 없으며 친절하지만 거리를 유지한다는 평을 듣는다. 그들은 지중해 지역 사람

---

1) BBC, *British Greats*(London: Cassell, 2001). p. 251. 이하 달리 표기하지 않는 한 출판지는 런던임.
2) Paul Langford, *Englishness Identified: Manners and Character 1650-1850*(Oxford: Oxford University Press, 2000), pp. 75~76.

들의 가벼운 유머나 아일랜드 사람들의 변덕스러운 감상을 비난하는 것으로 알려져 있다. 1955년에 영국을 방문한 어느 인도인은, 공적으로나 사적으로나 영국인들의 '정상적 상태는 침묵'이라는 사실을 발견했다.[3] 외국인들도 이러한 영국인들의 자기진단을 인정했다. 괴테는 영국에 가 본 적이 없었지만 독서와 친분을 통해 영국 사람들에 대해 알게 되었는데, "실용주의야말로 이 세상의 다양한 인종들 가운데 잉글랜드 인종이 우위에 오르게 된 주요한 비결"이라고 말했다.[4] 외국인들은 또한 영국 사람들의 친절하면서도 인간관계에 거리를 두는 특징이, 부분적으로 그 나라의 제도나 차갑고 찌푸리고 언제나 똑같은 날씨 탓이라고 이해했다. 한편 19세기에 스포츠를 통해 확산된 페어플레이 정신이나 '스포츠맨십'은 국가적 자산이 되어 특유의 영국식 점잖음이 뿌리내리는 데 큰 역할을 했다. 특히 빅토리아 시대 사람들은 의미하는 바를 말하지 않는 데 도가 트인 사람들이라는 평을 들었다.

그러다 보니 한편으로 영국인들은 재미없는 사람이라는 평을 듣게 되었다. 한마디로 따분하다는 것이다. 19세기의 아일랜드 출신 극작가 오스카 와일드Oscar Wilde는 잉글랜드 사람들이 "포도주를 맹물로 바꾸는 기적적인 힘"을 가지고 있다고 말했다.[5] 역시 아일랜드 출신인 버나드 쇼George Bernard Shaw도 잉글랜드 사람들은 지루함을 깊이 있는 인간의 징표로 오해하며, 잉글랜드 사람들의 심각함만큼 우스꽝스러운 것도 없다고 비아냥거렸다. 어떤 외국인은 거리를 걸어 다니는 말없

3) Roger Scruton, *England: An Elegy*(London: Pimlico, 2001), p. 48.
4) Langford, *Englishness Identified*, p. 75.
5) John Stokes, *Oscar Wilde: Myths, Miracles and Imitations*(Cambridge: Cambridge University Press, 1996), p. 38.

는 영국 여성들을 '오시리스 신의 무덤을 참배하는 이집트인'에 비유하기도 했다. 모든 신분의 사람들이 즐기는 것에 대해 대단히 소극적으로 보였다. 어느 러시아 사람의 말에 따르면, 18세기에 커피하우스가 대단한 인기를 끌면서 사교의 장소가 되었을 때도, 그곳에서는 단 세 마디만을 들을 수 있었다고 한다. '여러분의 건강을 위하여.'[6]

이러한 국민적 특성의 형성에는 날씨 같은 항시적 요인뿐만 아니라 영국인들이 만든 각종 제도도 크게 작용했다. 영국인들이 자신들의 국민성과 가장 밀착되어 있다고 간주하는 것은 정부 조직과 자유주의적 이데올로기다. 이미 근대 초기부터, 예술을 찾으러 이탈리아에 가듯 이상적 정부를 발견하러 잉글랜드에 간다는 말이 있었다. 그 후 정부 형태에 덧붙여 상업의 발달과 제국적 팽창에서 영국의 우월함이 가장 인상적으로 드러났고, 19세기 초에 이르러서는 산업화가 눈길을 끌었다.

이제 자유를 사랑하고 민주적이고 근면하며, 열심히 일한 대가로 자본을 축적한다는 것이 영국성性의 가장 중요한 내용으로 정립되었다. 영국성은 혈통이나 민족 같은 개념이 아니라 자유주의 이념에 의해 정의되었다는 점에서 무엇보다도 특징적이다. 자유로운 신민, 자유로운 사상, 자유로운 종교, 자유계약, 자유로운 기업, 자유시장, 자유무역 등으로 나타나는 여러 종류의 자유가 영국성을 구성하는 것으로 여겨졌다. 또한 영국의 부와 경제적 번영도 자유와 긴밀히 연관된 것으로 인식되었다. 영국인들의 근면·자조와 그것이 가져다준 물질적 축적은 복종이나 인내를 종용하는 동양적 전제정과 달리 자유로운 개인의 창의력을 촉진함으로써 가능했다는 것이다.

6) Langford, *Englishness Identified*, p. 61.

19세기 초에 세상의 꼭대기에 올라 선 영국인들은, 자신들이야말로 신이 택한 민족이라고 주장했다. 그리고 영국인들뿐만 아니라 외국인들도 그 주장에 동의했다. 예를 들어, 1810년에 페르시아 사절단은 영국을 일러 "우주를 창조한 신이 특별한 은혜를 퍼부어주기 위해 특별한 국민을 선택하는 것 같다"고 말했다.[7] 그러나 이러한 자부심에도 불구하고, 영국에는 다른 유럽 국가에서 흔히 볼 수 있는 웅장한 궁전이나 기념물들이 별로 없다. 아니, 그런 것들이 존재하지 않는다는 사실 자체가 영국의 자부심이다. 영국적 정체성은 너무나 강해서 어떤 인위적 충동이나 상징물도 필요 없다는 말까지 나온다. 즉 역사 자체의 영광이 다른 장식물들을 불필요하게 만든다는 것이다. 어느 영국인 영문학자의 말을 인용하자면, 영국에는 "국민 정체성의 공식 표징이 없고 국민적 복장도 없다. 국기國旗는 있지만 아무도 그것이 어떻게 생겼는지 모른다." 국가國歌·국기·복장·기원에 대한 신화를 필요로 하지 않는다는 것은 그 국민의 성숙함과 내적 자기신뢰의 표식이라는 것이다.[8] 이 책은 이처럼 자부심 강한 영국인들의 국민 정체성이 역사적으로 어떻게 만들어지고, 논의되고, 다시 만들어졌는가를 따라가 보려는 시도다.

　　지난 몇 년 동안 이 책을 준비하면서 즐거운 시간을 보냈다. 책을 쓰는 작업은 보통 피를 말리는 일이지만, 이 책을 쓰는 동안에는 그 고통이 조금 덜했다. 주제 자체가 재미있어서였을 것이다. 지난 수년간 서울대학교 대학원 서양사학과에서 영국적인 것을 두고 토론을 벌인 모든

---

7) Ibid., p. 3.
8) David Lowenthal, "British National Identity and the English Landscape", *Rural History*, 2/2(October 1991), p. 212.

대학원생들에게 고마움을 전하고 싶다. 원고의 일부를 읽어 준 장문석 박사와 책을 다듬어 준 김윤창 선생, 그리고 샘터사의 임왕준 주간과 조승래 교수에게도 감사드린다. 책의 3장과 6~9장은 지난 몇 년간 국내외 학술저널에 발표한 논문들을 수정·보완한 것이고, 나머지 일곱 장은 새로 쓴 것임을 밝힌다.

2006년 3월 관악에서

박지향

차례

I

환경

II

몸

III

신화

IV

정신

잉글랜드의 마을은 위대한 성인의 유물과 같다. 지붕과 담장은 들판과 나무와 자연스럽게 어우러지고, 여관과 사거리와 시장의 자연스러움은 왕관에 박힌 보석과 같이 매우 고귀하다. 이것들이야말로 그 무엇으로도 대체할 수 없는 국민적이고, 정상적이고, 잉글랜드적인 것들이다.

—

체스터턴G. K. Chesterton

I

환경

Environment

1

존 불의 왕국, 브리타니아의 제국

자신들의 역사에 가장 자부심을 느끼는 국민을 꼽는다면, 아마도 영국인은 반드시 최상위권에 들 것이다. 세계에서 제일 먼저 의회민주주의를 확립하고 자본주의를 정착시키고 인류 역사상 최대의 제국을 건설했던 나라, 그리고 오늘날 이 세상 사람들의 삶에 필수품이 되어버린 영어의 모국. 그런 나라의 국민이 강한 자부심을 느끼리라는 것은 두말할 필요도 없다. 엄청난 사회적 갈등을 겪고 있던 1980년대 초에도, 영국인들가운데 86%는 자신이 영국인이라는 사실에 자부심을 느낀다고 대답했다.[1] 영국인의 자부심을 드러내는 여러 표현이 있다. 예를 들어 "영국인이라는 것은 존재하는 가장 배타적 클럽에 속하는 것" 등이 그것인데, 그 중에서도 압권은 "신은 영국인"이라는 말이다.[2]

다른 나라의 국민들도 대부분 그렇지만, 영국인들은 특히 자신들이 독특한 국민성과 역사를 가지고 있다고 생각하며 그 점을 자랑스럽게 여긴다. 현 블레어 총리가 집권 이전 1996년도 노동당 전당대회에서 행한 다음과 같은 연설을 기억해보자.

> 영국의 1천 년 역사를, 그리고 그 역사가 무엇을 말하는지를 생각해 보십시오. 이 세상 최초의 의회, 누구보다도 앞선 산업혁명, 이 세상 최대의 제국, 근대세계의 거의 모든 과학적 발명, 우리나라의 피를 말렸지만 인간 역사에서 가장 사악한 힘을 가장 지속적인 용기를 가지고 물리친 두 차례의 세계대전. 우리 국민성이라고요? 그것은 상식, 약자를 위해 과감히 일어서는 용기, 그리고 지독한 독립성입니다.[3]

국민성에 대한 영국인들의 관심과 애국심은 18세기 말에 고조되기 시작했다. 당시 영국이 경제적 · 국제정치적으로 두각을 나타내면서, 그러한 성공의 결정적 요인을 국민성에서 찾으려는 주장이 제기되었던 것이다. 성공의 치사를 통치자들이 아니라 국민에게 돌려야 한다는 주장은 옳게 보였다. 비슷한 시기에 영국을 의인화한 인물인 '존 불John

---

1) Paul Ward, *Britishness since 1870*(Routledge, 2004), p. 8

2) Nikolaus Pevsner, *The Englishness of English Art*(Harmondsworth, Middlesex: Penguin, 1976), p. 25.

3) Ward, *Britishness since 1870*, p. 111.

영국적인, 너무나 영국적인

Bull'이 평범한 영국인의 특성을 구현하게 된 것도 대중적 애국주의의 발현이라 할 수 있다. 존 불은 1790년대부터 만평 등에 빈번히 등장하는데, 그 기원은 보다 이전으로 거슬러 올라간다. 프랑스 공화국을 상징하는 마리안느와 독일의 수호 군신軍神인 게르마니아, 야바위꾼들에게 쉽게 속아 넘어가는 얼뜨기 독일인 미헬, 그리고 깡마른 양키 엉클 샘은 공식적이건 비공식적이건 각 민족을 의인화한 다양한 상징 또는 이미지들이다. 이런 의인화된 상징들 가운데 존 불은 단연 최초였다.

영국을 상징하는 또 하나의 이미지는 브리타니아Britannia다. 브리타니아는 존 불보다 훨씬 긴 생명력을 지닌 이미지로, 로마 시대부터 브리타니아로 불리는 여성의 표상이 있었다. 근대 이후 영국인들은 그 표상을 되살려 로마인들과는 다른 브리타니아를 만들어냈다. 보통 머리에 왕관을 쓴 위풍당당한 모습으로 등장하는 브리타니아는 19세기 영제국과 밀접하게 연관된 이미지다. 존 불은 자유를 누리는 풍요로운 영국인의 이미지로, 브리타니아는 제국의 영광을 구현하는 이미지로 정착하면서, 대내외적으로 영국적인 것Britishness의 확고한 부분을 구성했다.

이미 18세기 초에 영국인들 스스로는 물론 외국인들도 인정하는 영국 국민성의 기초가 마련되었으며, 1830년대에 이르러서는 '이러저러하게 행동하는 것은 영국인답지 않다'고 말하는 것이 하나의 습관으로 자리 잡았다. 그러나 이렇게 성립된 영국성性의 내용은 근본적으로 중간계급 남성의 것이었다. 그렇다면 그 밖의 사회 구성원들은 그에 대해 어떤 반응을 보였을까? '영국적인 것'의 내용은 궁극적으로 계급적 성격을 극복했는가? 우선 브리타니아와 존 불에서부터 이야기를 풀어가 보자.

| 브리타니아 |

브리타니아는 본래 로마인들이 지금의 잉글랜드와 웨일스 지역에 붙인 이름이다. 인접한 아일랜드는 히베르니아, 스코틀랜드는 칼레도니아, 독일은 게르마니아, 프랑스는 갈리아로 불렸다. 이미 카이사르가 브리튼을 침략한 바 있었지만, 로마는 기원후 47년에 브리타니아를 완전히 복속시키고 300여 년 동안 지배했다. 로마 시대에는 특별한 사건이나 정복을 기념하기 위해 주화를 만들었는데, 클라우디우스 황제의 브리튼 침략과 정복을 기리는 동전에는 "De Britanniae"라는 글자가 새겨졌다. 또한 하드리아누스 황제가 제국의 변경을 순시하면서 브리튼에 들렀을 때(122)에도 동전을 만들었는데, 이때 브리타니아가 등장했다. 동전의 한쪽에는 황제의 초상화를, 다른 한쪽에는 방금 정복된 섬을 의인화한 브리타니아라는 여성을 새겨 넣은 것이다. 브리타니아는 찢긴 갑옷 차림을 하고서 방패를 옆에 내려놓은 채 머리를 약간 숙인 순종적 모습이었다.[4]

　　로마의 정복이 끝나고 로마인들이 떠난 뒤, 브리타니아라는 이름은 점차 쓰이지 않게 되었다. 로마가 물러간 뒤 브리타니아의 이미지는 아마도 기독교에 흡수되어 성모 마리아 숭배로 되살아났을 것으로 추측된다.[5] 브리타니아는 근대에 들어 다시금 영국의 정신을 대변하게 되었는데, 특히 엘리자베스 시대에는 여왕을 예찬하는 '글로리아나'의 이미지

---

4) Derk Kinnane-Roelofsma, "Britannia and Melita: Pseudomorphic Sisters", *Journal of Warburg and Courtauld Institute*, vol. 59(1996).
5) Roy Matthews, "Britannia and John Bull: From Birth to Maturity", *The Historian*, vol. 62(2000), p. 801.

브리타니아는 본래 로마인들이 붙인 이름이다. **하드리아누스 황제의 브리튼 순시를 기념한 동전**에는, 한쪽 면에 황제의 초상화가, 다른 한쪽 면에 브리튼을 의인화한 브리타니아가 새겨져 있다.

와 혼합되었다. 엘리자베스 시대의 문필가인 존 디John Dee의 《완벽한 항해술에 관한 일반적이고 희귀한 기록들*General and Rare Memorials Pertayning to the Perfect Arte of Navigation*》(1577) 표지에서, 브리타니아는 선상에서 엘리자베스 여왕 앞에 무릎 꿇고 앉아 해상력에 기초하여 대영제국을 건설할 것을 간청하는 고전적인 님프로 등장한다.

브리타니아는 17세기 초에 아테나 여신과 혼합되었다. 1603년에 《미네르바 브리타니아*Minerva Britannia*》라는 엠블럼 책—그림을 곁들인 짤막한 격언이나 교훈 이야기 책—이 출간되었는데, 영어로 쓰인 최초의 엠블럼 책 가운데 하나인 이 책에서 브리타니아는 성벽으로 둘러싸인 도시—아마도 런던으로 추측되는—를 배경으로 배를 향해 맨발로 용감하게 걸어가는 모습으로 그려져 있다. 여기서 배는 영국이 새롭게 획득하기 시작한 해상력을 의미하며, 미네르바라는 제목은 브리타니아가 이제 명예·강건함·용기·정의를 상징하는 아테나 여신과 결합되었음을 보여준다.[6] 이렇듯 브리타니아는 아테나의 인격을 일부 획득하여, 오늘날 50펜스 동전에서도 볼 수 있듯이 '지혜의 여신'이자 '용기의 여신'으로 자리매김하고 있다. 또한 브리타니아는 당시 발간되기 시작한 지도와 지리서에도 모습을 나타냈는데, 1610년에 역사가이자 연대기 작가인 윌리엄 캠던William Camden의 《브리타니아Britannia》 앞장을 장식한 브리타니아는 비록 로마 동전에서와 같은 옷차림이지만 머리를 꼿꼿이 세우고 있는 당당한 모습이다.

　　영국 혁명이 끝나고 왕정복고(1660)와 함께 즉위한 찰스 2세는 로마 시대의 관습을 따라 메달 한편에 자신의 이미지를, 다른 한편에는 브리타니아를 그려 넣게 했다. 이때 브리타니아의 모델이 된 여인은 왕의 애첩이던 프랜시스 테레사라는 설이 지배적이다. 왕은 나중에 그녀를 반 페니 동전에 새겨 넣게 했는데, 찰스 2세 치세 이후에도 그녀는 계속 그 자리를 유지했다. 브리타니아는 이처럼 국왕의 후원 아래 잉글랜드 왕국의 집단의식을 구성하는 일부분이 되어, 종종 국왕과 함께 등장했다. 1672년 이래 브리타니아는 투구를 쓰고 방패와 삼지창을 든 여성으로 의인화되었는데, 이는 제국과 군국주의, 그리고 경제 개념들을 혼합한 상징이었다. 브리타니아는 자신을 방어하기 위한 무기를 지니고 있다는 점에서 완전히 수동적 존재는 아니지만, 여성인 한 남성들로 하여금 보호본능을 느끼도록 만드는 것도 사실이다.

　　아테나 여신의 덕목과 결합된 브리타니아의 이미지는 18세기 초에

---

6) Matthews, "Britannia and John Bull: From Birth to Maturity", p. 802.

영국적인, 너무나 영국적인

브리타니아는 잉글랜드 왕국의 집단의식을 구성하는 일부분이 되면서, 1672년 이래 투구를 쓰고 방패와 삼지창을 든 여성으로 의인화되었다. 이는 제국과 군국주의, 경제 개념을 혼합한 상징이었다.

더욱 강화되었다. 1704년 지브롤터 획득을 기념하기 위해 제작된 주화에서, 브리타니아는 투구를 쓰고서 바다의 신 넵튠으로부터 삼지창을 받는 모습으로 등장했다. 18세기 이후 영국의 대외 팽창이 활발해지면서 브리타니아의 위상은 더욱 높아졌다. 1740년경 토머스 어거스틴 안 Thomas Augustine Arne이 제임스 톰슨James Thomson의 시 〈브리타니아여 지배하라〉에 곡을 붙였을 때, 이 노래는 즉시 비공식적인 국가國歌로 불렸다.

> 브리타니아여 지배하라!
> 브리타니아여 파도를 다스려라
> 브리튼인은 결코
> 노예가 되지 않으리니.

그러나 프랑스와의 전쟁을 겪으면서, 이전까지 종종 자유 지상주의자들의 상징물로도 사용되었던 브리타니아는 점차 충성의 표상으로, 국가적 특성으로 변해 갔다. 전쟁 동안 브리타니아는 자주 유니언잭으로 치장된 방패를 들고 나타났다. 이때쯤 브리타니아는 세속적인 풍자 세계를 벗어나 형이상학적이고 알레고리적인 존재로 상승했는데, 1820년대에 이르러서는 더욱 높은 도덕적 경지로 승화하여 그리스 의상을 입은 반半여신적 존재로 표현되었다. 19세기 초의 개혁가들은 때때로 브리타니아를 자유 지지의 상징으로 사용하기도 했다. 이를테면 당시의 한 판화는 자유의 모자를 쓰고서 꼭대기에 자유의 끈을 매단 창을 들고 서 있는 채색된 브리타니아를 보여주었다.[7] 그러나 브리타니아는 대체로 국왕이나 제국과 더욱 밀접하게 연결되었고, 19세기에는 여러 찬사의 글을 통해 빅토리아 여왕을 위시한 역대 영국 여왕들에 견주어지면

---

7) Matthews, "Britannia and John Bull: From Birth to Maturity", p. 802.

영국적인, 너무나 영국적인

브리타니아는 대체로 국왕이나 제국과 밀접하게 연결되었지만,
19세기 초의 개혁가들은 때때로 브리타니아를 자유의 상징으로 사용하기도 했다.

서 궁극적으로 빅토리아 여왕과 혼합되었다. 빅토리아 시대 사람들에게 브리타니아의 기억은 특별히 소중했다. 당시 지식인과 정치인들은 그리스와 로마의 역사에 도취했고, 브리튼이 한때 로마였다는 사실을 중히 여겼다. 그들은 로마가 브리튼에서 길을 닦고 도로를 건설했듯이, 영국인들도 인도를 비롯한 영제국에서 길을 닦고 철로를 건설할 것이라고 다짐했다.

브리타니아는 이처럼 왕의 후원 아래 왕국의 집단의식을 구성하는 일부분이 되었다는 점에서, 대중문화로부터 태어난 존 불과 구별된다. 브리타니아의 존재는 아마도 국왕이 국가를 표상한 초기 근대국가의 형성이라는 맥락에서 이해되어야 할 것이다. 국가 형성의 다음 단계에서는 국왕이 아니라 국민이 중요해지는데, 이를 체화한 것이 바로 존 불이다. 브리타니아가 로마 시대에 만들어지고 세월이 지나면서 엘리자베스 1세나 지배계급과 동일시되었다면, 존 불은 대중으로부터 나와 영국인의 국민적 특성이라고 간주된 것들을 반영했다.

| 존 불 |

존 불은 통상적으로 의인화된 영국이자 영국성性의 영원한 담지자로 인식되어 왔다. 그러나 민중적 도상圖像은 그 자체가 변화하는 사회적 패턴의 일부이기 때문에 불변의 원형을 담고 있다고 할 수 없다. 물론 '존 불은 잘 먹어서 살집이 좋다'는 등의 지속적 요소들이 발견되기는 하지만, 그 모습과 그것이 반영하는 내용은 시대에 따라, 정치적·사회적 변화에 따라 변해 왔다. 존 불은 때로 분명하게 민족주의 이데올로기를 선

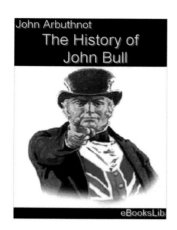

존 아버스넛의 《존 불의 역사》와 함께 태어난 존 불은 제국의 영광을 구현한 브리타니아와 달리, 자유를 누리는 풍요로운 영국인을 구현하는 이미지로 정착했다.

전했는가 하면, 국가제도와 현실을 비판하고 대안을 제시하는 데 사용되는 경우도 있었다.

평범한 영국 남성을 상징하는 다소 뚱뚱한 체격에 무뚝뚝한 모습의 존 불은, 스코틀랜드의 의사이자 작가인 존 아버스넛John Arbuthnot(1667~1735)의 풍자 책자인 《존 불의 역사The History of John Bull》(1712)와 함께 태어났다. 아버스넛 스스로 전혀 실마리를 남기지 않았기 때문에 '존 불John Bull'이라는 이름이 어디서 기원했는지는 정확히 알 수 없지만, 아마도 동물을 소재로 한 이솝이나 맨더빌 등의 우화·민담에서 영향을 받은 것으로 추측된다.[8] 존 불이 태어날 당시 영국에서는 베이컨Francis Bacon의 경험주의와 로크John Locke의 인식론, 뉴턴의 과학적 관찰이 지적 분위기를 주도했고, 위대한 풍자문학과 패

---

8) Matthews, "Britannia and John Bull", p. 813.

러디가 등장했으며, 명예혁명 이후 국민 정체성이 명백해지면서 국민의
식이 고조되고 있었다. 그리고 그러한 국민의식은 궁극적으로 근대 민
족주의에 이르게 될 것이었다.

스페인 왕위계승 전쟁 중에 출간된 《존 불의 역사》는 당시 집권 세
력이던 휘그의 정책을 풍자한 책이다. 영국은 유럽 대륙과의 오랜 전쟁,
왕위계승을 둘러싼 갈등, 그리고 종교적 논란에 휩싸여 있었는데, 아버
스넛의 목적은 경쟁하는 유럽 열강들을 모욕하는 것이 아니라 휘그당
금융가들을 비판하는 것이었다. 그가 보기에, 휘그당 금융가들은 유럽
에서 개신교의 대의를 지지한다지만, 실제로는 왕의 권위를 침해하고
토지와 무역의 이익을 희생시키면서 전쟁으로부터 이익을 취할 뿐이었
다. 책에서 존 불은 이웃들과의 장기화된 '법률소송'에 붙잡혀 있는 영
세한 직물 상인으로 묘사된다. 정부가 쓸데없는 해외 전쟁에 관여한 까
닭에 '매우 강건하고 튼튼한 신체'를 가졌음에도 불구하고 파산과 파멸
에 직면해 있는 것이다. 《존 불의 역사》가 전하는 메시지는, 비록 잉글랜
드가 번영과 자유를 자랑하지만 훌륭한 정부가 존재하지 않는다면 그
자체만으로는 정치적 안정을 보장해주지 못한다는 것이었다.[9]

아버스넛이 그린 존 불의 성격은 미래에 나타날 모든 존 불들의 모
델이 되었다. 역할은 정치적 변화에 따라 바뀌었을지 몰라도, 성격만은
본질적으로 동일하게 남았던 것이다. 존 불은 "정직하고, 솔직하며, 착
하고, 용감하고, 성질이 급한" 영국인의 전형이었다. 더불어 외모도 처
음부터 거의 같은 모습으로 유지되었다. 나폴레옹 전쟁 당시 그려진 〈점

---

9) Miles Taylor, "John Bull and the Iconography of Public Opinion in England", *Past and Present*, no. 134(February 1992), pp. 100~102.

영국적인, 너무나 영국적인

존 불의 역할은 정치적 변화에 따라 달라졌지만, 그 성격만은 꾸준히 유지되었다. 나폴레옹 전쟁 당시
애국적 정서를 표현한 〈점심을 먹는 존 불〉에도 존 불의 왕성한 식욕이 그대로 드러난다.

심을 먹는 존 불John Bull Taking a Luncheon〉이라는 풍자만화는 넬슨
을 위시한 영국 장군들이 존 불에게 프랑스 전함을 먹이는 장면을 보여
주는데, 물론 이는 당시의 애국적 정서를 표현한 것이지만 어쨌든 존 불
은 항상 식욕이 왕성한 것으로 묘사된다. 아버스넛이 그린 존 불의 모습
을 보자.

존 불은 혈색 좋은 둥근 얼굴에 트럼펫 주자의 볼을 가지고 있다. 스코
틀랜드를 상징하는 페그 양Miss Pegg은 마치 위황병에 걸린 것처럼 창
백하고 가냘프다. 존 불은 신선한 어린 암탉, 돼지고기, 거위고기 등으
로 입이 터질 듯한데, 페그 양은 귀리 조금과 물, 또는 버터를 바르지
않은 딱딱한 빵 껍질로 배를 채운다.[10]

18세기 말의 강력한 반프랑스 정서 속에서, **존 불**은 빼빼 마른 체구에
분을 바르고 리본을 맨 **프랑스인**과 대비되어 모든 면에서 우월한 존재로 그려졌다.

19세기 프랑스 정치가이자 역사가인 미슐레는 영국을 여행하면서
번번이 사람들의 혈색이 좋은 것에 감탄했는데, 이는 어느 정도 알코올
기운이기도 했지만 대체로 고기 섭취량이 많은 덕분이었다. 붉은 혈색
에 살집 좋은 존 불의 모습도 바로 그만큼 높은 영국인들의 생활수준에
서 연유한 것이었다. 존 불은 처음에 스코틀랜드를 상징하는 페그 양과
비교되었지만, 그 후 비교 대상은 프랑스 사람으로 바뀌었다. 18세기 말
의 저명한 풍자화가인 제임스 길레이James Gillray의 판화에서, 건실한
시골사람 존 불은 빼빼 마른 체구에 분을 바르고 리본을 맨 프랑스인과
비교되었다. 강력한 반反프랑스 정서 속에서 존 불은 경솔하고 위선적인

10) Matthews, "Britannia and John Bull", p. 813.

영국적인, 너무나 영국적인

프랑스인에 대비되는 진지하고 분별 있고 모든 면에서 우월한 존재로 그려졌다. 또한 7년전쟁(1756~63) 중에 만들어진 한 판화에서는 명백하게 '영국 인종의 기질'이라고 간주된 것들, 즉 독립과 용기, 애국주의, 금욕의 자질 등을 체화한 모습으로 나타났다.

존 불의 직업은 시기에 따라 각기 다르게 설정되었다. 18세기에 존 불은 때로 풍채 좋은 지주로, 때로는 괴롭힘을 당하는 상점 주인으로 등장하는데, 이로부터 18세기 영국이 지주와 상점 주인으로 대표되는 사회였음을 알 수 있다. 윌리엄 호가스William Hogarth의 판화집에 등장하는 존 불은 국가 번영을 위해 한손에 넘쳐흐르는 맥주잔을, 다른 한손에는 자랑스레 소고기 덩어리를 치켜들고 있는 뚱뚱하고 평온한 고깃간 주인의 모습이다.[11] 존 불은 또한 재정적으로 충분히 넉넉한 점잖은 자영농으로 나타나기도 했으며, 18세기와 19세기의 전환기에는 우선적으로 도시 소부르주아의 모습을 취했다.

정치적으로도 존 불은 다양한 모습을 보여준다. 대륙에서 프랑스혁명이 한창이던 시기에 나온 〈고민하는 존 불John Bull bother'd〉(1792)이라는 판화에서, 그는 상충하는 두 영향력 하에 있는 분열된 인간—오른쪽 호주머니에는 급진주의자인 토머스 페인Thomas Paine의 《인간의 권리Rights of Man》를, 왼쪽 호주머니에는 왕당파의 반혁명적 책자를 찔러 넣은 모습—으로 나타난다. 또 어떤 판화에서는 한쪽에 혁명의 상징인 삼색기가, 다른 한쪽에는 '신이여 왕을 보호하소서'라는 문구가 새겨진 모자를 쓴 모습으로 등장하는데,[12] 이는 당시의 역사적 상황

---

11) Jeannine Surel, "John Bull" in *Patriotism: The Making and Unmaking of British National Identity vol III: National Fictions* ed. Raphael Samuel(Routledge, 1989), p. 7.
12) Ibid., pp. 16~17.

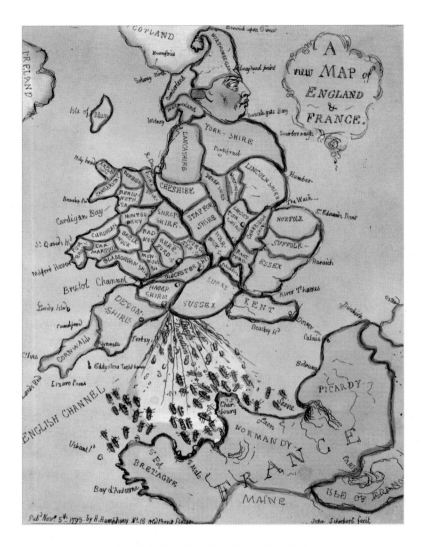

존 불은 때로 애국주의의 반동적 측면을 드러냈지만,
비록 프랑스의 침입을 두려워하기는 했어도 반자코뱅적이라기보다는
반절대주의적이었고, 국가에 대한 맹목적 충성을 드러내는 것도 아니었다.

을 잘 요약해 준다. 그러나 프랑스 혁명이 과격한 단계로 돌입한 1792년 이후, 영국의 만화가들은 프랑스 혁명이 이용했던 마리안느와 대비하여 존 불을 평범한 영국 남성으로 부각시켰다. 그들은 피비린내 나는 무정부상태와 동의어가 된 프랑스의 '자유'에 맞서, 피를 흘리지 않고 입헌군주제와 의회주권을 확립한 명예혁명의 유산과 그 수혜자로서 존 불을 제시했던 것이다.

영국의 화신으로서 존 불은 진보적일 수도, 반동적일 수도 있었다. 급진주의자들과 보수주의자들은 똑같이 존 불을 이용했는데, 특히 1790년대에 길레이가 그린 반反자코뱅적 존 불이나 가톨릭 해방에 완고하게 반대하는 1820년대의 존 불은 영국 국민이 표방한 애국주의의 반동적 측면을 보여준다. 그러나 그러한 존 불조차, 비록 프랑스의 침입을 두려워하기는 하지만, 반反자코뱅적이라기보다는 반절대주의적이었고, 반드시 국가에 대한 맹목적 충성을 드러내는 것도 아니었다. 전쟁이 끝난(1815) 후, 존 불은 다시 급진적 경향을 띠면서 과도한 세금에 허리가 구부러진 모습으로 돌아갔다. 정치적으로 확실하게 보수적인 존 불은 제1차 선거법 개정(1832) 이후 나타났다. 이 시기에 '국민'이 '중간계급'과 보다 쉽게 동일시되어 감에 따라, 존 불은 휘그 정부를 지지하는 농촌 신사이자 도시 상인으로 그려지기 시작했다.[13] 그러나 다른 경우 존 불은 급진적 정치개혁과 낮은 세금을 요구하는 모습으로 등장하는데, 세금에 대한 불만이야말로 처음부터 20세기 초까지 시종일관 존 불의 성격을 구성해 온 부분이다.

19세기 중반 이후 정치적 이념에 동원되는 횟수가 급격히 줄어들면

---

13) Taylor, "John Bull and the Iconography of Public Opinion", pp. 108~109.

오늘날 **존 불의 전형**으로 여겨지는 이미지는 1841년에 창간된 풍자잡지 〈펀치〉가 만들어낸 것이다. 이때부터 존 불은 엄숙하면서도 만족스러운 표정에 보다 뚱뚱한 모습으로 등장한다.

서, 존 불은 보다 보편적인 영국인의 심성을 대변하게 되었다. 이는 영국의 정치적 개혁이 일반대중의 지지를 얻고 있었다는 의미로 해석될 수 있다. 우리에게 가장 친숙한 존 불은 1841년에 창간된 풍자잡지인 〈펀치Punch〉가 만들어낸 것이다. 존 불은 이 잡지에 이전 모델들과 사뭇 다른 모습으로 자주 등장했는데, 그 모습이 이후 존 불의 전형으로 자리 잡았다. 존 불은 이제 예전보다 더 뚱뚱해지고, 거의 웃지 않으며, 비록 엄숙하긴 하나 만족스런 표정을 짓고 있는 모습이었다. 당시 풍자가들은 존 불이 춤추기를 좋아하지 않아 무도회에서도 그냥 서서 '조용하고, 엄숙하고, 무겁게' 쳐다보기만 한다고 논평했다. 더불어 만약 그가 아내인 제인과 함께 춤추러 나가면 결과는 참담하다고 덧붙였다. 존

영국적인, 너무나 영국적인

불은 19세기와 20세기의 전환기에 자유무역과 보호무역의 한판 싸움에서 양편 모두에 이용되었지만, 근본적으로는 정통적 자유무역의 편에 남아 있었다. 존 불은 1920년대에 만화 인물로 가끔 등장했으며, 정치적으로는 1929년 총선 당시 노동당 선거포스터에 사용된 것이 마지막이었다.[14] 그 후로는 현실 문제에 관련하여 거의 모습을 나타내지 않았다.

19세기에 존 불과 브리타니아는 이 세상에서 가장 강력한 나라의 확고한 이미지가 되었다. 존 불과 브리타니아 같은 의인화된 이미지들은 한 나라가 국민국가로 변화할 때 의미 있는 역할을 했다. 브리타니아는 위로부터 부과된 것이었고, 존 불은 대중문화와 민중의 역사로부터 생겨난 것이었다. 그들은 정치적·사회적·경제적 조건에 따라 각기 다른 역할을 담당하면서 때로 어느 한 정파에 의해 이용되기도 했지만, 어쨌든 영국 국민성을 표상하는 이미지로서 중요한 역할을 했다.

| 자유롭고 풍요로운 존 불의 나라 |

영국인들의 자기인식이 18세기 초 이래 동일한 내용을 유지했다는 사실은 그 시기에 국민의 형성이 대체로 마무리되었음을 보여준다. 영국인들은 비非서양 세계는 물론이고 프랑스 같은 유럽 내 타자들과도 구분되는 국민 정체성을 만들어내면서 최고 문명국이라는 자신감을 표방했다. 그러나 진정한 국민 정체성 확립은 빅토리아 시대의 일이었다. 이 시기에 영국인들은 영국 국민성의 기본을 세 가지 요소에서 찾았는데, 즉 17

---

14) Ibid., pp. 125~126.

세기의 영국 혁명과 명예혁명을 통해 획득한 정치적 자유, 개신교 신앙에 근거한 선민의식, 그리고 중간계급의 상업적 성공과 부상浮上이었다. 이러한 초기 구성에서 여성과 하층계급을 민족적 서사에 포함시키려는 시도는 거의 없었다. 그들은 멸시되거나 무시되었다. 그러나 점진적인 변화와 함께 여성과 하층계급도 국민에 포함시키는 과정이 진행되었다.

영국인들의 독특한 섬나라 근성은 이미 1500년에 드러나기 시작했다. 영국인들의 외국 공포증은 많은 방문자들을 놀라게 했는데, 1500년에 베네치아 대사는 "잉글랜드인들은 자기애착이 무척 강하고 자기들 것은 무엇이나 좋아한다"는 점에 주목했다. 그들은 외국인에게 적대감을 느끼며 외국인을 마치 도둑처럼 생각한다는 것이었다. 그로부터 300여 년이 지난 뒤에 미국인 에머슨도 영국인들이 자신들의 우월함을 확신하면서 "짜증날 정도로 다른 국가에 대해 관심이 없다"는 사실을 발견했다.[15] 이러한 영국인들의 자기중심적인 면모, 이른바 섬나라 근성은, 영국이 최초의 국민국가를 형성하고 게다가 16세기 이래 개신교 국가의 정체성을 획득하면서 '선택된 국민'이라는 자기인식을 만들어 냈다는 사실에 기인한 것이었다.

영국인들이 가장 소중히 여기는 신화는 사실 '자유롭게 태어난 잉글랜드인'의 신화다. 이는 이미 17세기부터 주창되었지만, 19세기에 수차례의 정치개혁을 거치면서 비로소 확신되기에 이르렀다. 전제정 밑에서 신음하는 우상 숭배적인 대륙 사람들과 달리 자유를 만끽하는 독특한 '섬나라 인종'이라는 이미지는 잉글랜드가 개신교 국가로 선회한 튜

---

15) David Lowenthal, "British National Identity and the English Landscape", *Rural History*, 2/2(October 1991), p. 207.

영국적인, 너무나 영국적인

더 시대까지 소급되지만, '자유롭게 태어난 잉글랜드인'이라는 명제를 만들어내는 데 가장 결정적으로 작용한 사건은 명예혁명(1688)이었다. 프랑스 공화국에서 프랑스 혁명이 차지하는 위상에 맞먹는 영국의 명예혁명은, 의회와 왕정 같은 영국의 오랜 제도에 대한 보편적인 믿음을 가져왔다. 그러나 진정으로 모든 국민을 대표하는 체제가 산출된 것은 아니었으며, 내부의 소수집단들은 '자유롭게 태어난 잉글랜드인'의 정체성에서 지속적으로 배제되었다. 가톨릭·여성·유대인에 대한 차별은 19세기 들어서야 서서히 철폐되었고, 노동계급 남성들이 온전한 시민으로 인정받은 것은 19세기 말의 일이었다.

대륙의 유럽인들도 '자유를 사랑하는 개인주의적' 잉글랜드인이라는 가정에 익숙했다. 그러나 그들이 주목한 것은, 그런 가정과 달리 실제로 모든 영국인들이 신분에 상관없이 질서를 사랑한다는 사실이었다. 1770년대에 존 윌크스John Wilkes가 정치개혁을 주장하며 시끄럽게 대중을 선동했을 때 영국에 머물렀던 어느 독일인은, 독일 사람 몇 명이 런던 사람들 1만 명보다 더 큰 소동을 벌일 수 있을 것이라고 평했다. '본능적인 질서 지키기'를 잉글랜드인들의 뚜렷한 특성으로 인정해도 무방하다는 평가였다.[16]

영국의 부와 경제적 번영도 영국인들이 누리는 자유와 긴밀히 연관된 것으로 여겨졌다. 영국인들의 근면과 자조, 그리고 그 결과물인 물질적 축적은 '동양적 전제정'이 종용하는 복종이나 인내와 달리 개인의 창의력을 촉진함으로써, 최초 산업국으로서의 성공과 경제적 번영을 일구

---

16) Paul Langford, *Englishness Identified: Manners and Character 1650-1850*(Oxford: Oxford University Press, 2000), pp. 65~66, 73.

어냈다는 것이다. 이처럼 자유를 모든 것의 핵심에 두는 자유주의는, 명예혁명 이후 영국 국민성을 구성하는 가장 중요한 기둥이 되었다. 영국인들은 자기이해의 핵심을 자유주의에서 구했으며, 그러한 태도는 1950년대 이후까지도 지속되었다. 자유주의는 필연적으로 중용과 관용으로 나아가게 마련이었는데, 1930년대에 영국에서 공산주의와 파시즘이 실패한 것도 영국 국민성의 내재적 중용과 상식 때문이라고 설명되었다. 극단적인 정치는 영국적이지 않으며, 영국 국민들은 그러한 정치를 받아들이지 않는다는 것이었다.

혹자는 그 효과가 미술에서도 나타났다고 말한다. 저명한 미술사가인 페브스너Nikolaus Pevsner에 의하면, 영국에는 미켈란젤로도 렘브란트도 뒤러도 벨라스케스도 없는데, 이는 영국의 국민성이 실질적 감각과 이성, 그리고 관용을 중시하기 때문이다. 영국인들은 관용과 페어플레이 정신을 획득하는 순간, 광신이나 적어도 예술에서 가장 위대한 것을 끄집어낼 수 있는 강렬함을 잃었다는 것이다.[17] 페브스너의 분석이 옳다면 한 국가는 정치적 자유와 사회적 관용을 위대한 예술과 맞바꿔야 한다는 뜻인데, 그러한 상황에서 영국인들이 어떤 선택을 할지는 자명해 보인다.

20세기 들어 영국의 국민 정체성이라는 감각에 강한 반反지성주의가 가미되었다. 2장에서 설명하겠지만, 반산업적 정신을 지닌 낭만주의자들과 작가들이 남긴 이 유산을 통해 영국의 국민 정체성은 농촌세계의 기억에 뿌리를 두는 보수적 성향을 띠게 되었다. 그리고 여기에 개신교주의가 가미됨으로써 영국인의 성격은 다음과 같이 규정되었다.

---

17) Pevsner, *The Englishness of English Art*, p. 206.

영국적인, 너무나 영국적인

경건함·관용·타협·자비·법을 준수하고, 질서를 지키고, 독립적이고, 개인주의적이고, 자유를 사랑하고, 침착하고, 냉담하고, 흥분하지 않고, 극단에 치우치지 않고, 감정을 표현하지 않는다. 합리적이고 분별 있으며 쉽게 화를 내지 않지만, 가정의 행복과 같이 자신이 가장 아끼는 가치가 외부로부터 위협받을 때는 강력한 애국심으로 대응한다. 그들은 스포츠건 정부건, 모든 것에서 아마추어리즘에 헌신한다.[18]

1920년대에 볼드윈Stanley Baldwin 총리는 국민성을 분석하면서 독특한 안정성을 강조했다. 〈잉글랜드에 관하여On England〉라는 유명한 연설에서, 그는 잉글랜드인들이 위기에 강하고 지나친 걱정에 빠지지 않는 성격이라고 분석했다. 그 결과 다른 나라 사람들이 끊임없는 긴장으로 지쳐버릴 때도 잉글랜드인의 신경체계는 건전하고 온건하게 유지된다는 것이었다.[19]

| 영광스러운 브리타니아의 제국 |

존 불이 본질적으로 잉글랜드를 표상한다면, 브리타니아는 브리튼 섬을 구성하는 서로 다른 민족들을 아우르는 존재였다. 20세기 전반까지도 영국이라고 하면 보통 잉글랜드를 의미했다. 영국을 구성하는 종족들 가운데 앵글로색슨족은 항상 우월한 존재로 군림했다. 위대한 영국의

---

18) Ward, *Britishness since 1870*, p. 124.
19) Stanley Baldwin, "On England", in *Writing Englishness 1900-1950* eds. Judy Giles and Tim Middleton(Routledge, 1995), p. 99.

기초를 세운 것은 압도적으로 앵글로색슨과 그들의 '튜튼족' 형제들이
라고 주장되었다. 19세기 후반에 '인종' 개념이 부각되면서, 오히려 인
종적 구분을 강조하는 경향이 생겨났다. 예를 들어 《워릭 역사교본*The
Warwick History Readers*》(1895) 제6권에서, 아이들은 "잉글랜드 인종의
선조로서 잉글랜드의 언어와 법과 자유의 기초를 세운 사람들은 앵글,
색슨, 쥬트라는 세 부족"이라고 배웠다.[20] 당연히 스코틀랜드와 웨일스,
아일랜드의 조상인 켈트족은 종속적 위치로 떨어지게 되었고, 인종적
투쟁이라는 맥락에서 두 집단의 상하관계가 설정되었다. 볼드윈 총리는
연설에서 "신께서 어려운 일을 행하고자 하실 때는 브리튼인이 아니라
잉글랜드인을 부르신다"는 세간의 말을 인용했다.[21] "잉글랜드만이 애
국적 감정과 어울리는 단어다. 그 어느 잉글랜드인이나 스코틀랜드인이
라도 스스로를 브리튼인이라고 부를 때는 일종의 우스꽝스러운 감정을
몰래 느끼지 않을 수 없다"는 말에서 잉글랜드와 브리튼은 거의 적대적
으로까지 느껴진다.[22]

그러나 이것이 곧 전체상은 아니었다. 잉글랜드와 켈트 변두리 사
이에는 서로 적대적이면서도 보완적인 면이 있었다. 그렇지 않았다면
연합왕국United Kingdom은 존재하지 않았을 것이다. 1707년에 스코틀
랜드를 설득하여 연합왕국을 만든 것은 잉글랜드였지만, 연합왕국을 작
동하게 만든 것은 스코틀랜드였다. 아일랜드에는 '캐슬린 니 홀리한
Cathleen Ni Houlihan', 즉 잉글랜드에 짓밟힌 아일랜드의 의인화된 이

---

20) Stephen Heathorn, "Let us remember that we, too, are English", *Victorian Studies*,
    38/3(1995), p. 397.
21) Stanley Baldwin, "On England" in *Writing Englishness*, p. 97.
22) Lowenthal, "British National Identity and the English Landscape", p. 209.

미지가 강력하게 버티고 있었지만, 스코틀랜드에는 그런 인물이 없었다.[23] 1746년에 스튜어트 왕조를 복원하려는 두 번째 반란—재커바이트 Jacobite의 난—이 일어났을 때, 스코틀랜드인들 중에는 왕위 요구자인 찰스 에드워드를 위해 싸운 사람들보다 진압군 편에서 싸운 사람들이 더 많았다. 반란에 실패한 고지대 사람들을 강제로 이민선에 실어 보낸 사람들도 잉글랜드인들이 아니라 스코틀랜드의 지주와 마름들이었다.[24]

스코틀랜드인들은 특히 제국과 연결되어 있다는 데 강한 자부심을 느꼈다. 많은 스코틀랜드인들에게 제국은 집에서라면 결코 누릴 수 없을 권력과 의무와 자극의 기회를 제공해 주었다. 용감무쌍한 고지대 연대의 군사적 승리와 제국 관리로서의 성공, 그리고 장로교 선교사들의 성공 등, 스코틀랜드는 영제국 내에서 자부심을 가질 만한 요인들이 많았다. 잉글랜드와의 합병은 야심만만하고 재능 있는 중간계급 이하 출신들의 사회적 신분 상승을 가속화했고, 연합왕국은 스코틀랜드인들의 협조와 열정 속에서 작동해 나갔다. 더 이상 식량도 살 곳도 없어서 고향을 떠난 아일랜드 출신 이민자들과 달리, 스코틀랜드 출신 이민자들은 더 빨리 더 높이 상승하기 위해 고향을 떠났다.

에든버러 출신의 문호 월터 스콧 경Sir Walter Scott은 스코틀랜드인들이 어떻게 켈트인이면서 동시에 영국인이 될 수 있는지를 보여준 대표적 인물이었다. 그는 옛것을 사랑하면서 동시에 근대적일 수 있음을

---

23) 캐슬린 니 훌리한에 관해서는 박지향, 《슬픈 아일랜드: 역사와 문학 속의 아일랜드》(새물결, 2002) 참조.
24) Christopher Harvie, *Scotland and Nationalism: Scottish Society and Politics 1707-1994*(Routledge, 1994), p. 44.

에든버러 출신의 문호 **월터 스콧 경**은 스코틀랜드인들이 어떻게 켈트인이면서 동시에 영국인이 될 수 있는지를 보여주었다.

입증했으며, '스코틀랜드 국가' 없는 '스코틀랜드 민족주의'의 기반을 세웠다. 계몽주의의 후계자로서 합병을 지지한 그는, 스코틀랜드가 봉건주의와 광신으로부터 벗어나 상대적 평화와 유복함으로 나아가는 것을 환영했다. 그러면서 1820년 에든버러에서 설립된 켈트협회의 활동적인 회원이 되어, 스코틀랜드 고래의 복장으로 간주된 킬트 입기를 장려했다.[25] 또한 1822년에는 하노버 왕조 성립 이후 처음으로 에든버러를

---

25) 킬트가 스코틀랜드 고래의 복장이 아니라 18세기에 발명된 것이라는 흥미로운 사실에 대해서는, 에릭 홉스봄 외, 박지향·장문석 옮김,《만들어진 전통》(휴머니스트, 2004) 1장 참조.

영국적인, 너무나 영국적인

방문한 국왕 조지 4세를 환영하는 행사를 관장하기도 했는데, 이 일은 아직도 남아 있던 옛 스튜어트 왕조 지지자들의 충성심이 하노버 왕조로 옮겨가도록 도왔으며, 국왕에게는 스코틀랜드의 충성을 확인시켜 주었다. 스콧은 스코틀랜드의 정체성이 영국 국가의 구성원이라는 사실과 행복하게 양립할 수 있음을 보여주려 했던 것이다. 그의 선택은 13세기에 스코틀랜드를 잉글랜드로부터 분리·독립시키기 위해 저항 운동에 목숨을 바친 윌리엄 월러스William Wallace의 선택과 전혀 달랐다.

잉글랜드와의 관계에서 웨일스는 스코틀랜드와 비슷했지만 아일랜드는 전혀 다른 길을 걸었고, 이는 결국 영-아일랜드 전쟁을 거치면서 아일랜드 자유국의 성립으로 귀착되었다(1922). 그러나 아일랜드를 제외한 영국은 이미 1900년부터 놀랄 만한 안정성을 띠고 있었다. 영국인들을 분열시키는 요인은 그들을 통합시키는 요인보다 훨씬 덜 중요했다. 물론 국왕이 잉글랜드와 너무 밀접하게 연결되어 있다는 불평이 있었다. 어느 학자는 빅토리아 여왕이 64년이라는 긴 치세 동안 스코틀랜드에서 7년, 아일랜드에서 7주, 그리고 웨일스에서 단 7일을 지냈다고 계산했다.[26] 그러나 국왕에 대한 켈트 변두리 사람들의 충성심은 여전했다. 1944년에는 왕의 '장남'을 웨일스 공으로 봉하는 전통에서 벗어나 엘리자베스 공주—현 엘리자베스 여왕—를 'Princess of Wales'로 봉해야 한다는 의견이 웨일스로부터 제기되었다. 이러한 안정성은 지금도 크게 바뀌지 않았다. 최근 세력을 확장하고 있는 스코틀랜드 민족당도 공화국의 길을 주장하지는 않는다. 1998년에 실시된 한 설문조사에서, 스코틀랜드인들의 61%는 만일 스코틀랜드가 독립국이 된다 해도 영국

---

26) Ward, *Britishness since 1870*, p. 22.

왕을 국가의 수장으로 뽑겠다고 대답했다.[27]

한편 브리타니아는 전 세계로 팽창하여, 20세기 초에는 지구상 육지의 4분의 1이 브리타니아의 발아래 놓이게 되었다. 영국적인 것의 우월함에 대한 확신은 제국주의 이데올로기의 필요성과 잘 맞아떨어졌다. 19세기 말 영국인들에게 제국으로서의 운명과 사명감을 심어주는 데 결정적인 역할을 한 옥스퍼드의 역사학 흠정欽定교수 실리J. R. Seeley는, 15세기까지만 해도 잉글랜드인들은 열심히 일하는 사람들이 아니었다고 지적했다. 그는 변화의 진정한 계기를 튜더 시대에서 찾으면서, 모험정신, 현실적 현명함, 성공하려는 의지와 끈기 등의 제국적 기상이 그 시기에 뿌리를 내렸다고 주장했다. 그 후 전 세계에 자신의 이미지를 투사하여 이식하는 능력은 영국인들의 근대성을 입증하는 궁극적 증거로 간주되었다. 또한 제국주의적 팽창은 영국의 인종적·국민적 임무에 필수불가결하며, 영국인들은 탐험과 식민지 개척, 그리고 덜 개화된 사람들을 지도하기에 특히 적합하다는 주장이 제기되었다. 많은 영국인들에게 제국은 상업적 모험이나 이익의 추구를 넘어 도덕적 의무였고, 그 유일한 보상은 '의무를 다한다'는 만족감이었다. 게다가 영국인들 특유의 활력을 잃지 않기 위해서도 그런 활동이 필수적이라고 여겨졌다. 제국적 팽창과 식민주의는 "우리를 건강하고 정신적으로 활기 넘치게 해주고, 우리의 자존심을 높이고 공중도덕에 이바지하며, 우리가 편협하고 이기적인 성향을 띠지 않도록, 나태와 악의 진창에 빠져들지 않도록 막아 준다"는 것이었다.[28]

---

27) Ibid., p. 25.
28) Heathorn, "Let us remember that we, too, are English", p. 409.

국수주의와 난폭함을 싫어하고 식민지 착취를 비난했던 좌파들조차도, 제국주의가 존재해야 한다면 다른 어느 나라보다 영국에 의해 행해지는 편이 낫다고 믿었다. 예를 들어, 1940년에 설치된 페이비언 협회[29] 식민지 연구부는 아프리카가 경제적·사회적으로 발전해야 하지만 그러려면 영제국 안에 한동안 남아 있어야 한다고 결론지었다. 1953년 엘리자베스 여왕의 대관식 날 뉴질랜드 출신 영국인 힐러리Edmund Hillary가 에베레스트 산 정상에 올랐다는 소식이 전해졌을 때, 사람들은 영국이 다시 한 번 새로운 제국적 엘리자베스 시대에 돌입했다는 기대감에 부풀었다. 물론 그 후에 찾아올 탈식민 시대가 그러한 기대감을 산산이 조각낼 것이었지만 말이다.

| 누구의 영국성인가? |

존 불이 표상한 평범한 영국인이란 사실 잉글랜드에 거주하는 중간계급 남성이었다. 1931년에 런던에 거주하고 있던 네덜란드 학자 레니에르G. J. Renier는, '영국인'이 노동계급이나 여성, 또는 스코틀랜드 사람이나 웨일스 사람을 뜻하지 않는다는 사실을 깨닫고 있었다. 그는 '영국인'이 "전통적이고 말이 없는 조용한 중간계급 영국 남자"를 의미한다고 보았다.[30] 이처럼 중간계급은 자신들의 영국성을 국민의 평균으로 제시하고 자신들을 영국 국민 전체의 대표로 표방하는 데 성공했다. 어느 한 사회

---

29) 극작가 조지 버나드 쇼, 시드니 웹 등이 1884년에 조직한 점진적 사회주의자들의 단체.
30) Robert Colls, *Identity of England*(Oxford: Oxford University Press, 2004), p. 82.

집단이 어느 순간에 자신의 이미지를 국가 전체에 부과할 수 있었다는 것은, 일정 정도의 응집력을 바탕으로 자신의 경제적 활력과 정치적 무게를 국가 전체에 인식시켰다는 뜻이다. 영국의 중간계급이 어떻게 그런 수준의 응집력을 만들어내어 자신의 존재를 대내외적으로 인식시켰는가는 영국 역사의 가장 중요한 주제 가운데 하나로서, 지금껏 그에 대한 많은 연구가 진척되어 왔다.

마르크스주의적 경제 환원론의 계급 분석은 이미 낡은 것이 되어버린 지 오래다. 계급은 처음부터 사회경제적 실체라기보다 정치적·도덕적 개념이었기 때문이다. 예를 들어 19세기 초에 중간계급이라는 말이 처음 사용되었을 때, 그것은 보수주의자들과 급진적 혁명가들 사이에서 온건한 헌정 개혁을 원하던 사람들을 가리키는 말이었다. 또한 거기에는 국가의 도덕적 중재인이라는 의미도 담겨 있었다. 19세기 중엽에 이르면 중간계급은 정치적 자유주의 및 비국교회와 대체로 동일시되는데, 물론 모든 중간계급이 비국교도였던 것은 아니다. 그들은 당연히 토지 엘리트의 권력 장악을 혐오했으며, 그러는 가운데 독특한 중간계급적 삶의 형태가 발달하기 시작했다.

중간계급이 19세기에 지주층을 누르고 사회의 지배계급으로 부상했다는 전통적 해석도 이미 옛말이 되어 버렸다. 19세기 후반에 이르러서도 귀족과 지주층이 여전히 영국 사회 곳곳을 장악하고 있었기 때문이다. 프랑스의 지식인 이폴리트 텐Hippolyte Taine도 1860년대에 영국을 방문한 후 영국 엘리트의 강력한 정신적 활력이 특히 인상적이라고 지적했다. 그는 과거 수세기에 걸쳐 국가 통치를 담당해 온 영국 엘리트층이 활력과 자신감을 유지하고 있을 뿐만 아니라 그들의 리더십에 대한 국민의 신뢰도 견고하다는 사실에 놀랐다. 엘리트의 특권을 축소시

영국적인, 너무나 영국적인

키려는 중간계급 급진주의 운동을 주도한 코브던파의 지도자들조차 텐에게 다음과 같이 고백했다.

> 귀족계급을 타도하는 것은 우리의 목적이 아닙니다. 우리는 국가의 통치와 지도를 그들 손에 맡겨두어야 할 필요가 있음을 알고 있습니다. 왜냐하면 국가 경영은 특별한 종류의 인간을 필요로 하고, 따라서 타고난 지도자로서의 특질과 몇 세대에 걸친 훈련을 통해 드디어 외부의 압력이나 이기적인 유혹을 물리치고 자신의 입장을 확립할 수 있게 된 사람들에 의해 수행되어야 한다는 사실을 우리 중간계급들도 인식하고 있기 때문입니다.[31]

그럼에도 '근면과 자조를 실천하며 말이 없고 진지한 영국 남성'이라는 존 불의 이미지에 가장 부합하는 것은 중간계급이었다. 19세기에 확립된 영국성性은 중간계급 남성의 성정이었던 것이다. 중간계급은 자신들의 가치관을 사회 전체로 확산시키는 데 성공했다. 그 이유로는 우선 중간계급이 여러 사회계급들 가운데 가장 응집력이 강하고 자기의식이 강했다는 사실을 지적할 수 있다. 더불어 특이하게도, 엘리트와 중간계급이 서로 반목하고 적대시하기보다는 오히려 상호 접근했다는 점 역시 중요했다. 노동계급 상층부도 중간계급과 비슷한 가치관을 획득했다. 문제는 그것이 모방이었느냐, 아니면 자생적인 현상이었느냐 하는 점인데, 아마도 두 현상이 함께 진행되었을 것으로 생각된다.

그렇다면 이러한 영국성으로부터 제외된 사람들은 어떻게 반응했

---

31) 나카니시 테루마사, 서재봉 옮김, 《대영제국 쇠망사》(까치, 2000), 118쪽.

국가와 영국성은 대체로 남성에게 속했고, 여성은 국가 밖에 존재했다. **배튼 파월**이 창설한 **보이스카우트**는 국가적·제국적 남성성을 배양하는 데 크게 기여했다.

을까? 19세기 말에는 노동계급 하위층 남성들도 국민에 포함되었기 때문에, 영국적인 것에서 배제된 가장 큰 집단은 여성이었다. 브리타니아의 존재가 영국을 상징한다는 사실은 여성이 그리 무시되지 않았음을 입증한다고 할 수 있다. 그러나 대체로 국가와 영국성은 남성에게 속했고, 여성은 국가 밖에 존재했다. 19세기 영국의 국가적·제국적 영웅은 남성적인 기독교 모험가들로 대표되었으며, 국민적 상징으로서의 여성은 남성성이 투영하는 덕목들을 구현하지 않았다. 국가적·제국적 남성성을 배양하는 데 큰 역할을 담당한 보이스카우트의 창설자 배튼 파월 Robert Baden-Powell은, 총을 쏠 줄 알고 명령에 복종할 줄 알아야 한다고 소년들에게 가르쳤다. 그렇지 않으면 전쟁이 터졌을 때 "늙은 여인만큼도 쓸모가 없다"는 것이었다.[32]

32) Ward, *Britishness since 1870*, p. 39.

영국적인, 너무나 영국적인

비록 정치적 국민political nation에서는 배제되었지만, 여성에게도
역할은 있었다. 여성에게는 민족의 어머니적 자질, 국가의 역사와 전통
을 대변하는 역할이 주어졌다. 여성은 국가의 정치체제가 어떻게 변화
하건 상관없이 국가가 중요하다고 견지하는 오래된 가치들을 끊임없이
보여주는 일을 담당했다. 빅토리아 시대에 특히 남성들의 공적 영역과
여성들의 사적 영역이 철저히 분리되었고, 여성들은 '집안의 천사'로 남
게 되었다. 5장에서 분석하겠지만, 영국 남성들이 남자다움의 가치를 배
울 때 남자다운 남성의 타자로 상정된 것은 가정적이고 공손하고 복종
적인 여성이었다.

　　최근에는 이런 식의 남녀 영역 분리와 그에 동반된 레토릭을 회의
적으로 바라보는 시각도 제기되고 있다. 일부 여성사 연구자들은 레토
릭과 사실을 구분할 필요가 있으며, 여성들이 실제로 '집안의 천사'라는
레토릭을 받아들였는지는 알 수 없다고 주장한다. 여성들이 적절한 여
성적 행동이라는 개념을 얼마나 받아들였는지, 그에 타협했는지 도전했
는지, 아니면 단순히 무시했는지 확인해야 한다는 것이다.[33] 또한 레토
릭과 실제가 동일하지도 않았다. 플로렌스 나이팅게일Florence Nightin-
gale의 경우만 해도, 비록 그녀가 여성의 제한된 영역에 대해 강한 불만
을 토로하기는 했지만, 그녀의 아버지는 딸에게 그리스어와 라틴어를
가르치고 자선을 행하는 봉사 정신을 심어주었다. 더구나 상층 중간계
급 여성들을 제외하고는 집안일이 고되었기 때문에 '집안의 천사'라는
이미지는 현실에 맞지 않으며, 특히 노동계급 여성의 경우에는 삶 자체

---

33) 예를 들어, Amanda Vickery, "Golden Age to Separate Spheres?", *Historical Journal*,
　　36/2(1993) 참조.

가 전혀 달랐다는 것이다.

19세기 후반기에 수적 확장과 질적 개선을 이루고 있었던 기숙 여학교의 경우를 좀더 자세히 들여다보면, 강한 전통 속에서도 새로운 싹이 돋아나고 있었음을 알게 된다. 여학교에서도 영국적인 것의 핵심인 공적 의무를 가르쳤을 뿐만 아니라, 여성의 우아함과 공부보다도 오히려 육체적 건강과 공적 의무를 더 강조했다. 남자들만의 세계에 들어갈 수 있는 특권을 획득하려는 여성들의 교육에서, 핵심은 역시 규율이었다. 따라서 강한 육체적 자기통제와 인격적 자기기율이 요구되었다. 예를 들어, 여학교에서는 자기 죄를 고백하는 '죄악 공책sin paper'이 통용되었으며, 교사들은 학교에 대한 충성심에 기대어 학생들을 길들였다. 그러나 다른 한편 여학생들은 여전히 가정과 가족의 가치를 무시해서는 안 되었다. '자기개발'은 상대적으로 새로운 아이디어였는데, 이는 가족에 대한 의무라는 딸들의 뿌리 깊은 신념과 충돌을 일으켰다.[34] 1870년대 이후에는 대학에서도 여학생 수가 증가했지만, 교육받은 여성들의 행로는 제한적이었고 교육은 더 넓은 기회를 제공해 주지 않았다.

그러다가 20세기 들어 상황이 크게 바뀌었다. 전쟁의 경험이 남성 독점적인 영국성을 해체하는 데 주요하게 작용한 것이다. 특히 양차 세계대전 사이에 영국적인 것의 남성적이고 성 차별적인 성격이 도전받기 시작했다. 대륙에서 남성성으로 치장된 파시즘이 대두하면서 영국 국민 정체성의 여성적 측면이 전면에 나서게 되었는데, 즉 나치라는 난폭한 타자에 맞서 '여성적 영국'의 이미지가 강조된 것이다. 여성들은 전쟁 동안 애국적으로 반응하며 적극적으로 전쟁에 참여함으로써, 남성과 국

---

34) Martha Vicinus, *Independent Women*(Chicago: University of Chicago Press, 1985), ch. 5.

가 사이에 성립된 기존의 관계를 재구성하도록 만들었다. 그러나 1938년에 이르러서도 버지니아 울프Virginia Woolf는 여성으로서 자신에게는 조국이 없다고 선언했다. 그녀는 "여성으로서 나는 조국을 원하지 않는다. 여성으로서 내 조국은 이 세상 전체"라고 절규했다.[35] 여성이 남성과 동등한 시민권을 누리기 위해서는 더 오랜 시간이 필요했다. 1948년 이전에 영국 여성은 외국 남성과 결혼하면 국적을 빼앗겼다. 그 후 비록 국적은 유지할 수 있었지만, 1983년에 이르러서야 비로소 자식에게도 국적을 물려줄 수 있게 되었다.

영국적인 것이 형성된 후 200여 년이 지나는 동안 그 내용도 변했다. 존 불의 몇몇 속성은 여전히 유효하지만, 잘 먹어 살집이 좋은 모습은 더 이상 존 불만의 특유한 외모가 아니다. 브리타니아의 위상에도 큰 변화가 있었다. 브리타니아가 품에 안았던 영제국은 이제 거의 남아 있지 않다. 영국이 유럽과 좀더 긴밀한 관계를 형성하고 예전 식민지로부터 이민자들이 유입된 1980년대 이후, 영국의 국민 정체성을 '섬나라 인종island race'으로 보려는 경향이 강해졌다. 그리고 언론과 정치적 언어를 통해, 점차 국수적이고 방어적이고 인종적으로 배타적인 국민의 이미지가 통용되었다. 이러한 담론은 영국인들을 순수한 혈통인 양 묘사하면서, 데인족이나 노르만족의 개입은 전혀 기억하지 않는다. 유럽 통합에 대한 오늘날 영국인들의 적대감도 그러한 섬나라 근성에서 기인한

35) Virginia Woolf, "Her Sex and class" in *Writing Englishness*, p. 117.

다고 볼 수 있다. 그러나 섬나라 근성은 결코 오늘날만의 현상이 아니다. 3장에서 살펴보겠지만, 대니얼 디포Daniel Defoe는 이미 18세기 초에 외국을 싫어하는 잉글랜드인들의 순종주의를 풍자한 바 있다. 잉글랜드인들도 "피가 섞인" 국민이라는 사실을 강조한 디포는, '순수한 잉글랜드인'이란 존재하지 않으며 기원으로 따져 본다면 "우리 모두가 이방인들"이라고 꼬집었다.

유럽 통합에 대해 회의적인 사람들은 광범위한 유럽적 정체성이라는 틀 아래서 영국의 국민 정체성이 위험해질 것이라고 경고한다. 영국의 미래가 유럽의 일부라는 사실을 받아들인다 하더라도 독특한 국민 문화를 보호하는 일이 중요하다는 것이다. 이는 다시 공통된 언어와 습관, 종교, 피부색, 가족, 그리고 '민족 문화'에 속한다고 가정되는 수많은 다른 요소들을 강조하는 방향으로 나아간다. 최근 논의에서도 계속 등장하는 주제는 '영국적 삶의 방식'의 역사적·문화적 속성을 정의하는 것이다. 특히 인종적 소수집단들이 영국 사회의 상당 부분을 차지하게 된 오늘날, 다인종 사회의 발달이 주도적 문화에 가하는 위협이 심각하게 인식되고 있다.

아마도 현재 가장 큰 문제는 영국적인 것을 구성하고 유지해 준 요소들이 더 이상 효력을 발휘하지 못하는 상황에 이르렀다는 점이다. 역사학자 린다 콜리Linda Colley가 영국적인 것의 핵심으로 간주한 신교는 현재 쇠락했고, 프랑스로 대표되던 타자의 상도 바뀌었으며, 또 하나의 주축이던 영국의 상업적 성공도 옛 이야기가 되었다.[36] 영국적인 것이 약해지면서 잉글랜드적인 것Englishness, 스코틀랜드적인 것

---

36) Linda Colley, *Britons: Forging the Nation* (New Haven: Yale University Press, 1992).

Scottishness 등으로 돌아가자는 주장도 제기되고 있다. 이제 영국적인 것이 무엇인지 다시 생각해 볼 시점에 이른 것이다. 한 가지 확실한 것은 영국이 앞으로 '잉글랜드가 주도하는 통일국가' 보다 좀더 '평등하고 혼성적인 연합국가' 로 나아가리라는 점이다. 만약 지금 존 불에게 이 문제에 대한 소견을 묻는다면, 아마도 그는 그것만이 영국적인 것을 살리는 동시에 잉글랜드적인 것을 살리는 유일한 길이라고 점잖게 한마디 할 것 같다.

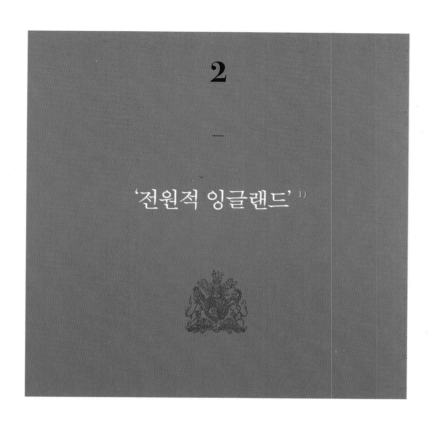

2

'전원적 잉글랜드'[1]

흔히 한 나라의 풍광과 국민 정체성은 함께 간다고들 한다. 우리 애국가가 '동해물과 백두산'으로 시작되듯이, 다른 나라 국가國歌들도 그 나라 풍광에 대한 칭송을 담고 있는 경우가 많다. 영국인들은 파격을 싫어하고 질서와 아늑함을 선호한다는 평을 듣는데, 이는 영국의 기후가 국민

---

1) 이 장에서 '잉글랜드'는 '영국'과 구분된다. 영국은 잉글랜드, 스코틀랜드, 웨일스를 아우르는 국가를 뜻한다.

적 심리학에 뿌리 내린 것으로, 즉 영국인들이 폭풍우로 돌진하지 않는 온화한 기후 변화에 적응하여 심성조차 그렇게 닮아 간 것으로 풀이되곤 한다. 그러나 기후보다 더욱 확실하게 잉글랜드적 이미지를 지닌 상징물이 있으니, 바로 풍경이다. 이 세상 어느 나라에도 그처럼 전설을 담고 있는 풍경은 없다. 19세기 영국인들이 '영국이란 무엇인가'라는 질문에 '의회'나 '런던' 또는 '제국'이라고 답한 데 반해, 1912년에 발표된 어느 글은 "이 녹색 들판, 이 언덕과 계곡, 이 관목과 과일나무들, 이 부드러운 풍광"이야말로 사람들이 사랑하는 잉글랜드라고 확신한다.[2] 영국인들처럼 풍경을 소중한 유산으로 다루는 사람들은 없다. 유적보호 운동, 자연보호 운동, 고건물복구 운동 등이 모두 영국에서 시작되었다. 게다가 풍경은 단순히 풍경이 아니라 본질적으로 '국가적 가치관'의 표징으로 간주되는데, 예를 들어 영국인들은 자기 나라의 풍경이 '자유'를 연상시킨다고 주장한다. 이렇게 풍경이라는 단어가 단순히 경치만을 의미하는 것이 아니라 본질적으로 국민적 덕성을 암시한다는 점에서 영국은 독특하다.

세상에서 가장 먼저 산업국이 된 영국을 '전원적'이라고 정의한다면 그것은 옳은 정의일까? 1860년경에 이미 영국은 확실히 도시적이고 산업적인 나라가 되어 있었고, 20세기 초에는 영국인 다섯 명 가운데 네 명이 도시에 살았다. 그럼에도 영국의 이데올로기와 정서는 놀랄 정도로 전원적이었다. 흥미롭게도, 인클로저가 활발히 추진되던 1750∼1820년에 농촌이 재발견되고 농촌으로 구현된 자연과 자연적인 것이 중요한 미학적·문화적 가치가 되었다. 산업화가 본 궤도에 오르고 농촌마을이

---

2) Robert Colls, *Identity of England*(Oxford: Oxford University Press, 2004), p. 204.

영국적인, 너무나 영국적인

"잉글랜드는 시골이고 시골이야말로 잉글랜드"라는 볼드윈의 말처럼,
시골을 향한 끈질긴 동경을 빼놓고는 잉글랜드를 제대로 이해할 수 없다.

산업도시로 대체되던 시기에 전원을 잉글랜드적인 것의 핵심으로 제시하려는 노력이 시작되었던 것이다. 1880년대부터 산업혁명은 '영국적이지 않은 것'으로 보이기 시작했으며, 어두운 '악마 같은 공장'이 푸르고 기분 좋은 땅을 덮쳐 버린 일종의 변형으로 인식되었다. 20세기 전반기에 세 차례나 총리를 역임한 볼드윈은 "잉글랜드는 시골이고 시골이야말로 잉글랜드"라고 정의했다. 두 차례의 세계대전 당시 영국 병사들은 버드나무 우거진 시냇가를 기억하면서 그런 조국을 위해 목숨 바칠 것을 다짐했다.

시골을 향한 이 이상하고도 끈질긴 동경을 빼놓고는 잉글랜드를 제대로 이해할 수 없다. 시골은 모든 면에서 산업사회가 아닌 것, 즉 오래되고 천천히 움직이고 안정되고 안락한 '영적인' 사회로 인식되었다. 신분 간의 위계질서가 유기적으로 자연스럽게 어우러지고, 불평등하지만 신뢰와 의무와 사랑이 담겨 있는 그 이상적인 사회에서, 예컨대 신사와 오막살이 농부는 '역사와 자연의 부드러운 품'에 안겨 함께 행복을 누린다. 이러한 전원적 이상은 분명 현실의 영국을 반영한 것이 아니었지만, 영국인들은 한동안 그러한 시골의 신화에 안주하여 위안을 찾았다. 이 장에서는 영국에서 독특하게 발견되는 전원적 비전의 기원을 분석하고, 그러한 비전을 그린 화가인 컨스터블John Constable과 터너J. M. W. Turner를 살펴본다. 그리고 그러한 비전이 대중화되는 과정을 추적한 다음, 그 문제점을 짚어본다.

영국적인, 너무나 영국적인

| 풍광의 발견 |

잉글랜드의 지리를 탐사하려는 충동은 1570년대부터 시작되었다. 그 즈음 색스턴Christopher Saxton이 각 주의 지도를 작성하기 시작했고, 노든John Norden은 최초로 여러 주를 탐사하여 그 역사를 엮어내는 시리즈를 기획했다.[3] 18세기 들어 풍광을 탐색하는 작업이 진지하게 진행되면서, 자연의 아름다움을 발견하고 또 그 아름다움을 현실 속에 구현하려는 취향이 발달했다. 소위 '픽처리스크Picturesque'라고 지칭되는 이 취향은 여행, 정원, 시, 회화, 건축 등의 여러 분야에서 확산되었다. 픽처리스크 여행은 있는 그대로의 자연, 파괴되지 않은 자연을 경험하려는 욕구와 영국 고유의 아름다운 자연 정경을 경험하려는 정서가 결합된 결과였다.

18세기 후반이 되면 여행자들은 역사적이고 문화적인 중요성보다 자연 풍경에 더욱 이끌리게 된다. 3장에서 살펴보겠지만,《로빈슨 크루소》의 작가 대니얼 디포는 1720년대에 펴낸 여행기에서 잉글랜드 남부와 중부의 전원적 풍광을 찬미하는 반면 북부 호수지대를 "황량하고 거칠고 호의적이지 않은 공포의 땅"으로 깎아내렸다. 그러나 반세기도 지나지 않아 사람들은 황량한 자연에 감흥을 느끼기 시작했다. 잉글랜드의 '인위적인 돌담'이나 '문명의 상징물' 없이 전적으로 자연상태에 있는 스코틀랜드가 오히려 인상적이라고 평가받게 된 것이다.[4] 길핀William Gilpin 목사는 1769~76년에 잉글랜드의 호수지대 및 스코틀랜

---

3) W. G. Hoskins, *Provincial England*(Macmillan, 1963), p. 210.
4) Lynne Withey, *Grand Tours and Cook's Tours: A History of Leisure Travel, 1750 to 1915*(NY: William Morrow, 1997), p. 53.

드, 웨일스 지역을 광범위하게 여행한 후 여행기를 출간했는데, 그 안에 펜과 수채 물감으로 그린 드로잉을 삽입하여 독자들로 하여금 각 지역의 풍광을 시각적으로 인식할 수 있도록 해주었다. 그 외에도 존슨 Samuel Johnson과 보즈웰James Boswell의 유명한 스코틀랜드 탐방이 말해주듯, 18세기 후반에는 브리튼 섬 북부로의 여행이 크게 증가했다. 월터 스콧 경의 소설도 큰 역할을 했는데, 그가 태어날 때쯤(1771) 스코틀랜드는 이미 인기 있는 관광지가 되어 있었지만 그의 작품들로 인해 그 위상이 한층 더 높아졌다. 18세기 말에 이르러 상류계급과 중간계급에서 관광여행이 널리 확산됨에 따라 '경치 좋은 곳을 찾아다니는 여행'이 여가 선용의 중요한 형태로 정착되었고, 19세기 초에는 《잉글랜드 남부해안의 경치Picturesque Views of the Southern Coasts of England》(1816-26)를 비롯한 많은 관련 서적들이 출간되었다.

영국식 정원이 자리 잡은 것도 18세기 중엽부터였다. 영국식 정원은 기하학적이고 인위적인 프랑스식 정원과 달리 자연 자체를 이용하는데, 이를테면 담장을 둘러 정원과 주변을 경계 짓는 대신 눈에 보이지 않거나 숨겨진 울타리를 이용하여 정원을 주변 자연과 연결시킴으로써 자연상태와 같이 꾸미는 것이다.[5] 이처럼 자연 풍경을 끌어들인 영국식 정원은 영국이 예술에 가한 혁신 가운데 가장 영향력 있는 것으로, 지금도 유럽의 여러 곳과 미국에서 그 영향력을 찾아볼 수 있다. 영국인들은 프랑스식의 "수학적으로 가지 쳐진 나무들"을 보기보다 "다양하게 뻗어 있는 자연스러운 가지들"의 화려함을 보고 싶어 한다고 주장되었는데, 이는 단순히 자연풍광만을 언급하는 것이 아니라 정치적 의미, 즉 잉글

---

5) 마순자, 《자연, 풍경 그리고 인간: 서양 풍경화의 전통에 관한 연구》(아카넷, 2003), 147쪽.

18세기 중엽부터 자리 잡은 **영국식 정원**(위)은 기하학적이고 인위적인 **프랑스 정원**(아래)과
달리 자연 그 자체를 이용하는데, 이러한 양식은 당대에 이미 정치적 의미의 자유와 연관되었다.

랜드는 자유롭지만 프랑스는 억압받고 있음을 함축하는 것이었다. 시인 알렉산더 포프Alexander Pope가 "한 그루의 나무는 대관식 예복을 입고 있는 군주보다 더 고귀하다"고 말한 것도 그와 같은 의미였다. 아름다운 정원을 자유와 연관 짓는 것은 20세기 비평가들의 자의적인 산물이 아니라 당대에 이미 널리 퍼져 있던 생각이었다. 조지 메이슨George Mason은 1768년에 발표한 정원 가꾸기에 관한 글에서, 잉글랜드의 정원을 "취향과 종교, 정부에서 향유되는 독립성"에 근거하는 것으로 제시했다.[6] 여행자들은 잉글랜드에서는 나무와 가축의 행동조차 자유와 관련된 의미를 갖는다고 주장했다.

회화 예술에서 이 시기는 풍경화의 시대였다. 풍경화는 영국에서 특히 1790~1840년에 유럽의 다른 어느 나라에서도 유례를 찾아볼 수 없을 정도로 엄청난 인기를 누렸는데, 이는 당시의 여행 붐과도 관련된다. 풍경화가 발전하기 시작한 것은 사실 18세기 중엽부터였지만, 그때까지는 아직 조작적인 요소들이 많이 포함되어 있었다. 풍경화가 새로운 중요 장르로 출현하게 된 것은 게인즈버러Thomas Gainsborough와 컨스터블 덕분이었다. 특히 컨스터블이 이전 풍경화의 인위적인 측면들을 버리고 진정한 의미의 자연주의로 돌아섰을 때 비로소 영국 풍경화가 시작되었다고 할 수 있다. 그는 유명한 장소나 풍경, 혹은 유적지가 아니라 시골길, 농지, 하천 풍경을 전형적인 특징으로 하는 잉글랜드 농촌을 그림으로써 영국 풍경화의 기초를 닦았다.[7] 자연에 대한 시대정신

---

6) Nickolaus Pevsner, *The Englishness of English Art*(Harmondsworth, Middlesex: Penguin, 1976), pp. 177~178.

7) Ann Bermingham, *Landscape and Ideology: The English Rustic Tradition, 1740-1860*(Berkeley: University of California Press, 1986), p. 10.

영국적인, 너무나 영국적인

을 대변한 또 한 명의 화가는 터너였다. 터너는 14세부터 풍경화를 그리기 시작했지만, 그가 그린 잉글랜드 풍경화는 컨스터블의 풍경화보다 훨씬 덜 알려져 있다. 터너는 1826~1835년에 부분적으로 발표한 〈잉글랜드와 웨일스의 경치Picturesque Views in England and Wales〉를 모아 두 권의 책으로 발간했다. 컨스터블과 터너는 유럽적 차원에서도 중요한 예술가들이었지만, 무엇보다도 잉글랜드적인 특수성을 지닌 화가들로 인정받았다. 그러나 19세기 전반기에는 사랑스러운 잉글랜드의 전원 풍경을 그린 컨스터블이 아니라 산업적 영국의 힘을 표현한 터너가 국민화가로 인식되었다. 그러다가 19세기 말에 컨스터블이 '잉글랜드적 풍경의 아버지'로 재추앙되었고, 1930년대에 이르러 잉글랜드의 아름다움을 다루는 책들은 거의 대부분 컨스터블 유의 시골 풍경으로 구성되었다.

| 컨스터블 |

컨스터블(1766~1837)은 현재 '컨스터블 지방'이라고 불리는 서퍽 주의 스타우어 밸리Stour Valley에서 태어났다. 공장주의 아들로 평화로운 소년기를 보낸 그는 고향에 매우 강한 애착을 지니고 있었다. 그가 가업의 승계를 기대했던 아버지의 희망을 거스르고 화가의 길을 택한 데는 게인즈버러의 영향도 있었지만, 17세기 풍경화가인 클로드 로랭Claude Lorrain의 〈하갈과 천사가 있는 풍경Landscape with Hagar and the Angel〉을 본 경험이 크게 작용했다. 컨스터블은 처음에 초상화를 그리다가, 돈벌이가 될 수 있는 그 일을 포기하고는 고향마을인 스타우어 계

17세기 풍경화가 클로드 로랭의 〈**하갈과 천사가 있는 풍경**〉은 컨스터블이
화가의 길로 접어들어 '자연주의 화가' 라는 명성을 얻는 데 크나큰 영향을 미쳤다.

곡을 그리기 시작했다. 그의 목표는 진부한 역사 속의 장면만을 담던 당시 풍경화를 뛰어넘어, 자연 그대로의 정경을 순수하고 꾸밈없이 재현하는 것이었다. 그는 친구에게 보낸 편지에서 '자연의 화가'가 되겠다고 선언했는데, 그것은 보는 그대로의 자연을 표현하는 화가가 되겠다는 뜻이었다.[8] 그가 그린 물레방아와 구불구불한 시골길은 빈틈없는 관찰의 산물이었다. 그는 집중적으로 한 곳을 연구하고 관찰하고 습작함으로써 최초로 자연주의 화가라는 명성을 얻었다. 그는 워즈워스William Wordsworth와 마찬가지로 자연에 신의 뜻이 담겨 있으며, 충분히 몰두하여 관조하면 자연이 드러내는 도덕적·정신적 성질을 확인할 수 있다고 믿었다.

젊은 시절 컨스터블은 잉글랜드의 산악지대인 정상지역Peak District과 호수지역Lake District을 여행했는데, '위압적인' 북부의 자연은 그를 위축시킬 뿐 어떤 감흥도 불러일으키지 않았다. 그는 대신 고향의 온화하고 정겨운 풍경으로 돌아섰다. 그의 그림은 점차 장소로부터 장소에 대한 감정으로 그 주제를 옮겨갔다. 그가 사랑한 풍경은 시간이 정지된 어린 시절의 풍경, 기억의 화석 속에 보존되어 있는 풍경이었다. 그곳에서 날씨는 항상 청명하고, 시간은 늦은 오후이며, 계절은 울창한 늦여름이다. 컨스터블은 1821년에 쓴 글에서 잉글랜드의 정겨운 풍경을 그리는 화가로서의 심경을 다음과 같이 토로했다.

물레방아에서 흘러내리는 물소리, 버드나무, 오래된 모습의 강둑, 나는

---

8) 마순자, 《자연, 풍경 그리고 인간》, 165~167쪽: David Dumbleby, *A Picture of Britain*(Tate Publishing, 2005), p. 166.

그런 것들을 사랑한다. 그림을 그릴 수 있는 한 나는 그것들을 그릴 것이다. (……) 나는 내가 속한 장소를 그릴 것이다. 그림은 감정의 다른 말이다. 나는 '부주의했던 소년 시절'을 스타우어 강 강둑에 놓여 있는 모든 것과 연결 짓는다. 그것들이 나를 화가로 만들었다.[9]

컨스터블의 그림에는 유난히 구름이 많이 등장하는데, '크지만 위협적이지 않은' 은빛을 띤 하얀 구름들이 떠 있는 하늘은 '잉글랜드 여름날의 푸르름'의 분위기를 연출한다. 그가 그린 스타우어 계곡의 모습─거룻배가 떠 있는 평온한 강물, 그 위에 뻗어 있는 큰 나무들, 커다란 구름이 떠 있는 하늘 밑에 평화롭게 누워 있는 녹색의 초원─은 특별히 잉글랜드 시골의 이미지로 가치를 인정받았다. 당시는 나폴레옹 전쟁으로 인한 농촌 경기의 호황과 그 후에 찾아온 경기 침체, 그리고 산업화의 진전으로 영국 농촌사상 대단히 중요한 사건들이 많이 일어났던 시기였다. 그러나 컨스터블의 자연 풍경에서는 그러한 충격을 전혀 발견할 수 없는데, 이는 급격하고 급진적인 변화의 시기에 오히려 위안으로 작용했다.

컨스터블은 잉글랜드인으로서 만족했다. 화가였지만 그는 이태리는 물론 파리도 방문하지 않았다.

나는 다른 나라들보다 더욱 행복한 땅, 사랑하는 잉글랜드에 태어나서 그림을 그리게 되었다. 그리고 내가 내 조국을 사랑하지 않게 된다면,

---

9) Elizabeth Helsinger, "Constable: The Making of a National Painter", *Critical Inquiry*, 15(Winter 1989), p. 267.

영국적인, 너무나 영국적인

워즈워스가 말했듯이, 나는 잉글랜드의 녹색 잎사귀들이 살랑대고, 잉글랜드의 시냇물들이 흘러가며 내는 소리를 더 이상 듣지 못할 것이다.[10]

컨스터블이 파리를 대수롭지 않게 생각했던 반면, 파리는 컨스터블을 훨씬 더 열광적으로 받아들였다. 1821년에 왕립아카데미에 전시되었다가 프랑스 화상에게 팔린 〈건초 수레Hay-wain〉는, 1824년에 파리 살롱에 전시되어 엄청난 반향을 불러일으켰다. 멀지도 가깝지도 않은 자연스런 시각에, 보고 있으면 마치 그 정경의 주인공이 된 듯한 느낌을 주는, 한마디로 풍경과 인물을 무리 없이 연결시킨 작가의 역량 덕분이었다. 컨스터블이 파리 화단에 미친 영향은 실로 지대했는데, 1850년대에 들라크루아Eugène Delacroix는 그를 '프랑스 회화의 아버지'로 칭송했다. 잉글랜드 남부지방의 전원과 삶을 그린 컨스터블의 그림들은 사람들의 일상생활과 너무 흡사할 뿐만 아니라 끊임없이 재생되는 바람에 너무 익숙해진 나머지, 그가 주제와 방법에서 상당히 급진적 화가였다는 사실이 쉽게 잊히곤 한다. 존 러스킨John Ruskin도 컨스터블을 '저질' 주제를 그린 화가로 치부하면서 그의 진부함을 비난했다. "컨스터블은 평평한 초원에 풀들이 젖어 있고 나뭇가지에 그늘이 드리워 있는 풍경을 감지하는데, 이는 새끼사슴이나 종달새도 인지할 수 있는 풍경"이라는 것이었다.[11] 그러나 컨스터블의 친구인 레슬리C. R. Leslie는 자신이 쓴 전기 《존 컨스터블의 생애Memory of the Life of John Constable》(1843)

---

10) Pevsner, *The Englishness of English Art*, p. 157.
11) Ronald Rees, "Constable, Turner, and Views of Nature in the Nineteenth Century", *Geographical Review*. 72/3(July 1982), pp. 253, 260.

컨스터블은 19세기 말부터 진정으로 잉글랜드적인 것을 구현한 화가로 칭송되었고, 그가
1812년에 그린 〈**건초 수레**〉는 오늘날까지도 잉글랜드성의 시각적 구현으로 인정받고 있다.

에서 컨스터블을, "이해하지 못하는 대중에 대항하여 용감히 투쟁한 자
연주의의 순교자"로 그리고 있다.[12] 컨스터블은 19세기 말부터 진정으
로 잉글랜드적인 것을 구현한 화가로 칭송받으면서, 자신의 기대치를
훨씬 뛰어넘어 자연화가가 아니라 국민화가로 비약했다. 그리고 20세기
에 들어 그의 작품은 잉글랜드 풍경의 예증으로 간주되었다. 〈건초 수

12) Ibid., p. 257.

레〉는 그려진 지 1백 년이 넘은 1920년대에 잉글랜드성性의 시각적 구현으로 상투화하여 지금도 그렇게 남아 있다.

| 터너 |

한편 칼 프리드리히Karl Friedrich와 더불어 북구 낭만주의 풍경화의 대가로 일컬어지는 터너(1775~1851)는 전원의 아들이었던 컨스터블과 달리 도시의 아이였다. 터너는 1775년 4월 23일, 즉 잉글랜드의 수호성인인 성 조지St. George의 날이자 셰익스피어William Shakespeare의 생일에 태어났다. 그러나 이를 입증할 자료가 없기 때문에 학자들은 터너 자신이 그 날을 생일로 정했을지 모른다고 추정한다. 터너는 런던의 코벤트가든 구역에서 자랐는데, 아버지는 이발사였고 푸주한의 딸인 어머니는 정신병자 수용소에서 죽었다. 출신 배경과 자란 환경은 물론 성격과 교양 면에서도 컨스터블과 터너는 큰 차이를 보인다. 컨스터블은 매력적이고 개방적인 성격이었던데 반해, 터너는 체구가 작고 무뚝뚝했으며, 제대로 된 교육을 받지 못한 탓에 말하는 것도 쓰는 것도 서툴렀다. 그럼에도 터너는 센스 있고 날카롭다는 평을 들었다. 반대로 컨스터블은 매너도 좋고 말도 잘했으며 글도 잘 썼다. 컨스터블은 터너가 "대단한 정신력을 지니는 축복을 받았지만 세련되지 못하다"고 생각했다. 두 사람의 차이는 별명에서 극명하게 드러나는데, 컨스터블은 "정직한 존", "매력적인 물방앗간 주인"으로, 터너는 "늙은 검정 새"로 불렸다.[13] 다

13) Ibid., p. 254.

소 엉뚱한데다 세속적인 것에 관심이 없던 컨스터블과 달리, 터너는 왕립아카데미로부터 인정받는 것을 최고 목표로 생각할 만큼 현실주의자였고, 그러기 위해 다른 화가들의 화풍을 수용할 준비가 되어 있었다. 그는 이태리나 네덜란드 화풍의 저명한 화가들을 본떠 전통적 풍경화나 역사적 주제를 그림으로써 인정을 받았다. 24세에 이미 왕립아카데미 준회원이 되었으며, 26세에는 정회원이 되었다. 터너의 말기 작품에서는 사물의 형태가 거의 사라지고 자연의 무시무시한 힘만이 강하게 암시되는데, 이것이 그의 낭만주의를 컨스터블의 자연주의와 구분해주는 특별한 요소다. 터너의 초기 작품들은 나중에 나타날 혁명적 변화의 낌새를 전혀 보이지 않는다는 의미에서 기만적이라고도 해석된다.

무엇보다도 터너를 깊이 사로잡은 것은 자연의 위대한 힘과 특질이었다. 컨스터블이 해외에 한 번도 나가지 않은 데 반해, 터너는 여행을 좋아했고 특히 알프스에 매료되었다. 그는 자연의 힘을 보여주는 비범한 시각을 지니고 있었고, 그 시대의 선각자들과 마찬가지로 과학의 발달에 관심을 가졌다. 그가 바다와 폭풍우, 빛과 대기, 색채의 현상을 철저하게 관찰한 것은 자연의 위대한 힘을 표현하기 위해서였다. 그의 그림은 경험적이었다고 할 수 있다. 그는 관습적으로 거기 있다고 배운 것을 받아들이지 않고 자신이 직접 본 것을 그리는 것이 자신의 의무라고 믿었으며, 그것을 위해 육체적 위험조차 마다하지 않았다. 해상의 눈보라가 진정 어떤지를 보기 위해 그는 68세의 나이에 영국해협을 건너는 정기선의 돛대에 몸을 묶고서 눈보라가 몰아칠 때 바다를 건넜다. 폭풍이 너무 심해서 살아남지 못하리라는 생각까지 할 정도였지만, 그 결과 〈눈보라Snowstorm〉를 완성할 수 있었다. 〈눈보라〉는 폭풍을 바라보는 그림이 아니라 폭풍우 '안'에 있는 그림이다.[14] 〈비, 증기, 속도Rain,

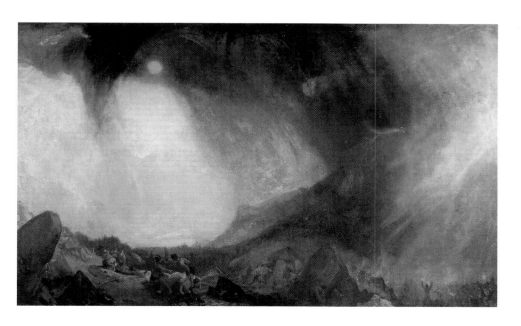

눈보라가 몰아치는 바다를 건넌 뒤에 그린 터너의 〈**눈보라**〉는,
예컨대 폭풍을 바라보는 그림이 아니라 폭풍우 '안'에 있는 그림이다.

Steam and Speed〉도 비슷한 유래를 가진다. 터너는 비가 억수같이 오고
있을 때 런던-엑서터 간 기차 창 밖으로 10분간이나 머리를 내놓았다.
고개를 다시 기차 안으로 들여왔을 때 그의 얼굴에는 빗물이 홍수처럼
흘렀다. 새로운 경험에 대한 터너의 욕구는 그로 하여금 산업혁명을 적
극적으로 받아들이게 했는데, 그는 특히 산업혁명의 가장 강력한 상징
인 증기기관에 끌렸다. 그는 말이나 거룻배를 그린 컨스터블과 달리, 기

14) Ibid., p. 267.

차와 증기선, 산업도시를 그리는 화가가 되었다. 터너에게 예술가란 영웅이자 모험가였다. 터너의 열렬한 예찬자가 된 러스킨은, 컨스터블이 겁이 많아 폭풍우의 장엄함을 시도해 보려 하지 않았다고 비난함으로써 터너를 간접적으로 추앙했다.

이 두 예술가 사이의 경쟁은 치열했다. 터너에 비해 컨스터블은 비교적 상대에게 너그러운 편이었지만, 터너가 자기보다 더 성공했다는 사실에 분노를 느꼈다. 컨스터블은 63세가 되어서야 마침내 왕립아카데미에 선출되었다. 컨스터블과 터너의 가장 큰 차이는, 컨스터블의 자연이 우리에게 위안을 주는 데 반해 터너의 자연은 그렇지 못하다는 점이다. 컨스터블의 풍경이 대부분 밝은 태양 아래 선명하게 드러나는 자연 세계라면, 터너의 풍경은 빛과 대기로 가득한 모호하고 불분명한 세계다. 컨스터블은 터너가 "모든 자연적 정서에 폭력을 가"하는 것으로 보았는데, 한 편지에서 그는 터너를 두고서 "완전히 미쳤다"고 말하기도 했다.[15]

1851년에 생을 마감했을 때, 터너는 국가적 영웅으로 공인받으면서 화려한 장례행렬에 둘러싸여 세인트폴 대성당에 안치되었다. 그러나 그가 얻은 국민적 예술가로서의 지위는 안정적이지 못했다. 비록 자신의 힘으로 대단한 성공을 누리기는 했지만, 후대 영국 풍경화 전통에 미친 그의 영향은 상대적으로 미미했다. 그는 자신의 작품 가운데 두 점을 국립미술관에 로랭의 작품과 나란히 전시하여 자신과 잉글랜드의 문화적 업적에 대한 영원한 증거로 삼기를 바란다는 유언을 남겼다.[16] 또한 자산의 상당 부분을 후배 화가들을 지원하는 데 사용하도록 조치했다. 그

---

15) Pevsner, *The Englishness of English Art*, p. 167.

영국적인, 너무나 영국적인

러나 이렇게 드러내놓고 애국적이던 터너는 사후 놀랄 정도로 잊혀 버린다.

터너는 비록 영국에서 무시되었지만, 프랑스에서는 열정적으로 숭상되었다. 시냐크Paul Signac는 〈비, 증기, 속도〉를 보고 나서 "이것은 더 이상 그림이 아니라 그 단어의 가장 아름다운 의미에서의 예술품"이라고 찬탄했다.[17] 터너를 망각에서 구해낸 사람은 러스킨이었다. 러스킨은 터너에 대한 영국 예술계의 무관심과 무시에 반발하여 《근대 화가들Modern Painters》(1843~60)에서 그를 강력하게 전면에 내세웠다. 자연과 풍경이 영적으로 고귀하고 숭고하다고 믿은 러스킨은 터너를 고도의 자연주의자로 제시하면서, 그가 자연현상의 본질적 진실을 감지하는 데 누구보다도 뛰어났다고 옹호했다. 러스킨은 세속적 의미의 자연주의자나 경험주의자가 아니었다. 그도 처음에는 '자연에 충실' 하라는 원칙을 받아들였지만, 곧 미에 대한 단순하고 감각적 반응을 경멸하고 대신 '도덕적이고 영적인' 반응을 찬미했다. 러스킨이 볼 때, 터너의 강점은 바로 거기에서 비롯된 것이었다. 터너는 자연에 비상한 주의를 기울이면서 자신의 인상을 기록한 것이 아니라, 신이 창조한 이 세상에서 드러나는 신의 활동과 존재를 자신의 비전을 통해 자기보다 못한 인간들에게 보여주었던 것이다.[18]

뿐만 아니라 러스킨은 터너를 보편적 예술가인 동시에 '특유하게

---

16) 두 작품은 〈Sun Rising through Vapour〉과 〈Dido Building Carthage〉이다. Elizabeth Helsinger, "Turner and the Representation of England" in W. J. T. Mitchell, *Landscape and Power*(Chicago: University of Chicago Press, 1994), pp. 103~104.

17) Stephen Daniels, *Fields of Vision*(Polity, 1993), p. 139.

18) Peter Fuller, "Fine Arts" *The Cambridge Cultural History vol. 7 Victorian Britain*, 166.

터너의 〈**비, 증기, 속도**〉 역시 자연의 위대한 힘과 특질을 보여주기 위해
바다와 폭풍우, 빛과 대기, 색채의 현상을 철저히 관찰하는 그의 비범한 시각을 잘 드러낸다.

잉글랜드적인 예술가'로 치켜세웠다. 그는 터너를 고국의 자연 풍광, 특
히 북부 잉글랜드의 언덕과 골짜기에 대한 정서를 표현한 화가로 지목
했을 뿐만 아니라, 터너의 잉글랜드성을 '사라진 영광의 기록', '비가悲
歌'로 정의함으로써 산업주의에 대한 자신의 비판에 이용했다. 다른 한
편 러스킨은 컨스터블을 삼류로 평하면서, "컨스터블은 나무 한 그루도

영국적인, 너무나 영국적인

제대로 그릴 수 없어서 어떤 구체적 지식의 표현도 없이 효과만을 남겨 놓는다. 그의 여러 가지 악폐 가운데 하나는 잉글랜드 학파의 가장 피상적 자질을 조장하는 것"이라고 혹평했다.[19]

터너의 작품은 영국의 국민 정체성을 탐구하는 데 어울리지 않는 주제로 보일지도 모른다. 그의 스타일과 주제들은 컨스터블의 풍광에서 드러나는 본질적 잉글랜드와 아무런 상관도 없는 것처럼 보인다. 그럼에도 두 화가 모두 똑같이 국민적 예술가로 특징지을 수 있다. 터너는 소재를 찾기 위해 유럽을 끊임없이 여행하고 유럽의 역사적 풍경화 전통에 충분히 참여했지만, 그 속에서 그가 제시한 것은 그 전통에 대한 영국의 도전이었다. 19세기 후반까지도 잉글랜드성性을 대변한다는 평을 들은 사람은 컨스터블이 아니라 오히려 터너였다. 아름다운 잉글랜드 풍경이란 개념의 선례가 된 것은 컨스터블이 항상 캔버스에 그렸던 '가정적이고 사랑스러운' 풍경이 아니라, 터너의 극적인 바다와 산이었다. 그러다가 두 사람의 위치가 역전되어 이번에는 컨스터블이 잉글랜드의 국민화가로 추앙받게 되었다. 터너는 오히려 국제적 모더니스트로 인정받다가, 1974~75년에 열린 왕립아카데미 200주년 기념 전시회에서 비로소 민족주의적 자질을 확인받고 '영국의 화가'로 인식되었다. 터너는 죽기 전 자신의 작품들을 국가에 기증하면서 그것들을 소장할 미술관을 건립하여 한 군데에 전시할 것을 요구했는데, 1987년에 이르러서야 마침내 터너미술관이 개관되어 그의 유언이 이루어질 수 있었다.

19) Ian Fleming-William & Leslie Parris, *The Discovery of Constable*(Holmes Meier, 1984), p. 49; Daniels, *Fields of Vision*, pp. 138~139. 그러나 학자들은 러스킨이 사실 컨스터블의 작품을 거의 알지 못했다고 증언한다.

| '전원적 잉글랜드'의 확립 |

1870~1900년에 전원적 이상이 갑자기 세력을 얻게 되었다. 이는 단순한 정치적·경제적 현상이 아니라 문화 전체의 변화에서 야기된 현상이었는데, 그와 맞물린 것이 바로 잉글랜드적인 것의 새로운 정의였다. 19세기 후반 산업화와 도시화가 절정에 이르면서, 사람들은 현실이 보여주는 잉글랜드적인 것에 실망하여 그와 대조되는 이상적 잉글랜드를 시골과 전원에서 찾았다. 시골 풍경은 긍정적이고 고귀한 자질들의 집합체로 보였고, 잉글랜드적인 것 가운데서도 가장 훌륭한 것의 반영으로 여겨졌다. 사람들은 전원에서 '진정한 잉글랜드'를 찾고자 했다. 전원적 잉글랜드의 모델은 '남부 잉글랜드 농촌'으로, 그곳은 영원한 지속, 공동체, 조화, 계급 없는 사회라는 정치적 이상의 상징이 되었다. 1914년 이후 잉글랜드 문화의 전원적 버전이 예술과 문학, 음악, 건축으로 퍼져나갔으며, 1920~30년대에는 건축, 음악을 비롯한 모든 분야에서 전원적인 것을 찬양하는 작품들이 쏟아져 나왔다. '전원적 잉글랜드'의 발견에 누구보다도 기여한 것은 작가들이었다. 그들은 잉글랜드 '남부지방'이라는 세계를 창조하여, 그것을 국가적 이데올로기의 한 부분으로 고정시켰다. 여기에 '땅으로 돌아가기' 운동이 절정에 이르면서 농촌에 대한 인기가 고조됨에 따라, 전원적 잉글랜드의 이상이 완성되었다. 이는 영국만의 특이한 현상인데, 예를 들어 프랑스인들은 한참 후에야 시골과 전원생활에 대한 향수를 나타냈으며, 여흥의 한 형태로 시골을 찾는 것도 일러야 1934년 이후의 일이었다.[20]

　　피셔H. A. Fisher는 1920년대에 발표한 〈잉글랜드의 아름다움〉이라는 수필에서 다음과 같이 읊고 있다.

　　　　　　　　　　　　　　　영국적인, 너무나 영국적인

아무리 먼 곳을 여행하더라도 잉글랜드 사람들은 가슴속에 잉글랜드의 풍광을 지니고 다닌다. 5월의 초록 에메랄드 빛깔, 송어가 뛰노는 맑은 냇가를 덮고 있는 앵초꽃 카펫, 마을 잔디밭에서 벌어지는 크리켓 경기, 연한 푸른색 하늘에 높이 솟아 있는 교회 종탑.[21]

그러나 도시의 풍광에 대한 영국인들의 정서는 매우 달랐다. 에드워드 윌버포스는 "외국을 여행할 때 잉글랜드와 반대되는 기분 좋은 점은 대륙의 도시들이 경쾌하고 밝다는 점인 반면, 잉글랜드에 돌아와 우선 깨닫는 사실은 시골의 아름다움"이라고 갈파했다. 영국인들만이 그런 생각을 한 것은 아니었다. 프랑스의 문인 이폴리트 텐은 잉글랜드 지평선의 언덕들이 전체 시골 풍경에 "부드러운 행복감"을 부여한다고 말했다.[22] 20세기 영국의 문인 체스터턴G. K. Chesterton은 아메리카를 여행하고 나서 다음과 같이 썼다.

잉글랜드의 마을은 위대한 성인의 유물과 같다. 지붕과 담장은 들판과 나무와 자연스럽게 어우러지고, 여관과 사거리와 시장의 자연스러움은 왕관에 박힌 보석과 같이 매우 고귀하다. 이것들이야말로 그 무엇으로도 대체할 수 없는 국민적이고, 정상적이고, 잉글랜드적인 것들이다.[23]

---

20) Alun Howkins, "The Discovery of Rural England" in *Englishness: Politics and Culture 1880-1920* eds. Robert Colls and Philip Dodd(Croom Helm, 1987), p. 62.
21) Patrick Wright, *On Living in an Old Country: The National Past in Contemporary Britain*(Verso, 1991), p. 82.
22) Marjorie Morgan, *National Identities and Travel in Victorian Britain*(Palgrave, 2001), p. 79.
23) David Lowenthal, "European and English Landscapes as National Symbols" in *Geography and National Identity* ed. David Hooson(Blackwell, 1994), p. 21.

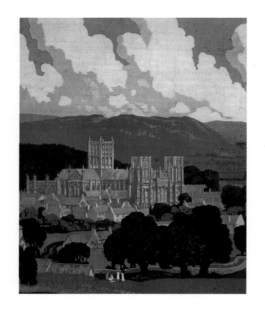

오래된 시골 삶에 대한 찬탄은 특히 제1차 세계대전 이후 영국 사회를 휩쓸었다. 런던 지하철공사는 지하철 이용객들과 무관한 시골마을 오두막 이미지의 포스터를 발행하기도 했다.

전원적 잉글랜드는 자유당이건 보수당이건 노동계급 지지자이건, 정치적 스펙트럼에 상관없이 모든 사람들에게 강요된 은유였다. 실제이건 상상된 것이건 간에, 오래된 시골 삶에 대한 찬탄은 특히 제1차 세계대전 이후 영국 사회를 휩쓸었다. 제1차 세계대전 당시 런던 지하철공사가 승객들의 집을 연상시키는 포스터를 발행했는데, 그것은 짚으로 지붕을 이은 시골마을의 오두막이었다. 런던 지하철 이용객들의 집과 이런 이미지 사이의 명백한 불일치는 언급할 필요조차 없을 터이다. 시골 풍경을 소개한 모턴H. V. Morton의 《잉글랜드를 찾아서*In Search of England*》(1927)는 10년 동안 23쇄를 거듭할 정도로 인기를 끌었다. 특히 그 열광의 중심에는 중간계급이 있었는데, 이를 두고 소설가 포스터E.

영국적인, 너무나 영국적인

제2차 세계대전 당시 영국 육군이 발행한 포스터에서도 알 수 있듯이,
당시 '영국'은 곧 잉글랜드 남부지방으로 대표되는 전원 및 시골 풍광과 동일시되었다.

M. Forster는 "중간계급은 19세기에 귀족을 목 졸라 죽였지만, 희생자의
유령은 20세기에도 그들을 떠나지 않는다"고 조롱조로 비유했다.[24] 도
시 부르주아가 전원의 지주층을 모방하고 그 세계를 꿈꾸는 모습을 비
판한 것이다.

전간기에 전원적 잉글랜드의 이미지가 확립되고 영국을 하나의 국
가로 그리는 애국적 문학작품들이 쏟아져 나왔을 때, 작품 제목에 사용
된 '영국Britain'이라는 단어는 '잉글랜드'를 의미하는 것이자, 구체적

---

24) Martin Wiener, *English Culture and the Decline of the Industrial Spirit 1850-1980*(Penguin,
1992), p. 72.

으로는 잉글랜드 남부지방의 시골 풍광을 의미하는 것이었다. 이러한 이미지는 잉글랜드적인 것이라는 비전 이상의 무언가를 제시했는데, 그 것은 유기적이고 자연스러운 신분사회, 즉 '선한 향사와 정직한 농민'을 기반으로 하는 사회의 모델이었다. 영국적인 것을 전원과 시골 풍경에 서 찾으려는 시도는 1930년대에 절정에 달했다. 나치 독일이 피에 굶주 린 산업사회로 표현된 반면, 영국은 인간적이고 시대에 뒤진, 근본적인 시골풍으로 묘사되었다. 제2차 세계대전 당시 영국 육군이 발행한 포스 터는 시골의 이미지를 압도적으로 보여주면서, "당신의 영국: 지금 그것 을 위해 싸우시오"라고 부추겼다.

중요한 것은 이러한 비전이 엘리트층뿐만 아니라 그 아래로까지 퍼 져 나갔다는 사실이다. 제1차 세계대전 당시 많은 병사들은 참호 속에서 '잉글랜드의 녹색'을 생각했다. 그들이 죽음을 무릅쓰고 지킨 것은 시냇 물이 흐르고 버드나무가 드리운 녹색 초원이었다. 〈문학에서의 애국주 의〉(1918)라는 글에서, 영국인들은 독일인들이 〈가장 뛰어난 독일〉을 부 르듯이 〈브리타니아여 지배하라〉를 시끄럽게 부르지는 않지만, 대신 씨 뿌리는 날과 추수하는 날의 기억이 생생한 녹색 장면들에 대해 명상하 는 것으로 묘사되는데, 이는 단순히 공식적 선전이 아니라 병사들이 실 제로 느낀 감정이었다. 구술사口述史를 기반으로 저술된 당시 책들을 보 면, 일반 병사들이 실제로 그들의 지휘관들을 존경하고 사랑했음이 드 러난다.[25] 불평등하지만 신뢰와 의무와 사랑으로 뭉친 사회라는 이상이 대중에게 먹혀들어갔던 것이다. 참호 속에서의 경험과 기억은 영국이 지닌 시골 풍경의 매력을 강화시킬 수밖에 없었다. 셰필드의 공장 지역

---

25) Howkins, "The Discovery of Rural England", p. 81.

에서 태어나고 자라 이제 플랑드르의 참호 속에 갇힌 병사들의 경우에
도 마찬가지였다. 그들에게는 플랑드르 외에 돌아갈 곳이 필요했고, 그
것이 반드시 뿌연 회색 하늘 아래의 진짜 고향집일 필요는 없었다. 다음
은 제2차 세계대전에 출정한 영국 병사들이 즐겨 불렀던 노래의 한 구절
이다.

> 시골의 오솔길이 있는 한
> 밀밭 가에 작은 농가가 있는 한
> 잉글랜드는 언제까지나 존재할 것이네.[26]

나른한 잉글랜드의 전원 풍경은 제2차 세계대전 시기에 애국주의의
핵심 요소였다. 전원적 잉글랜드의 이미지는 특히 양차 세계대전, 그리
고 1930년대의 파시즘과 같이 '외부' 세계가 특별히 위협적으로 보일
때, 안전하면서 아름다운 가정과 안식처를 지탱해주는 핵심적 잉글랜드
를 찬양하기 위해 이용되었다. 애국심이 전원적 잉글랜드의 보존과 연
결되었던 것이다.

| 컨스터블의 발견과 보존 운동 |

이처럼 19세기 후반 전원적 잉글랜드의 이상이 고조되는 상황에서 컨스
터블이 발견되었다. 그에게 국민적 화가의 지위를 부여한 작품은 〈골짜

---

26) 나카니시 테루마사, 서재봉 옮김, 《대영제국 쇠망사》, 235쪽.

기 농장The Valley Farm〉과 〈밀밭The Cornfield〉이었다. 이 그림들은 햇빛 가득한 고요한 농장에 늘어진 나무들과 그늘이 마치 꿈과 같은 분위기를 연출함으로써 이상적인 영국의 시골을 표현하고 있다. 그러나 가장 큰 인기를 모은 작품은 〈건초 수레〉였다. 〈건초 수레〉는 국립미술관에 기증된(1886) 이후 크게 인기를 끌었고, 세기 전환기에는 컨스터블의 작품 가운데 가장 잘 알려진 '국가적 상징물'이 되었다. 이 작품은 영국인들로 하여금 "잉글랜드의 녹지와 기분 좋은 대지를 위해 목숨까지 바칠 정도의 애정을 묘사한 전형적인 그림"으로 정의되었다. "성경을 제외하고는 그 어느 인간이 창조한 것보다도 위대한 기쁨"[27]이라고 평가될 만큼, 이 작품의 호소력은 가히 경이적이었다. 제1차 세계대전이 끝나고 전쟁터에서 돌아온 '영웅들에게 어울리는 집'을 제공해준다는 국가 정책이 추진되었을 때, 〈건초 수레〉에 그려진 오두막—윌리 롯Willy Lot의 집—이 그 모델로 선정되었다. 윌리 롯의 집은 잉글랜드 예술·풍경·건축 관련 출판물에 자주 등장하면서 잉글랜드에서 가장 잘 알려진 농가가 되었다. 1943~44년에 그 집은 역시 컨스터블이 그려 유명해진 플랫퍼드 방앗간과 함께 내셔널트러스트[28]에 기증되었는데, 이듬해에 그 오두막을 보여주는 〈건초 수레〉의 일부가 내셔널트러스트 50주년 기념집의 권두 그림으로 선정되었다.

1890년대에 컨스터블의 유화 값이 천정부지로 올랐다. 또 토머스 쿡 여행사와 그레이트 이스턴 철도회사Great Eastern Railway는 '컨스터블 지방'으로 가는 여행상품을 내놓았다. 1900년경에 이르러 컨스터

---

27) Daniels, *Fields of Vision*, pp. 211, 213.
28) 1895년에 설립된 환경 보존 단체.

영국적인, 너무나 영국적인

행복 가득한 고요한 농장에 늘어진 나무들과 그늘이 마치 꿈같은 분위기를
연출한 〈**밀밭**〉은 컨스터블에게 국민적 화가의 지위를 부여한 작품 가운데 하나다.

블은 '전통'과 '자연'을 대표할 뿐만 아니라 전쟁을 향해 움직이고 있는 불확실한 세상에서 확신과 지속성을 느끼게 해주는 화가로 인식되었다. "컨스터블은 캔버스 곳곳에 존 불의 양심을 가지고 작업했다"거나, "컨스터블은 전율을 느끼게 하지 않는다. (잉글랜드인들이 즐겨 먹는) 로스트비프도 전율을 느끼게 하지는 않지만 몸에 좋고 삶에 연결되어 있다"는 등의 주장 역시 컨스터블과 잉글랜드성性이 얼마나 밀접한 연관 속에서 인식되었는가를 보여준다. 급기야 1970년대에 이르면, 그를 프랑스의 밀레에 비유하는 주장이 나타난다. 즉 "밀레가 프랑스적인 것보다 컨스터블은 더 잉글랜드적"이며, 그의 작품 속에 '가장 고귀한 영국 정신'이 흘러넘친다는 것이다.[29]

사람들은 컨스터블을 발견했을 뿐만 아니라 녹지보존 운동을 전개했다. 전원에 대한 사랑에서 그것을 보존하고자 하는 욕구까지는 실로 짧은 걸음이었는데, 잉글랜드를 도시적이고 산업적인 오랜 파괴로부터 구원하려는 협회와 위원회가 19세기 말에 갑자기 붐을 이루었다. 호수지역방어협회Lake District Defence Society 같은 단체들이 발족했는가 하면, '땅으로 돌아가기' 운동이 세력을 얻었다. 도시를 떠나 교외에 집을 마련하려는 시도가 나타났고, 도시에서 빠져나올 수 없는 사람들에게는 휴가와 주말을 시골에서 보내는 것이 바람직한 대안으로 등장했다. 1880년대부터 자전거 클럽들이 생겨나기 시작했으며, 유명한 클라리언 클럽Clarion Club도 결성되었다. 시골길을 걷거나 자전거로 여행하는 것이 이들의 주 활동이었는데, 이는 인기 있는 여흥이 되었다.

본질적으로 시골이며 변하지 않는 잉글랜드의 신화는 정치적 경계

29) Daniels, *Fields of Vision*, pp. 211, 229.

영국적인, 너무나 영국적인

컨스터블의 〈건초 수레〉가 경이적인 인기를 모으면서 '국가적 상징물'의 지위를 얻게
됨에 따라, 작품에 그려진 **윌리 롯의 오두막**은 잉글랜드에서 가장 잘 알려진 농가가 되었다.

선을 넘어 보수주의자와 제국주의자, 반反제국주의자, 자유주의자, 급진
주의자 모두에게 호소력을 발휘했다. 영원한 시골의 신화는 유토피아적
급진주의자들에게서도 지지를 얻었으며, 좀더 민주적인 성향을 지닌 사
람들에게도 가능한 대안이 되었다. 그들이 혐오한 지주와 대저택 대신
마을과 오두막을 찬양의 대상으로 삼을 수 있었기 때문이다. 러스킨과
윌리엄 모리스William Morris, 에드워드 카펜터Edward Carpenter 등을
비롯한 '땅으로 돌아가기' 운동 지도자들은 산업 자본주의와 물질주의
적 에토스를 강하게 비판했다. 러스킨은 증기기관을 이용하는 기계, 무
엇보다도 기차를 혐오했다. 그는 "잉글랜드와 웨일스에 있는 철로 대부
분을 부숴 버리고 싶다"고 선언하고, 반대로 나무와 들판과 꽃과 녹색
전원 풍경을 "인간의 건강하고 정신적인 삶"에 본질적인 것이라고 칭송

했다.[30] 러스킨의 비전은 유사 봉건적 농업사회, 즉 지주와 노동자들이 서로 봉사하며 살아가고, 소녀들이 알프스 농가의 소녀처럼 옷을 입으며, 육체노동이 교육과 문화를 통해 승화되는 사회였다. 그가 바라보는 바람직한 삶이란 이른바 '진보'가 파괴하고 있는 것, 다시 말해 "곡물이 자라고 꽃이 피는 모습을 바라보는 것, 괭이질과 삽질 끝에 깊은 숨을 들이쉬는 것, 읽고 생각하고 소유하고 소망하고 기도하는 것"이었다.[31] 한편 윌리엄 모리스는 새로운 사회를 갈망한 혁명적 마르크스주의자이자 시골의 전통적 생활방식을 되살리고 싶어 한 낭만적 복고주의자였다. 그가 보기에 전원의 이미지란, 현대사회를 에덴동산으로부터의 타락으로 규정함과 동시에, 근대성과 자본주의의 압박으로부터 벗어날 미래사회를 경쟁이 아니라 협조에 기초한 사회, 시시각각 변모하는 불안한 사회가 아니라 조용하고 평화롭고 안정적인 사회로 제시하는 것이었다.

좌파가 전원적 잉글랜드의 이상을 열정적으로 받아들인 것은, 산업 자본주의에 대한 그들의 비판을 생각할 때 당연한 일이었다. 19세기 말 ~20세기 초에 상당한 영향력을 행사한 사회주의자 로버트 블래치퍼드 Robert Blatchford의 《즐거운 잉글랜드*Merrie England*》(1894)는 수년 사이에 100만 부가 팔렸는데, 여기서 그는 사회주의와 시골 생활의 동일시에 기초하여 농업을 건강한 국가적 삶의 본질적 기반으로 정의하면서, 공장제에 대해서는 거침없는 한마디를 던졌다. "그것은 죄악이다."[32] 하

---

30) Jan Marsh, *Back to the Land*(Quartet Books, 1982), p. 8.
31) Peter Mandler, "Against 'Englishness': English Culture and the Limits to Rural Nostalgia, 1850-1940", *Transactions of the Royal Historical Society* 6th series VII(1997), p. 39.
32) Wiener, *English Culture and the Decline of the Industrial Spirit*, p. 119.

영국적인, 너무나 영국적인

층 중간계급과 노동계급 상층부에 큰 영향을 미친 블래치퍼드의 신문 〈클라리언The Clarion〉은 1910년대에 이르러 점차 '덜 사회주의적'이면서 '더욱 전원적'인 면모를 띠어 갔다. 블래치퍼드는 걷기와 자전거 타기를 강조함으로써 시골을 즐기는 것을 사회주의적 미래와 연관시켰고, 클라리언 클럽을 조직하고 여가활동을 위한 전국적 네트워크를 만들어 냄으로써 전원주의를 실질적으로 확산시켰다. 1930년대의 대표적 좌파 문인인 프리스틀리J. B. Priestley도 근대 세계는 "영국인들의 성정에 맞지 않는 것"이라고 주장했다. 영국인들은 고도의 압력을 행사하는 산업과 상업술에 본능적으로 반대하기 때문이라는 것이었다.[33]

시골 예찬과 잉글랜드의 옛 스타일을 되살리자는 복고주의 운동은 동일한 사람들에 의해 진행되었고 동일한 가치에 의존했다. 러스킨은 퓨진Pugin 부자父子와 더불어, 고딕으로 대표되는 옛 잉글랜드 건축 양식을 열정적으로 찬양했다. 보존 운동의 지적 대부 역할을 했던 그는, "건축물의 가장 큰 영광은 그 돌에 있는 것도, 황금에 있는 것도 아니다. 그것의 영광은 오래되었다는 것, 즉 나이"라고 정의 내렸다. 또한 자신이 본능과 본성에서 보수주의자이며, "오래된 것은 오래 되었기 때문에 사랑하고, 새로운 것은 새롭기 때문에 싫어한다"고 인정했다.[34] 러스킨의 이 발언은 사람들에게 감흥의 원천이 되었고, 모리스는 이 말을 자신이 창립한 고건축물보호협회Society for the Protection of Ancient Buildings 선언문에 포함시켰다. 이들의 영향 하에 대부분의 보존론자들은 중세, 특히 고딕 건물들을 보호하려는 노력으로 나아갔는데, 여기에

---

33) Ibid., p. 166.
34) John Summerson, "Architecture" in *The Cambridge Cultural History of Britain vol. 7 Victorian Britain*, p. 53.

는 중세를 다룬《아이반호》등의 소설로 대중적 인기몰이를 한 월터 스
콧 경의 기여도 적지 않았다. 새로운 건물을 지어야 할 때 선호된 건축
양식은 보통 옛 잉글랜드의 변용이었다. 그러나 1860년대에 이르러 고
딕은 젊은 건축가들과 미학자들 세대에 몇 가지 단점을 드러냈다. 우선
너무나 종교적인 데다가 아이로니컬하게도 너무나 성공적이고 도시화
되고 상업화되었던 것이다. 새로운 고딕 디자인이 상업화되고 동시에
따분해지면서, 고딕 부흥론자들은 고딕적 변용에 대해 불안을 느끼기
시작했다.

　이미 1854년에 러스킨은 파괴나 잘못된 복구로 인해 위협받는 '귀
중하고 흥미로운 건물들'을 유지하기 위한 협회 창설을 건의했다. 모든
복구는 잘못된 것이며 오래된 건물은 보수하고 지지대를 받쳐주면 된다
는 것이 러스킨의 판단이었다. 1877년, 당시 복구 작업이 진행 중이던
툭스버리 수도원을 다녀온 윌리엄 모리스는 분노에 찬 편지를 유력 잡
지에 보내 잘못된 '복구'를 꾸짖었다. 그는 그 건물들이 부분적으로는
그것을 만든 사람들에게 속하고 부분적으로는 앞으로 태어날 인류의 모
든 세대에 속한다고 주장했다. "우리에게는 그것들을 건드릴 권리가 없
다." 이 편지로부터 최초의 보존 압력단체인 고건축물보호협회가 발족
되었다(1877). 모리스의 촉구는 건축가들과 예술가들, 전문직 종사자들,
그리고 많은 귀족들로 하여금 정치적 성향에 상관없이 그 협회에 호응
하도록 만들었다. 협회는 당시 한창 붐을 이루던 '복구 작업으로부터 건
물들을 구해내는 것'을 목표로 천명했다. 협회의 영향력은 꾸준히 증가
하여, 5년 사이에 연간 100건이 넘는 사례를 다루게 되었다.

　그러나 대중은 고건물의 보존보다 개방 공간의 보존에 더욱 관심을
보였다. 최초의 중요한 보존 단체인 공유지보존협회Commons

　　　　　　　　　　　　　　　　영국적인, 너무나 영국적인

햄스테드 히스 보존 운동이 20년간 지속되면서, 〈**멀리 해로가 보이는 햄스테드 히스**〉를
비롯하여 그곳을 그린 컨스터블의 그림들도 덩달아 인기를 끌었다.

Preservation Society는 도시, 특히 런던 주변에 아직 개발되지 않은 공
간을 활용하려는 목적으로 조직되었다(1865). 그들은 런던 북부의 구릉
지인 햄스테드 히스Hampstead Heath의 때 묻지 않은 너른 공간에 매료
되어, 그 땅의 사유화 시도에 저항하는 것을 협회의 첫 번째 캠페인으로
삼았다. 햄스테드 히스 보존 운동은 20년간 계속되었고, 그러는 가운데
그곳을 그린 컨스터블의 그림들도 덩달아 인기를 끌었다. 그러나 보존
운동은 사유재산권이라는 막강한 원칙에 부딪혀 지속적인 반대에 직면
했다. 1882년에 고건축물보호법이 제정되었지만, 보존과 사유재산 사이
의 갈등은 여전히 해결되지 않았다. 그러다가 런던 광역시위원회가 소
유주 제시가의 10분의 1에 그 땅을 사기로 함으로써, 햄스테드 히스 보
존 운동은 마침내 성공을 거두었다(1889). 그 해에 국립미술관에서 가장

많이 복사된 작품은 컨스터블의 〈멀리 해로가 보이는 햄스테드 히스 Hampstead Heath with Harrow in the Distance〉였다.

공유지보존협회의 경험을 근간으로, 1895년에는 '역사적 관심과 자연미의 장소를 위한 내셔널트러스트National Trust for Places of Historic Interest and Natural Beauty'가 결성되었다. 또한 전국적 규모의 단체들 외에도 수많은 지역 보존 단체들이 만들어졌다. 이처럼 땅에 대한 대중의 접근이 설득력을 얻은 것은, 노르만 정복 이전의 잉글랜드에 집단적 권리와 의무가 존재했다는 믿음 때문이었다. 현재의 바람직하지 않은 제도가 시작된 시점이 노르만의 정복인지, 종교개혁인지, 혹은 산업혁명인지는 상관없었다. 어쨌든 그 시점 이전의 제도를 복구하고 지키고자 하는 것이었다. 공유지에 대한 요구는 근본적으로 근대 세계를 침범하는 도시화에 맞선 저항이었고, 이러한 정서는 날이 갈수록 강해졌다. 오늘날 내셔널트러스트는 영국에서 가장 규모가 큰 지주의 하나이며, 현재 영국의 거의 모든 지역들은 지역 보존 단체를 가지고 있다.

| 전원적 잉글랜드? |

전원적 잉글랜드의 이미지는 사람들의 가슴을 따뜻하게 해주었지만, 분명 현실을 반영한 것은 아니었다. 그와 함께 그것이 야기한 결과에 대해서도 비판이 제기되었는데, 1980년대 초에 역사학자 마틴 위너Martin Wiener는 전원적 잉글랜드라는 이상에 치명타를 가했다. 그는 그 이상을 19세기 영국 산업의 쇠퇴를 가져온 범인 가운데 하나로 지목했다.

영국적인, 너무나 영국적인

1850년 이후 잉글랜드가 선호하는 자기인식이 '세계의 공장'으로부터 '녹색의 기분 좋은 땅'으로 바뀌었다고 지적한 위너는, 그러한 퇴폐적 변화에 기여한 요소로 러스킨 같은 사회비평가들의 반反산업적 견해, 교회의 반反물질주의적 입장, 토리 낭만주의자들과 사회주의자들이 찬양한 '즐거운 잉글랜드'의 농촌과 오두막을 지목했다. 위너에 의하면, 영국은 이 세상에서 가장 오래된 산업자본가들을 가진 나라인데도 그들을 합당한 존경심으로 대하지 않았고, 그들 스스로도 다른 나라의 산업가들보다 자기확신과 자부심이 덜했다. 그 결과 산업적 에너지가 마모되고 중간계급이 지주화gentrification하는 충격적인 결과를 야기했다. 다시 말해, 전원적 잉글랜드의 이미지가 단순히 이미지에 그치지 않고 실질적 효과를 유발했다는 것이었다.

위너의 지적 이후 '전원적 잉글랜드'를 비판적으로 분석하는 연구가 꾸준히 진행되었다. 우선 잉글랜드를 전원으로 표상하려는 움직임이 누구에 의해, 그리고 왜 진행되었는가라는 질문이 제기되었는데, 일부 연구자들은 도시의 과잉 인구를 시골로 돌려보내려는 정치 지도자들의 의도가 그러한 움직임을 야기했다고 해석한다. 농촌 인구의 감소와 토지소유권 문제가 심각했던 19세기 말, 정치 엘리트들이 점잖은 지주와 정직한 장인층, 그리고 유기적 공동체라는 잃어버린 에덴을 칭송함으로써 그러한 문제를 해결하려 했다는 것이다. 그러나 이러한 주장은 다소 억지스럽게 보인다. 반드시 엘리트의 조작이 아니더라도 도시 생활에 지친 사람들은 시골 이미지에서 위안을 찾으려는 당연한 충동을 가지기 때문이다. 예를 들어, 정원과 정원 가꾸기는 19세기까지도 영국의 모든 사회계층이 공통적으로 즐긴 몇 안 되는 취미 가운데 하나였는데, 이런 식의 합의된 정서는 사람들이 도시화에 대해 느낀 일반적 불편함과 연결되어 있었던 것이다. 게다가 대중은, 비록 시골 경치의 아름다움과 여가 선용의 가능성을 인식하기는 했지만, 전통적 시골의 사회 구성이 근본적으로 봉건적이고 시대착오적이라는 사실을 잊지 않고 있었다.

전원적 잉글랜드가 내포하는 더욱 중요한 문제는 잉글랜드, 그것도 '남부 잉글랜드'라는 특정 지역의 이미지를 국가 전체에 투영한다는 점이다. 여기서도 영국 역사 곳곳에 건재한 '잉글랜드 중심주의'가 강하게 표출되고 있음을 알 수 있다. 컨스터블의 〈건초 수레〉에 묘사된 '컨스터블 지방'은 남부 지방이 잉글랜드의 핵심임을 웅변하며, 그가 그린 나른하고 안락한 시골 풍경은 '영국'적인 것이 아니라 '잉글랜드'의 것이다. 볼드윈 같은 엘리트는 말할 것도 없고 거의 모든 사람들이 '잉글랜드'라는 단어를 사용하면서 '영국'을 의미했는데, 이처럼 잉글랜드에 초점을 맞추는 것은 연합왕국에서 심각한 정치적 함의를 띠게 마련이다. '잉글랜드 중심주의'는 주변 지역을 무시하거나 경시한다. 앞서 언급했듯이, 볼드윈 총리는 한 연설에서 "신께서 어려운 일을 행하고자 하실 때는 영국인이 아니라 잉글랜드인을 부르신다"는 세간의 말을 자랑스레 인용했다.

그렇다면 스코틀랜드인이나 웨일스인들은 '전원적 잉글랜드'라는 국민 정체성에 대해 어떻게 반응했는가? 그들 역시 전원적 버전을 예찬했음은 분명하다. 그러나 '전원적 잉글랜드'라 할 때 그들이 염두에 둔 것은 단지 잉글랜드만이 아니었다. 실제로 시골은 스코틀랜드, 웨일스, 아일랜드에 널리 퍼져 있었다. 게다가 남부 잉글랜드뿐만 아니라 북부의 시골도 영국적인 것으로 찬양되었으며, 남부가 상징하는 나무 울타리와 오두막뿐만 아니라 북부의 산과 황무지도 국가를 찬양하는 데 동원되었다. 1920~30년대에 노동당 당수와 총리를 역임한 스코틀랜드 출

영국적인, 너무나 영국적인

신의 램지 맥도널드Ramsey MacDonald는 자기 고향의 자연을 영국적 풍광으로 찬양했다. 1930년대부터 활동을 시작한 여론조사기관인 대중 관찰Mass-Observation에 의하면, 영국인들은 시골을 '잉글랜드적'이라 기보다 '영국적'인 것으로 간주했다. "워릭 주와 우스터 주의 우거진 길, 코츠월드 지역의 평온함, 호수지대의 구릉과 산들, 콘월 해안의 낭만, 스코틀랜드 고지대의 장엄함, 그리고 아일랜드 서부 해안의 아름다움"35) 모두가 그들이 염두에 두고 있던 영국의 풍광이었고, 그것은 브리튼 섬 전체를 아우르는 것이었다. 전쟁 중이던 1941년에 영국 정보부에서 만든 선전영화 〈영국의 심장The Heart of Britain〉도 남부가 아닌 북부 잉글랜드를 중점적으로 다루고 있다. 따라서 '전원적 잉글랜드'에서 잉글랜드가 반드시 지리적 잉글랜드로 이해되지 않았음은 확실하다. 문제는 그럼에도 불구하고 '잉글랜드'라는 개념이 사용되었다는 점이다.

마지막으로, 전원적 이상과 '땅으로 돌아가기' 운동을 너무 과대평가해서는 안 된다는 의견이 최근 제기되었다. 반反도시적이고 반反근대적인 태도는 소수의 영향력 없는 아방가드들만이 수용했으며, 정치적·경제적 엘리트는 전원에 대한 이상을 받아들이지 않았다는 것이다. 일부 역사가들은 도시 노동계급의 경우 중간계급과 상층 엘리트가 드러낸 시골에 대한 열정을 공유하지 않았다고 주장하기도 한다.36) 앞서 살펴본 고건축물보호협회의 회원 수는 1910년 443명에 불과했으며, 내셔널 트러스트도 비슷한 처지였다. 지도층과 대중은, 영국처럼 위대한 진보를 거듭하는 국가에서 보존 운동이란 너무나 정체적이라고 생각했다는

---

35) Paul Ward, *Britishness since 1870*(Routledge, 2004), p. 57.
36) Mandler, "Against 'Englishness'", pp. 157~160; Ward, *Britishness since 1870*, p. 57.

것이다.[37] 사적보존 운동, 자연보호 운동, 시골보존 운동 등은 모두 잉글랜드에서 시작되었지만 대륙에서 훨씬 더 광범위하게 실천되었다. 따라서 이들은 잉글랜드가 오히려 다른 유럽 문화들보다 전원적 향수에 덜 젖어 있었다고 주장한다.

　　나아가 역사지리학자 매트리스David Matless는 1930~40년대에 진행된 보존 운동과 도시계획 운동에서 잉글랜드성性과 근대성 사이의 강한 연관관계를 밝혀낸다. 그는 영국의 국민 정체성 안에 친親도시적 요소가 존재했는데 당대인들이나 역사가들이 이를 무시했다고 지적한다. 도시화는 재앙을 대표하기는커녕, 때때로 영국의 힘을 반영했다. 영국의 위대함은 시골이 아니라 런던과 산업도시에 반영되었고, 특히 런던은 17세기 이래 유럽 최대의 도시로서 영국의 영광을 대변했기 때문이다. 시골 예찬이 한창이던 시기에도 많은 개혁가들은 도시적 영국을 영국성 개념에 포함시켰으며, 도시 생활을 개선하고 그에 적응하려 했다. 그러니 전원적 잉글랜드뿐만 아니라 도시 역시 잉글랜드를 상징하는 불가결한 요소였음은 자명하다. 따라서 흔히 반反도시적이라고 간주되는 교외는 도시적·반도시적 차원을 넘어 '포스트post도시적'이라는 것이다.[38]

　　전원적 이상과 근대성이 결합된 사례는 곳곳에서 발견된다. 100만 부가 팔린《잉글랜드를 찾아서》의 저자 모턴은 잉글랜드의 전원적 상징이 많은 도시민들의 무의식 속에 잠자고 있다고 주장했지만, 그런 모턴 조차 도시적인 것과 시골적인 것, 전통적인 것과 근대적인 것을 결합시

---

37) Mandler, "Against 'Englishness'", pp. 169~170.
38) David Matless, *Landscape and Englishness*(Reaktion Books, 1998), pp. 26~27.

키고자 했다. 게다가 복원 운동이 온통 과거 지향적이었던 것도 아니다. 시골에 대한 이상은 보다 기획적이고 미래 지향적인 것과 양립 가능했으며, 20세기 영국인들은 실제로 그러한 전원상을 원했기 때문이다. 1926년에 설립된 '전원적 잉글랜드 보존위원회Council for the Preservation of Rural England'는 새로운 것에 맞서 오래된 것을 보존하기 위한 것이 아니라 근대적인 동시에 전통적인 풍광을 기획하기 위한 것이었다. 1920~30년대에 나타난 풍경의 기획과 보존을 위한 움직임들은 보존과 진보, 전통과 근대성, 도시와 농촌을 결합하여, 질서 잡히고 근대적인 것을 영국적인 것으로 제시하려 했다. 보존 운동은 광범위했고 그 안에는 확실히 반근대적이고 전통적인 목소리도 들어 있었지만, 압도적 목소리는 새로운 영국을 기획하고 설계하려는 것이었다. 1938년에 어느 보존 운동가는 근대성을 강조하면서, "농촌을 화석화하려는 무미건조한 보수주의"와 보존 운동을 동일시하려는 부당한 경향이 있지만 "우리 운동에는 그런 사람이 설 자리가 없다"고 선언했다.[39] 따라서 최근의 연구들은 영국인들이 현실을 인정했고, 근대적이고 미래지향적인 성향이 더 강했으며, 영국 사회가 과거 지향적이지 않았다는 사실에 주목한다.

19세기 후반 영국인들은 자신들의 조국이 세계의 공장이 될 것인가, 아니면 기분 좋은 녹색의 땅이 될 것인가를 자문하고는 후자를 선택했다.

39) Ibid., pp. 14, 25~27.

전원적 이상의 근저에는 현실적으로 나타나는 상실을 상상 속에서 회복하려는 욕구가 깔려 있었다. 즉 농촌의 많은 부분이 사라져 버리고 변화하는 바로 그때, 농촌이 소박하고 안정적이며 탈역사적인 이미지로 제시되었던 것이다. 세계 최초의 산업국이면서도 산업 발전을 영감의 원천으로 생각한 적이 거의 없는 영국인들은 '전원적 잉글랜드'의 이미지를 열정적으로 받아들였다. 제1차 세계대전, 대공황, 러시아 혁명, 파시즘과 공산주의의 오름세 등을 겪고 있던 20세기 초의 4반세기 동안, 영국 국민성을 전원과 연결시키려는 시도가 강해졌다. 거의 모든 존재가 피상적이고 일시적이지만 극히 일부는 영원하며 끈질기게 살아남는다는 사실을 시골이 확인시켜 주었다. 사람들은 사회적 불안과 특히 외국의 위협에 직면하여, 변화하지 않는 시골 풍경에서 위안을 얻었다.

전원적인 녹색의 잉글랜드는 단순한 풍경이 아니라 정치적 함의를 내포했다. 의도적이지는 않았지만, 그러한 이미지는 현존하는 정치적·사회적 구조에 신용장을 부여하는 결과를 낳았다. 그 핵심은 '지속', '공동체' 또는 '조화'의 이상이었고, 무엇보다도 '계급 없는 사회'라는 특별한 종류의 이상이었다. 영국인들은 전원적 이미지에서 '진정한 잉글랜드'를 찾으려 했다. 그곳은 공기가 맑고 인간관계가 여전히 개인적이고 자연스러우며 범죄와 폭력이 없다. 즉 사람들은 비자연적 또는 비현실적인 도시사회에 대조되는 진정한 사회, 유기체 사회의 존재를 믿고 싶어했던 것이다. 전원적 이미지는 영국인들의 섬나라 근성과 더불어, 안정과 질서에 바쳐진 자기인식에도 어울린다는 장점을 지니고 있었다.

1946년에 쓰인 어느 글은, 잉글랜드가 여전히 "이 섬의 평범한 사람들에게 항상 소중했던 것들, 즉 오랜 전통, 오래된 교회, 구불구불한 길,

영국적인, 너무나 영국적인

길가의 여관, 잎이 돋은 숲, 녹색 초원"을 의미한다고 확신했다.[40] 물론 영국인들의 자연에 대한 집착이 예외적인 것은 아니다. 다른 나라들도 비슷한 신화를 가지고 있다. 독일의 숲과 마을은 잉글랜드의 초원과 농촌마을만큼 강력한 효과를 발휘한다. 그러나 대륙과 달리 20세기 초에 이르러 농촌이 이미 너무나 사라진 상황이었다는 점에서 영국의 경우는 독특했다. 바로 그 때문에 시골에 대한 환상이 시작되었지만, 잉글랜드 의 농촌은 국민 정체성의 상징으로 쓰이기에 이미 너무나 쇠락해 있었 다. 그럼에도 불구하고 '전원적 잉글랜드'는 사람들에게 영원히 변하지 않는 무언가에 대한 향수로 작용했고, 앞으로도 그럴 것이다. 많이 파괴 될수록 더 많은 그리움을 불러일으키는 것이 바로 땅이고 자연이기 때 문이다.

---

40) David Lowenthal, "British National Identity and the English Landscape", *Rural History*, 2/2(October 1991), p. 213.

3

대니얼 디포가 밟은 영국[1] 땅

《로빈슨 크루소》의 저자 대니얼 디포(1660~1731)는 파란만장한 삶의 주인공이었다. 그는 왕정복고의 해인 1660년 적당한 경제적 여력을 지닌 런던의 장로교 사업가 집안에서 태어나 비국교도로 교육받았다. 그 후 사업을 시작하여 양말 제조업과 포도주 수입 등의 여러 사업에 손을 댔는데, 결과는 좋지 못하여 1692년에 결국 파산하고는 그의 직종에서 쫓

1) 이 장에서 '영국'은 국가의 의미로, '브리튼'은 지리적 의미로 사용된다.

대니얼 디포는 영국 소설의 창시자였을 뿐만 아니라, 잉글랜드-스코틀랜드 연합왕국을 면밀히 관찰하고 명백한 통일국가의 비전을 제시한 인물이기도 했다.

겨났다. 일생에 걸쳐 위대한 상인을 칭송하고 상업의 영광을 노래했지만, 그러한 영광을 몸소 실현하지는 못했던 것이다. 그 후 디포는 저술로 일곱 명의 자식을 먹여 살려야 했다. 상인보다는 저술가로서 운이 따랐는지, 그는 영국 소설의 창시자라는 명성을 안겨준 여러 편의 소설을 썼으며, 저널리스트로도 필명을 날렸다. 그러나 토리 상층을 공격하고 국교회를 풍자하는 글을 써서 벌금형과 형틀을 쓰는 필러리형Pillory, 수감형을 몇 차례 당했으며, 1685년에는 제임스 2세에 대항하여 몬머스 공작이 주도한 반란에 가담하기도 했다.

정치에 몰입한 디포는, 후에 총리가 된 옥스퍼드 백작 할리Robert Harley와 재무대신 고돌핀Sidney Godolphin을 위해 팸플릿을 작성했으며, 정치적 정보원, 즉 스파이로 활동하기도 했다. 특히 잉글랜드-스코틀랜드 합병(1707) 당시 스코틀랜드에서 활약하며 연합왕국의 기조를 다지는 데 큰 역할을 했다. 디포는 60대의 비교적 평온한 노년기에 《로빈슨 크루소》《몰 플랜더스*Moll Flanders*》《록사나*Roxana*》 등의 소설을 집필하여 소설이라는 장르를 창조해낸 선구자 가운데 한 명으로 인정받았지만, 열정의 대부분을 저널리즘, 선전, 정보 수집 등에 쏟아 부은 것으로 평가된다. 말년에 또다시 소송 사건에 연루된 그는 쫓기는 몸으로 1731년에 사망했다.[2]

이 장에서는 디포가 1724~26년에 발간한《대 브리튼 섬 전체를 경유한 여행기*A Tour Through the Whole Island of Great Britain*》(이하《여행기》)를 분석해 보기로 한다. 디포는 이름을 밝히지 않은 채 저작 활동을 한 것으로 유명한데, 이 작품 역시 출간 당시에는 무명씨로 발표되었고 7판(1769)에 이르러서야 그의 이름이 저자로 명기되었다.[3] 이 작품은 후대에 이르러 일종의 명예 청서honorary Blue Book[4]의 지위를 차지했으며, 사회사가나 경제사가들에 의해 널리 인용되었다. 19세기 영국 역사가 트리벨리언George Otto Trevelyan은 디포를 두고 "근대적 시각으로 구세계를 관찰한 최초의 관찰자 가운데 한 명"이라고 칭송했으며, 경제사가 피터 머사이어스Peter Mathias는 그 시대의 경제적 성장을 바라본 "가장 예민한 관찰자"로 격찬했다.[5] 그 밖에 만투Paul Mantoux,

---

2) 디포의 전기 가운데 최근에 발간된 것은 Maximilian E. Novak, *Daniel Defoe, Master of Fictions: His Life and Ideas*(Oxford: Oxford University Press, 2001)이다.

3) Daniel Defoe, *A Tour Through the Whole Island of Great Britain*, abridged and edited by Pat Rogers(Penguin 1971/1986). 디포 연구가인 로저스는 원래 세 권으로 발간된 이 작품에서 디포가 캠던과 매키 등으로부터 인용한 부분과 디포 사후 삽입된 부분들을 제거하여 한 권으로 편집했다. 따라서 로저스가 편집한 1971년 판은 디포의 진정한 목소리에 더욱 근접해 있다고 할 수 있다. 《여행기》의 편집 과정에 대해서는 Katherine Turner, "Defoe's Tour: The Changing 'Face of Things'", *British Journal for Eighteenth-Century Studies*, 24(Autumn 2001) 참조. 이하 본문에 인용된 쪽수는 1986년 펭귄 판의 쪽수.

4) 청서는 영국 의회의 공식 보고서.

5) Rogers, "Introduction", in *A Tour*, p. 11.

애슈턴T. S. Ashton, 클래펌John Clapham 등의 쟁쟁한 학자들이 이 책을 인용했다.《여행기》에는 디포 자신의 직접 관찰뿐만 아니라 고대로부터 전승된 흥미로운 소문, 미신, 전설, 경제적 통계 등이 담겨 있는데, 물론 그 세세한 묘사가 모두 신뢰할 수 있을 정도의 정확성을 지닌 것은 아니다.

《여행기》는 일차적으로 당시 점증하던 여행자들을 위한 여행안내서의 성격을 띠지만, 거기서 그치지 않는다. 생애 말기에 이른 디포가 일생 동안 품어온 잉글랜드와 브리튼에 대한 비전을 실제 현상과 비교하며 제시하고 있기 때문이다. 여기서는 무엇보다도 디포가 제시하고자 했던 연합왕국의 모습과 비전을 추적해 보고자 한다.《여행기》제1권은 잉글랜드-스코틀랜드 연합왕국이 성립된 지 17년, 그리고 제임스 추종자들이 첫 번째 반란—재커바이트의 난—을 일으킨 지 불과 9년 뒤인 1724년에 출간되었다. 이처럼 상당히 불안한 연합왕국의 상황에서도 디포는 명백한 통일국가의 이미지를 가지고 있었고, 그것을《여행기》에서 펼쳐보였다. 그 이미지란 잉글랜드와 스코틀랜드의 상생이었으며, 그 상생의 핵심은 통합된 경제였다. 그리고 그 모든 것의 기저에는 '영국'이라는 국가와 국민적 통합의 꿈이 자리했다. 그의 꿈은 19세기에 이르러서야 비로소 실현되었으니, 그런 점에서 디포는 일종의 선지자였다. 한편 경제적 활성화를 연합왕국으로 가는 지름길로 상정했다는 점에서, 그가 품은 통일국가의 이상은 강점과 약점을 동시에 지니는 것이었다.

| 여행기의 전통과 디포의 《여행기》 |

영국 여행기의 전통은 1530년대에 쓰인 릴랜드John Leland의 《답사기 *Itinerary*》에서 시작된다. 릴랜드의 《답사기》는 뼈대만 있고 서사가 부족하기 때문에 진정한 여행기라고 볼 수는 없지만, 풍부하고 정확한 답사가 장점이며, 특히 종교개혁으로 수도원이 폐쇄되기 전에 마지막으로 영국 내 수도원과 대학 도서관들을 점검하고 남긴 기록이라는 점에서 중요한 가치를 지닌다.[6] 다음으로 중요한 책자는 해리슨William Harrison의 《영국 묘사*Description of Britain*》(1577)다. 이는 후에 큰 영향력을 미친 홀린셰드Raphael Holinshed의 《연대기*Chronicles of England, Scotland and Ireland*》 부록으로 쓰인 것인데, 릴랜드보다 분석적이기 때문에 각 지역의 지리에 대해서는 덜 상세하지만 관습, 매너, 생업 등에 대한 생동감 있는 묘사를 담고 있다. 디포 이전의 여행기 전통에서 가장 중요한 작품으로 평가되는 캠던의 《브리타니아》 초판은 1586년에 발간되었다.

17세기 들어 잉글랜드를 새롭게 발견하는 작업이 진행되었다. 스톤헨지에 대한 논문들이 발표되었고, 그레고리 킹과 윌리엄 페티 경을 위시한 통계학자들에 의해 인구조사가 실시되었다. 잉글랜드는 이제 '스스로를 발견'하는 나라, 그 자신의 '세력과 민족성을 의식'하기 시작하는 나라가 되었는데, 그에 적합한 형식이 바로 여행기였다.[7] 이러한 '자

---

6) Michael Wood, *In Search of England*(Berkeley: University of California Press, 1999), ch. 6. 그 밖에 설혜심, 〈튜더왕조의 국가정체성 만들기: 존 릴랜드의 답사기〉, 《서양사론》 제82호 (2004년 9월) 참조.
7) Rogers, "Introduction," p. 19.

17세기 들어 잉글랜드를 새롭게 발견하는 작업이 진행되면서,
솔트베리 평원의 **스톤헨지**도 주목을 받게 되었다.

'기발견'의 분위기에 힘입어 1695년에는 캠던의 《브리타니아》가 새로이
발간되었다. 디포의 《여행기》가 나오기 직전에 출간된 중요한 작품으로
는 스코틀랜드 출신 존 매키John Mackey의 《편지로 본 잉글랜드 여행
Journey through England, in Familiar Letters》(1714~1722)이 있는데, 이는
제대로 된 구성도 생동하는 현실감도 갖추지 못한, 단순히 주석을 붙인
길 안내서에 불과했다. 디포는 《여행기》에서 비웃는 식으로 그 책을 몇
번인가 언급했으며, 특히 매키의 텍스트에서 잘못된 부분들을 찾아내어
밝히기를 즐겼다.[8] 디포는 다른 여행기 작가들에게 경쟁의식을 느꼈는
데, 그가 누구보다도 의식한 작가는 캠던이었다.[9] 《여행기》에서 디포는

영국적인, 너무나 영국적인

경의를 표하는 듯하면서도 비판적인 어조로 캠던을 언급한다(pp. 49, 160). 그는 캠던의 스톤헨지 크기 계산이 틀렸으며(p. 199), 캠던이 "오래 되어 이제 막 쓰러지려고 하는" 것으로 묘사한 콜체스터 성이 "그 후 120년 동안 서 있었고 아직도 서 있으며 앞으로도 120년 동안 쓰러지지 않을 것"이라며 놀리듯이 쓰고 있다(p. 60).

《여행기》서문에 의하면, 디포의 답사는 1722년에 이루어졌다. 그러나 실제로는 그가 상인으로 활동하던 1680~90년대, 그리고 할리를 위해 활동한 1703~14년, 그리고 1722~24년에 걸쳐 이루어진 것으로 생각된다. 1711년 디포는 브리튼 섬의 모든 '구석과 모퉁이'를 안 가본 데가 없다고 주장했다. 실제로 그가 소장했던 저서들의 목록으로 판단하건대, 그는 평생 지리와 탐험에 관심을 기울였던 것으로 보인다. 디포는 아마도 제1권을 1722년에 써서 1723~24년에 부록을 첨가하고 편집했으며, 제2권은 1724년에, 제3권은 1725년 후반기에 쓴 것으로 추정된다.[10]

어쨌든《여행기》는 발간 당시의 최신 정보들을 담고 있다. 제1권은 이스트앵글리아와 잉글랜드 남동쪽 해안, 제2권은 잉글랜드 남서쪽을 거쳐 콘월 지역과 런던, 그리고 제3권은 잉글랜드 북부와 스코틀랜드를 소개한다. 디포는 각 지역을 있는 그대로 공정하게 묘사하는 "겸손한 여행자"로서, 각 지역의 "진실하고 공정한 묘사를 제공하는 것, 생산, 상

---

8) Pat Rogers, *The Text of Great Britain: Theme and Design in Defoe's Tour*(Newark: University of Delaware Press, 1998), pp. 38~39.
9) 로저스는 디포가 부분적으로 캠던을 표절했다고 주장한다. Rogers ed., *Daniel Defoe: The Critical Heritage*, p. 28.
10) Turner, "Defoe's *Tour*: The Changing 'Face of Things'", p. 190; Rogers, "Introduction", p. 15.

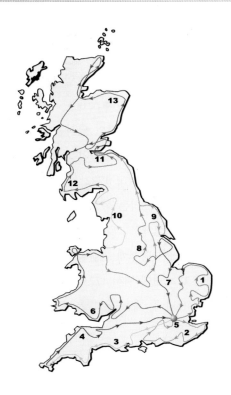

브리튼 섬의 '구석과 모퉁이'를 안 가본 데가 없다는 디포 자신의 주장대로,
그는 수차례에 걸쳐 전국을 답사했으며, 평생 지리와 탐험에 관심을 기울였다.

업, 제조업, 그리고 생산력을 가늠하는 것, 사람들의 행동거지와 매너를
보여주는 것"을 자신의 역할로 규정한다(p. 446). 그러나 자신의 일이
단순히 장소들의 지리적 위치를 묘사하는 것은 아니라는 점 역시 분명

영국적인, 너무나 영국적인

히 밝힌다(p. 100).

디포는 자신의 정치적, 종교적 성향을 드러내지 않으려고 조심했는데, 이는 다양한 부류의 독자를 의식했기 때문일 수도 있고 편향되지 않은 저널리스트로서의 면모를 유지하기 위해서였을 수도 있다. 디포가 《여행기》를 쓰던 당시는 하노버 왕조 초기로서, 휘그들이 권력과 돈을 장악하고 전성을 누리던 시기였다. 《여행기》의 성향은 아마도 토리적이라기보다 휘그적이라고 할 수 있지만, 디포는 공정하려고 노력한다. 그는 영국 내전에 대해 서술하면서 어느 편도 들지 않으며, 당시 진행 중이던 휘그와 토리의 논쟁에도 개입하지 않겠다고 밝힌다. 그러나 토리 향사鄕士들의 쇠락과 휘그 인사들 및 그들과 동맹을 맺은 상인들의 부상이 묘사되고 있는 것은 분명하며, 알렉산더 포프나 조너선 스위프트 Jonathan Swift의 작품을 비롯하여 왕정복고기 희극에 공통적으로 나타나는 졸부나 중간계급에 대한 풍자는 찾아볼 수 없다.[11]

디포가 지닌 장로교도로서의 신실한 신앙을 생각할 때, 《여행기》에 나타나는 엄정한 종교적 중립 역시 감탄스러울 정도다. 《여행기》는 각 지역 비국교도들의 존재에 대해서도 특별히 언급하지 않는다. 예외적으로 콜체스터를 묘사하는 부분에서만 비국교도에 관심을 보이는데, 이 도시에는 "퀘이커교도들이 많지 않으며, 재세례파는 없지만 장로교도들의 집회장소는 하나 있고, 독립파들의 집회장소도 하나 있다"고 비교적 자세히 설명한다(p. 71). 노설러튼이라는 다른 지역에서도 디포는 몇 명의 퀘이커교도들을 확인한다(p. 71). 이처럼 《여행기》의 표면적 이데올

---

11) Betty A. Schellenberg, "Imagining the Nation in Defoe's *A Tour Through the Whole Island of Great Britain*", *ELH* 62(1995), p. 455.

로기는 의도적으로 논쟁적이지 않다. 작가의 직접적인 언급은 몇 군데에 불과한데, 디포가 가장 드러내놓고 비난하는 것은 뒤에 언급될 남해 거품 사건이다.

공정하려는 노력은 과학적이고 경험적이며 지적인 분위기를 창출하려는 노력과도 결부된다. 《여행기》는 소문이나 사람들의 사는 모습 등을 담고 있으며 간혹 전설을 소개하기도 하는데, 디포는 '비판하는 것이 아니라 이야기하는 것'이라는 자신의 명분을 지키고자 한다. 따라서 시저가 템스 강을 건넌 곳으로 알려져 있는 서리의 오틀랜드에서도 가능한 한 개인적인 판단을 개입시키지 않은 채 전설을 전하려고 노력한다. 그곳에는 고대 브리튼 병사들이 시저의 군대를 퇴패시키기 위해 3마일에 걸쳐 강에 말뚝을 박았다는 이야기가 전해 내려오고 있었는데, 디포가 그 지역을 방문했을 때 그곳 사람들은 아직 그 말뚝들이 강 밑바닥에 보인다고 주장했다. 이에 디포는 "거짓은 아닌 것 같으니 그렇다고 믿을 수밖에" 없다며 그 이야기를 전한다(pp. 171~172). 옛날 브리튼과 색슨 왕들의 대관식이 거행되었다고 전해지는 킹스턴에서도, 디포는 "확인하거나 부정하지 않겠다"며 비슷한 태도를 취한다. 그러나 윈체스터에서는 아서 왕 전설에 대해 대단히 비판적인 모습을 보인다. 그는 아서 왕의 원탁에 대해, "테이블은 여전히 걸려 있고 오래된 물건이기는 하다. 색슨어로 기사들의 이름들이 적혀 있지만 아무도 읽을 수 없다. 내 생각에 이 이야기는 온통 근거가 없어서 믿을 수가 없다"고 폄하해 버린다(p. 191). 아서 왕의 원탁은 오랫동안 5세기의 유물로 여겨져 왔지만, 1976년에 수선하는 과정에서 13세기의 유물로 밝혀졌다.[12] 디포의 시

---

12) Anne Berthelot, *King Arthur: Chivalry and Legend*(Thames & Hudson, 1997), p. 68.

영국적인, 너무나 영국적인

대에는 원탁이 진정한 역사적 유물이라는 믿음이 절대적이었다는 점을 감안할 때, 그의 비판은 파격적이라 할 수 있다. 아서 왕 전설을 그대로 믿은 릴랜드나 아서 왕이 묻혀 있다고 전해지는 장소에 대해 전혀 의심하지 않은 캠던과 달리, 디포는 그 모든 것에 대해 심각한 의구심을 드러낸다(pp. 257, 340~341). 이처럼 디포는 객관적으로 사실 규명이 가능한 이야기와 불가능한 이야기를 구분하려고 노력한다. 또한 그는 대중의 미신 숭배를 경멸하는데, 이를테면 "진짜 마녀는 늙고 추한 여자가 아니라 아름다운 요부"라는 식으로 짓궂게 놀리기도 한다. 그리고 살해된 성처녀 윈프리드를 묻자 물이 솟아나왔다고 전해지는 웨일스의 유명한 우물에 대해서도, "내 시간을 빼앗기에는 너무 전설 같은 냄새가 난다"고 평가한다(p. 388). 이렇듯 디포는 사물을 상상이나 가정을 통해서가 아니라 있는 그대로 생각하는 실사구시實事求是를 주장한다.[13]

그러나 공정한 관찰자의 입장을 주장하면서도, 디포는 곳곳에서 문인의 풍모를 드러낸다. 특히 최상급 형용사와 수식어를 자주 사용하는데, 이를테면 '결코 본 적이 없다'든가 '가장 아름다운', '최상의' 등의 표현들이 그것이다. 링컨 대성당은 높은 언덕 위에 우뚝 서 있어서 "주변 5,6개 주에서 다 보인다"든가(p. 411), 스노도니아 산맥은 "한니발조차 군대를 이끌고 넘기가 불가능함을 알았을 것"이라는 식으로 과장되게 묘사한다(p. 390). 물론 그러한 서사가 《여행기》를 사적이고 개인적인 책으로 만들어 생동감을 불러일으키고, 그 때문에 책이 살게 된다고 말할 수 있다. 릴랜드 이후 디포가 가장 만족할 만한 문학적 여행기의 형태를 성취했다고 평가되는 것도, 그가 객관적 사실과 개인적 논평을

---

13) John Richetti, *Daniel Defoe*(Boston: Twayne Publishers, 1987), p. 36.

디포는 **스노도니아 산맥**을 일컬어 "한니발조차 군대를 이끌고 넘어가기가 불가능함을 알았을 것"이라고 묘사하는데, 이런 식의 표현은 그의 《여행기》를 더욱 생동감 있게 만들어 준다.

최상의 형태로 혼합했기 때문이다. 역사와 예언, 관찰과 인상, 공식적 기록과 비공식적 삽화가 함께 섞이고, 사람들의 사는 모습, 익살스러운 유머, 소문, 풍문 등이 기업가이자 상인, 언론인, 그리고 스파이로서의 그의 배경과 어우러짐으로써, 다른 여행기 작가들의 경지와는 뚜렷이 구분되는 모습을 보여주는 것이다. 디포가 전하는 여러 삶의 모습에서

영국적인, 너무나 영국적인

우리는 수십 명의 아내를 가진 남자라든가(p. 55), 허리가 3야드가 넘어서 앉을 때 "작은 의자를 앞에 놓고 배를 그 위에 올려놓아야" 할 만큼 무시무시하게 뚱뚱한 여인을 만나게 된다(p. 374). 또한 디포는 관광여행이라는 개념을 만들어낸 실질적인 장본인으로서[14] 당시의 여가 문화를 자세히 설명하는데, 우리는 그를 통해 휴일이면 하루 종일 걸어서 소풍을 가는 18세기 영국인들의 생생한 모습을 접하게 되며(p. 166), 특히 사회계층에 따라 여가 문화가 어떻게 구분되는지를 알게 된다.

한편 디포의 《여행기》는 공간 규모를 지닌다는 점에서, 즉 '지도로서의 여행기'라는 점에서 단순한 문학작품과도 구분된다. 그의 서술에서 한 지역이 차지하는 공간은 그 지역이 실제 지리상에서 차지하는 공간에 비례한다. 예를 들어, 작은 마을과 읍은 간략하게 묘사하는 반면 런던은 길게 설명하는데, 이러한 양식은 소규모 지도의 경우에 중요하지 않은 도시를 생략하는 지도 작성 법칙을 따르는 것이다. 지도 제작의 역사에 관한 최근의 연구 성과에 따르면, 근대 서양사회에서 지도는 사회관계를 형성하고 국가 권력을 유지하는 데 결정적인 역할을 한 것으로 드러난다. 즉 지도가 국경과 국가경제, 내부통치, 인구통제 그리고 군사력 등의 국가적 기획에 봉사했다는 것인데, 디포의 《여행기》도 일면 이러한 지도의 속성을 띠고 있다.[15] 이제 《여행기》를 구체적으로 분석해 보자.

---

14) Rogers, *The Text of Great Britain*, 204.
15) Christopher Parkes, "'A True Survey of the Ground': Defoe's *Tour* and the Rise of Thematic Cartography", *Philological Quarterly* 74(Fall 1995), pp. 396~398.

| 상공업과 전국적 네트워크 |

디포가 《여행기》에서 가장 강조하는 것은 상업의 중요성이다. 그의 상업 예찬은 이미 잘 알려져 있는 사실로, 상업이야말로 국가의 장래를 책임 질 분야라는 그의 확신은 《여행기》뿐만 아니라 다른 저작에서도 재차 확 인된다. "토지가 연못이라면 상업은 샘물"이라는 그의 유명한 격언은 이 미 《완벽한 잉글랜드 상인 *The Complete English Tradesman*》이나 《록사나》 같은 소설에서 잘 표현되었는데,[16] 그 결과 디포는 일종의 "시장체제의 계관시인"이라는 평을 듣기도 한다.[17] 디포는 또한 《여행기》 집필 이전 에 이미 전통귀족들이 살아가는 방식과 새로운 체제 하에서 상인들이 효율적으로 돈을 운영하는 방법을 대조한 바 있다. 즉 전통사회가 소비 를 위해 돈을 빌리고 그래서 지주층을 빚으로 내몬다면, 상인들은 투자 를 위해 돈을 빌리고 그것을 통해 더 많은 이윤을 남긴다는 것이다.

디포는 《여행기》에서도 상업이야말로 나라를 먹여 살리는 원천임을 설파한다. 상업은 "국가와 도시와 읍과 항구의 생명이며 한 나라의 전반 적 번영의 근원"이라는 믿음과 더불어(p. 601), 상공업이 발달한 곳은 발전하고 부유하지만 그렇지 않은 곳은 퇴락하고 가난하다는 '법칙'을 《여행기》 곳곳에서 설파하고 있다. 그러나 디포가 생각하는 상업과 상인 은 단순히 물건을 사고파는 소상인이 아니다. 그가 말하는 상인이란, "외국과 무역을 하고 상당수의 배를 소유한 상인"을 가리킨다(p. 590). 디포는 상업, 특히 외국과의 무역이 활발한 곳을 선호하며, 잉글랜드가

---

16) Murray G. H. Pittock, *Inventing and Resisting Britain*(Palgrave, 1997), p. 66.
17) Richetti, *Daniel Defoe*, p. 44.

해외무역을 위한 제조업에서 다른 나라들보다 앞서 있음을 곳곳에서 확인한다(pp. 255~6, 260, 572). 《여행기》이전의 다른 책자에서도, 그는 "지배"가 아니라 "자유롭고 개방적인 무역"을 통해 모든 나라들로부터 부를 끌어들임으로써 발생하는 "잉글랜드의 행복과 브리튼의 영광"을 설파한 바 있다.[18]

《여행기》에서 강조하는 상공업의 핵심 가치는 근면이다. 상공업과 어업이 발달한 곳에서 디포는 게으른 사람들을 발견하지 못한다. 예를 들어 이스트앵글리아의 크로머에서, 그는 신사들보다 상인들이 더 많고, 배를 타는 선원들과 제조업자를 비롯한 모든 사람들이 "삶의 주된 일, 즉 돈 버는 일"에 바쁘게 종사하며, "게으른 사람들을 전혀 찾아볼 수 없다"는 사실에 감탄한다(p. 95). 그에게는 전국적 상업의 중심인 런던이야말로 영국의 중심이자 지레받침이며, 그러한 런던의 중심은 '시티the City'[19]다. 이처럼 궁정 대신 런던을 부각시킴으로써, 디포는 상업을 국가의 '새로운 권력'으로 만들어 영광의 서사를 바친다. 그에 의해 상업은 모리배들의 사업이 아니라 국가를 건설하는 사람들의 영웅적 투쟁이 되며, 상인들은 상업을 통한 국가 통합의 주인공이 되는 것이다.

상인은 디포의 영웅이었다. 상공업의 발달로 부르주아지는 귀족에 버금가는 영지를 획득했는데, 이는 리치먼드로부터 런던까지 템스 강 연안을 따라 늘어선 '신사들'의 저택에서도 확인된다. 이 저택들이 지주층의 영지가 아니라 "돈 버느라 바쁜 신사들", 시민들의 여름저택이나

---

18) Defoe, "England Not Imperialist"[October 4, 1707] in *The Best of Defoe's Review*, compiled and edited by William L. Payne(NY: Columbia University Press, 1951), p. 177.
19) 런던의 옛 시가지. 현재는 금융의 중심지이다.

전원주택이라는 사실을 디포는 특히 강조한다. 여기서 알 수 있듯이, 디포는 상인을 신사에 포함시킴으로써 '신사'의 개념을 재정의한다. 그는 전통적 지주층뿐만 아니라 부유하며 "훌륭한 매너와 훌륭한 친교"를 가진 시민들을 신사에 포함시킴으로써 기존 신분개념을 전복시킨다(p. 194). 이미 《완벽한 잉글랜드 상인》에서도 디포는 "정직함, 정확한 처리, 성실함"이 모든 거래에 중요하다고 강조하는 가운데, 이를 상인의 속성으로 정의한 바 있다.[20] 그는 몇몇 런던 상인들이 상당한 규모의 영지를 산 사실을 지적하면서, 언젠가는 런던의 부자들이 오래된 젠트리 가문들과 동등해지고 그들을 사버릴지도 모른다고 예견한다(p. 57). 그의 말은 마치 근면과 검약의 윤리, 사려 깊은 상업적 부의 축적을 통해 팽창될 영국의 미래를 내다보는 예언처럼 들린다. 이처럼 디포는 확장하는 중간계급의 가장 큰 역동성을 야망과 기업가적 충동에서 찾으면서, 상인들이 지배층으로 상승하는 것을 환영한다.

상업의 발달에서 도로망과 운하를 통한 전국적 네트워크는 빼놓을 수 없는 요소다. 디포는 도로망을 인간의 통제와 문명의 징표로 간주하는데, 특히 《여행기》에서는 런던을 중심으로 한 전국적 상업망을 자세히 묘사하면서 그 중요성을 강조한다. 디포는 당시 막 태동하고 있던 교통통신의 새로운 체제가 야기할 경제적, 사회적 중요성을 정확히 인식하고 있었다. 《여행기》에서 가장 유명한 일화는 '재빠른 닉스Swift Nicks'라는 별명을 얻게 된 한 강도의 이야기다. 1676년경 켄트 주의 어느 지역에서 새벽 4시쯤에 한 신사가 강도를 만나 모든 것을 빼앗겼다. 범인 닉스는 곧바로 배와 말을 번갈아 타고 에식스를 거쳐 케임브리지에 도

---

20) Defoe, *The Complete English Tradesman* in *The Works of Daniel Defoe*, p. 576.

영국적인, 너무나 영국적인

'**재빠른 닉스**' 라는 별명을 얻게 된 한 강도의 일화는 디포 시대에 잉글랜드가
이미 도로망에 기초한 전국적 네트워크로 연결되어 있었음을 단적으로 보여준다.

착했고, 거기서 지름길을 따라 북쪽으로 계속 달려 같은 날 오후 요크에 다다랐다. 물론 사이사이 쉬거나 짧게 잠을 자기도 했다. 요크에 도착한 닉스는 부츠와 옷을 벗어던지고 마치 그곳 주민과 같은 행색을 하고는 잔디 볼링장으로 갔다. 거기서 그는 요크 시장에게 시각을 물어 대답을 들었는데, 그럼으로써 시장이 자신의 얼굴과 정확한 시각을 기억하도록 하려는 것이었다.

이 일화의 핵심은 닉스가 잉글랜드 남쪽 지방인 켄트에서 강도 행각을 벌인 다음, 발달한 도로망을 이용하여 같은 날 오후 요크셔에 도착함으로써 알리바이를 제시했다는 것이다. 그 후 벌어진 이 사건의 재판에서 핵심은 한 가지, 즉 사건이 발생한 시각과 혐의자가 제시한 알리바이의 시간 차였다. 닉스는 그 시각에 자신이 요크셔에 있었다는 사실을 들어 혐의를 부인했다. 그는 요크 시장을 증인으로 채택하기도 했는데, 그의 주장이 너무 그럴듯해서 배심원들은 그를 무죄 방면했다. 누구도 하루에 그처럼 멀리 떨어진 곳으로 이동할 수는 없다는 것이 그 근거였다. 디포가 전하는 이야기에 따르면, 재판 종결 후 국왕 찰스 2세가 용서를 전제로 사실 고백을 권유하자 닉스는 자신이 어떻게 그 긴 거리를 이동했는지 설명했고, 이에 왕은 그에게 '재빠른 닉스'라는 별명을 지어주었다고 한다(pp. 121~123).

이처럼 디포의 시대에 잉글랜드는 이미 도로망에 기초한 전국적 네트워크로 연결되어 있었고, 아울러 그 한가운데 자리한 런던 중심의 경제망으로 파악될 수 있었다. 디포는 잉글랜드의 모든 지역들이 런던에 생산물을 공급하고 있다는 사실에 주목하면서, 서픽과 노픽은 런던의 칠면조 공급지이며 윌트셔와 글로스터셔의 농부들은 런던에 매우 훌륭한 품질의 베이컨을 공급한다는 식으로 각 지역이 런던에 공급하는 물

영국적인, 너무나 영국적인

품들을 나열한다(pp. 83, 250, 264). 런던은 교역과 부, 사회와 유행의 중심지로서 되풀이하여 등장한다(물론 콘월이나 브리스틀처럼 런던으로부터 독립해서 발달한 지역들도 있지만, 이 지역들은 어떤 면에서 예외라고 할 수 있다). 그러나 디포는 '시티'를 상업의 중심지로 찬양하면서도, 주식으로 돈을 버는 행위에 대해서는 거대한 "종이 상업"이라고 평하면서, 특히 "너무 광범위해서 웬만한 재산 있는 사람들은 다 연루된" 남해거품 South Sea Bubble 사건[21]에 대해 극도의 거부감을 표출한다. 은행, 남해회사, 동인도회사, 아프리카회사들이 "이 나라를 몰락으로 몰고 간다"는 비난에서 알 수 있듯이(pp. 306~307), 그는 '종이 상업'이 아니라 실제로 물건을 만들어 사고파는 '상업'의 예찬론자인 것이다.

아울러 디포는 런던 중심의 국가경제를 인정하면서도 런던이 너무 비대해지는 것을 경계한다. 그는 런던을 중심으로 하는 전국적 네트워크의 장단점을 잘 인식하고 있었다. 그는 런던을 "과대 팽창한" 도시라고 평가하면서, 런던의 확장이 도시의 미를 위해서는 가공할 일이라고 판단한다(p. 286). 대도시의 "왜곡, 난폭함, 억압, 규율"에 대한 비판도 발견되는데, 그는 잉글랜드가 자유국가임에도 불구하고 런던의 감옥 수가 유럽의 어느 도시보다도 많다는 점을 한탄한다(pp. 303, 321). 발달된 도로망이 항상 유익한 것도 아니다. 디포는 명예혁명 시기에 아일랜드 사람들이 "모든 사람들의 목을 자르기 위해" 밀려 들어왔다는 사실을 지적하면서, 발달된 도로망에 대해 상반된 양면적 평가를 내린다(p. 223). 이렇듯 디포는 근대성을 찬양하면서도 그것이 야기할 부정적 측면을 간과하지 않았던 것이다.

---

21) 1720년 영국 남해회사의 주식을 둘러싸고 일어난 투기 사건.

| 애국적 풍광, 상업적 풍광 |

디포가 품고 있던 브리튼의 이미지는 궁극적으로 잉글랜드의 이미지였다. 그는 잉글랜드와 그 밖의 지역을 구분하지만, 잉글랜드에 의해 브리튼 섬 전체가 통일되었다는 사실을 자랑스레 지적한다. 한마디로《여행기》는 자연 풍광을 포함하여 잉글랜드의 역사를 찬양하는 애국적 서사로 읽힐 수 있다. 디포가 이상적으로 생각하는 풍경은 풍요롭고 잘 경작되어 있으며 많은 사람들이 북적거리는 잉글랜드의 풍경, 즉 "신사들의 저택, 아름답게 구획된 땅, 목초지, 풀밭, 그리고 그에 따르는 많은 수의 가축들"의 모습이다(p. 602). 여기서도 알 수 있듯이, 그가 그리는 이상적 풍광의 첫 번째 면모는 풍요로움과 질서다. 잉글랜드는 자연 경관뿐만 아니라 그 풍요로움으로 인해 더욱 아름답다. 기분 좋은 땅은 잘 경작되고 구획된 곳이며, 그렇지 못한 곳은 기분 나쁜 땅이다(p. 187). 디포가 "매우 기분 좋고 유쾌한 지방"이라고 묘사할 때, 그곳은 거의 언제나 너른 평야가 펼쳐져 있는 곳이다.

디포는 특히 질서를 사랑하고 무질서를 두려워했으며, 평야를 사랑하고 거친 풍경이나 언덕, 산악지대를 싫어했다. 그가 산악지대보다 평야와 구릉을 사랑하는 것은 윤택함 때문이다. 즉 잉글랜드가 다른 어떤 나라보다도 가장 경작이 잘 되어 있고 풍요로우며, 그렇기 때문에 가장 아름답다는 논리다. 웨일스의 펨브룩처럼 풍요롭고 잘 경작되어 있는 곳은 "작은 잉글랜드"로 불리는데 그곳을 벗어나면 "또다시 웨일스같이 보이기" 시작한다는 표현에서(p. 380), 디포의 '잉글랜드 중심주의' 적 시각을 확인할 수 있다. 그는 《여행기》 곳곳에서 잉글랜드의 아름다운 자연 풍광을 스코틀랜드와 비교할 뿐만 아니라, 잉글랜드가 유럽의 다

영국적인, 너무나 영국적인

른 어느 나라보다도 아름답다는 사실을 강조한다.

　디포가 가장 자랑스럽게 생각하는 풍광은 리치몬드에서 런던으로 가는 길에 늘어선 부자들의 대저택들로, 그는 이곳이야말로 나라 전체의 아름다움과 장엄함을 반영하고 브리튼 섬 전체에 일종의 특징을 부여하는 지역이라고 판단한다.

> 센 강은 로앙Roan이나 로인Loign을 지나면 아무것도 없고, 다뉴브 강은 비엔나를 벗어나면 볼거리가 전혀 없으며, 포 강은 토리노를 지나면 아무것도 아닌 데 반해, 템스 강 연안은 온통 형용할 수 없을 정도로 빛을 발한다.(p. 176~177)

　농경에 꼭 알맞도록 구획되고 경작된 비옥한 땅, 정원으로 둘러싸인 집들과 도로로 이어진 마을들, 그리고 북쪽으로 런던 전체를 아우르며 펼쳐진 배경은, 유럽에서 로마의 멸망 이래, 아시아에서는 "예루살렘 사원의 소멸 이래 볼 수 없었던" "현재 이 세상에서 볼 수 있는 가장 영광스러운 풍경"이다. 더더욱 감탄스러운 것은 이 대저택들이 귀족들의 영지에 속한 것이 아니라 상인을 위시한 시민계급의 소유라는 사실이다. 디포는 외국인 신사들이 이곳의 아름다움에 얼마나 놀랐는지, 그리고 다른 모든 나라들과 달리 잉글랜드는 "가꾸어놓은 정원과 같다"고 그들이 얼마나 찬탄했는지를 기억한다(pp. 341~343). 한마디로 이곳은 모두 "자연이지만 예술"과 같이 보인다는 것이다.

　잉글랜드는 산악지대의 계곡조차 아름답다. 사부아와 피에몬테의 산들 가운데 가장 유명한 계곡들보다도 훨씬 뛰어난, 상상할 수 있는 가장 기분 좋고 아름다운 계곡이 바로 잉글랜드에서 발견된다(p. 375). 그

디포는 잉글랜드의 풍광 가운데 예외적으로 **북서부의 황량하고 거친 풍광**을 싫어하는데, 그는 이를, 스코틀랜드를 험악하다고 경멸하는 잉글랜드 사람들의 자부심에 하늘이 노한 징표로 받아들인다.

러나 잉글랜드에도 디포가 싫어하는 풍광이 있다. 예를 들어 북서부가 그러한데, 그곳의 산들은 "가공할 정도로" 높고, 알프스와 마찬가지로 "호의적이지 않은 공포심"을 자아내며, 모든 것이 황량하고 거칠어 사람이나 짐승들에게 아무런 소용이 없다(p. 549). 디포는 이를, 잉글랜드의 풍광을 자랑하면서 스코틀랜드를 척박하다고 경멸하는 잉글랜드 사람들의 자부심에 "하늘이 노한" 징표로 받아들인다(p. 156).

디포가 그리는 잉글랜드 풍경의 또 다른 면모는 역동적 에너지다. 항상 새로운 기초가 세워지고, 도로가 만들어지고, 새 건물들이 들어서고, 교회가 세워지고, 새로운 교역이 성립되는 풍광이다. 특히 런던은 잉글랜드의 위대한 중심지로서, 그곳에는 새로운 거리와 건물들이 매일매일 들어선다. 런던의 외적 아름다움에 대해, 디포는 이 도시가 680만 명이 살았다는 트라야누스 시대의 로마 다음으로 이 세상에서 가장 거대하고 훌륭한 곳이라고 장담한다. 디포가 이 세상 모든 개신교 교회를 통틀어 가장 아름답다고 추켜세우는 세인트폴 대성당도 런던에 위치하고 있다. "극도로 아름답고 웅장한" 이 건축물은, 로마의 성베드로 대성당을 제외하고는 유럽의 어느 근대 건축물보다도 뛰어나고 장대하다(p. 303). 잉글랜드의 아름다움은 자연 그 자체에서도 기인하지만 잉글랜드인들의 우수한 기술 덕분이기도 하다. 그들의 우수함은 곳곳에서 드러나는데, 이를테면 그들은 다른 어느 나라에서도 만들지 못할 "도저히 믿기지 않을 정도로" 훌륭한 석조다리를 건설할 수 있는 사람들이다(p. 247).

그 다음으로 디포는 잉글랜드의 상업적이고 근대적인 풍광을 그려낸다. 전국적 도로와 상업망으로 연결된 잉글랜드와 브리튼의 풍광은 그가 바라보는 아름다움의 극치다. 그는 열네 곳의 육우시장을 소개하는데, 특히 리든홀 시장은 이런 종류로는 최초의 시장으로, 세상 어느 곳도 따라올 수 없는 규모라고 자랑한다. 그러면서 이곳의 월간 고기 판매량이 스페인 전체의 연간 고기 판매량과 같다는 스페인 대사의 증언을 덧붙인다(p. 314). 이 밖에 150만 마리의 칠면조가 매년 서퍽에서 런던으로 공급되고, 윌트셔에서는 수십만 마리의 양이 거래된다. 디포는

디포는 **세인트폴 대성당**이 유럽의 어느 근대 건축물보다도 뛰어나고 장대하다고 칭송한다.
그에게 잉글랜드의 아름다움은 자연 자체뿐만 아니라 잉글랜드인들의 우수한 기술 덕분이기도 했다.

이처럼 근대적인 풍광을 찬미하는 반면, 전근대적인 모습, 특히 교회들로 가득 찬 전통 도시의 모습은 혐오한다. 그는 오래되고 누추하며 쇠락한, 그리고 지금도 쇠락하고 있는 대표적인 도시로 링컨을 꼽는다. 그곳은 열세 채의 교회건물을 비롯하여 "수도원과 종교적인 건물들로 가득차" 있는데, 심지어 헛간과 마구간, 외채조차도 교회식으로, 즉 돌로 된 벽에 아치형 창문과 문이 달린 형태로 지어져 있다는 것이다(p. 410). 웨

영국적인, 너무나 영국적인

일스의 뱅거도 주교가 거주하는 오랜 역사를 지닌 도시지만, 그곳의 대성당은 낡고 구차해 보이며 거의 우스꽝스럽기까지 하다(p. 386). 한편 디포는 풍요와 정반대되는 대중의 삶에도 눈길을 돌린다. 예를 들어 더비셔 납 광산에서 일하는 어느 광부의 가족은 굴속에 살며, 광부들은 "마치 해골처럼 마르고 창백하고 로마시대 노예들만큼 비참하다."(pp. 463~467) 영국에 대한 디포의 공식적 비전에도 불구하고 그 뒤에는 그늘과 악몽이 드리워져 있는 것이다. 그러나 국가 이미지의 형성자 역할을 자임한 디포는 그에 위협이 되는 다른 비전을 용납할 수 없었다. 따라서 그는 전반적으로 풍요의 이미지를 제시한다.

중요한 것은 디포가 잉글랜드의 풍광을 찬미하고 있음에도 불구하고, 《여행기》전체에서 국토의 상당 부분이 여전히 발전을 기다리는 일종의 변경지역으로 남아 있다는 사실이다. 디포는 잉글랜드를, 비록 당시 최고 수준에 도달해 있지만 여전히 발전될 소지를 안고 있는 땅으로 파악한다. 그는 새로운 도로망에 유난한 열정을 보이는 한편, '앞으로 나아가고 개선하는' 것을 근대 잉글랜드의 핵심으로 제시하고자 한다. 그리고 이러한 비판적 시선은 단순히 풍광의 개선에 머물지 않고 제도의 개선으로 향한다.

자연 풍광뿐만 아니라 제도 역시 잉글랜드를 잉글랜드이도록 만드는 요소로 파악하는 디포는, 잉글랜드의 제도를 깊이 신뢰한다. 특히 런던은 추밀원과 의회, 사법부가 모두 모여 있는 곳으로, "궁정과 도시 사이에 유지된 평등과 완벽한 이해"가 오랜 세월 지속되면서 양자 모두가 번성하는 가운데 대중의 신뢰를 얻게 된 역사의 산실이다(pp. 308~309). 그러나 이렇듯 잉글랜드의 정치적 전통에 대한 자부심을 지닌 디포라 할지라도, 부패 선거구에 대해서는 격렬한 비판을 가한다. 《여행기》는

노골적으로 정치적인 책은 아니지만 곳곳에 정치적 개혁에 대한 염원이
배어 있다. 퇴락한 작은 도시는 의원을 몇 명씩이나 선출하는 데 반해
번성하는 상공업 도시는 한 명도 선출하지 못하는 사례가 곳곳에서 언
급된다(pp. 73, 128, 165, 217, 230). 돈으로 의석을 사는 부패 선거구나
선거 중에 난무하는 폭력에 대한 비난도 빼놓을 수 없다(pp. 165, 404).
《여행기》이전에 저술한 정치적 책자에서, 디포는 의회에 진입할 수 있
다면 얼마든지 모멸을 견디는 신사들의 "짐승 같은" 행동과 "약삭빠르
고 영악한" 자유보유농들이 선거에서 후보들을 등치는 술수, 그리고 양
자 사이의 협상을 풍자한 바 있는데,[22]《여행기》에서도 동일한 비판을
찾아볼 수 있다.

디포는 정치적으로 휘그이자 하노버 왕조에 대한 충성심을 지니고
있었지만, 결코 민주주의자는 아니었다. 명예혁명 당시 제임스 2세가 프
랑스로 도주하기 위해 배를 탔던 지역의 어부들이 그를 가두고 못되게
군 행동을 언급하면서, 디포는 그 어부들과 폭도들을 결코 용서해서는
안 된다고 주장한다. 당시 제임스는 아직 그의 "적들조차 인정한 군주"
였기 때문이다(p. 129). 디포는 정치적으로 휘그에 동조했지만 도덕적으
로는 보수주의자였던 것이다. 중요한 점은《여행기》가 당시 브리튼의 성
장과 발전, 개선에 많은 지면을 할애하면서도 쇠락을 간과하지는 않지
만, 쇠락은 단지 쇠락으로 끝나는 것이 아니라 개선을 위한 전제로 작용
한다는 사실이다. 개선과 진보란 다른 모든 레토릭을 넘어 국가 전체에
응집력을 제공해 주는 것이다.

---

22) Defoe, "Electioneering, English Style"[June 8, 1708] in *The Best of Defoe's Review*, pp.
166~171.

영국적인, 너무나 영국적인

| 합병과 연합왕국의 이상 |

디포는 새뮤얼 존슨[23]과 더불어, 잉글랜드뿐만 아니라 스코틀랜드에도 관심을 기울인 얼마 안 되는 18세기의 주요 작가다. 《여행기》에서 웨일스는 처음부터 잉글랜드와 함께 처리되는 데 반해 스코틀랜드는 따로 처리된다는 사실에서 드러나듯, 디포는 잉글랜드·웨일스와 스코틀랜드의 차이를 확실히 인식하고 있었다. 그러나 굳이 '북부 브리튼North-Britain'이라는 용어를 사용한다는 점에서, 《여행기》는 스코틀랜드를 브리튼의 나머지 지역들과 통합하려는 노력으로 이해될 수 있다. 디포는 《여행기》에서 다른 어느 지역을 묘사할 때보다도 특히 스코틀랜드를 묘사할 때 공정하게 보이려고 애쓴다. 그들에게 "아부하지도 않을 것이고 속이지도 않을 것"이며, 그의 서술이 스코틀랜드의 장점과 단점을 모두 보여줄 것이라고 다짐하는데(pp. 559~560), 이는 합병 직후 여전히 미묘했던 잉글랜드와 스코틀랜드의 관계를 잘 드러낸다.

앞서 언급했듯이, 디포는 잉글랜드-스코틀랜드 병합 당시 스코틀랜드에 파견되어 병합에 유리한 여론 조성의 임무를 수행했다. 1706~07년 겨울 에든버러에 머물면서 무기명이지만 적어도 8개의 팸플릿을 발표했으며, 합병 후에는 조약의 재정적 조치를 확정하기 위해 1707년 11월까지 체류했다. 그리고 1708년 봄에 다시 스코틀랜드로 와서 합병 후의 의회선거를 관람했고, 그 후에도 1713년까지 매해 일정 기간을 스코틀랜드에서 보냈다. 또한 1709년에는 《잉글랜드와 스코틀랜드 간 통합

---

23) 잉글랜드 문인인 새뮤얼 존슨은 스코틀랜드 출신의 단짝 친구 보즈웰과 함께 스코틀랜드를 여행했다.

의 역사*History of the Union between England and Scotland*》라는 두꺼운 책을 발간하기도 했다. 그는 자신이 통합이라는 "위대한 계약의 증인"이었다는 사실을 내세우면서, 잉글랜드가 얼마나 열심히 통합을 추구했는지, 스코틀랜드가 얼마나 큰 어려움에 직면했는지 잘 안다고 자부한다.[24] 그가 잉글랜드 정부에 고용되어 일했던 것이라는 사실은 1715년에 이르러 그 스스로 인정했지만, 그 진면모는 19세기 말에야 확실하게 밝혀졌다.[25]

　　디포를 정부 스파이의 신분으로 내몬 것은 파산과 정치적 곤경이었다. 그러나 흥미롭게도 그는 스코틀랜드에서의 임무를 즐겼던 것 같다. 에든버러는 그에게 최상의 기회를 제공했는데, 그가 어떤 중대한 일에서 그처럼 중심에 접근해 본 적은 그 이전에도 이후에도 없었다. 장로교도, 즉 비국교도인 디포는 잉글랜드에서 일종의 국외자였지만, 스코틀랜드에서는 장로교회가 국교회였다. 게다가 그의 급진주의, 짐짓 꾸미기를 싫어하는 진지함, 철저한 현실주의와 상식, 광범위한 관심사 등은 런던보다 에든버러에 더 걸맞은 성향이었다.

　　디포는 이 세상에 그들보다 더 용감한 민족은 없다며 잉글랜드인과 스코틀랜드인의 용맹을 찬양하지만, 이는 자신의 임무를 수행하기 위해 스코틀랜드인들에게 호감을 사려는 제스처였다고 볼 수 있다.[26] 또한 〈칼레도니아, 스코틀랜드와 스콧 민족을 기리는 시Caledonia, A Poem

---

24) Defoe, "The Union Forever"[April 1709] in *The Best of Defoe's Review*, pp. 174~178.

25) Paul H. Scott, *Defoe in Edinburgh and Other Papers*(East Lothian, Scotland: Tuckwell Press, 1995), pp. 3~5.

26) D. W. Hayton, "Introduction" in *Political and Economic Writings of Daniel Defoe* vol. 4 *Union with Scotland* ed. Hayton(Pickering & Chatto, 2000), p. 39.

in Honour of Scotland, and the Scots Nation)(1706)에서 스코틀랜드 신사들의 정중함과 부인들의 아름다움을 칭송하지만, 역시 아부성이 짙게 배어 있다. 후원자이자 고용인인 할리에게 보낸 편지에서, 디포는 스코틀랜드 사람들에게 자신이 그들의 친구임을 설득시키기 위해 그 시를 썼다고 설명한다. 그리고 또 다른 편지에서는 스코틀랜드인들을 "고집세고, 무엇보다도 무식한, 형편없는" 사람들이라고 혹평한다. 그러나 몇몇 증거들은 디포가 적어도 그 이상으로 스코틀랜드에 대해 호의적이었음을 보여준다. 그는 에든버러에 더 오래 머물 수 있도록 할리에게 청했으며, 친구에게 보낸 편지에서는 "이 사람들은 건전하고 종교적이며 용감하다. 이곳은 좋은 나라이며, 땅은 개선될 여지가 충분하고, 잉글랜드의 자본과 예술과 상업만 있으면 우리를 위대한 하나의 국민으로 만들 수 있을 것"이라고 장담했다.[27] 《여행기》에서도 이 같은 말이 되풀이된다. 중요한 것은 디포가 자신의 일을 단순한 고용인의 임무가 아니라 사명으로 받아들였고, 그것을 믿었다는 사실이다.

《여행기》에서 디포는 스코틀랜드에 대해 사실상 모호한 태도를 취한다. 스코틀랜드에는 그가 이상으로 생각할 만한 풍광이 별로 없었다. "이 세상에서 가장 크고 길고 아름다운 거리"를 가진 에든버러를 예외로 한다면(p. 575), 잉글랜드처럼 풍요롭고 역동적인 풍광은 전혀 눈에 띠지 않았다. 그래서 스코틀랜드를 다루는 《여행기》 제3권에는 미래를 예견하는 말들이 많이 등장한다. 그곳의 귀한 금속이 부를 가져다줄 것이라든가, 항구가 인구를 끌어 모으고 인구는 소비를 진작하며 소비는 토지 경작과 목축업, 어업을 활성화할 것이라는 등, 미래의 희망이 열거된

---

27) Scott, *Defoe in Edinburgh and Other Papers*, pp. 14~15.

다.[28] 한편 디포는 산업이 부재한 현실, 즉 "배가 없는 항구, 교역이 없는 포구, 그물이 없는 어업, 사업이 없는 사람들"을 한탄한다(p. 458). 좋은 입지조건에도 불구하고 갤러웨이 항에는 배가 없고 상업이 이루어지지 않으며 사람들은 할 일을 찾지 못한다. 무엇보다도 나쁜 것은 사람들이 일을 원하지 않을 뿐만 아니라 이해하지도 못한다는 것, 한마디로 스코틀랜드인들은 번영과 많은 인구, 그리고 번창하는 상업의 의미를 모른다는 것이다. '북부 브리튼'의 모든 고장들이 잉글랜드에 그토록 가깝고, 상업 활동에 이용할 수 있는 모든 것을 자연으로부터 선사받았으면서도 그것을 알아차리지 못한다는 사실이 디포에게는 이상하게만 보인다. "문 밖에 금광이 있는데 캐내려 하지 않는다"는 것이다(p. 596).

디포가 보기에, 스코틀랜드의 문제점은 풍광을 기능적으로 읽지 못한다는 데 있다. 스코틀랜드인들은 성경을 문자 그대로 따르는 종교적인 사람들이지만, 자신들의 풍광을 해독하지 못하기 때문에 그 지리를 이용하지 못한다. 따라서 잉글랜드 사람인 디포 자신이 그들을 대신하여 풍광을 읽어주어야 한다. 더 많은 농지를 구획하고, 더 많은 양을 사육하고, 더 많은 땅을 휴경지로 쉬게 하고, 더 많은 전나무를 심고, 운하를 파고, 더 많은 담배와 설탕을 수출하도록 해야 한다. 그리고 무엇보다도 용기와 동기를 부여하는 일이 중요하다. '게으름이 가난을 낳는다'는 일반적 선언에 반해, 디포는 오히려 '가난이 게으름을 낳는다'는 사실을 강조한다. 스코틀랜드 사람들은 용기를 잃은 채, 다른 상태로 바뀔 수는 없을 것이라며 미리 좌절해 버린다. 해외에서는 열심히 일하며 성

---

28) Alistair M. Duckworth, "'Whig' Landscapes in Defoe's Tour", *Philological Quarterly* 61(1982), pp. 458~459.

영국적인, 너무나 영국적인

공을 거두는 사람들이 국내에서는 왜 그렇지 못한가? 디포는 그 이유를 스코틀랜드의 제도와 종교에서 찾는다. 따라서 그들에게 자극을 주어, 상업을 일으키고 자연이 준 이득을 얻어내도록 해야 한다(pp. 596~598). 흥미로운 것은 디포가 이처럼 여러 가지를 '지시' 하면서도 그렇게 들리지 않도록 조심스러운 태도를 보인다는 점이다.

디포는 여행 중에 스코틀랜드가 '합병 후에 얻게 된 상업적 이익'을 간간히 발견하지만, 대체로 아직은 실망스런 수준임을 인정한다. 글래스고만이 번영의 증가를 경험했을 뿐, 나머지는 합병 전에 약속된 것들이 거의 이루어지지 않았을 정도로 기대에 미치지 못했다. 오히려 당장의 효과는 궁정과 귀족들이 잉글랜드로 떠나는 바람에 야기된 도시의 황폐화로 나타났다. 게다가 스코틀랜드가 이전에는 국가였지만 지금은 한 지방, 기껏해야 자치령에 불과하기 때문에, 결코 그 지위가 상승했다고 볼 수도 없다. 그러나 디포는 합병의 장기적 효과를 확신했다. 무엇보다 중요한 것은 스코틀랜드가 이제 영원한 평화에 안착했다는 사실이다. 전쟁은 끝났고, "낭비와 약탈, 파괴와 유혈"도 끝났다. 스코틀랜드의 땅은 개선될 것이고 영지는 늘어날 것이며, 무엇보다도 방위비가 잉글랜드로 넘겨지면서 세금이 가벼워짐에 따라 결국 스코틀랜드에 이득이 될 것이다. 그러나 평화 정착이나 상업 증진보다도 더 중요한 이익이 있다.

브리튼 제국의 일부가 되는 것, 그처럼 위대한 군주 아래 그처럼 강력한 국민과 통합된다는 것이 영예라는 사실이다. 하나의 이름, 즉 브리튼에 통일된 것, 가장 큰 특권을 가진 국가와 하나가 되어 그 특권을 함께 누리고 이 세상에서 가장 많은 자유를 만끽하는 사람들과 함께 자유를 만끽하게 된 것이다.(p. 446)

결론적으로, 디포는 스코틀랜드의 번영에 더 많은 시간이 필요하며 합병의 효과가 생각했던 것보다 느리게 나타나고 있다는 사실은 인정하지만, 그 장기적 효과에 대해서는 확신하는 것이다.

그렇다면 잉글랜드는 어떤 이득을 얻을 것인가? 스튜어트 왕조가 잉글랜드와 스코틀랜드를 동시에 통치하게 된 1603년 이래, 잉글랜드는 두 나라를 하나로 만드는 일에 스코틀랜드보다 덜 열성적이었다. 합병해 봐야 별로 얻을 것이 없었기 때문이다. 잉글랜드인들이 가지고 있던 스코틀랜드인의 상투형은 떠돌이 행상인, 누더기를 입은 고지대 족장이었다. 따라서 디포가 그런 일반적 상식을 넘어 두 나라의 통합이 가져올 미래를 적극적이고 긍정적으로 옹호했다는 사실은 주목할 만하다. 그렇다면 그의 신념은 어디에 근거하는가? 맨 밑바탕에 깔려 있는 것은 영국이 개신교 국가로 남아 있어야 한다는 절대적 당위성이었다. 즉 두 나라의 신교도 왕위 계승을 확정짓는 것, 그럼으로써 종교적 자유를 유지하는 것이었다. 합병은 스코틀랜드-프랑스의 '오랜 동맹'이 새롭게 시작되는 것을 막고 재커바이트의 침략을 저지할 확실한 길이었다. 디포가 보기에, 잉글랜드와 스코틀랜드의 차이는 종교가 아니라 종교적 상황에 있었다. 두 나라 모두 개신교 국가로서 정통적 원리를 따르며, 교황과 적敵그리스도에 반대한다. 두 나라의 힘이 합쳐지면 그 통합된 국가는 다른 나라들에 대적하여 "유럽 국가들 절반의 여주인"이 될 것이라고 디포는 확신했다.[29] 게다가 스코틀랜드와의 합병이 잉글랜드 내 비국교도들의 이익을 강화할 것이라는 전망은 장로교도인 디포에게 결정적으로 중요했다.

---

29) Hayton, "Introduction" in *Political and Economic Writings of Daniel Defoe*, p. 49.

디포는 모든 구성원들이 참여하는 국가공동체의 이상을 확고히 펼쳐 보인다.
그런 취지 아래, **블레넘 궁** 역시 말버러 공작 개인의 명예가 아니라 '국가의 명예'로 규정된다.

《여행기》에서 디포는 모든 구성원들이 참여하는 국가공동체의 이상을 확실히 펼쳐 보인다. 그는 블레넘 궁이 말버러 공작 개인의 명예가 아니라 "국가의 명예"를 기리는 것이라면서, 그 건물이 국민적 건물이고 영원히 그렇게 불려야 한다고 주장한다(p. 355). 또한 모든 사람들의 참여를 강조하면서 사회적 차별과 경제적 불평등을 부수적인 것으로 처리하는데, 이러한 시각은 그가 사회계층 사이의 갈등, 특히 지주층과 상인들의 갈등을 크게 생각지 않는다는 점에서도 드러난다. 디포는 젠트리에 대해 기본적으로 비판적이었다. 그리스어와 라틴어 어미를 배우는 것은 좋은 성직자를 만들 수는 있겠지만 신사에게는 아무 의미가 없고

단지 그들을 "미련하고 경직되고 공식적으로 만들 뿐"이라는 어느 유명
인사의 말을 인용하면서, 가치 있는 사람들 거의 모두가 "장남이 아니
라"고 단정 짓는다.[30] 디포의 주인공은 상인이며 중간계급이다. 이들이
야말로 사람들에게 일자리를 제공하고 항상 앞으로 나아가는 사람들이
다. 그렇지만 디포는 궁극적으로 두 집단 각각의 사회적 위치를 나름대
로 인정하면서, 양자 모두를 전체로서의 국민에 포함시킨다. 그에게는
휘그와 토리, 부르주아지와 귀족의 이념적 차이가 가치 있게 보이지 않
았던 것 같다.

　　디포는 연합왕국 역시 '국가적' 통합에서 그치지 않고 '국민적' 통
합으로 나아가야 한다고 확신했으며, 《여행기》에서도 그러한 확신을 강
조한다. 문제는 디포 자신의 잉글랜드 중심주의였다. 때때로 그는 뻔뻔
스러울 정도로 잉글랜드 애국자임을 드러낸다. 그에게 잉글랜드는 미적
즐거움과 유용성이라는 도덕률을 결합한 이상향이었고, 따라서 브리튼
섬의 다른 지역들은 잉글랜드를 따라야 했다. 디포는 항상 자신을 "내
나라와 내 민족을 높이 치켜세우는" 스코틀랜드 작가들과 구분하지만
(p. 574), 그가 희망한 만큼 항상 공정하지는 않았다. 《여행기》에서 그는
고대 로마인들이 스코틀랜드를 결코 정복하지 못한 데 반해 에드워드 1
세[31]와 올리버 크롬웰Oliver Cromwell 등의 "우리 잉글랜드의 시저들"
은 로마인들을 능가했다고 자랑스레 지적한다(p. 650). 나아가 스코틀랜
드에 갈 때에는 반드시 칼라일 부근에 있는 "우리 역대 잉글랜드와 색슨

---

30) Defoe, "The Valor and Ignorance of England's Gentry"[November 20, 1708] in *The Best
　　of Defoe's Review*, pp. 226~227, 229.
31) 에드워드 1세(1272~1307)는 웨일스와 스코틀랜드를 정복하여 브리튼 섬의 통일을 시도한 잉
　　글랜드 왕이다.

　　　　　　　　　　　　　　　　　영국적인, 너무나 영국적인

왕 가운데 가장 위대하고 진정한 영웅"인 에드워드 1세의 기념물을 보러 가야 한다고 동향인들에게 충고한다(p. 556). 한마디로 《여행기》는 잉글랜드를 주제로 한 애국적 서사시인 것이다.

그러나 디포는 애국자였을 뿐 국수주의자는 아니었다. 이미 《순종 잉글랜드인*True-Born Englishman*》(1701)에서, 그는 외국을 싫어하는 잉글랜드인들의 섬나라 근성과, 특히 가문의 긴 역사를 자랑하고 순수한 피를 주장하는 사람들을 풍자한 바 있다. 《순종 잉글랜드인》은 디포를 유명하게 만든 첫 번째 운문 형태의 저작으로, 그 스스로 해적판 8만 권이 팔렸다고 말할 만큼 큰 인기를 끌었는데, 발표된 해에만 10판을 포함하여 총 22판을 거듭했다. 이 글에서 디포는 잉글랜드인들 역시 "피가 섞인" 국민이라는 사실을 강조하는 한편, 유럽의 모든 국민들을 조사해 보면 "가장 많이 혼혈된 사람들이 가장 훌륭하고 가장 덜 미개하며 가장 덜 난폭하다"는 사실을 증명할 수 있을 것이라고 과감히 주장한다. 그는 아마도 가장 순수한 피를 지녔다고 할 수 있는 웨일스와 스코틀랜드, 아일랜드가 과연 부러워할 만한 상태인지를 반문하면서, 재치와 부와 용기 면에서 잉글랜드인으로서의 자부심을 가지는 것은 옳지만 역사나 순수한 혈통 면에서 우수함을 주장하지는 말자고 충고한다. '순수한 잉글랜드인'이란 존재하지 않으며 기원을 따져본다면 "우리 모두가 이방인들"이라는 것이다.[32]

따라서 디포에게 '브리튼 국민'을 새롭게 만들어내는 일은 얼마든

---

32) Defoe, *The True-born Englishman* in *The Works of Daniel Defoe*(Brooklyn: W. W. Swayne, n.d., 1820s(?)), pp. 591~592. 이 책에서 디포는 특히 네덜란드 출신의 국왕 윌리엄 3세를 옹호하는데, 디포의 말에 따르면 윌리엄 3세는 이 책으로 디포를 알게 된 뒤로 그에게 친근하게 대했다고 한다.

지 가능했다. 혈통에 의한 국민이라는 개념을 탐탁하게 생각지 않는 디포는 '새로운 국민'의 탄생을 가능하게 여기면서 환영하는데, '새로운 국민'이란 '영국의 자유와 제도'를 지지하고 '영국의 상업적 번영'에 함께할 의도를 가진 국민이다. 그는 '대 브리튼'이라는 새로운 정치적 통일체가 잉글랜드와 스코틀랜드 양국 국민에게 최선의 길이라고 확신했으며, 또한 1707년의 합병이 가져온 '국가적 통합'이 아직 '국민적 통합'에 이르지는 못했지만 언젠가는 그렇게 되리라고 확신했다. 두 나라는 "애정의 결합"만이 아니라 "이익의 결합"을 통해 통합되어야 하는데, 그러려면 잉글랜드는 스코틀랜드를 상업적으로 돕고 개선을 장려하며, 그들이 정당한 자유를 지탱하고 '낡은 굴레의 멍에'를 벗어던지도록 지원해야 한다는 것이다.[33] 여기서 디포는 전국적 도로망이 국가경제를 연결시키는 동시에 사회적 이동과 신분 상승을 도울 것이라고 확신한다. 지리적으로 보더라도 브리튼 섬은 하나이며 스코틀랜드는 그 섬의 일부다. 실제로 18세기 후반기 이후 스코틀랜드가 연합왕국의 일부로 빠르게 포함된 과정은 디포의 선견지명이 옳았음을 보여준다. 디포는 린다 콜리가 설득력 있게 제시한 '영국인 만들기'의 기본 조건들을 이미 꿰뚫어보고 있었던 것이다.[34]

디포 사망 이후 여행에 대한 열정이 증가하면서, 18세기 후반에 이르러

33) Defoe, "The Union Forever"[April 1709] in *The Best of Defoe's Review*, pp. 174~178.
34) Linda Colley, *Britons: Forging the Nation*(New Haven: Yale University Press, 1992).

영국적인, 너무나 영국적인

관광여행이 본격적으로 시작되었다. 1700년에만 해도 영국의 도로는 중세 때와 마찬가지로 여전히 더럽고 위험하고 믿을 수 없는 수준이었지만, 도로망이 개선되고 확충됨에 따라 18세기 중엽에는 여행이 더욱 빨라지고 더욱 편해졌다. 그리하여 18세기 말에는 '경치 좋은 곳을 찾아가는 여행picturesque tour'이 발달하기 시작했다.[35] 그러한 분위기에 편승하여 디포의 《여행기》도 더욱 충실한 여행안내서로 탈바꿈했고, 재발행을 거듭하여 1779년에는 9쇄에 이르렀다. 당대의 유명 소설가이자 발행인이던 리처드슨Samuel Richardson은 《여행기》의 1742년, 1748년, 1753년, 그리고 1761년 판을 인쇄하면서, 자신이 정부간행물을 발간하며 획득한 정보들을 첨가했다. 특히 1742년 판에는 강과 새로운 도로들을 통한 교통망, 더욱 증가한 상업 활동, 그리고 공공건물에 대해, 디포의 원작과는 상당히 다른 내용들이 첨가되었다.[36] 어쨌든 국가적 정체성과 자부심을 특히 나라의 풍광에서 찾으려던 디포의 노력은 18세기 영국인들의 취향에도 맞아떨어지는 것이었다.

디포는 누구보다도 먼저 영국의 풍광을 경제발전의 청사진으로 제시한 사람이었고, 그 때문에 근대 국민국가의 초기 설계자 가운데 한 명으로 간주되기도 한다.[37] 그는 《여행기》의 독자들에게 브리튼 섬 전체를 포괄하는 통일국가에 대한 자신의 비전을, 객관적으로 증명할 수 있는 초상화를 통해 제시하고자 했던 것이다. 《여행기》의 기저에 흐르는 동기는 상업적이고 민족주의적이라고 할 수 있으며, 그러한 전망 안에서 모든 국가 구성원은 하나가 된다. 물론 디포는 상인들의 역할을 누구

---

35) Rogers, *The Text of Great Britain*, pp. 40~41.
36) Turner, "Defoe's *Tour*: The Changing 'Face of Things'", p. 194.
37) Parkes, "'A True Survey of the Ground'", p. 396.

보다도 강조하지만, 그럼에도 그들과 다른 국가 구성원들 사이의 갈등을 지적하기보다는 그들 모두를 아우르는 통일된 국민의 이상을 중시한다. 무엇보다도 《여행기》는 명백한 역사의식을 보여주는데, 이 작품은 현실의 영국이 아니라 '영국의 이상'을 펼쳐 보인다. 디포가 그리는 영국은 근대적 영국이며, 그는 '앞으로 나아가고 개선되는' 것을 근대 잉글랜드의 핵심으로 제시한다.

디포가 묘사하는 영국의 상업, 산업, 역사, 도시와 마을들, 대 영지와 장이 서는 읍들, 그 장엄함과 쇠락의 그림으로부터 나타나는 것은, 당시의 영국을 비춰주는 거울이 아니라 미래에 구현될 '국가의 비전'이다. 즉 끊임없이 스스로를 변화시키는 국가라는 잉글랜드의 모습이다. 《여행기》는 미화된 풍경으로서의 국가, 전체로서의 국가, 네트워크로서의 국가, 런던이라는 중심을 가진 원으로서의 국가를 제시하고, 독자들은 스스로를 그 국가와 동일시하면서 자신이 응집력 강한 국민공동체에 속해 있다는 사실을 재확인하게 된다. 베네딕트 앤더슨이 강조한 '민족주의 담론의 형성에서 인쇄 문화가 행한 역할'이라는 관점에서 볼 때, 디포의 《여행기》는 중요한 의미를 지니는 것이다.

《여행기》는 무엇보다도 잉글랜드와 스코틀랜드의 성공적 통합에 대한 전망을 제시한다는 목표 하에, 합병이 브리튼 전체를 위해 유익하다는 메시지를 전하는 데 집중한다. 좀더 깊숙이 들여다보자면, 이는 곧 디포 자신이 그 설립에 깊이 관여했던 '연합왕국'의 미래에 대한 이상이다. 그러나 그러한 이상은 '잉글랜드 중심주의'라는 한계를 내포하고 있었다. 디포는 《여행기》가 출간된 지 약 20년 후에 스코틀랜드가 또다시 잉글랜드 왕에 저항하여 반란을 일으키리라고는 예견하지 못했다. 그러나 1745년 이후 두 나라의 통합은 《여행기》 저술 당시의 제한적 전망을

영국적인, 너무나 영국적인

벗어나 그가 제시한 진정한 통합의 이상으로 다가갔으며, 19세기에 이르러 연합왕국은 "유럽 국가들 절반의 여주인"이 되리라는 희망을 넘어 '유럽 국가들 전체의 여주인'이 되었다. 그 점에서 디포는 브리튼의 당시 모습이 아니라 1세기 후에나 구현될 국가를 조망하는 예지를 보여주었다. 그가 주창한 연합왕국의 효과는 그의 진단대로 상업적 이해관계와 개신교도로서의 정체성에 성패가 달려 있었다. 그러나 바로 그 점에 연합왕국의 한계 역시 존재한다. 경제적 효과가 사라지고 종교가 더 이상 국민 정체성의 중요한 요소로 기능하지 못할 때 대 브리튼의 전망은 어떻게 될 것인가? 브리튼 섬 전체를 아우르는 국민적 통합이라는 디포의 꿈은 21세기에 전혀 다른 국면을 맞이할 수도 있을 것이다.

영국인들이 프랑스인이나 독일인들보다 우월한 것은 두뇌가 좋다거나 산업 · 과학 · 전쟁장비에서 앞서 있기 때문이 아니다. 영국인의 우월성은 운동경기가 주입한 건강과 성격에 있다. 영국인들이 발휘하는 스포츠 정신, 용기, 결단, 그리고 힘은 위대한 사립학교의 크리켓 경기장과 축구 경기장에서 획득되었다.

—

웰던J. E. C. Welldon

II

몸

Body

4

스포츠가 처음 태어난 나라

오늘날 우리 삶에서 스포츠가 차지하는 위치는 새삼 거론할 필요조차 없다. 스포츠의 과다한 영향력을 우려한 영국의 한 신문이 "어떤 사람들에게는 축구가 삶과 죽음의 문제"라고 비판하자, 어느 축구 구단주는 "축구는 그보다 훨씬 더 진지한 차원의 문제"라고 대꾸했다.[1] 축구뿐만

---

1) Wray Vamplew, *Pay up and play the game: Professional Sport in Britain, 1875-1914*(Cambridge: Cambridge University Press, 2004), p. 11.

아니라 스포츠 전반에 대해서도 같은 말을 할 수 있다. 스포츠는 육체적이면서 문화적이며, 재미와 동시에 사회와 사회 구성원들에게 정치적·경제적·사회적 결과를 야기하는 중요한 세력이다. 스포츠의 장점은 육체적 활동과 고도의 문화를 결합한다는 데 있다. 육체를 활용하면서도 페어플레이와 규칙 준수라는 도구를 이용하여, 육체에 수반되기 마련인 난폭함을 교화하고 순화하는 것이다. 스포츠를 통해 배우는 도덕적 가치 가운데 하나는 끈기와 강인함이지만, 그 강인함에는 공격적 태도가 배제된다. 진정한 스포츠맨은 승리를 원하지만, 승리가 아니라 명예를 위해 경기한다. 여기서 스포츠 정신은 기사도 정신의 근대적 변형이라는 말이 나왔는데, 페어플레이 개념은 영국에서 특히 발달했다. 스포츠 경기를 직접 하는 것과 관람하는 것은 둘 다 귀중한 교육 수단이 되었고, 선수뿐만 아니라 관중도 스포츠로부터 교훈을 얻는다고 여겨졌다.

영국은 근대 스포츠를 탄생시킨 나라다. 축구, 럭비, 크리켓, 골프, 테니스, 경마 등 민족과 국가를 초월하여 현재 전 세계에 퍼져 있는 인기 스포츠들은 거의 다 영국인들에 의해 발명되거나 체계를 갖추었다. 경마와 골프, 크리켓은 이미 18세기에 통괄 단체가 결성되었고, 19세기에는 축구, 럭비, 요트, 복싱, 테니스 같은 종목들이 전국적 통괄 단체를 결성하여 조직화했다. 최초의 산업국인 영국이 최초로 법규화·제도화·상업화한 스포츠 문화를 도입한 것은 우연이 아니었다. 근대적 스포츠가 발달하기 위해서는 몇 가지 발전이 전제되어야 했다. 충분한 여가 시간과 수입 증대, 그리고 교통수단의 개선 같은 기술적 발전이 바로 그것이다. 영국은 그 모든 면에서 다른 나라들보다 훨씬 앞서 갔고, 그 결과 가장 먼저 스포츠 경기의 제도화와 프로화가 진척되었다. 프로축구의 화려한 대두는 특히 주목할 만하다. 그러나 스포츠의 프로화는 참여보다 승리를 강조하고, 그렇듯 무슨 수를 써서라도 승리해야 한다는 목표 때문에 부패와 비리를 자극하는 부정적 결과를 낳기도 했다.

스포츠는 민족주의와 충성심을 바라보는 데도 좋은 수단이 된다. 스포츠는 대중사회가 도래하고 국가 간 경쟁이 치열해지던 19세기 후반에 유난히 주목받았으며, 제국주의 시대에는 군국주의를 부추기고 제국의 영광을 고취하는 주요 수단이 되기도 했다. 이처럼 스포츠는 민족주의의 형성과 유지에 대단히 중요한 역할을 하는데, 여기서 다민족국가인 영국은 예외적 현상을 드러낸다. 단일 '영국 팀'이 존재하지 않는 축구의 경우에서 알 수 있듯이, 영국성性에 대한 충성심은 동시에 반발의 소지를 내포하며, 종종 잉글랜드의 지배에 맞선 켈트 변두리의 반응으로 나타나기도 한다. 따라서 스포츠가 민족주의를 부추기고 사회 통합의 역할을 한다는 명제는 영국의 경우 간단하게 수용될 수 없다. 영국의 스포츠는 상위개념인 '영국Britain'과 하위개념인 '잉글랜드', '스코틀랜드', '웨일스'의 문화가 때로 부딪치고 때로 화합하면서 빚어내는 복잡성을 적나라하게 보여주는 장場이기 때문이다.

| 전통사회의 여흥과 순화 과정 |

농업사회의 노동은 근본적으로 불규칙한 노동 습관을 가지게 마련이다. 농번기의 집중적 노동 다음에는 농한기의 게으름이 뒤따랐고, 그 게으름의 기간은 여흥으로 채워졌다. 전前산업사회의 여흥에서는 폭력이 상당히 두드러지는데, 특히 피를 보는 경기들이 만연했다. 이미 16~17세기에 영국을 방문한 외국인 여행자들은 유혈 스포츠가 유행한다는 사실을 인상 깊게 기록했다. 그 기록에 따르면, 왕족이나 귀족 여행자들은 환영 행사의 일환으로 곰 괴롭히기를 관람하곤 했다. 그들은 또한 개싸움에서 피를 흘리며 죽어가면서도 물러서지 않는 '영국 개의 용맹성'에 경탄하는 한편, 그런 여흥이 매우 잔혹하다고 비판했다.[2] 전통 여흥 가운데 수탉이나 개에 돌이나 막대기를 던지는 놀이가 인기였고, 소 괴롭히기는 도살 전에 하면 육질을 향상시킬 수 있다고 하여 인기를 끌었다. 큰 규모의 마을과 도시에는 닭싸움장이 있었고, 학생들은 학교에 닭을 가져와 싸움을 붙였다. 동물을 이용한 유혈 스포츠 중에서도 가장 잔인하게 비친 것이 닭싸움인데, 닭이 죽을 때까지 경기를 계속했기 때문이다. 19세기 중엽에도 명문 사립학교인 해로의 학생들은 개에 돌을 던지는 여흥을 즐겨서, 그 근처에는 개가 도무지 살 수 없다는 말을 들을 정도였다.[3]

19세기 중반까지도 도시의 여흥 형태는 농촌과 특별히 다르지 않았다. 따라서 도시화와 더불어 여흥의 형태가 크게 변했을 것이라는 생각은 잘못이다. 전통 스포츠는 도시적 상황에서도 가능했기 때문이다. 스포츠의 변화에는 물리적 환경보다 사람들의 마음가짐이 더 중요했다고 말할 수 있다. 신분 간 차이는 분명히 존재했다. 예외는 있었지만 하층 계급이 엘리트의 오락에 참여할 수 없었음은 당연했다. 물론 마을의 게임에 동참하기를 즐긴 하급 젠틀맨들도 발견되는데, 이들은 축구 경기에서 돼지 오줌통으로 시구하고, 경기가 끝난 뒤에는 케이크나 음료수를 제공해 주었다. 여흥을 즐기는 데는 우선 비용이 가장 큰 문제였고,

---

2) 설혜심, 〈영국의 인상: 튜더-스튜어트 시대 외국인 여행기 분석〉, 《서양사 연구》 제32호(2005년 5월).

3) Richard Holt, *Sport and the British*(Clarendon, 1992), pp. 18~19.

영국적인, 너무나 영국적인

그렇지 않은 경우에는 법이 문제가 되었다. 예를 들어, 1670년에 제정된 수렵법Game Laws은 장원을 소유한 지주, 또는 적어도 연간 100파운드의 소득을 올리는 토지재산 소유자에게만 사냥할 수 있는 자격을 부여했다. 사유재산 보호라는 목적과 더불어, 하층민들이 생업을 위해 유익하게 사용해야 할 시간을 낭비하지 못하도록 하려는 의도였다.[4]

난폭한 여흥이 순화되는 과정은 엘리아스Norbert Elias가 말하는 문명화 과정의 일환이었다. 엘리아스는 고통에 대한 예민함과 잔인함에 대한 비판이 중세 말 엘리트층에서부터 시작되어 사회 전체로 점차 퍼져 나갔다고 주장한다. 그는 국가의 중앙집권적 권력이 성장하면서 귀족들을 탈군사화하는 동시에 그들에게 새로운 사회적 기준과 제한을 부과했으며, 그 결과 귀족들의 문명화 과정이 진행되었다고 파악한다. 영국에서는 귀족들의 문명화 과정이 더 빨랐는데, 이는 영국이 다른 나라보다 일찍이 정치적 통일을 이루었고, 또 일찍부터 해군에 의존했던 까닭으로 설명되었다.[5] 즉 그들은 더 빨리 탈군사화하고 더 많은 농업적·상업적 이윤을 취득했으며, 더욱 세련된 삶의 방식을 창조해내고 더욱 다양한 종류의 스포츠를 즐기게 되었던 것이다.

난폭한 여흥이 순화되는 데 기여한 또 다른 요인은 자연세계에 대한 지식층의 태도 변화였다. 동물은 단지 인간의 효용과 쾌락을 위해 존재한다는 오래된 개념으로부터, 자연세계 자체가 가치를 지니며 모든 종은 동등한 존재의 권리를 갖는다는 개념으로 바뀐 것이다. 공리주의 개혁가인 벤담Jeremy Bentham은 1789년에, "진정한 문제는 동물들이

---

4) Vamplew, *Pay up and play the game*, p. 26.
5) 노르베르트 엘리아스, 박미애 옮김, 《문명화과정》 II (한길사, 1999), 410쪽, 원주 25) 참조.

이성을 가지고 있느냐 또는 언어를 사용할 수 있느냐가 아니라 고통을 느끼느냐"라고 주장했다.[6] 이는 유럽 여러 나라에서 발견되는 일반적 현상이지만, 여기에 덧붙여 영국에서 특별히 발견되는 요소는 17세기부터 지속된 청교도적 전통이다. 동물 스포츠에 대한 가장 강력한 반대자들은 감리교도들이었다. 18세기 중엽 웨슬리에 의해 시작된 감리교는 경건함과 금욕을 강조한 종파였다. 감리교 설교자들은 "천국에는 그 어디에도 닭싸움장이나 경마코스 같은 것이 없다"고 설파하면서, 동물 스포츠를 대중의 삶에서 제거하려고 노력했다. 1824년에 창설된 '동물학대 방지를 위한 협회'의 노력으로 제정된 동물잔혹행위법(1835)은 중요한 전환점이 되었다.

19세기 중반에 이르자 잔인한 스포츠에 대한 혐오가 영국인들의 삶에서 뚜렷한 양상으로 자리 잡았다. 물론 상류계급이 즐기는 사냥은 금지되지 않았으며, 노동계급 안에서도 '존경할 만한' 상층부와 그렇지 않은 하층 노동자 사이의 차이는 그대로 유지되었다. 질서, 교육, 자존심, 자기수양을 강조하는 숙련 노동자들이 점잖은 여가 문화를 받아들인 것과 달리, 하층 노동자들은 난폭한 여흥을 지속했다. 닭싸움은 여전히 인기였지만 개싸움과 쥐잡기 등은 감소하는 추세였고, 경찰의 눈을 피해 한밤중에 비밀스럽게 진행되었다. 대신 크리켓이나 기름칠한 장대 오르기, 비누칠한 돼지 잡기, 마대자루 쓰고 뜀뛰기 등의 시골풍 운동경기들은 살아남았다. 이런 경기들이 살아남을 수 있었던 것은 무엇보다도 산업화의 속도가 느렸기 때문이었다. 19세기 전반기에 산업화는 극히 일부 업종에서만 진행되고 있었기 때문에, 다수 노동자들의 삶은 거의 변

6) Holt, *Sport and the British*, p. 32.

영국적인, 너무나 영국적인

하지 않았고 여흥 시간에 대한 심각한 위협도 없었다. 이 모든 현상이 변하는 것은 19세기 후반에 들어서였다.

18세기부터 '여흥의 상업화'가 뚜렷해졌다. 공연, 음악, 춤, 스포츠 등이 부유한 젠트리와 새로이 부상한 중간계급의 문화적 여흥으로 자리 잡기 시작했고, 값싼 신문과 책들이 유통되면서 이를 부추겼다. 이러한 변화로부터 가장 크게 혜택을 입은 것은 특히 경마와 크리켓이었다. 덧붙여 난폭한 여흥을 규제하고 하층민들의 여가를 순화하는 작업이 이때부터 진행되었다. 산업화가 진행되면서 노동의 중요성이 강조되고 게으른 자들은 빈부를 막론하고 비난의 대상이 되었는데, 특히 휴일은 개혁가들의 주된 공격 대상이었다. 고용주들은 휴무일을 줄임으로써 일의 증가와 난폭한 여흥의 억제라는 두 마리 토끼를 한꺼번에 잡으려 했다. 예를 들어, 1761년에 영국은행의 휴무일은 47일이었는데, 그 수가 점차 줄어들어 1834년에는 단 4일뿐이었다. 다른 직장에서도 비슷한 감소가 일어나면서 노동시간이 증가했다. 한 추정치에 따르면, 19세기 초반 노동자 1인당 연간 노동시간은 4천 시간을 넘어섰는데, 이는 18세기 중반의 3천 시간에서 3분의 1 이상 증가한 수치였다.[7]

노동자들의 여흥 태도를 바꾸려 한 것은 고용주들만이 아니었다. 정치경제학자들도 게으름과 방탕한 행동의 위험을 입증하려 했고, 교회 역시 세속적 즐거움이 영혼을 부패시킨다고 설파했는데, 특히 경건함과 영적인 면을 중시한 복음주의자들이 그 점을 강조했다. 물론 대중 스포츠에 대한 비판이 18세기 후반에 이르러서야 시작된 것은 아니며, 그 이전부터 제재가 있었다. 중세 시대에 이미 공중질서를 유지하기 위해서

---

7) Vamplew, *Pay up and play the game*, pp. 39~40.

라는 이유로 축구가 때때로 금지되었고, 16세기에는 일할 시간에 놀이를 한다는 이유로 볼링이 하층민들에게 금지되었다. 그러나 17세기 초에 제임스 1세는 '일부 청교도들과 엄정한 사람들'이 일요일 교회가 끝난 후 벌어지는 스포츠 경기에 간섭하는 것을 문제 삼으면서, 춤, 파이프 켜기, 궁술, 높이뛰기 등의 무해한 여흥을 인정해 주었다.[8] 19세기 중엽에 이르자 노동자들이 휴일을 갖는 것에 대한 반대는 사라졌다. 이제 휴일을 갖는 것 자체가 아니라 휴일에 무엇을 하는가가 문제로 떠올랐고, 이에 민중적 관습, 스포츠, 휴일 장fair, 음주, 나태, 나쁜 언어습관과 불결함에 맞선 캠페인이 시작되었다. 1850년대부터 특히 기차철로가 확장됨에 따라 대중여가의 성격이 크게 변하여, 많은 사람들이 손쉽게 해변에서의 휴가를 즐길 수 있게 되었다. 물론 이미 18세기부터 경치 좋은 곳을 찾아다니는 여행이 중간계급에서 널리 유행했지만, 노동대중까지 장거리 여행을 즐기게 된 것은 철도 확장 덕분이었다. 그리고 새롭게 상업화된 오락을 통제하려는 중간계급의 시도도 더욱 활발해졌다.

얼마 전까지도 개신교 광신자들은 스포츠를 적대시한 것으로 알려졌는데, 최근 연구에 따르면 그들은 스포츠 자체가 아니라 일요일에 행해진 스포츠 경기를 문제시했으며, 즐거움 자체가 아니라 잔인함을 문제시했던 것이라고 한다. 교회가 여가에 정당성을 부여하기에 이르렀던 것이다. 그러나 여전히 여러 조건들이 따라붙었다. 교회 지도자들은 여흥이 "소극적으로 무해한 차원을 넘어 적극적으로 건전해야 한다"고 설파했다.[9] 이제 '체통 지키기'가 사회 전체의 규범이자 목표가 되었다.

---

8) Holt, *Sport and the British*, p. 29.
9) Peter Bailey, *Leisure and Class in Victorian England*(Methuen, 1987), p. 82.

영국적인, 너무나 영국적인

'도덕성'과 '체통'이라는 규범은 특히 중간계급의 정체성과 계급의식에 필수적인 구성요소였지만, 중간계급을 넘어 하층계급으로까지 확산되었다. 그 결과 영국인들은 여흥을 즐기면서도 그 안에 진지한 목적이 있다는 식의 자기만족을 만들어내는 습관을 가지게 되었고, 도덕적 정당성에 대한 고려가 여가 선택의 중요한 결정요인으로 자리 잡게 되었다.

| 스포츠의 부상 |

이러한 상황에서 스포츠가 '건전한 여흥'으로 부상하기 시작했다. 앞에서도 언급했듯이, 여가활동을 규정하는 가장 중요한 요소는 얼마큼의 시간이 노동으로부터 해방되었는가, 그리고 수입이 얼마나 늘었는가 하는 점이다. 그 중에서도 노동시간의 단축이 가장 중요한데, 1870년대 초에 도입된 9시간 노동제는 그 첫 번째 변화였으며, 1880년대부터는 그보다 진보한 8시간 노동제가 극소수 작업장에 도입되기 시작했다. 한편 토요일 반半공휴일제는 19세기 말부터 보급되기 시작하여 1911년 법으로 확정되었고, 연례휴가도 같은 시기에 변하기 시작하여 보통 일주일 간의 휴가가 주어졌다. 그러나 아직은 무급휴가였고, 1911년에야 노동조합들이 유급휴가를 요구했다. 그럼에도 그것은 괄목할 만한 변화였다. 물론 예외가 많아서, 많은 근로자들이 토요일에도 오후 늦게까지 근무해야 했다. 1901년 상원 특별위원회 조사에 의하면, 다수의 상점 조수들이 주 80~90시간의 노동을 하는 것으로 드러났다. 농업 부문에서도 여름에는 여전히 11~12시간의 노동이 일상적이었다.

　여가활동을 결정짓는 두 번째 요소는 수입이다. 여가생활을 즐길 정도의 수입은 화이트칼라와 숙련공들의 경우 1850년을 지나면서 가능해졌고, 반半숙련공이나 미숙련공들의 경우에는 1875년 이후에야 가능해졌다. 시간과 수입 두 요소 가운데 한 가지만으로는 여가를 즐길 수 없었다. 광부들은 이미 1872년에 주 5일제를 획득했지만 1880년대에 이르러서야 여가를 즐길 정도의 수입을 얻게 되었고, 그제야 축구를 받아들일 수 있었다. 권투도 미숙련공이나 일용노동자들이 6펜스의 관람요금을 낼 수 있게 된 1890년대에 이르러서야 광범위한 애호가들을 확보하게 되었다. 더욱 근본적인 문제는 왜 사람들이 잉여수입의 일부를 다른 곳이 아니라 스포츠에 쓰기로 작정했는가 하는 점이다. 그것은 스포츠에 참여하는 것 자체가 특별히 가치 있는 보상을 가져다준다는 믿음 때문이었다.

대규모의 근대적 스포츠 문화가 왜 영국에서 처음 출현했는가를 설명해주는 마지막 요인은 산업상의 기술이다. 자전거 프레임을 만드는 기술은 당시 최고 산업국이던 영국에서 먼저 발달했다. 교통의 발달 역시 영국에서 괄목할 만한데, 철도는 크리켓 클럽이나 축구 클럽들이 이곳저곳 장소를 옮겨서 경기할 수 있도록 만들었다. 새로운 교외가 개발되고 공원과 운동장들이 많이 건립되면서 운동경기를 할 수 있는 공간도 늘었다. 또한 인구 증가와 도시화가 계속 진행됨에 따라 대중이 관람할 수 있는 스포츠가 기업화·대중화했다. 마지막으로 통신의 발달을 들 수 있는데, 문자 해독률이 늘고 신문·잡지의 발행과 구독률이 증가한 것도 중요한 부분이었다. 특히 스포츠 잡지나 그림엽서 등에 스포츠 영웅들의 초상화가 실리게 되면서 스포츠의 대중화를 크게 자극했다.

이러한 조건들이 맞물려 1880년대부터 배드민턴, 크로케, 자전거, 필드하키, 잔디 테니스, 등산, 탁구, 요트 등의 새로운 스포츠가 도입되

영국적인, 너무나 영국적인

는 한편, 볼링, 골프 같은 오래된 스포츠는 대규모로 조직화되기 시작했다. 주로 스코틀랜드에 국한되었던 골프는, 19세기 후반에 새로이 부상한 중간계급으로부터 인기를 모으면서 고도로 조직화하여 경쟁적인 스포츠로 발달했다. 동시에 도시화가 진전됨에 따라, 도시로부터 탈피하려는 욕구를 바탕으로 여러 종류의 걷기 클럽과 자전거 클럽이 등장했다. 1890년대에 자전거 열풍이 사회를 휩쓴 이후, 1920년대에 이르러 자전거 여행은 하나의 상식이 되었다. 하이킹과 자전거 타기는 여성들에게 분리된 영역을 넘어선 육체적 여흥의 기회를 처음으로 제공했다는 점에서도 매우 중요하다.[10] 19세기 말~20세기 초에 사회적 다윈주의의 대두와 더불어 활력과 역동성이 국가 생존에 필수적이라는 주장이 제기되면서, 스포츠와 국민 정체성을 연결시키는 담론이 확산되었다. 이로써 스포츠맨십과 페어플레이 정신은 영국적인 것과 연결되었고, 주요 스포츠 경기들은 국가적 행사가 되었다. 옥스퍼드-케임브리지 보트 경기, 축구협회컵 결승전, 윔블던 테니스 경기 등이 전국적 주목을 받게 되었으며, 1914년에는 국왕 조지 5세가 컵 결승전을 참관하여 노동계급의 경기인 축구에 국가적 존경을 표했다.

스포츠는 이처럼 소수 엘리트로부터 대중으로 확산되어 갔다. 그렇다면 그 확산 과정은 어떠했는가? 이 논의는 사회통제라는 개념을 둘러싸고 전개되어 왔는데, 축구의 경우에서 나타나듯이 사립학교로부터 노동계급 남성들을 통해 사회 전반으로 확산되었다는 견해가 지배적이다. 사립학교 기원을 강조하는 사람들은 스포츠가 오랜 역사의 사립학교와 옥스브리지로부터 신설 사립학교와 대학들로 퍼져 나가고, 중간계급 사

---

10) 이 책의 6장 참조.

회로부터 궁극적으로는 노동계급으로 퍼져 나갔다고 주장한다. 다수의 스포츠클럽들은 사실상 사립학교나 대학을 마치고 돌아온 지역 젠트리나 공장주의 아들들에 의해 조직된 것들이었다. 사립학교 출신들은 1863년에 전국적 통괄 단체인 축구협회Football Association를 결성하고 규칙을 정립했으며, 럭비연맹 같은 최초의 스포츠클럽들과 아마추어협회를 결성했다. 통괄 단체와 규칙뿐만 아니라 스포츠가 주입한 정신에서도 중간계급의 주도권이 입증된다. 조직화·법규화한 스포츠는 페어플레이와 규칙의 준수, 그리고 자신이 아니라 팀을 위해 경기하고 수단 방법 가리지 않는 승리보다 참여 자체를 중시하는 아마추어 정신을 강조하는데, 이러한 가치관은 사실 1830~40년대에 엘리트 사립학교에 처음 도입된 것이었다. 따라서 사회통제를 주장하는 학자들은 엘리트가 사회 전체의 기율을 강화하려는 목적으로 스포츠를 확산시켰다고 보는 것이다.

한편 사회통제 개념을 거부하는 연구자들은, 노동계급 스포츠가 많은 경우 자체적으로 시작되었으며 위로부터 부과되거나 엘리트의 예를 따르지 않았다고 강조한다. 크리켓 같은 종목은 사립학교에서 그에 대한 찬양이 일기 한참 전에 이미 상당한 노동계급 추종자들을 거느리고 있었다. 따라서 노동계급은 독자적으로 체통의 문화를 발달시켰고, 사립학교보다 먼저 '건전한 육체에 건전한 정신'을 자신들의 모토로 받아들였다는 것이다. 그리고 물론 복음주의자나 기업가들의 선동도 어느 정도 작용했지만, 교양 있고 숙련된 노동자들 사이에서 취향의 변화가 일어났다는 사실이 더욱 중요하다는 것이다. 실제로 상류계급이나 중간계급에게 인기 있던 종목들은 노동계급에게 전수되지 않았다. 우선 노동계급으로서는 그에 필요한 공간과 막대한 비용의 시설을 마련할 수

영국적인, 너무나 영국적인

없었다. 또한 노동계급이 럭비보다 축구를 선호한 반면 중간계급은 럭비를 선호했듯이, 두 사회계급은 서로 다른 스포츠를 좋아했다. 더욱이 사립학교와 대학에서 교육받은 엘리트 가운데 일부는 자신들이 즐기는 스포츠가 하층계급으로 전파되는 것을 극도로 싫어했다. 그러나 중간계급을 염두에 두고 발행된, 공정한 경기와 선량한 스포츠맨십을 조장하는 남학생용 신문들이 노동계급 아이들 사이에서 읽히고 흡수되었다는 증거들도 있다. 따라서 이 문제는 앞으로 좀더 연구가 필요하다.

| 잉글랜드성性의 구현, 크리켓 |

보수당 의원 노먼 테빗Norman Tebbit은 1990년에 쓴 신문 칼럼에서 "영국에 정착한 많은 이민자들은 영국 크리켓 팀이 자기 고향 팀과 경기를 하면 고향 팀을 응원하기 때문에 영국에 충성심을 가지지 않는다"고 주장하여 물의를 빚었다.[11] 그럼에도 그는 계속해서 같은 주장을 폈다. 테빗의 인식대로 크리켓은 영국이라는 나라, 특히 잉글랜드와 동일시되는 스포츠다. 영국 전체를 통해 그렇게 말할 수는 없지만, 적어도 잉글랜드에서 크리켓은 게임 이상의 것이었다. 특히 19세기 후반 이후의 잉글랜드 문화에서 크리켓이 차지하는 중심적 위치는, 인구의 절반을 차지하는 남성들의 잉글랜드성性을 이해하는 중요한 열쇠가 된다.

크리켓이 잉글랜드성의 구현으로 인정받게 된 것은, 첫째 긴 역사

---

11) Neil Tranter, *Sport, economy and society in Britain 1750-1914*(Cambridge: Cambridge University Press, 1998), p. 28; John Solomos, *Race and Racism in Britain*(Mamillan, 1993), p. 220.

때문이다. 크리켓에 관한 최초의 언급은 1666년으로 거슬러 올라가는데, 이때 최초의 크리켓 클럽이 등장했다. 최초의 성문화된 규칙은 1727년에 만들어졌고, 이미 19세기 초에 통괄 규칙이 존재했다. 또한 1800년 이전부터 주 대항 시합이 시작되어, 19세기 초에는 잉글랜드의 모든 지방에서 경기가 진행되었다. 전통 크리켓은 경계선이 없어서 공을 치면 다 튀어나가는 경기였다. 젠트리와 그들이 소유한 영지 저택의 하인들 팀에서 시작된 크리켓은, 빅토리아 시대에 중간계급과 도시 산업노동자 층으로 퍼져 나가면서 거의 전국을 휩쓸었다. 그리고 18세기에 들어 지리적·사회계층적으로 참여의 폭이 넓어졌다. 1743년에는 귀족과 신사, 성직자들이 푸줏간 일꾼, 구두 수선공, 땜장이들과 어울려 크리켓 게임을 즐기는 모습도 찾아볼 수 있는데, 이는 아마도 영국 귀족들이 봉건적인 면에서 더 많이 탈피했을 뿐만 아니라, 수적으로 제한되어 더욱 큰 부와 확고한 지위를 누리고 있어서 평민들과 한데 어울리는 것이 전혀 문제되지 않았던 까닭으로 해석된다. 19세기 역사가 트리벨리언은 "프랑스 귀족들이 농부들과 크리켓을 할 수 있었다면 그들의 성은 불타지 않았을 것"이라고 말한 바 있다.[12] 크리켓 경기는 마을 클럽들을 중심으로 진행되었는데, 19세기에는 잉글랜드·웨일스에 무려 1천 개 정도의 클럽들이 있었다. 이러한 지속된 전통이라는 의식이 사람들의 사랑을 받은 원인이라 볼 수 있다.

둘째, 크리켓은 지배층의 지지 속에서 확립되었다. 크리켓은 명문 사립학교에서 행해지다가 그 졸업생들에 의해 옥스퍼드·케임브리지에 도입되었는데, 18세기 초에 이미 케임브리지에서 크리켓 경기가 열린

---

12) Holt, *Sport and the British*, p. 268.

영국적인, 너무나 영국적인

축구가 노동계급의 스포츠이고 럭비가 중간 계급의 스포츠라면, **크리켓**은 보편적 스포츠, 진정한 국민적 스포츠로서 잉글랜드와 동일시되었다.

것으로 보고되었다. 1714년도 케임브리지 규정은 학생들이 오전 9~12시 사이에 "커피 하우스, 테니스 코트, 크리켓 운동장 등에 출입하는 것을 금지"하고 있다.[13] 토머스 아널드Thomas Arnold 교장의 럭비학교에서 그러했듯이, 크리켓은 특히 사립학교에서 기독교 윤리가 영국식으로 구현된 스포츠로 인정받았다. 사립학교에서 크리켓을 하지 않는 사람은 한 단계 낮은 인종으로 취급되었다. 또한 '강건한 기독교도'를 주창한 성직자들이 특히 크리켓을 선호했는데, 이러한 사실은 크리켓을 도덕성

---

13) Peter Searby, *A History of The University of Cambridge* vol. III 1750-1870(Cambridge: Cambridge University Press, 1997), p. 674.

의 표현으로 감지하도록 만들었다. 고도의 스포츠맨십을 자랑하는 크리켓은 '페어플레이 정신을 가장 잉글랜드적으로 구현'한 경기라는 평을 들었으며, 전원적 이상을 넘어 법과 질서를 대변하는 것으로 간주되었다. "흰 옷을 입은 크리켓 경기자들은 헌정적 정부의 상징"이라는 말도 있었다.[14]

크리켓이 잉글랜드성性의 구현으로 인정받은 마지막, 그러나 가장 중요한 이유는, '전원적 이상'의 일부분으로 동일시되면서 잉글랜드적인 것의 문화적 표상으로 자리매김했다는 사실이다. "크리켓의 위대한 영광은 시합에 있는 것이 아니라 시골마을 잔디밭에 있다"는 말이 있듯이, 크리켓은 전원적이라는 점에서 호소력을 발휘했다.[15] 19세기 말 ~20세기 초에 시골은 도시보다 도덕적·미적으로 우월하게 여겨졌을 뿐만 아니라, 여러 사회집단들이 공통의 도덕적 가치를 받아들여 이룬 사회적 통합의 표상으로 간주되었다. 크리켓은 시간의 흐름이 정지된 듯한 감각, 그리고 시골마을에 뿌리를 두고 있는 사회적 결속이라는 목가적 틀에 기초하는 것으로 인식되었다. 물론 크리켓은 사회계급 간의 간격을 뛰어넘지 못했다. 사회적으로 배타적인 클럽들이 존재했고, 아마추어와 프로선수들은 각기 다른 입구와 탈의실을 사용했다. 그럼에도 아마추어와 프로선수 사이의 우호적 관계는 의문시되지 않았으며, 특히 마을 크리켓은 사회 통합의 상징이었다. "지주가 팀의 주장이고 푸주한은 부주장, 여관 주인은 총무, 대장장이는 속공 투수"인 크리켓 경기에

---

14) John Lowerson, *Sport and the English Middle Classes*(Manchester: Manchester University Press, 1995), p. 77.
15) Richard Holt, "Cricket and Englishness", *European Heroes: Myth, Identity, Sport* eds. Holt and J. A. Mangan(Frank Cass, 1996), p. 48.

영국적인, 너무나 영국적인

서, 사람들은 잠시 이상적 공화국에 살고 있는 듯한 착각에 빠져들었던 것이다.[16)]

1888년에 한 잡지는 크리켓을 두고 '국민적 게임'이라고 선언했다. 크리켓은 본질적으로 잉글랜드의 모든 사회계층에 걸쳐 인기를 끌었다는 점에서, 그리고 남부와 북부에서 모두 선호되었다는 점에서 진정한 국민적 스포츠였다. 축구가 노동계급의 스포츠이고 럭비가 중간계급의 스포츠라면, 크리켓은 보편적 스포츠였다. 축구가 시간이 지남에 따라 노동계급의 스포츠로 '신분 하락'한 것에 반해, 크리켓은 존경받을 만한 이미지를 유지했다. 외국인들에게도 크리켓은 특별히 독특하게 '잉글랜드적'이고 '제국적'인 경기로 보였다. 엘가Edward Elgar의 음악, 그리고 '접시꽃이 피어 있고 짚으로 이은 지붕의 시골집'이라는 이미지와 더불어, 크리켓은 영국인들의 마음속에 확고한 위치를 차지했다.[17)] 크리켓에도 프로화가 진척되었지만, 옹호자들의 주장에 따르자면, 축구와 달리 그 과정에서 사악한 경쟁 구도나 나쁜 스포츠맨십이 조장되지는 않았다. 경기의 통제권이 신사적 아마추어들의 손에 확고하게 남아 있었기 때문이다. 19세기 초반부터 직업선수들이 등장했지만, 그들은 게임의 정신을 훼손시키지 않고서 아마추어들과 함께 경기했다. 철도의 발달에 힘입어 순회경기가 시작된 1840년대부터 크리켓은 관람경기로 큰 인기를 끌었는데, 축구와 달리 관중의 태도도 흠잡을 데 없었다. 노동계급 소년들이 크리켓 경기를 하기는 어려웠지만, 그들에게도 크리켓

---

16) Jack Williams, *Cricket and England*(Frank Cass, 1999), p. 12.
17) 최근에는 이 모든 것이 위로부터 부과된 담론일 뿐이라는 주장도 제기되고 있다. 크리켓을 둘러싼 담론은 크리켓이 어떻게 지각되고 통제되어야 하는가를 결정한, 정치적·사회적 힘을 행사하는 사람들이 만들어낸 담론이며 신화일 뿐이라는 것이다. Ibid., p. 16.

은 관람경기로 인기가 있었다. 크리켓만이 '대중적인 타락'에서 벗어날 수 있었던 더욱 중요한 이유는, 경기의 특성상 다른 종목들보다 덜 격렬하며 육체적 접촉이 없다는 점이었다.

그러나 20세기 후반 들어 크리켓은 변화하는 대중사회의 속성에 적응하지 못하고 쇠퇴해 갔다. 1945년 이후 크리켓 경기자와 관람자 수가 급격하게 감소했다. 오늘날 축구가 누리는 인기로 말미암아, 우리는 1945년 직후만 해도 영국에서 크리켓이 축구보다 더 많은 관심을 끌었다는 사실을 망각하곤 한다. 당시 잉글랜드 크리켓 팀의 주장이 된다는 것은 최고의 영예였다. 크리켓 인기의 쇠퇴는 어찌 보면 당연한 과정이었다. 크리켓의 열정은 여전히 잉글랜드의 '시골 잔디밭'이라는 이상에 뿌리를 두고 있었다. 크리켓은 본질적으로 소비자를 의식하지 않은 채 전前산업사회적 기원에 너무나 충실하게 남아 있었기 때문에, 대중을 상대로 한 관람경기로 발전하는 데 실패했다. 크리켓 주장이 가지는 위엄 있는 자기절제와 사립학교식의 잉글랜드성性은 20세기 후반의 대중사회에서 호소력을 잃어 버렸다. 게다가 크리켓은 제국과 '영국 신사'라는 이상과 너무 깊숙이 동일시되어 왔기 때문에, 영제국의 해체와 탈식민 시대에 수난을 겪을 수밖에 없었다. 1990년대에 크리켓이 상업적으로 부흥했을 때 잉글랜드 크리켓 팀은 이미 2등으로 밀려나 있었고, 최고 자리는 오히려 이전 식민지 팀들이 차지했다.

| 축구, 럭비학교로부터 노동계급으로 |

축구는 민속적 전통에 기원을 두고 있다. 시골 땅 몇 에이커를 가로지르

영국적인, 너무나 영국적인

는 것으로 진행된 민속 축구는 난동이나 마찬가지였다. 축구가 난폭한 경기라는 비난은 이미 1576년의 기록에 나타난다. 축구 시합에 대한 묘사를 보면, 축구공은 단지 부차적인 소품에 불과했으며 상대방을 걸어차는 것이 공을 차는 것만큼이나 유용한 전략이었음을 알게 된다. 아직 통일된 규칙이 나타나기 전인 18세기의 축구는, 지방의 관습에 따라 각기 다르게 행해졌다. 어느 지역에서는 발로 차기가 주된 형태였고, 어느 지역에서는 들고 달리기와 던지기가 허락되었으며, 아예 발차기가 없는 지역도 있었다. 19세기 들어 출현한 사립학교식 축구 역시 원래는 민속 축구만큼이나 폭력적이었지만, 1830~40년대 사립학교 개혁 이후 점차 덜 거칠어지면서 규칙 비슷한 것을 확보하게 되었다. 그럼에도 물론 여전히 난폭했다. 럭비학교의 경우, 한 학기에 "두 명의 쇄골이 부러지고 열 명도 넘게 다리를 절게" 되었다.[18] 사립학교 출신으로 케임브리지에 진학한 학생들이 1840년경에 대학 축구 클럽을 조직함으로써 축구가 대학에 진입했다. 그리고 이후 중등학교와 대학으로부터 열정이 퍼져 나가면서, 1850~60년대에는 영국 전역에 축구 클럽들이 조직되었다. 그러는 가운데 개인들이 너무 자주 부딪침으로써 성인의 위엄과 명예에 누累가 되는 일이 없도록 하기 위해 규칙을 제정해야 한다는 목소리가 높아졌다.

1840년경 케임브리지 최초의 축구 클럽이 결성되었을 때, 7명의 사립학교 졸업생들이 모교의 각기 다른 규칙들을 종합하여 규칙을 정했다. 1848년에 또 다른 클럽이 창설되었을 때의 모습은 다음과 같았다.

---

18) Thomas Hughes, *Tom Brown's Schooldays* (NY: Puffin Books, 1984), 83.

우리는 모두 14명이었던 것으로 기억한다. 해로, 이튼, 럭비, 윈체스터, 슈루즈버리 졸업생들이었다. (……) 각자 모교의 경기 규칙을 복사해 오거나 암기하여 새로운 규칙을 만들었다. 그것이 케임브리지 규칙으로 인쇄되어 배포되었는데, 상당히 만족스럽게 작용했다.[19]

1863년에 사립학교와 수도권 클럽 대표들이 모여 축구협회를 창설했을 때 협회가 제정한 규칙도 케임브리지대학 축구 클럽 위원회가 작성한 규칙안을 기초로 했다. 즉 발로 차는 것을 기본으로 하고 손을 사용하는 것은 금지했다. 일반인들의 축구 클럽은 1857년부터 시작되었는데, 이들도 케임브리지대학 초안을 심사하여 최종 규칙으로 확정했다. 여기서 손으로 공을 다루는 것을 완전히 금지함으로써 럭비와 축구가 갈리게 되었다. 창립 후 20년 동안 축구협회는 주로 명문 사립학교들에서 퍼져 나온 여러 종류의 규칙들을 조화시키느라 내부 갈등을 겪었다. 1880년대에 이르러서야 모든 지역 축구연맹들이 축구협회에 연결되고 그 권위를 인정하게 되었다.

축구의 사회적 구성이 변모하는 과정은 주목할 만하다. 초기 열성분자들은 축구에 체통을 부여할 필요성을 깨닫고 있었다. 당시에는 슈루즈버리 교장 같은 인사들이 축구를 "백정의 자식들에게나 적합한" 운동으로 폄훼하는 분위기였기 때문이다.[20] 그 후 축구는 몇몇 사립학교에서 열정적으로 수용되면서 새로운 권위를 획득했다. 1870년대 초까지 축구 경기는 주로 중간계급과 명문 사립학교 학생들에게 국한되었지만,

---

19) Searby, *A History of The University of Cambridge* vol. III, p. 669.
20) Bailey, *Leisure and Class in Victorian England*, p. 149.

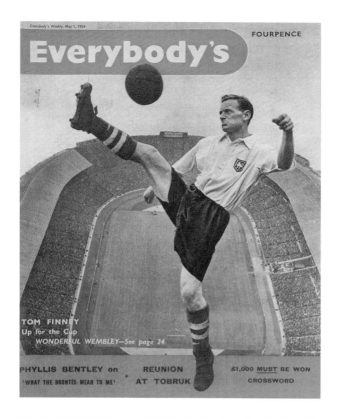

1871년에 사립학교들을 주축으로 시작된 **축구협회컵 대회**는 곧 노동계급 클럽들로
그 대상이 확대되었고, 1914년에 이르러 축구는 압도적인 노동계급의 스포츠가 되었다.

몇 년 뒤 숙련공들 사이에서 상당한 추종자들을 얻었으며, 1914년에 이
르러서는 압도적인 노동계급의 스포츠로 정착했다. 그에 따라 축구는
사립학교 분위기를 급격히 상실하고, 주로 육체노동자들 가운데 상층부
와 하층 사무직 노동자들의 특권이 되었다.

1871년에 '축구협회컵 대회'가 시작되었다. 애초에 컵 대회는 명문 사립학교들 간의 경기 체계를 확장하는 선으로 고안되었지만, 이내 그러한 학구적 이미지를 신속하게 벗어 버렸다. 대부분 노동계급으로 구성된 북부 클럽들이 컵 대회에 참여하면서, 여전히 축구를 '신사의 경기'로 보는 관념이 강한 런던과 남부 지역으로 침투했다. 북부 클럽들은 원정 경기를 위해 회비를 모금하지 않을 수 없었는데, 선수들의 이동 비용을 충당하는 문제는 원정 경기의 거리와 빈도가 증가하면서 더욱 중요해졌다. 특히 랭커셔를 비롯한 북부에서는 클럽 간 경쟁이 대단히 치열해서, 이미 다른 지역 선수들을 끌어들이기 시작했다. 프로축구가 탄생하고 있다는 징표들이 곧 감지되었고, 1880년대에는 이 문제가 뜨거운 논쟁거리가 되었다. 1884년 가을, 축구협회는 프로선수들의 컵 대회 참가를 사실상 금지하는 규칙을 도입함으로써 아마추어의 지위를 옹호하기 위한 조치를 취했지만, 궁극적으로는 프로선수를 용인할 수밖에 없었다.

한편 오늘날 럭비와 축구는 각기 다른 규칙과 체계를 가지고 있지만, 1870년대까지도 둘 사이에는 뚜렷한 차이가 없었다. 1863년에 결성된 축구협회는 약간의 핸들링도 허용할 자세였다. 1823년 럭비학교 학생인 윌리엄 엘리스William Webb Ellis가 규칙에 상관없이 축구공을 팔에 안고 달린 데서 럭비가 기원했다는 신화가 퍼졌지만 증거는 거의 없다.[21] 확실한 것은 1870년대까지 럭비와 축구 사이에 뚜렷한 구분이 확립되지 않았다는 사실이다. 중간계급의 여흥이던 럭비는 1870년대 이후 노동계급을 끌어들이기 시작했고, 1900년에 이르러 특히 웨일스 공업

---

21) Holt, *Sport and the British*, p. 85.

영국적인, 너무나 영국적인

지역과 광산 지역에서 노동계급의 게임으로 자리 잡으면서 '웨일스적인 것'을 구현하는 스포츠로 인식되었다. 웨일스 노동자들이 왜 잉글랜드와 스코틀랜드 노동자들과 달리 축구가 아니라 럭비에 열광했는지는 흥미로운 주제지만, 구체적인 해답은 아직 제시된 바 없다.

축구가 확산되기는 했지만 실제로 경기를 하는 사람들은 소수에 한정되어 있었다. 축구협회의 추정에 의하면, 1910년경 잉글랜드에는 30~50만 명의 아마추어 축구 경기자들이 있었다. 당시 15~39세의 전체 남성 인구가 725만 정도였으니, 실제로 경기를 한 사람의 비율은 그다지 높지 않았던 셈이다.[22] 그러나 경기 관람을 싫어하는 사람들은 별로 없었다. 여기에 착안한 것이 상업화였고, 프로축구는 급속한 성공을 거두었다. 1909년 잉글랜드에서만 토요일 오후에 100만 명이 축구 경기를 관람했다. 스포츠 산업에 얼마의 자금이 흘러 들어갔고 얼마나 많은 사람들이 고용되었는지는 정확히 알 수 없지만, 당시 추산에 따르면 스포츠에 지출되는 연간 금액은 1895년에 이미 국내 총생산의 3% 수준이었다.[23] 그러나 선수들과 관중 외에 경기 보조원, 관리인, 구장 직원들의 고용효과도 있기 때문에 스포츠 산업의 정확한 규모를 가늠하기는 어렵다. 그 외의 부대시설들이 번창했고, 철도와 전차, 신문잡지 등이 덕을 봤다. 그러나 스포츠의 프로화는 영국의 오랜 전통인 아마추어리즘과의 갈등을 겪고 난 후에야 정착할 수 있었다. 프로화의 문제는 단순히 돈 문제가 아니라 더욱 심각한 도덕적 이슈를 포함하고 있었다. 아마추어리즘에 의하면, 스포츠의 목적은 단지 즐거움이며 그 이상으로 넘

---

22) Vamplew, *Pay up and play the game*, p. 52.
23) Tranter, *Sport, economy and society*, pp. 16~17.

어가서는 안 되었다. 여가시간 이외의 스포츠는 이해할 수 없는 행동이라는 것이었다. 이기기 위한 훈련은 스포츠를 일로 변화시키기 때문에 스포츠의 본질을 파괴하는 행위로 간주되었다. 게다가 스포츠가 상업화하면 승리가 참여보다 더욱 중요해질 것이고, 그렇게 되면 경기는 더 이상 '사이좋은 만남'이 아니라 '심각한 투쟁'이 된다는 주장도 제기되었다. 또한 프로 스포츠는 과격하고 폭력적이며 스포츠 경기를 돈 잔치로 만든다는 비난도 있었다. 〈이코노미스트The Economist〉는 "언제나 순수한 아마추어리즘의 옹호자로 인정받아 왔던 영국 스포츠가 상업화로 영락해 가는 꼴을 지켜보느니 차라리 모든 경기에서 꼴찌를 하는 편이 훨씬 낫다"고 선언했다.[24]

그렇다면 누가 아마추어인가? 이론적으로는 돈을 벌기 위해 경기하지 않는 모든 사람이 아마추어였으며, 그 이상형은 "힘들어 한다는 인상을 주지 않으면서 몇 가지 종목을 대단히 잘할 수 있는 사람"이었다. 그러나 그것만이 아니었다. 진정한 아마추어란 자기가 당하고 싶지 않은 짓을 상대방에게 하지 않는 사람, 상대방의 약점을 이용하지 않는 사람을 의미했다. 스포츠에는 '훌륭한 정신' 뿐만 아니라 '스타일'이 동반되어야 했다. 해로학교 학생들이 노래했듯이, '분노하지 않는 투쟁, 악의 없는 예술'이 스포츠의 관건이었다.[25] 그러나 이러한 아마추어리즘이란 생활에 여유가 있는 사람들만이 지킬 수 있는 것이었기 때문에, 현실적으로는 하층 중간계급과 노동계급을 스포츠로부터 배제하는 결과를 낳았다. 갈등이 진행되면서 북부 산업 지역의 중간계급은 프로화를 수용

---

24) Vamplew, *Pay up and play the game*, p. 1.
25) Holt, *Sport and the British*, pp. 99~100.

했지만 남부 지방의 은행가, 의사, 법률가, 관리들은 아마추어 제도를 고수했다. 축구협회는 여전히 신사들에 의해 주관되었고, 19세기 말까지도 축구는 아직 완전히 노동계급만의 스포츠가 아니었다. 그러다가 프로팀이 출현하자 중간계급은 축구를 포기하고 보다 폐쇄적인 럭비의 세계로 물러났다.

　　1890년대에 이르러 논평자들은 축구가 "도덕의 수렁"이자 "끔찍한 운동의 극치"라고 비판하기 시작했다. 상업화된 스포츠는 이제 아마추어리즘의 훼손, 음주와 내기의 해악, 그리고 관중의 행동에 대한 불만 때문에 공격의 대상이 되었다. 최고의 축구선수들은 대중적 스타가 되었으며, 그 지역 하원의원보다도 더 유명했다. 프로 경기는 군중 사이에 "전염병과 같은 흥분"을 야기했다. "축구는 열정이지 여흥이 아니다"[26]라는 말이 있듯이, 사람들은 단순히 축구 경기를 보기 위해서가 아니라 자기편의 승리를 보기 위해 경기장을 찾는 것처럼, 그들의 진정한 관심사는 오로지 승리뿐인 것처럼 보였다. 사실 중간계급의 문화와 달리 노동계급의 문화에서는 이기는 것이 중요했고, 남성성은 결코 점잖은 남자다움을 의미하지 않았다. 존 러스킨이나 매슈 아널드Matthew Arnold 같은 지식인들은 이렇듯 상업화·조직화된 경기에 대한 숭배를 끈질기게 적대시했다. 그들은 그러한 운동경기가 야비하고 비인간적이라고 공격했으며, 허버트 스펜서Herbert Spencer는 축구를 사회가 '재再야만화' 하는 본보기로 보았다.[27] 그러나 그들의 지적 권위는 대중적 열정의 물결을 거역하기에 역부족이었다.

26) Bailey, *Leisure and Class in Victorian England*, pp. 151~152.
27) Ibid., pp. 133, 152.

| 왜 하필 축구인가? |

1905~06년 시즌에 축구 관중은 600만 명으로 증가했다. 1914년 당시 잉글랜드 프로축구 클럽은 158개, 청소년 클럽은 1만 2,000개가 넘었다. 프로축구는 영국 남자들의 중요한 여가 형태로 확실하게 자리 잡았다. 그렇다면 그렇게 많은 사람들을 춥거나 비가 오거나 바람이 부는 속에서도 몇 시간씩 서 있게 만드는 축구의 마력은 어디에 있는가? 그 답은 경기 자체의 특성과 노동계급의 성격 변화에서 찾을 수 있다. 축구 경기 관람객은 아마도 아마추어 경기를 뛰던 사람들로, 점차 나이가 들면서 대신 프로축구를 관람하게 된 것으로 추측할 수 있다. 20세기 초에 주간 관중 수는 30~40만 정도였는데 이는 등록된 아마추어 경기자 수와 크게 다르지 않았다.

다음으로 생각할 것은 도시화의 영향이다. 축구는 급속도로 팽창하고 근대화하는 도시에서 뿌리를 발견하려는 욕구를 충족시키고 도시민의 자부심과 정체성을 구현한 스포츠가 되었다. 프로축구는 자기 집과 자신이 일하는 구역에만 국한되어 있던 사람들의 삶을 전국적 차원으로 확대시켜 주었다. 그들은 지역적 소속감을 느끼는 동시에 수천 명의 다른 사람들과 무언가를 함께한다는 감각을 지니게 되었으며, 전국 리그 안에서 자기가 응원하는 팀의 시합을 좇음으로써 자신이 속한 도시에 대한 자부심과 정체성을 확인할 수 있었다.

무엇보다도 축구는 산업사회가 정착하면서 변화한 노동자 문화의 표현이었다. 도제 제도가 쇠퇴하면서 사라진 전통적 통과의례가 스포츠 팀이라는 새로운 남성들의 연합으로 대체되었다고 볼 수 있다. 노동자들의 축구 클럽은 성인 노동자들에게 사회적 삶의 핵심이자 소속감과 자부심의 중심이 되었다. 관중 가운데 가장 큰 부분을 차지한 것은 숙련 공들이었는데, 이들은 경기장에서 수천 명의 다른 사람들과 일체감을 느낄 수 있었고, 술집에서 공통된 화젯거리를 가질 수 있었다. 프로축구 는 '남성적인 것manliness' 이라기보다 '남자들의 것maleness' 이었다. 물론 보기에 따라서는 노동자들이 '자기개선' 이라는 오래된 전통을 잃 어버린 것이었으며, 한편에서는 "정치, 종교, 제국의 운명, 정부, 삶과 죽음의 문제 같은 것들이 축구의 열광과 흥분에 묻혀버렸다"는 한탄의 소리도 들려왔다.[28] 그러나 무엇보다도 더욱 중요한 것은 축구 자체의 마력, 미학과 흥분이다. 축구는 크리켓을 비롯한 다른 어떤 경기에서도 찾아볼 수 없는 격렬함과 속도, 그리고 흥분의 스포츠였다. 빠른 시간에 중앙선을 넘는 묘기, 골키퍼의 유연한 움직임, 맹렬한 공차기와 그것을 막아내는 동작 등은 축구가 인기를 끌게 된 결정적인 매력이었다. 20세 기에 이르러서는 경기 스타일도 빠르게 발달하여, 더욱 역동적이고 다 양해진 많은 기술들이 도입되었다.

1870년대부터 세계 곳곳에 나가 있던 재외 영국인들이 축구를 전파 하기 시작했고, 프랑스를 위시한 대륙 국가들도 영국의 스포츠를 열정 적으로 받아들였다. 그러나 종주국이라는 영국의 자부심은 대륙 스포츠 를 무시하게 만들었다. 1904년에 유럽 대륙에서 FIFA(국제축구연맹, Federation Internationale de Football Association)가 창립되었을 때 영 국은 회원국이 아니었고, 1930년부터 시작된 월드컵에도 참가하지 않았 다. 1920년까지는 영국 아마추어 팀들이 대륙의 모든 팀들을 격파했는 데, 그것도 15대 0, 혹은 12대 0의 대승리였다.[29] 영국은 제2차 세계대

---

28) Holt, *Sport and the British*, p. 170.
29) 알프레드 바알, 지현 옮김, 《축구의 역사》(시공사, 2002), 76쪽.

종주국의 자부심 때문에 국제축구연맹도, 1930년에 시작된 월드컵도 무시해 오던 영국은 1950년부터 월드컵에 참가했고, 1966년에는 잉글랜드가 **월드컵 우승**을 차지했다.

전 이후 FIFA에 가입했고, 월드컵에는 1950년부터 참가했다. 영국의 입장에서는 그때에서야 비로소 나머지 세계를 심각하게 받아들이게 된 것이지만, 정작 나머지 세계는 영국을 심각하게 여기지 않았다.

1960년대에 이르러 축구가 크리켓을 대신하여 잉글랜드의 민족적 상징이 되었다. 단순히 잉글랜드가 1966년 월드컵에서 우승했기 때문만은 아니었다. 1940~60년대의 어느 순간부터인가 크리켓은 영국인들에게 더 이상 중요하지 않았다. 전후 영국에서 축구는 도시인들의 정체성을 표현하는 최고의 상징이 되었다. 1950~60년대에 이르자 언론뿐만 아니라 정부도 스포츠에 관심을 기울이게 되었는데, 월드컵이나 올림픽 게임에서 지는 것은 곧 참을 수 없는 창피이자 국가적 허약함의 증거였기 때문이다. 이제 국가가 나서서 체계적으로 관리해야만 했다. 〈타임스〉조차 대중에게 맡겨두기에는 축구의 중요성이 너무나 크다고 인정하게 되었다.[30]

1980년대 이후 축구와 관련하여 두 가지 이슈가 제기되었다. 즉 TV 등의 영향으로 인한 관중 감소와 훌리건의 폭력적 하부문화였다. 1968년에 실시된 조사에 의하면, 타인사이드 조선소 노동자들 가운데 11%가 스포츠를 실제로 하면서 즐기는 반면 32%는 관중으로서 즐겼는데, 이러한 차이는 시간이 갈수록 점점 더 커졌다.[31] 1987년 당시 잉글랜드에는 1천만 명의 성인 경기자들이 아마추어 팀에 소속되어 있었지만, 축구는 점차 '관람하는 스포츠'가 되어 가고 있었다. 더욱 심각한 문제는 훌리건주의였다. 훌리건주의라는 현상은 1960년대에 등장하여 1970~80년대에 절정에 달했다. 급기야 1985년에 브뤼셀에서 41명의 사망자가 발생했을 때, 잉글랜드 팀은 유럽 경쟁에서 제외되었다. 훌리건의 구성을 보면, 대체로 도시에 거주하며 학교를 중퇴한 10대의 백인 노동계급 젊은이들이다. 그리고 그들이 분노하는 상대는 나이가 더 많거나 더 잘 사는 응원자들이 아니라, 자신들과 같은 노동계급이지만 다른 지역에서 태어났거나 자란 젊은이들이다. 이 현상의 핵심에는 영역과 공동체의식이 자리하고 있는 것이다.[32] 전통 축구는 남자들의 용맹과 마을의 자부심이었다. 훌리건은 바로 이러한 '영역권'의 관습이 새롭게 태어난 공격

---

30) Richard Holt and Tony Mason, *Sport in Britain 1945-2000*(Oxford: Blackwell, 2000), p. 129.

31) Holt and Mason, *Sport in Britain 1945-2000*, p. 3.

32) Holt, *Sport and the British*, pp. 328~330.

적인 청년 하위문화와 결합한 것으로, 체통과 공명정대라는 잉글랜드 스포츠의 전통을 훼손시키는 심각한 현상으로 남아 있다.

| 스포츠, 갈등의 원인인가? 화합의 매개인가? |

영국은 다민족 국가이자 뚜렷한 계급사회다. 스포츠가 그러한 다민족 사회를 통합하는 데 일정 부분 기여했는지, 계급구조를 완화시켰는지 아니면 강화시켰는지는 흥미로운 주제가 아닐 수 없다. 흔히 스포츠는 '함께하는 즐거움과 공통의 흥분'을 통해 계급 간의 차이를 없애고 사회적 안정을 도모한다고 여겨진다. 그러나 자세히 살펴보면, 스포츠의 사회 통합적 기능은 별로 긍정적이지 않다. 19세기의 관찰자들은 스포츠가 계급 장벽을 무너뜨리는 것이 아니라 오히려 강화했으며, 음주와 범죄 등의 반사회적 행위를 증가시켰다고 주장했다. 앞서 살펴본 바와 같이 축구는 오히려 계급적 구분의 상징이 되었으며, 다른 스포츠에서도 계급적 구분이 유지되었다. 등산이나 암벽등반은 전적으로 엘리트나 전문직의 여흥이었고, 배드민턴과 하키, 잔디 테니스는 20세기가 한참 지나서까지 중간계급의 독차지였다. 낚시는 모든 사회계급에 퍼져 있던 스포츠지만, 각 계급들은 같은 강에서도 각기 다른 공간에서 낚시를 즐겼다. 모든 사회계급을 아우르는 잠재력을 지녔다고 칭송되던 크리켓에서조차 실제로는 계급 구분이 유지되었고 때로 강화되기까지 했다. 다수의 사회 엘리트들에게 스포츠는 화해의 장이 아니라 구분의 기회였다. 엘리트와 중간계급은 경기 규칙과 운영의 통제권을 장악함으로써 계급 구분선을 유지했다. 계급 구분을 엄격히 유지시켜 준 더욱 중요한

1970~80년대에 절정을 이룬 **훌리건**의 폭력적 하부문화는 체통과
공명정대라는 잉글랜드 스포츠의 전통을 훼손하는 심각한 현상으로 남아 있다.

요인은 상류계급의 아마추어리즘과 노동계급의 프로화 사이의 대립이
었다. 한편 하층 중간계급의 아이들이 주로 진학한 공립 문법학교들은
사립학교에서 발달한 운동경기를 열심히 모방했는데, 이는 사회적 상층
부에 좀더 다가가려는, 그리고 자신들보다 낮은 신분의 사람들로부터
더욱 멀리 떨어지려는 의도였다.

　　그렇다면 영국 내 여러 민족들의 관계는 스포츠로부터 어떤 영향을
받았는가? 영국은 '국내-국제전Home International'이라는 이상한 이
름의 축구 경기를 치른 유일한 나라다. 스포츠는 '연합왕국' 내 하위집
단들의 충성심을 확인하는 동시에 켈트 변두리 지역과 잉글랜드의 차이
를 확인하는 역할을 했다. 18세기 이래 '영국'이 만들어졌다면, 20세기
에는 영국이라는 국가가 정확히 무엇인지를 재정의하고 형성하는 과정
이 진행되었다. 스포츠의 정치학을 살펴보면, 스포츠가 야기한 긴장이

1923년부터 **잉글랜드와 스코틀랜드 간의 축구 경기**가 2년마다 개최되었다. 스포츠는 연합왕국 내 하위집단들의 충성심을 확인하는 한편, 켈트 변두리 지역에서 문화적 민족주의를 재생산하기도 했다.

일부 드러난다. 스코틀랜드와 웨일스, 아일랜드 등의 '켈트 변두리' 지역에서, 스포츠는 복잡한 종족적 표지가 되고 거대한 감정적 힘에 휩쓸리기도 하면서 문화적 민족주의를 재생산했다. 월드컵이나 럭비 경기에서는 '잉글랜드가 아니라면 누구라도 좋다'는 것이 켈트 지역의 외침이다. 그러나 올림픽 게임에서 영국은 단일 국가 팀으로 출전한다. 이처럼 스포츠가 가져온 정체성은 단순하지 않고 모순적이다. 무엇보다도 문화적 민족주의는 지속적인 정치적 추진력을 결여했다. 스코틀랜드 민족당 부당수가 자신의 동포들을 "90분간의 애국자들"이라고 불렀듯이,[33] 그들의 민족주의는 스코틀랜드 독립정부에 대한 요구로 이어지지 못한 채 스포츠 경기가 진행되는 동안에만 분출되었다. 마찬가지로 웨일스에서

영국적인, 너무나 영국적인

도 웨일스성性을 대변하는 럭비 경기 도중 경기장에서 강한 민족주의가 발현되었지만, 연합왕국에 대한 웨일스인들의 적대감은 증오심으로 변하지 않았다.

중요한 점은 스코틀랜드와 웨일스가 잉글랜드의 경기를 받아들여 자기 것으로 만들었다는 사실이다. 19세기 후반에 럭비가 남부 웨일스의 광산 지역에서 자리 잡았다. 당시 웨일스는 경제적·문화적으로 잉글랜드화하는 과정에 있었고, 웨일스인들은 그에 맞서 웨일스성性을 발굴 또는 창조하는 작업에 돌입했다.[34] 럭비는 이러한 '웨일스성' 의 재창조와 동일시되면서 특별한 위치를 차지하게 되었고, 웨일스인으로서의 자기규정에 필수불가결한 요소가 되었다. 웨일스어가 영어에 자리를 넘겨주는 동안 럭비는 독특한 문화적 형태를 제공해 주었던 것이다. 한 웨일스인은 이에 대해 "럭비, 마을의 노래자랑, 그리고 비국교회가 '당신은 스스로를 웨일스인으로 생각하는가?' 에 대한 현실적인 답을 제공한다" 고 풀이했다.[35] 그러나 웨일스성性에 대한 대중의식은 영국을 적으로 간주하지 않았다. 물론 잉글랜드인들에 대한 적대감이 존재하기는 했지만 그것은 전적으로 민족적이라기보다 부분적으로 역사적이었으며, 또한 잉글랜드 팀들이 보이는 상류계급적 성격 때문이기도 했다. 1979년에 런던의 중앙정부가 스코틀랜드와 웨일스에 일정 권력을 이양하는 법안을 두고 국민투표를 실시했을 때, 웨일스에서는 11.8%만이 찬성표를

33) H. F. Moorhouse, "One State, Several Countries: Soccer and Nationality in a 'United' Kingdom" in *Tribal Identities: Nationalism, Europe, Sport* ed. J. A. Mangan(Frank Cass, 1996), p. 71.
34) 에릭 홉스봄 외, 박지향·장문석 옮김, 《만들어진 전통》 2장 참조.
35) Paul Ward, *Britishness since 1870*(Routledge, 2004), p. 77.

던졌다. 여기서 웨일스적인 것과 웨일스 민족주의의 차이가 확연히 드러났다. 럭비는 웨일스인들이 다름의 감각을 강화하는 데 기여했지만, 정치적 민족주의에까지 이르게 하지는 못했던 것이다.

스코틀랜드에서 스포츠는 웨일스의 경우와 비슷하지만 조금 다른 역할을 했다. 1707년 스코틀랜드는 자발적 의사에 따라 잉글랜드와 함께 연합왕국을 구성했으며, 그 후의 역사에서 스코틀랜드의 정치 엘리트나 대중은 정치적 독립을 되찾고자 하는 욕구를 보이지 않았다. 그들에게는 잉글랜드와 대등한 입장에서 영국을 만들어가고 있다는 확신과 자신감이 있었기 때문이다. 스포츠를 통해 스코틀랜드 대중의식을 형성하려는 작업은 주로 잉글랜드와의 경쟁 속에서 일어났다. 스코틀랜드 도시들은 축구를 열정적으로 받아들였다. 그들은 잉글랜드와 '똑같은' 경기를 함으로써 스코틀랜드적인 것을 확인하고자 했던 것이다. 잉글랜드에 승리하는 것은 평등, 나아가 우월함을 확인하는 방법이었다. 1923년부터 잉글랜드와 스코틀랜드 간의 축구 경기가 2년에 한 번씩 런던 근교의 웸블리 경기장에서 개최되었다. 수천 명의 스코틀랜드 팬들이 그들의 상징물인 격자무늬 어깨걸이와 백파이프, 그리고 중세 스코틀랜드 민족 저항의 영웅인 월러스와 브루스Robert Ⅷ de Bruce의 깃발을 들고 런던으로 몰려왔다. 폭력이 난무하던 끝에 이 경기는 결국 1989년에 종결되었다. 스포츠에서 스코틀랜드인들은 그들의 스코틀랜드성性을 표현했지만, 웨일스의 경우와 마찬가지로 독립을 목표로 하는 정치적 기획을 염두에 둔 것은 아니었다.

반면 아일랜드 민족주의 운동은 앵글로색슨의 스포츠 네트워크에 참여하는 것을 잉글랜드 문화에 빠져드는 행위이자 연합왕국 내 위치를 인정하는 행위로 이해했다. 아일랜드인들은 스스로를 영국 제국주의의

영국적인, 너무나 영국적인

희생물로 보았기 때문에 앵글로색슨 스포츠에 격렬히 저항했던 것이다. 그들은 게일 체육협회를 결성하여(1884) 잊혀진 아일랜드의 옛 스포츠들을 찾아내고 대중화하는 데 힘썼다.

이상 살펴본 대로 스포츠와 민족 정체성은 긴밀한 연관관계를 맺고 있지만, 그것은 결코 단순한 일직선적 관계가 아니다. 더욱 중요한 것은 스포츠 팀을 향한 충성심이 단순히 잉글랜드, 스코틀랜드, 웨일스라는 커다란 민족적 구분을 따르지 않는다는 점이다. '민족' 정체성은 스포츠에서의 유일한 정체성도 아니요, 가장 중요한 요소도 아니다. 축구나 럭비 경기에서는 오히려 장소와 연관된 정체성이 더욱 중요하게 작용한다는 점을 알 수 있다. 같은 잉글랜드 안에서도 북부와 남부, 도시들마다 차이가 있고 상호 적대감이 작용하며, 나아가 같은 지역 안에서도 서로 다른 팀들 간의 경쟁이 존재한다. 예를 들어, 맨체스터의 경우 맨체스터 유나이티드Manchester United는 19세기 중엽 아일랜드에서 건너온 가톨릭교도들과 연결되어 있고, 맨체스터 시티 클럽Manchester City Football Club은 개신교도인 원주민들의 지지를 받는다. 이처럼 잉글랜드나 스코틀랜드가 아니라 그 하부 지역이 충성심의 대상으로 자리하면서, 현재 프로축구는 일종의 '부족주의'를 드러내고 있다. 국제적 경쟁심조차 각 팀에 대한 충성심에 밀릴 정도다. 이러한 현상은 다른 그 무엇보다도 현대 영국의 복잡한 정체성을 잘 표현해 준다.

그렇다면 스포츠와 제국의 관계는 어떠했는가? 19세기 말~20세기 초에 스포츠는 분명 군국주의를 부추기는 역할을 했다. 특히 프랑스에서 그러한 경향이 눈에 띄는데, 대륙 국가들에 비해 영국에서는 스포츠가 군국주의를 조장하는 데 그다지 큰 역할을 하지 않은 것으로 평가된다. 한편 제국에 나가 있던 영국인들에게 스포츠는 지루함을 달래줄 뿐만 아니라 식민지 사회에 통합되는 데, 또 육체적 건강과 도덕을 유지하는 데 도움을 주는 유용한 도구였다. 다른 어떤 스포츠보다도 크리켓이 여유 있고 더운 날씨의 식민지 생활에 잘 어울렸다. 특히 학창 시절 스포츠를 통해 페어플레이 정신을 습득한 식민지 통치 엘리트들에게 스포츠는 '제국' 지배자로서의 자부심과 더불어 '공정한 통치'를 베풀어야 한다는 의식을 심어 주었다. 이것이 다른 식민 제국과 구별되는 영국의 특징이었다. 적어도 스포츠가 영국인들로 하여금 다른 나라의 식민 지배자들보다는 더욱 '공정하려는 마음가짐'을 갖도록 하는 데 기여했다고 할 수 있다.[36]

한편 영국 지배하의 식민지 주민들에게 스포츠는 양면적 역할을 했다. 즉 영국 문화에 동화되도록 만드는 동시에 다른 한편으로 민족주의를 부추겼던 것이다. 특히 크리켓은 식민지 지배자와 피지배민의 복합적 관계를 잘 드러내는 스포츠다. 특별히 '잉글랜드적인 것'으로 간주된 크리켓에 대한 식민지의 열광이 제국 지배로부터 벗어나기를 바라는 사람들에게 어떤 반응을 불러일으켰을까? 식민 모국과 식민지 간의 크리켓 경기는 1880년대에 잉글랜드와 오스트레일리아가 맞대결을 펼치면서부터 시작되었다. 1930년에는 영제국 크리켓 경기British Empire Games가 시작되어 큰 인기를 끌었다. 그러나 제국을 한층 더 긴밀히 연결시키려던 의도와 달리, 스포츠는 오히려 식민지 민족주의를 부추겼다. 한편 독립 이후 크리켓은 탈식민의 충격을 완화시키는 역할을 했다. 지금도 영연방에서 가장 인기 있는 스포츠 행사는 영연방 크리켓 경기

---

[36] Richard Holt, "Contrasting Nationalisms: Sport, Militarism and the Unitary State in Britain and France before 1914" in *Tribal Identities: Nationalism, Europe, Sport* ed. J. A. Mangan (Frank Cass, 1996), 52.

1930년에 시작되어 큰 인기를 모은 **영제국 크리켓 경기**는 본래 의도와 달리
식민지 민족주의를 부추겼지만, 독립 이후 탈식민의 충격을 완화하는 역할을 하기도 했다.

인데, 독립 이후에도 스포츠를 통해 과거 식민 모국과 식민지의 관계가
지속되고 있는 것이다. 이처럼 스포츠는, 제국주의자와 종속민들 사이
에 반목과 단절뿐만 아니라 공유된 가치도 존재했음을 보여주는 증거가
된다. 요즘 크리켓 경기에서 오스트레일리아나 서인도제도 등의 이전
식민지들이 잉글랜드에 승리를 거둔다는 사실은, 식민지들이 잉글랜드
의 문화를 습득했을 뿐만 아니라 그 배타적 정치를 초월했음을 보여준
다. 포스트식민주의 연구자인 기칸디Simon Gikandi는 크리켓이 더 이
상 잉글랜드성의 핵심 가치를 의미하지 않는다고 지적한다. 그것은 기

원을 넘어 재정의되었으며, 식민지인들은 크리켓을 받아들여 자신의 것으로 재창조했다는 것이다.[37]

영국은 근대사회를 구성하는 여러 제도와 가치들―의회민주주의, 대의제도, 법치주의 등―을 세상에 제공한 나라다. 그러나 영국이 현대세계에 남긴 가장 광범위한 유산은 바로 스포츠 경기라고 할 수 있다. 스포츠야말로 영국이 아시아, 아프리카, 남미를 포함한 전 세계에 제공해 준 것이다. 많은 스포츠의 규칙과 코드를 만드는 데 영국이 행한 지도적 역할은, 영국의 우월함에 대한 믿음과 확신을 지탱해 주었다. 영국에서 기원한 스포츠인 럭비, 축구, 크리켓 등의 국제전은 영국의 세력이 쇠퇴함에 따라 영국인들에게 더 큰 의미를 가지게 되었다. 물론 최근 영국이 각종 경기에서 연속적으로 패배함으로써 종주국의 자부심은 산산이 부서졌지만 말이다.

영국 스포츠의 특징은 아마추어리즘과 페어플레이 정신이다. 그로부터 하나의 신화, 즉 중간계급은 노동계급보다 승리에 대한 관심이 덜했으며, 열정을 다스릴 수 있는 자기절제와 더불어 결과보다 경기 자체를 즐기는 태도를 더욱 중요시했다는 믿음이 창조되었다. 아마추어리즘의 신화는 영국 엘리트의 삶 구석구석에서 드러났고, 영국의 국가 경영과 제국 통치에도 발자취를 남겼다. 그 점이 영국 스포츠의 특유한 현상

---

37) Simon Gikandi, *Maps of Englishness: Writing Identity in the Culture of Colonialism* (NY: Columbia University Press, 1996), ch. 1 참조.

영국적인, 너무나 영국적인

이라고 할 수 있을 것이다. 물론 노동대중에게는 승리가 무엇보다 중요했으며, 노동계급 스포츠에서는 필연적으로 프로화가 진행되었다. 다민족 국가인 영국의 스포츠는 하나의 단위로 발전하지 않았다. 그 주체는 영국을 구성하는 잉글랜드, 스코틀랜드, 웨일스 등의 하위민족들이었다. 그러나 그러한 하위문화의 존재가 영국이라는 국가의 위기를 초래하지는 않았다. 따라서 스포츠와 국민 정체성의 관계는 겉보기보다 훨씬 복잡하고 중층적이라는 사실을 확인할 수 있다. 게다가 스포츠가 수반하는 정체성에서 민족은 가장 중요한 요소가 아니었다.

스포츠가 추종자들에게 주입하는 가치는 때로 비판의 대상이 되기도 한다. 그 가치들은 개별 스포츠의 미시적 수준에서는 수용할 만하고 바람직할지 모르지만, 사회 차원의 거시적 수준에서는 위험할 수도 있다. 예를 들어, 스포츠는 남성성의 대표적 구현이고 남성다움은 좋은 것이지만, 통제되지 않을 때에는 야만적 행동과 공격성을 낳을 수 있는 것이다. 축구의 훌리건이 그 좋은 예다. 또 하나의 문제점은 스포츠가 수반하는 충성심이다. '옳거나 그르거나 우리 팀'이라는 구호는 공동체의 연대감 형성에 도움을 줄 수 있겠지만, '옳거나 그르거나 나의 조국'은 파국적 결과를 가져올 수도 있다. 어찌 되었든 스포츠는 이미 현대인의 삶에서 떼어놓을 수 없는 영역을 차지하고 있다. 문제는 스포츠의 장점을 잘 살리면서 그것이 야기하는 부정적 측면을 억제해 나가는 지혜일 것이다. 영국 스포츠의 발달사는 그 가능성과 어려움을 보여주는 중요한 예가 된다.

5

남자다움의 문화

영국 하면 흔히 영국 신사를 떠올린다. 영국의 중간계층 남성들은 어릴 때부터 영국 신사의 이상을 흠모하도록 교육받는다. 웰링턴 공작에게서 구현되고 워털루의 승리에서 드러난 신사의 이상은, 점잖고 예의바를 것, 자존심을 지킬 것, 과묵할 것, 그리고 해서는 안 될 일을 하지 않을 것 등의 행동규율을 요구한다. 이에 따르면, 특히 영국인은 공민으로서의 의무와 노력을 삶의 지침으로 삼아야 하며, 조국과 자신이 속한 제도에 최우선의 충성을 바쳐야 한다. 또한 신사는 가능한 한 자신의 능력을 감추어야 할 뿐만 아니라 감정도 감추어야 한다.[1] '신사gentleman'는 '젠트리gentry'와 동일한 어원을 가지며, 따라서 원래는 먹고살기 위해 일하지 않아도 되는 사람을 가리켰다. 그런 의미에서 '신사'의 이상은 사회 엘리트층에 국한된 것이었다. 어느 학자가 평했듯이 19세기 영국 사회에서 '신사 되기'가 마치 "범국민적 취미"처럼 되어 버린 면도 있지만,[2] 일정한 신분 이상만이 신사가 될 수 있다는 점은 명백했다. 찰스 디킨스의 소설《위대한 유산Great Expectations》(1860~61)에서 주인공 핍이 잘 보여주듯이, 하층민에게 신사는 결코 닿을 수 없는 목표였다. 디킨스는 진정한 신사란 태생이나 돈에 달린 것이 아니라 영혼의 품격에 달린 것이라는 메시지를 전달하고자 했으며, 그가 소설에서 묘사한 비열한 신사의 이미지는 신사가 결코 바람직한 인간상이 아니라는 인상을 강하게 심어주었다.

19세기 들어 중간계급이 세력을 얻으면서, 엘리트층의 신사다움과 조금 다른 의미의 '남자다움manliness'이 남성성의 이상으로 부각되었다. 이후 남자다움은 사회 전반으로 확산되었고, 가장 소중하게 숭배되는 가치 가운데 하나로 군림했다. 남자다움은 신사다움보다 보편적이었다. 신사가 될 수 없는 천한 신분이라도 '남자다운' 남자는 될 수 있었기 때문이다.

신사다움과 남자다움은 일반적으로 구분 없이 사용되었지만, 두 개념 사이에는 뚜렷한 차이가 있었다. 그 내용도 달랐지만, 무엇보다도 남자다움은 기본적으로 중간계급 남성들의 가치이자 이상이었다. 여기서

---

[1] Noel Annan, *Our Age: the Generation that made Post-Britain*(Fontana, 1991), ch. 2~3 참조.
[2] 박형지·설혜심,《제국주의와 남성성》(아카넷, 2004), 230쪽. 신사에 대해서는 6장 참조.

영국적인, 너무나 영국적인

중요한 것은 남자다움의 의미가 시종일관되지 않고 시간의 흐름에 따라 변했다는 점이다. 1830~40년대에 명문 사립학교인 럭비의 아널드 교장이 '기독교적 남성성'이라는 개념을 도입한 이후 찰스 킹즐리Charles Kingsley가 '강건한 기독교도'를 주창함에 따라, '도덕적' 남성성에 '육체적' 강건함이 첨가되었다. 그러다가 19세기 말 제국주의 시대에 이르러서는, 육체적 남자다움에 강인한 '스파르타적 정신'이 더해져 숭상되었다.

남자다움의 이상을 주입하고 전수한 기관은 사립학교였다. 사립학교는 기독교적 도덕성과 '스포츠 애호주의athleticism'를 통해 남성성을 훈련시켰다. 사립학교 운동장에서 시작된 스포츠 경기는 남자다움을 조장하고 유지하기 위한 가장 좋은 수단으로 간주되어 널리 장려되었다. 그리고 스포츠는 점차 수단이 아니라 목적 그 자체가 되었다. 스포츠는 모든 영국인들에게 육체적 강건함뿐만 아니라 '공정함'이라는 단어를 제공해 주었는데, '패배는 용감하게, 승리는 겸허하게' 받아들이는 것이 그 핵심이었고, 그것이 곧 남자다움의 구현으로 인식되었다. 나아가 남자다움은 영국인들에게 자신과 타자를 구별하는 기준으로 작용했다. 세상의 꼭대기에 오른 영국인들은 자신들이야말로 세상에서 가장 '남자다운 인종'이라고 자부했다. 영국이 거둔 경제적·정치적·제국적 성공의 뿌리를 남성적 자질에서 찾았던 것이다. 남성적 덕목에 반대되는 상투형으로는, 내부의 경우에 유대인·동성애자·방랑자·여성, 외부의 경우에는 가톨릭교도·스페인인·프랑스인이 꼽혔다. 그러나 그토록 남자다움을 예찬한 영국 사회에서 다른 어느 곳보다도 많은 수의 동성애자들이 발견되는 것은 그야말로 아이러니라고 하겠다.

이 장에서는 19세기 영국성性의 중요한 요소를 이루었던 남자다움의 내용이 무엇인지, 그것이 어떻게 바뀌는지, 그리고 어떤 수단을 통해 내면화하고 사회적으로 확산되었는지 등을 살펴본다.

| 사립학교 |

19세기의 새로운 남성성을 만들어낸 곳은 단연 사립학교public school 였다. 프랑스나 독일에 비해 영국에서는 특히 중등교육이 지배 엘리트의 태도를 형성하는 데 매우 중요한 역할을 담당했다. "내가 아는 영국은 다른 어느 교육제도보다 사립학교로부터 가장 심대한 영향을 받았다. 사립학교는 법조계 인사와 지식인, 군대 장교 등의 정치적 · 경제적 · 사회적 엘리트를 공급했다"라는 말에서 알 수 있듯이,[3] 사립학교는 교육제도뿐만 아니라 사회 일반에 거대한 영향력을 미쳤다. 사립학교는 원래 지역 아이들에게 라틴어 문법을 가르치는 곳으로 설립되었는데, 그 이름 'public school'은 성직자뿐만 아니라 대중the public에게도 교육을 제공하려는 의도를 표현한다. 사립학교로 인해 가난한 사람들도 학비를 내는 부자들과 함께 공부할 수 있게 되었다. 가장 긴 역사를 자랑하는 윈체스터학교는 1387년 윈체스터의 주교에 의해 설립되었는데, 최초의 학생 구성을 보면 학비를 부담하는 일반 학생이 10명이었고 가난하고 궁핍한 아이들이 70명이었다. 그러나 19세기의 사립학교는 최고 부유층 자식들만이 들어갈 수 있는 기관으로 변하여 상류계급에 의해 독점되고 있었다.

---

3) Roger Scruton, *England: An Elegy*(Pimlico, 2001), p. 22.

영국적인, 너무나 영국적인

영국에서 국가가 관장하는 포괄적 중등교육이 확립된 것은 1902년의 일이었는데, 이는 프랑스와 독일에 비해 훨씬 뒤늦은 것이었다. 그전까지 교육은 개개인의 몫이었다. 그렇게 된 가장 중요한 이유는 비국교도들의 반대였다. 19세기 중엽에 이르러 영국 인구의 절반 이상을 차지하게 된 비국교도들은, 국가가 교육을 관장하여 학생들에게 국교회 교리를 주입시키는 상황을 크게 우려했다. 그러나 점점 더 많은 부와 세력을 얻어가고 있던 중산층 부모들은 오늘날과 마찬가지로 자식 교육에 대한 투자를 최우선 과제로 생각했고, 그에 따라 중등교육기관의 수요가 증가했다. 이런 가운데 1861년 중등교육의 현황을 총체적으로 파악하기 위한 의회 조사위원회가 구성되었다. 이 클래런던위원회는 이튼·해로·윈체스터·차터하우스·럭비·슈루즈버리·웨스트민스터·세인트폴스·머천트테일러스의 9개 학교를 대표적인 사립학교로 규정했는데, 이후 이들 학교는 '대 사립학교Great Public School', 즉 엘리트 사립학교로 불렸다.

이 가운데 이튼이 가장 귀족적이었다. 1830년 이래 이튼 졸업생 가운데 10명의 총리가 배출되었다. 해로에는 신흥 부자들이 많았다. 이튼이 토리라면 해로는 휘그였던 셈이다. 이튼과 해로 모두 지나치게 많은 수의 정치·사회 엘리트를 배출했다. 1831년에 하원의원 가운데 이튼 출신이 20%, 해로 출신이 11%였고, 1865년에는 각각 16%와 8%였다. 1906년에도 보수당 의원의 8%와 자유당 의원의 42%가 이튼 졸업생이었으며, 1868~1955년에 내각을 거쳐 간 각료들 총 294명 가운데 75명이 이튼, 27명이 해로 출신이었다.

1868년에 또 다른 왕립 중등교육위원회가 구성되어 보고서를 제출했는데, 그에 따르면 스코틀랜드에서는 인구 140명에 한 명꼴로 중등교

사립학교 가운데 **이튼**(위)이 가장 귀족적이었고, **해로**(아래)에는 신흥부자들이 많았다.
어쨌든 두 학교 모두 지나치게 많은 수의 정치·사회 엘리트를 배출했다.

육기관에 진학하고 1천 명에 한 명꼴로 대학에 진학하는 반면, 잉글랜드에서는 1,300명에 한 명꼴로 중등학교에, 5,800명에 한 명꼴로 대학에 진학하는 것으로 나타났다.[4] 잉글랜드의 교육이 스코틀랜드보다 훨씬 뒤진다는 사실이 입증된 것이다. 그 결과 중등교육을 확대하고 관장하기 위한 입법이 진행되었고, 그로써 몇 가지 효과가 나타났다. 우선 사립학교가 급속히 증가했다. 엘리트 사립학교는 여전히 귀족과 지주층, 그리고 가장 부유한 산업자본가들의 자제들 몫이었지만, 상층 중간계급의 아들들을 위해 말버러와 웰링턴을 비롯한 많은 사립학교가 설립되었다. 엘리트층 자제들은 6~8세에 집 근처 예비학교에 입학하고, 11~12세가 되면 사립학교로 진학했다. 사립학교에는 출신 지역을 막론하고 전국에서 상류층 소년들이 모여들었는데, 특히 철도의 발달에 힘입어 사립학교의 확산이 촉진되었다.

다음으로, 1860년대의 개혁은 사립학교와 문법학교grammar school의 위상을 정돈했다. 문법학교 역시 사립학교 못지않은 오랜 전통을 가지고 있었고, 지역 학생들에게 고전을 가르치면서 그들이 장학금을 받고 옥스퍼드·케임브리지에 진학할 수 있도록 주선해 주었다. 19세기 들어 쇠퇴의 길로 접어들었던 문법학교는 1869년 입법 이후 부활하기 시작했지만, 사립학교의 지위에 도전하기에는 역부족이었다. 두 학교 사이에는 몇 가지 눈에 띄는 차이점이 있었다. 무엇보다도 엘리트층의 학교인 사립학교가 고전을 강조한 데 반해, 상인과 자영농의 아들들이 주로 진학한 문법학교는 라틴어만 가르치고 그리스어는 가르치지 않았다.

---

4) Christopher Harvie, *Scotland and Nationalism: Scottish Society and Politics 1707-1994*(Routledge, 1994), p. 48.

사립학교에서는 르네상스의 전통 하에, 고전만이 인문교육이며 현실적 효용성과 무관한 숭고한 교육이라는 사고가 지배적이었다. 윈체스터 졸업생으로 나중에 옥스퍼드대학 교수가 된 시드니 스미스Sydney Smith 는 1809년에 영국의 엘리트 교육을 다음과 같이 풍자했다.

> 영국의 젊은이들은 6~7세가 되면 학교에 들어가 23~24세까지 교육 과정 속에 놓이게 된다. 그들이 그 동안 하는 유일하고 독특한 일은 라틴어와 그리스어 학습뿐이다. 그들은 다른 종류의 빼어난 학습이 있다는 사실을 인식하지 못한다. 그리고 그들이 가장 완벽하게 터득한 사실의 거대한 체계는 이교도 신들의 음모다. 누가 목양신과 잤느냐? 주피터와는? 아폴로와는?[5]

학업 성취도를 따져볼 때, 사립학교들이 반드시 기대에 부응한 교육을 제공한 것은 아니었다. 케임브리지 대학의 경우, 명문이 아닌 사립학교 졸업생들의 학업 성취도는 문법학교 졸업생들보다 못했다.[6] 외국인들이 보기에 영국의 사립학교는 이상한 제도였다. 8~18세 사이의 소년들을 기숙사에 몰아넣고 거의 수도원 같은 환경에서 살게 만드는 기괴한 기관이었던 것이다. 1500년에 영국을 방문한 한 이탈리아인은 사립학교를 부모들의 애정 결핍의 표징으로 간주했다. 52명이 함께 기숙한 이튼학교의 유명한 '긴 방long chamber'은 18세기 말까지도 난로조

---

5) 박형지·설혜심, 《제국주의와 남성성》, 194쪽.
6) Hester Jenkins and D. Caradog Jones, "Social Class of Cambridge University Alumni of the 18th and 19th Centuries", *British Journal of Sociology*, v. 1 no. 2(June 1950), pp. 106~107.

영국적인, 너무나 영국적인

차 없는 헛간 같은 방이었다. 20세기 초에 사립학교에 다녔던 소설가 조지 오웰George Orwell은 한창 자랄 시기의 소년들이 얼마나 굶주렸는지를 상세히 보여준다. 가장 귀족적이라는 이튼에서도 학생들은 이른 오후의 식사 이후에는 제대로 된 음식을 제공받지 못했다. 가끔 저녁 늦게 튀긴 생선이 급식되었지만, 그것은 가장 가난한 노동자들이나 먹는 천한 음식이었다. 8살에 예비학교에 들어간 오웰은 학교생활에 적응하지 못해 침대에 오줌을 지리기도 했는데, 그 때문에 교장에게 매를 맞았을 뿐만 아니라 심한 모욕을 당했다. 어린 소년에게 공포와 창피는 매보다 더 심한 스트레스였고, 그래서 침대를 젖게 만드는 일이 그치지 않고 반복되었다.[7]

사립학교의 가장 큰 문제점은 기율 부재였다. 수십 명의 소년들을 일일이 다스리기에는 교사들의 수가 턱없이 부족했다. 아무런 감독도 받지 않은 소년들은, 나중에 차마 스스로 입에 담지도 못할 만큼 천박하고 야비한 짓들을 벌였다. 동성애적 악습 외에 고문, 구타, 불로 지지기, 술 마시고 행패 부리기 등이 매일같이 벌어졌고, 난동도 흔한 일이었다. 저자가 죽은 지 1세기가 지나서야 출간된 시먼즈John A. Symonds의 회상록에 따르면, 해로 기숙사에서의 경험은 믿을 수 없을 정도로 외설적이었다. "여기저기서 수음, 오나니즘onanism, 자위, 벌거벗은 소년들의 뒹구는 모습을 볼 수 있었다. 동물적 욕망 외에는 아무것도 없었다."[8] 폭력도 난무했다. 폭력은 기율의 수단으로 간주되어 교사들은 학생들을, 고학년 학생들은 저학년 학생들을 구타했다. 폭력과 고통은 소년들

---

7) George Orwell, "Such, Such Were the Joys" in *A Collection of Essays*(NY: Harcourt Brace Jovanovich, 1953).

8) Annan, *Our Age*, p. 136.

사이에 당연한 것으로 여겨졌다. 소년들은 종종 난동을 부렸는데, 그것은 일종의 여흥이기도 했다. 가장 잘 알려진 학생 반란은 1805년에 바이런George Gordon Byron이 주동한 것이었고, 1818년에 윈체스터학교에서 일어난 난동은 군대가 투입되고서야 진정되었을 정도였다.

사립학교는 한마디로 독재가 곁들여진 무정부 체제였다. 그러다가 19세기 초에 이르러 각성을 촉구하는 중간계급의 목소리가 사립학교를 공격하기 시작했다. 이러한 공격에는 당시 영국 사회를 주름잡고 있던 공리주의와 복음주의가 엿보인다. 공리주의자들은 고전을 제외한 다른 모든 지식을 배제하는 사립학교 교육과정을 못마땅하게 생각했고, 복음주의자들은 모든 퇴폐적 악행을 근절하고 도덕적 분위기를 정착시키도록 요구했다. 그 결과 획기적인 개혁이 시작되었다.

| 사립학교의 개혁 |

개혁의 선두에는 럭비학교가 있었다. 이튼을 비롯한 다른 학교들이 별다른 변화를 보이지 않는 동안, 럭비는 아널드 교장(재직 1826~42) 밑에서 큰 변화를 경험했다. 아널드는 이미 세 살 때 공부를 잘한 상으로 아버지에게서 18세기 소설가 스몰릿Tobias Smollett의 24권짜리 《잉글랜드의 역사History of England》를 받았을 정도로 뛰어난 영재였다. 33세의 나이로 명문 럭비학교 교장이 된 그는 역사에 남을 큰 업적을 이루었다. 토머스 휴스Thomas Hughes의 소설 《톰 브라운의 학창 시절Tom Brown's Schooldays》에는 아널드와 럭비학교에 관한 생생한 묘사가 담겨 있다. 휴스는 소설 속 주인공인 톰과 마찬가지로 버크셔의 젠트리 집안

영국적인, 너무나 영국적인

에서 태어나 럭비학교에 진학했고, 옥스퍼드를 졸업한 후 법정 변호사가 되었으며, 종국에는 자유당 의원(1865~71)이 되었다. 그는 이른바 '기독교 사회주의'라 불린 사회운동의 주축이 되었는데, 이 운동은 토리식의 가부장적 온정주의를 기독교 사회주의로 변모시킨 것이었다. 그 정신에 따라 휴스는 1860년대에 런던 장인층을 대상으로 야학을 실시하고 신형 노동조합의 조직을 돕기도 했다. 그러나 나이가 들수록 그의 사상은 사회주의보다 기독교로 더욱 기울었다. 《톰 브라운의 학창 시절》은 그가 사립학교에 진학하는 장남에게 충고하는 뜻에서 쓴 자전적 소설이다.[9]

아널드 박사의 개혁은 두 가지 측면에서 진행되었다. 하나는 교과과정 차원의 개혁이었고, 다른 하나는 교육의 목표라는 좀더 광대한 차원의 개혁이었다. 아널드는 교과목을 변경하여, 그리스어와 라틴어에 치중되었던 수업에 수학, 프랑스어 등의 근대 언어, 그리고 역사를 포함시켰다. 그래도 물론 고전이 교과과정의 핵심이라는 가치관은 흔들리지 않았다. 《톰 브라운의 학창 시절》을 읽다 보면, 럭비학교 학생들이 마치 그리스어와 라틴어만 배우는 것 같은 인상을 받게 된다. 소설 속에서 톰의 친구로 등장하는 마틴은 자연을 좋아하고 채집에 열정을 보이는데, 그런 그에게 친구들은 '미치광이'라는 별명을 붙인다. 그러나 아널드가 성취한 작은 변화만으로도 당시로서는 획기적인 개혁으로 간주되기에 충분했다. 그가 진정으로 중시한 것은 인격 함양이었다. 그의 목표는 학교를 '진정한 기독교 교육의 장소'로 만드는 것이었다. 이러한 의중은,

---

9) 안타깝게도 휴스의 장남은 그로부터 몇 년 뒤에 죽었다. 《톰 브라운의 학창 시절》에 대한 국내 분석으로는 설혜심의 논문이 있다. 박형지 · 설혜심, 《제국주의와 남성성》 5장 참조.

사립학교의 개혁을 선도한 **토머스 아널드**가 가장 중요시 여긴 것은 인격 함양이었다. 이를 위해 그는 축구 같은 단체경기를 활용했다.

교육의 세 가지 목표로 '첫째, 종교적 · 도덕적 원리, 둘째, 신사다운 행동, 셋째, 지적 능력'을 제시한 그의 유명한 발언에서 잘 드러난다. 여기서 신사다운 행동이란 종교를 행동으로 옮기는 것을 의미하는데, 바로 이것이 이전까지 신사가 의미했던 바와는 다른, 새로운 신사다움의 정수였다. 즉 '도덕적' 음조와 '소명의식'을 지닌 기독교적 신사가 새로운 신사다움의 내용이었던 것이다. 아널드의 교육은 학생들에게 깊은 감명을 주었다. 어떤 럭비 졸업생은 "인생에 그처럼 강한 진지함을 부여하고, 모든 학생들로 하여금 살면서 할 일이 있다고 느끼게 만들고, 행복과 의무는 그 일을 잘하는 데 있음을 깨닫게 해주었다"는 점에서 아널드

에게 깊이 감사했다.[10]

그러나 아널드가 당면한 문제는 어떻게 질서를 회복하느냐 하는 것이었다. 수적으로 부족한 교사들은 학생들에게 고함을 치거나 매질을 가하는 등 아주 심각할 정도로 폭력적 수단에만 의존했다. 이에 아널드는 감독생prefects 제도를 고안하여, 6년차 학생들로 하여금 교실 밖에서 하급생들의 생활을 지도하도록 했다. 그가 생각해낸 더욱 중요한 해법은 축구 같은 단체경기를 통해 인격을 수양하도록 하는 것이었는데, 이는 전혀 새로운 질서유지 방식이었다. 그는 운동경기가 학생들에게 기율과 절제를 심어주는 좋은 수단이 될 수 있음을 깨달았던 것이다. 그러나 복음주의자들은 그의 방식을 못마땅하게 여겼다. 그들은 학생들이 명예를 중시하고 신을 두려워하며, 고전 문헌을 연구함으로써 정확함과 고상한 취향을 발달시키는 데 기쁨을 느끼는 사람이 되기를 바랐지, 운동장에서 뛰놀기를 바라지는 않았던 것이다.

럭비학교 생활을 묘사한 《톰 브라운의 학창 시절》에서, 축구는 스포츠 경기가 아니라 '제도'로 군림한다. 톰의 친구 아서에 의하면, 축구는 "영국 남성이라면 누구나 누리는 인신보호권이나 배심원 판결과 같은 것"이다.[11] 그러나 그때까지도 스포츠는 사회 지도층만을 위한 것이었지 다수 대중을 위한 것은 아니었다. 스포츠가 초등학교 교과목에 포함된 것은 1906년에 이르러서였다. 스포츠는 점차 기율이라는 목적을 달성하기 위한 수단이 아니라 목적 그 자체가 되었고, 운동경기의 문화가

---

10) Thomas W. Heyck, *The Transformation of Intellectual Life in Victorian England*(St. Martin's, 1984), p. 163. 그러나 리턴 스트레이치는 유명한 《빅토리아 시대의 명사들》에서 아널드와 사립학교 교육을 신랄하게 비판하고 있다. 이 책의 11장 참조.

11) Hughes, *Tom Brown's Schooldays*, p. 271.

엘리트 교육의 전 체제를 지배하게 되었다. 문제는 《톰 브라운의 학창 시절》에서 톰이 고민하듯이, 크리켓과 축구를 잘하면서 공부도 잘할 수는 없다는 점이었다. 스포츠에서 뛰어나려면 '적당한 지성'의 수준에서 만족해야 했다. '지적 능력'을 교육의 마지막 목표로 설정한 아널드에게 이것은 별 문제가 아니었지만, 19세기 말에 이르면 지적 능력이 중요한 주제로 부상하게 된다.

'워털루 전투의 승리는 이튼의 운동장에서 쟁취되었다'—웰링턴 장군이 한 말이라고 전해진다—는 유명한 말이 있듯이,[12] 1850년 이후 사립학교의 남성성 훈련은 전적으로 스포츠를 통해 이루어졌다. 운동장은 교실보다 더 잘 갖춰져 있었다. 사립학교들은 운동장을 만들기 위해 땅을 사들이기 시작했는데, 해로의 경우 1845년에 8에이커였던 부지가 1900년에는 146에이커로 늘었다. 모든 학교가 '학교를 위해 정정당당히 싸워라' 등의 구절이 담긴 응원가를 만들었다.[13] 학교장들은 이제 교육의 질을 걱정하기보다 운동을 잘하는 감독생들을 두어 하급생들이 그를 존경하고 따르도록 하는 데 더 열중했다. 다른 사립학교들도 대체로 아널드가 제시한 목표를 지향하여 스포츠를 인격 수양의 주요한 경로로 인정하면서, 기독교적 가치와 스포츠 경기를 통한 '단체정신'을 주입하려 했다. 1850년대는 사립학교 스포츠의 결정적인 10년으로, 그 시기에 사립학교 스포츠 체계라고 할 수 있는 것이 자리 잡기 시작했다. 그 얼마 전 슈루즈버리의 버틀러 교장(재직 1798~1836)은 축구를 "백정의 자식들에게나 어울리는 짓"이라고 비아냥대면서 축구와 조정 경기를 금지

---

12) 이 말은 사실 나폴레옹 전쟁 당시가 아니라 1889년경에 처음 나돌기 시작했다고 한다.
   George Mosse, *The Image of Man*(Oxford: Oxford University Press, 1998), p. 46.
13) Annan, *Our Age*, pp. 55~56.

시켰지만, 후임 교장은 크리켓 구장을 건립하기 위해 대지를 임대하고 학생들의 조정 경기를 다시 허락했다. 해로에도 교장의 후원 하에 스포츠 애호 클럽이 결성되었다. 19세기 말에는 이튼도 스포츠를 받아들여, "이 학교에 있는 어린 학생들 가운데 하루에 한 번, 그리고 공휴일에 두 번 축구 경기를 하지 않는 학생은 반 크라운의 벌금을 물고 매를 맞을 것"이라는 공문이 학교 게시판에 붙을 정도였다.[14] 1910년대에 이튼에 다녔던 소설가 오웰은, 일주일에 사흘은 오후에 단체경기를 했다고 증언했다.

게다가 스포츠 경기는 사립학교의 심각한 문제로 대두한 학생들의 수음이나 동성애 등의 퇴폐적 습관을 방지할 가장 강력한 수단으로 간주되었다. 19세기 말~20세기 초에는 학생들의 자위행위를 금지하기 위해 육체적으로 완전히 곯아떨어진 상태에서 잠자리에 들게 해야 한다는 이론이 설득력을 얻으면서 스포츠가 더욱 각광받게 되었다. 자위행위는 차세대 퇴화의 원인이라고 믿어진 탓에 특히 재앙으로 간주되었고, 의사들은 자위행위가 궁극적으로 정신병이나 자살로 이어질 것이라고 경고했다. 사립학교에서도 모든 형태의 성을 근절하려는 노력이 시작되었다. 어떤 학교들은 축구를 할 때 맨 무릎을 드러내지 못하도록 했으며, 어핑엄학교는 1879년부터 자위행위에 대해 퇴학 처분을 내리기 시작했다.[15] 청소년기의 이 병적인 습관은 설교, 책자 등을 통해서도 끊임없이 비난받았는데, 배든 파월은 자신이 조직한 보이스카우트 운동에서 이러한 메시지를 확실하게 전달했다.

---

14) Richard Holt, *Sport and the British*(Clarendon, 1992), pp. 75~76.
15) Colin Spencer, *Homosexuality: A History*(Fourth Estate, 1995), p. 270; Ronald Hyam, *Empire and Sexuality*(Manchester: Manchester University Press, 1992), p. 67.

스포츠가 함양한 또 하나의 중요한 가치는 단체를 위해 자신을 버리는 정신이었다. 크리켓이나 축구 등의 단체경기가 강력한 집단적 충성심을 유발하는 것은 자명했다. 유럽 대륙에서는 남성적 체격의 완성도를 높인다는 이유에서 체조가 강조된 데 반해, 영국에서는 예외적으로 단체경기가 남성성 교육의 관건으로 간주되었다. 자율적 개인이라는 개념은 허용되지 않았다. 아널드 박사는 심지어 "개인적 독립심이란 근본적으로 야만적인 것"이라고 못 박았다.[16] 크리켓 같은 단체경기는 남자다움의 훈련으로 간주되어 기사들의 전투에 비유되었고, 학교나 팀을 위해 뛰는 것은 자기 자신을 위해 뛰는 것보다 더욱 중요하다는 메시지가 전달되었다. 《톰 브라운의 학창 시절》의 한 장면을 살펴보자. 기숙사 대항 축구 경기에서 이긴 뒤, 팀의 주장인 브룩은 자신들이 "서로 더 많이 의존"하고 어떤 기숙사보다도 "더 강한 우애"를 느끼기 때문에 승리할 수 있었다고 말한다. "(옥스퍼드의) 베일리얼 컬리지에서 장학금을 받는 것보다 기숙사 대항 경기에서 두 번 이기는 것이 더 좋다"는 말로 끝난 그의 연설은 열화 같은 박수갈채를 받는다. 다른 장면에서 럭비학교의 교사는 축구 경기가 가르치는 "규율과 서로에 대한 의존의 교훈"이 "너무도 가치 있음"을 지적한다. 경기가 개인을 11명 속에 침잠시킨다는 것이다. 이에 대해 톰은 "그것이 바로 축구와 크리켓이 다른 경기보다 훨씬 나은 경기인 이유죠. 다른 경기에서는 개인이 첫째가 되는 것, 자신을 위해 이기는 것이 목표입니다"라고 응답한다.[17]

《톰 브라운의 학창 시절》을 읽어 보면, 사립학교의 개혁에도 불구하

---

16) 박형지·설혜심, 《제국주의와 남성성》, 213쪽.
17) Hughes, *Tom Brown's Schooldays*, pp. 101, 271.

고 럭비학교의 정상적 상태라는 것이 과연 어떠했는지를 알게 된다. 6학년생들 가운데는 여전히 브랜디를 들이키고 담배를 피우며 야만적으로 행동하는 불량학생들이 있었다. 1870년대에 사립학교로 보내진 키플링 Rudyard Kipling은 그곳에서 보낸 시절을 일생에서 가장 비극적인 시기로 기억했다. 보어 전쟁(1899~1902) 시기에 어핑엄에 다닌 네빈슨C. R. Nevinson의 회상으로 볼 때도, 사립학교가 별로 달라지지 않았음이 분명하다.

> 기숙사에서 벌어지는 야만성과 잔인함은 내 삶을 이승의 지옥으로 만들었다. (……) 나는 아무것도 배우지 못했다. 나는 아침, 점심, 저녁 어느 때나 발길질을 당하고, 쫓겨 다니고, 제지당하고, 매질당하고, 머리카락을 쥐어 뜯겼다.[18]

이런 사정은 20세기 들어서도 마찬가지였다. 조지 오웰이 〈이런저런 즐거움Such, Such were the Joys〉에서 묘사한 예비학교도 여전히 공포의 장소였다. 어느 평자는 오웰의 《1984년》이 그 학교에 대한 복수였다고 해석하기도 한다. 1930년대에 사립학교에 진학한 역사학자 애넌 Noel Annan은, 학교에서 라틴어와 기독교를 가장 중시했고 그 가운데 기독교를 더욱 철저히 교육했다고 증언한다. 소설가 E. M. 포스터에 의하면, "사립학교들은 잘 발달된 신체와 꽤 발달된 정신과 덜 발달된 마음을 가진 아이들을 세상에 배출"했다.[19] 그러나 오웰은 이튼에 대해 상

---

18) 박형지·설혜심, 《제국주의와 남성성》, 202쪽.
19) Annan, *Our Age*, pp. 50~51, 58.

반되는 평가를 내렸다. 그는 이튼에서 보낸 시간을 "속물근성의 미지근한 목욕물에서 보낸 5년"이라고 폄훼했지만, 다른 곳에서는 그 경험이 준 긍정적 측면을 인정했다. 이튼이 남긴 중요한 교육효과는 무엇보다도 공정함의 가치였다. 5년간 버마에서 제국경찰로 근무했을 때, 오웰은 정의에 대한 열정으로 신분의 높낮이를 막론하고 누구에게나 철저한 공정함을 보였다는 평을 들었는데, 그는 "그것이 이튼에서 받은 교육의 가장 중요한 부분"이라고 평가했다.[20]

| 정중한 신사에서 강건한 기독교도로 |

아널드 박사가 럭비학교의 목표로 '신사다운 행동'을 들었을 때, 이는 예전의 세련되고 예의바른 행동거지가 아니라 종교를 진지하게 행동으로 옮기는 것을 의미했다. 빅토리아 시대에 발달한 '신사' 개념은 그 이전과 다른 내용을 담고 있었다. 신사의 가장 중요한 표징은 뚜렷한 직업 없이 사적 수입에 의존해 생활한다거나 일이 크게 중요하지 않다는 것이었다. 그 외에도 신사 개념은 신분이나 재산, 세련된 매너, 정중함, 사교성 등에 바탕을 두었다. 그러나 아널드가 학생들에게 심어준 '사는 동안 성취해야 할 임무'라는 의식은 여가나 사교에 바칠 시간이 없음을 의미했다. 이제 전통적 신사 스타일은 프랑스풍으로, 또 신실성이 결여된 가식으로 여겨졌고, 여성적인 것으로 폄훼되었다.[21]

---

20) Jeffrey Meyers, *Orwell: Wintry Conscience of a Generation*(Norton, 2000), pp. 45~47.
21) Robert Colls, *Identity of England*(Oxford: Oxford University Press, 2004), pp. 77~78.

영국적인, 너무나 영국적인

찰스 킹즐리는 토머스 아널드의 기독교적 신사 개념을 넘어 '강건한 기독교도' ,
즉 기독교적 신념에 입각하여 행동하되 강한 체력을 갖춘 사람이라는 개념을 전파했다.

19세기 중엽에 '강건한 기독교도' 라는 새로운 에토스가 등장하여
아널드식의 남자다움과 결합되었다. '강건한 기독교도' 란 국교회 목사
이자 나중에 케임브리지의 현대사 흠정교수가 된 찰스 킹즐리의 조어로
서, 기독교적 신념에 입각하여 행동하되 강한 체력을 갖춘 사람을 가리
켰다. 킹즐리는 빅토리아 여왕의 맏아들을 가르치는 개인교사로 임명되
어 미래의 국왕에게 강건한 기독교도의 이상을 심어 주었다. 물론 주입
하는 것과 실천하는 것은 별개의 문제였다. 킹즐리와 더불어 강건한 기
독교도를 전파한 토머스 휴스는 저서 《예수의 남자다움*The Manliness of
Christ*》에서 예수를 강건한 기독교도에 끼워 넣었다. 이제 강조점은 정신

적 도덕성에서 육체적 도덕성으로 옮겨갔다.

이들이 특히 강조한 것은 스포츠를 통한 인격 수양이었다. 킹즐리는 소년들이 스포츠를 통해 그 어떤 책에서도 얻을 수 없는 덕목들을 획득한다고 확신했다. 즉 스포츠는 전체를 위해 희생할 수 있는 용기와 인내뿐만 아니라 침착함, 자기극복, 공정함, 다른 사람의 성공을 유감없이 기꺼워할 수 있는 아량 등을 가르친다는 것이었다. 킹즐리는 신체의 건강이 신에 대한 개인의 책임이자 나라에 대한 의무라고 선언하면서, 젊은이들에게 "스포츠 경기에서도 명예와 종교의 원칙을 고수하라"고 설교했다. 1840년대에 시골 교구목사로 봉직할 때부터 킹즐리는 육체적 건강을 강조했다.

몸은 살아계신 하나님이 거하는 신전입니다. 다른 사람들은 스포츠가 거칠고 불명예스러운 것이라고 비난하지만, 나는 오늘날 신실한 신도들과 성직자들이 개인의 건강과 힘, 아름다움을 소홀히 하는 것을 뭔가 불경한 일이라고 생각해 왔습니다.[22]

휴스는 소년들에게 싸울 거면 끝까지 싸워야 한다고 가르쳤다. 아직 서서 볼 수 있을 때 포기하는 것은 경건한 것도 아니요 정직한 것도 아니라는 주장이었다. 이제 '남성적이면서 경건한' 것이 영국적 덕목으로 인정받았는데, 이는 19세기 초에 복음주의자들이 설파한 덕목과 전혀 다른 남성적 덕목이었다.

아널드와 강건한 기독교도의 이상이 만들어낸 새로운 남성성 덕분

---

22) Peter Bailey, *Leisure and Class in Victorian England*(Methuen, 1987), p. 83.

영국적인, 너무나 영국적인

에 전통적인 '신사다움'과 새로운 '남자다움'의 차이가 더욱 부각되었다. 신사다움은 사회적 지위와 외양에 사로잡힌 부정적 의미로 치부된 반면, 남자다움은 내면성 및 신뢰성과 연결되었다. 신사다움이 세련됨과 사회성에서 가치를 찾는 데 반해 남자다움은 투박한 개인주의의 미덕, 즉 개인의 독립과 자기개선을 표방했고, 그런 식의 남자다운 성정은 19세기가 진행되면서 사회적·정치적 무게를 더해 갔다. 남자다운 사람은 솔직하고 직설적이고 말이 없어야 했다. 칼라일Thomas Carlyle에게 남자다운 남성은 말없이 행동하는 남성이었고, 그는 '말이 없는 영국인'을 칭송했다. 무엇보다도 신사다움과 남자다움을 구분하는 가장 중요한 차이는, 신사는 타고날 수 있지만 남자다움은 반드시 사회적으로 구성된다는 점이었다. 남자다운 남성은 어려운 상황을 극복하고 동료들의 존경을 얻음으로써 남성성을 획득해야 했던 것이다.

이 모든 것에서 남자다움은 근본적으로 중간계급의 가치였음이 드러난다. 중간계급은 남자다움의 가치를 일과 노동, 그리고 개인주의에서 찾았으며, 이를 혼자만의 고독한 노력으로 이해했다. 특히 그런 식의 개인주의에 근거하고 있던 상업이나 전문직 종사자들이 그러한 남성성에 끌렸음은 자명한 일이다. 독립적이어야 한다는 남자다움의 면모는 당시 사회에 퍼져 있던 개인주의를 강화했다. 여기서 남자다움은 자유주의와 만난다. 남자다움은 자유주의의 도덕적 이상과 일치했다. 두 발로 서서 자신의 견해에 대해 책임지고 다른 누구에게도 의존하지 않는 사람이 자유주의적 시민의 이념이자 바로 남자다움의 내용이었다. 일편단심의 기율로 자조를 실천하는 모든 사람들은 남성다움을 얻을 수 있다고 주장되었다.[23]

어니스트 바커Ernest Barker가 지적한 대로, 신사다움은 국민적 이상으로 제시되었지만 국민 전체를 아우르는 국민적 코드는 아니었다. 그것은 엘리트의 코드였다.[23] 반면 남자다움은 모든 사람들의 삶의 지침이 되어 대중문화에 깊숙이 뿌리박았다. 신사다움이 일부 엘리트층에만 적용되는 제한적 가치였다면, 남자다움은 모든 영역의 남자들이 꿈꿀 수 있는 개방적 가치였고, 또 실제로 노동계급으로까지 퍼져 나갔다. 물론 노동계급과 중간계급의 남자다움은 서로 강조점이 달랐다. 노동계급의 남자다움은 육체적 힘을 더 강조하게 마련이었고, 공제회나 노동조합 등의 영향으로 중간계급의 남성성에 비해 개인주의가 희석될 수밖에 없었다. 그러나 사회계급을 막론하고 공통된 기반이 있었으니, 바로 자조와 독립, 그리고 일에 대한 남성적 투자였다. 노동계급이 설립한 정치조직들도 무턱대고 남성 보통선거권을 요구하지는 않았다. '독립적' 노동자만이 완전한 시민권을 부여받을 자격이 있다고 생각했던 것이다. 빅토리아 사회의 남성성은 이러한 사회적 합의를 유도하고 있었다.

이렇듯 세련된 신사의 이상으로부터 무뚝뚝한 남자다움의 이상으로 옮겨가는 과정에서 스포츠가 중요한 역할을 담당했다. 19세기 초까지 경건함과 금욕을 강조하는 복음주의자들의 영향력 하에 놓여 있던 중간계급은, 1830~70년대에 스포츠를 거부하는 쪽에서 열정적으로 받아들이는 쪽으로 태도를 바꾸었다. 강건한 기독교도의 이상이 스포츠를 받아들이는 데 필요한 도덕적 체면치레를 가능하게 해주었던 것이다. 사냥이나 경마 같은 젠트리의 스포츠는 피 냄새를 풍기지만, 크리켓 경

---

23) John Tosh, "Gentlemanly Politeness and Manly Simplicity in Victorian England", *Royal Historical Society Transactions* vol. 12(2002), pp. 460, 468.

24) Ernest Barker, "The Character of England" in *Writing Englishness 1900-1950* eds. Judy Giles and Tim Middleton(Routledge, 1995).

기를 하는 하얀 플란넬 셔츠의 부르주아지는 순백의 백합처럼 순수하고 남성다워 보였다. 스포츠는 '정정당당한 경쟁'이라는 윤리를 신성시했는데, 이 새로운 행동규칙이 스포츠를 통해 사회로 퍼져 나갔다. "진정한 기사도 정신을 지닌 축구 경기자는 절대 거짓말을 하거나 야비하게 굴지 않는다"는 것이었다. 이런 식으로 스포츠와 도덕성이 결부되었다. 해로학교의 응원가는 "분노하지 않고 싸우는 것"과 "악의를 가지지 않는 기술"을 찬양했으며, 스포츠 경기에서는 승리가 아니라 참여가 중요하다는 사실이 강조되고 사람들에게 주입되었다.

나아가 경기의 규칙을 익히는 것은 곧 인생의 규칙을 익히는 것이었다. 어떻게 승리하는가와 더불어 어떻게 패배하는가를 배우는 것은, 스포츠건 공부건 돈벌이건 그 어느 영역에서건, 승리하기 전에 더 많은 실패가 있을 것이며 초기의 실패에 좌절하지 말아야 함을 배우는 것과 같았다. 최선을 다했다면 패배는 부끄러운 것이 아니었다. 다음과 같은 키플링의 시구는 스포츠가 의미하는 바를 정확히 표현하고 있다.

> 만일 네가 패배 후에 승리를 만날 수 있다면,
> 그 두 위선자들을 같은 표정으로 맞을 수 있다면,
> 다른 모든 사람들이 용기와 분별을 잃었을 때에도
> 너만은 용기와 분별을 지킬 수 있다면,[25]

스포츠가 함양한 남성성은 강건한 남성다움, 성공, 공격성, 그리고 무자비함 등을 의미하는 동시에 규칙 내에서의 승리, 승리했을 때의 정

---

25) 알프레드 바알, 지현 옮김, 《축구의 역사》(시공사, 2002), 119쪽.

중함, 패배자에 대한 동정심 등의 상치하는 가치들을 내포했다. 이런 인식은 다른 유럽 국가들과 다른, 특이하게 영국적인 현상이었다. 특히 엘리트층이 페어플레이 정신을 가장 철저하게 받아들였다. 인도 총독을 거쳐 외무장관을 역임한 엘리트 중의 엘리트 조지 커즌 경Sir George Curzon은 20세기 초에 인도의 통치자들이 받아야 할 교육을 이렇게 정리했다. "영어를 배워야 하고, 영국의 관습, 문학, 과학, 사고방식, 진리와 명예의 기준을 충분히 알아야 하며, 남성다운 스포츠와 경기에 익숙해져야 한다."[26] 영국 스포츠가 주창한 정정당당한 경기, 즉 본질은 이기는 것이 아니라 훌륭하게 싸우는 것이라는 점은 쿠베르탱을 위시한 많은 유럽인들의 감탄을 자아내어, 대륙에서도 페어플레이 정신을 함양하는 스포츠가 붐을 이루게 되었다.

| 참여가 아니라 승리 |

19세기 말에 새로운 스파르타적 남성성이 첨가되면서 남자다움은 또 한번 변형을 겪었다. 빅토리아 중기에 남자다움의 산실이 예배당에서 탈의실로 바뀌었다면, 1901년부터는 군대화한 사립학교로 바뀌었다. 그 배경에는 당시의 제국주의적 분위기가 자리하고 있었다. 영제국은 대체로 사립학교 졸업생들에 의해 운영되었는데, 당시 사립학교의 분위기는 "지배하도록 태어난 여단"이라는 표현에서 압축적으로 드러난다.[27] 사

---

26) Holt, *Sport and the British*, p. 213.
27) Simon Gunn & Rachel Bell, *Middle Classes*(Phoenix, 2002), p. 180.

영국적인, 너무나 영국적인

립학교 교육자들은 '제국에 봉사하고 모교에 명예와 영광을 가져다 줄 기독교적 신사'를 양육한다는 목표 아래, 학생들에게 제국에 대한 의식을 심어줌과 동시에 제국을 위한 자기희생이 곧 그들의 역할임을 끊임없이 주지시켰다. 이 젊은이들은 십자가를 짊어지고 식민지로 가서, 강한 팔과 철통같은 의지로 쇠락의 사악함으로부터 제국을 지켜낼 것이었다. 그러기 위해서는 훈련이 필요했다. 다른 사람들을 통제하기 위해서는 우선 자기 자신을 통제할 수 있어야 하고 성격을 단련시켜야 하며 윗입술은 굳게 닫혀 있어야 했다.

이러한 다원주의적이고 제국주의적인 분위기 속에서, 스포츠는 젊은이들을 자연의 법칙에 따라 험하고 경쟁적인 세계의 다양한 도전에 응전할 수 있도록 훈련시키는 수단으로 인정받았다. 젊은이들은 운동경기가 제공하는 가상 모험을 통해, 크리켓 투수의 강속구든 원주민들의 폭동이든 그 어떠한 포화 속에서도 견뎌낼 수 있도록 훈련되었다. 1895년에 해로의 교장 웰던J. E. C. Welldon은 〈교육의 제국적 면모The imperial aspects of education〉라는 글을 발표하여, 교육이 제국의 운영과 관련되어야 한다고 주장했다. 그는 사립학교의 목표가 고전학자나 수학자를 생산해내는 것이 아니라 총독·장군·박애주의자·정치가를 생산해내는 데 있다고 선언했다. "오늘날의 소년들은 내일의 정치인이고 행정가들이다. 그들의 손에 영제국의 미래가 놓여 있다. 그들이 제국을 확장하고 결속시키고 영광되게 하기를!" 영제국의 영광은 그 궁극에서 단체경기로 소급되었다. 웰던의 말은 실로 스포츠 애호주의의 극치였다.

영국인들이 프랑스인이나 독일인들보다 우월한 것은 두뇌가 좋다거나 산업·과학·전쟁장비에서 앞서 있기 때문이 아니다. 영국인의 우월성은 운동경기가 주입한 건강과 성격에 있다. 영국인들이 발휘하는 스포츠 정신, 용기, 결단, 그리고 힘은 위대한 사립학교의 크리켓 경기장과 축구 경기장에서 획득되었다. (……) 용기, 에너지, 끈기, 좋은 성정, 자기통제, 기율, 협동, 단결정신 등은 바로 크리켓이나 축구에서 승리를 보장하고 평화 시나 전쟁 시에 승리를 가져다주는 자질들이다. 영제국의 역사는 영국의 주권이 스포츠 덕분이라고 기록한다.[28]

이처럼 사립학교 운동장에는 애국심과 다윈주의 이데올로기가 넘쳐흘렀다. 사립학교에서 주입된 스포츠 애호주의와 남성적 덕목, 강건한 기독교, 그리고 인종적·국민적 우월성에 대한 찬양은 고스란히 대학으로 이어져, 옥스퍼드와 케임브리지 학생들의 문화적 정체성을 본질적으로 규정했다.[29] 사립학교와 럭비·축구 경기는 영국적인 것의 상징이었고, 그 함의는 경기장에서 요구되는 용기와 전쟁터에서 요구되는 용기가 같다는 것이었다. 스포츠에서의 용맹은 삶의 다른 분야, 즉 제국에 대한 봉사로 쉽게 이전될 수 있었다. 영국인들의 우월한 육체적 자질은 제국의 추구와 식민지적 모험을 정당화하고 합리화하는 데 이용되었다.

이러한 분위기에서 승리가 아니라 참여가 중요하다는 표어는 사문화되고 말았다. 1910년대에 이튼학교에 재학 중이던 오웰은 그 시절을 다음과 같이 기억한다.

---

28) J. A. Mangan, "The grit of our forefathers" in *Imperialism and Popular Culture* ed. John MacKenzie(Manchester: Manchester University Press, 1986), p. 120.
29) Paul R. Deslandes, "The Foreign Element: Newcomers and the Rhetoric of Race, Nation and Empire in Oxbridge Undergraduate Culture, 1850-1920", *Journal of British Studies*, 37/1(Jan. 1998), pp. 58~59.

영국적인, 너무나 영국적인

나는 수영을 꽤 잘했고 크리켓도 괜찮게 했지만 그런 경기들은 주목받지 못했다. 아이들은 힘과 용기를 요구하는 경기에만 특권적 가치를 부여했다. 중요한 것은 축구였다. 한데 나는 거기서 완전히 낙제였다. 학교생활이 바로 그랬다. 약자에 대한 강자의 지속적 승리. 덕목은 승리에 있었다. 더 크고, 더 강하고, 더 핸섬하고, 더 부유하고, 더 인기 있고, 더 세련되고, 이런 것들이 덕목이었다. 삶은 위계적이었고 어떤 일이 일어나든 그것은 옳았다.[30]

남자다움은 강한 군사적 의미를 함축했다. 근대적 국민국가가 형성되고 새로운 국민의식이 대두하면서, 남성의 역할은 국가와 그 제도를 보호하고 영구화하는 것으로 정의되었다. 국가가 남자다움의 이상을 접수한 것이다. 나폴레옹 전쟁 때부터 국가를 위해 싸우다가 죽는 것이 덕목으로 부각되면서, 남자다움과 애국심이 밀접하게 연결되었다. 더불어 여성성은 더욱 부차적인 것으로 간주되는 한편, 남자가 더욱 남자답고 여자가 더욱 여자다울 때 사회와 국가가 더욱 건강하다는 논리가 성립되었다. 특히 전문직 중산층이 국가와 제국의 지도자라는 이상에 헌신했는데, 이러한 남성적 가치는 사립학교를 통해 전수되었다. 용기 있는 행동을 하면서도 항상 기사적 미덕을 지키는 영웅의 완벽한 예는 나라를 위해 목숨을 거는 사람이었다. 남성성은 궁극적으로 전쟁에서 드러난다고 믿어졌고, 군국주의와 인종적 우월함에 대한 영국인들의 자부심은 높아만 갔다. 스포츠는 이제 전쟁을 위한 훈련이 되었고, 크리켓 공

---

30) George Orwell, "Such, Such Were the Joys" in *A Collection of Essays*(NY: Harcourt Brace Jovanovich, 1953), p. 36.

을 던지는 것은 곧 수류탄을 던지는 것과 동일시되었다.

보어 전쟁 이후 슈루즈버리학교는 최초로 학도 군사훈련단을 설립했다. 그곳에서 압도적 위치를 차지하고 있던 운동경기는, 이제 교장의 애국심과 국가를 위한 봉사·의무라는 이상에 의해 뒷전으로 밀려났다. 당시의 남성적 덕목은 다음과 같이 요약되었다.

> 애국심의 의무, 도덕적이고 육체적인 스포츠 애호주의의 아름다움, 스파르타적 습관과 기율의 효과, 남자다움, 여자 같고 비非영국적이고 도에 넘치게 지적인 모든 것을 떨쳐내는 것.[31]

명문 사립학교가 주입한 리더십과 봉사정신은 단지 그들만의 에토스로 머무르지 않았다. 명성과 권위가 그보다 떨어지는 학교들도 종교·규율·단체정신 등을 받아들여 스포츠 애호주의와 명예를 위한 경쟁을 강조했다. 다른 학교들의 모방은 오히려 사립학교의 압도적 위치를 강조할 뿐이었다. 한편 남성성의 가치는 학교뿐만 아니라 다른 사회 영역으로도 퍼져 나갔다. 남자다움의 이상이 하층 중간계급과 노동계급으로 침투한 과정은 우선 스포츠의 확산에서 확인되는데, 그 배후에는 사회개혁가들과 고용주들의 노력이 있었다. 사회개혁가들은 노동자들에게 신체적 운동을 권고했다. 《자조론》(1859)으로 빅토리아 사회에 거대한 영향력을 미친 스마일스Samuel Smiles는 '풍부한 신체적 운동'을 충고했다. 사회개혁가들과 고용주들은 스포츠가 자기규율과 단체정신을 가르치고 도박과 음주, 범죄를 멀리하게 함으로써 인격 형성의 수단이 된

---

31) Hyam, *Empire and Sexuality*, p. 72.

영국적인, 너무나 영국적인

새뮤얼 스마일스를 비롯한 사회개혁가들은 스포츠가 노동자들의 인격 형성과 기율에 도움을 준다고 생각하여 스포츠를 적극적으로 지원했다.

다고 확신했다. 실제로 19세기 후반부터 독한 술의 소비가 많이 감소되었다. 그러나 정확한 인과관계를 확인하기는 쉽지 않다. 사회개혁가들과 고용주들은 또한 스포츠가 노동자들의 기율에 도움을 준다고 생각하여 스포츠를 적극적으로 지원했다. 노동자들은 스포츠를 통해 삶을 지배하는 게임의 규칙을 받아들이게 될 것으로 기대되었다. 스포츠란 결국 경쟁을 통해 승리를 쟁취하는 것이므로, 경쟁이라는 동일한 원리에 기초한 자본주의적 노동윤리 역시 강화할 수 있으리라 생각되었던 것이다.

당시 노동계급에서 영향력을 잃어 가던 교회도 스포츠에 눈을 돌렸다. 운동경기를 배워 신도 확장에 이용하라는 충고가 성직자들 사이에서 줄을 이었다. "교구 주임목사나 목사보가 예전에 자신들이 받았던 교육에서 영감을 얻어 한 손에는 성경을, 다른 한 손에는 축구공을 들고서 영혼을 살리기 위해 나섰다."[32] 축구보다는, 우애를 키우는 데 적합하다고 판단된 크리켓이 가장 많이 추천되었다. 육체적 강건함을 중시하는 기독교도들은 특히 북부와 중부 산업 지역에서 축구 팀과 크리켓 팀을 창설하거나 조직하는 데 조력했다. 1867년 당시 볼턴에 있던 크리켓 클럽의 3분의 1이 종교단체와 관련되어 있었고, 버밍엄에서는 크리켓 클럽의 21%, 축구 클럽의 25%가 종교적 연관을 맺고 있었다. 또 1893년 당시 레스터의 축구 클럽들을 살펴보면, 작업장 클럽이 2곳, 거리나 이웃의 이름을 단 클럽이 10곳인 데 비해 교회 클럽이 16곳일 정도로 교회의 역할이 압도적이었다.[33]

19세기 말~20세기 초, 사립학교에서 기원한 의무·기율·자기희생이라는 기독교적·다원주의적 남성성이 사회적 삼투 과정을 통해 노동계급으로 퍼져 나가 결국 독특하고도 강력한 도덕적 코드가 되었다. YMCA를 본뜬 청년협회Young Man's Society나 소년연대Boy's Brigade는 사립학교 학생 외의 소년들에게 기독교적 남자다움을 전달하는 기제로 작용했고, 그 밖에도 제국청년운동Empire Youth movement, 해군연맹Navy League 등의 여러 단체들이 우후죽순처럼 생겨났다. 1911년에 조직된 건강·활력연맹Health and Strength League은 13만 명의 회원을 보유했는데, 이 단체의 목표는 남성 신체에 대한 찬양을 애국심과 결부시키는 것, 즉 "그처럼 아름답고, 그처럼 강하고, 그처럼 고귀한" 영국인 남성을 만드는 것이었다.[34] 이러한 현상은 아동문학 잡지와 소설에도 반영되었다. 특히 19세기 말에 가장 큰 인기를 끌었던 헨티George A.

32) Bailey, *Leisure and Class in Victorian England*, p. 145.
33) Vamplew, *Pay up and play the game*, p. 151.
34) Mosse, *The Image of Man*, p. 136.

영국적인, 너무나 영국적인

Henty의 80권이 넘는 소년 모험소설들은 소년들에게 스포츠 애호주의와 애국심을 주입하는 데 크게 기여했다. 소설이나 잡지 논단에서는 주로 육군과 해군을 가장 매력적인 예로 거론했지만, 경제 영역에도 마찬가지로 영웅적 인물의 역할이 있었다.

> 공장에서든, 농장에서든,
> 책상에서든, 어디에서든
> 소년들이여, 그대들의 미래의 노력이
> 국가의 운명을 결정한다네.[35]

노동계급 상층부는 중간계급의 코드를 받아들이는 데 그다지 거부감을 느끼지 않았다.[36] 그러나 그 아래에서는 여전히 거칠고 난폭한 남성성이 이어지면서, 종종 음주나 싸움으로 폭발하곤 했다. 그들이 놓인 환경과 권력관계가 공격적 남성성을 띠게끔 만들었던 것이다. 중간계급의 남자다움이라는 이상이 사회 최하층에 얼마나 침투했는지를 밝히기란 쉽지 않다. 결국 중간계급의 남자다움은 이른바 '존경할 만한' 상층 노동계급을 끌어들이는 데는 성공했지만, 노동계급 전체로 확산되는 데는 한계가 있었다고 결론지을 수 있을 것이다.

---

35) Jane Mackay & Pat Thane, "The Englishwoman" in *Englishness: Politics and Culture 1880-1920* eds. Robert Colls & Philip Dodd(Croom Helm, 1987), pp. 195~196.
36) 이에 관해서는, John Springhall, "Building character in the British boy" in *Manliness and Morality*, p. 69 참조.

| 동성애 |

그렇다면 그처럼 남자다움을 강조한 문화에서 어떻게 동성애가 그토록 성행할 수 있었을까? 동성애는 다른 어느 나라보다도 특히 영국의 상류계급에서 가장 빈번하게 발견된다. 영국 왕들 가운데 확실한 최초의 동성애자는 정복왕 윌리엄의 아들 루퍼스William Rufus였는데, 연대기에는 안셀무스Anselmus가 그의 죄악을 비난한 것으로 기록되어 있다. 그후 리처드 1세와 에드워드 2세, 제임스 1세, 그리고 윌리엄 3세 등이 어린 소년들에게 큰 관심을 보였다. 동성애 행위를 사형으로 처벌하는 법이 16세기 초에 제정되었지만, 1861년에 폐지되고 대신 10년에서 종신형까지의 처벌로 바뀌었다. 그러나 실제로 처벌이 행해진 경우는 드물었다. 그러다가 1895년에 와일드 사건이 터졌다. 유명한 극작가인 오스카 와일드와 앨프레드 더글러스 경의 동성애 관계가 법정으로 비화했을 때, 그를 옹호한 사람들은 "와일드와 같은 죄를 범한 사람들을 감옥에 넣는다면 이튼과 해로, 럭비와 윈체스터로부터 놀랄 만한 탈출이 있을 것"이라고 확신했다.[37] 실제로 와일드의 재판이 진행되는 동안 영국 엘리트 가운데 많은 수가 프랑스로 몸을 피했다.

벤담은 1774년에 이미 동성애에 대해, "이 죄악은, 만약 이것을 죄악이라고 불러야 한다면, 사회에 아무런 고통을 야기하지 않는다"며 관용을 주장했다.[38] 더구나 그들을 제외하고는 영국 문화를 이야기할 수 없을 정도로 많은 예술인들이 동성애 성향을 가지고 있었다. 영문학사

37) Spencer, *Homosexuality*, pp. 286~287.
38) Annan, *Our Age*, p. 168.

영국적인, 너무나 영국적인

상 가장 위대한 비가悲歌로 칭송받는 19세기 계관시인 앨프레드 테니슨 Alfred Tennyson의 《인 메모리엄*In Memoriam*》은, 그가 케임브리지 재학 시절 사랑했던 아서 핼럼Arthur Hallam의 기억에 바친 시집이다. 또 오든W. H. Auden의 시에 나오는 동성애적 주제는 1950년대까지도 감지되지 못했지만, 그의 연시戀詩는 남성에게 보낸 것이었다.

그렇다면 왜, 어떤 사람들이 동성에게 끌릴까? 이에 대해 유전이나 학습효과, 어머니 또는 아버지 쪽의 기여도, 초기 성적 경험과 상황의 효과 등이 많이 논의되었지만 만족할 만한 이론은 없다.[39] 영국의 경우, 무엇보다도 사립학교가 동성애의 온상으로 작용했다. 8세에서 18세까지의 민감한 나이에 사립학교 소년들은 기숙사에서 거의 이성을 만나지 못한 채 살았으며, 그 후에 진학한 옥스브리지 컬리지들 역시 수도원 같은 곳이었다. 그곳에서는 어떤 형태의 여성도, 심지어 어머니와 누이조차도 환영받지 못했다. 유일한 여성은 기숙사 사감의 부인이었다. 철저한 여성의 부재 속에서 동성애는 자연스럽고 일반적인 관계로 수용되었다. 강렬한 성적 욕망을 경험하는 청소년기에 여성과의 접촉이 차단된 채 정상적인 관계를 맺을 기회를 박탈당한 사립학교 소년들의 불안정한 정서는, 엄격한 기율이 지배하는 남성들만의 세계에서 생존해야 하는 압박감으로 인해 더더욱 가중되었다.

시먼즈는 1854년의 해로학교를 떠올리면서, 잘생긴 소년들은 모두가 여자 이름을 가지고 있었고, 공창으로 알려지거나 큰 소년들의 '계집

---

39) 프로이드는 스스로를 아버지와 동일시하지 못한 아이들이 어머니에게 집착하게 되고 성인이 되어 동성애자가 된다고 말했으며, 그의 추종자들은 아버지가 거리를 두게 되고 어머니가 압도하면서 남자들이 동성애자가 된다고 했다.
40) Spencer, *Homosexuality*, p. 270.

영국 문화는 남자다움을 두드러지게 강조했지만, **오든**을 비롯한 많은 예술인들은
동성애 성향을 지니고 있었다. 그들을 제외하고는 영국 문화를 이야기할 수조차 없을 정도였다.

년bitch'으로 불렀다고 회고했다.[40] 교사가 학생들에게 연정을 품는 경우도 종종 있었다. 이튼의 한 교사는 학생과의 부적절한 관계로 인해 쫓겨나자, 이번에는 케임브리지의 킹스 컬리지에 자리 잡고서 학부생들을 상대로 애정행각을 계속했다. 사립학교를 거쳐 간 사람들 가운데 반수 이상이 일정 기간 동안 동성애자였다. 옥스브리지의 컬리지들은 독신생활을 하는 수도원에 기원을 두고 있기 때문에 컬리지 펠로fellow들은 1882년까지 독신이어야 했다. 그때 이르러 결혼이 허락되었지만 미혼 습관은 그 후에도 오래 지속되었다. 학교뿐만 아니라 교회에도 동성애가 만연해 있었다. 그러나 많은 사람들은 학교를 떠나 여성을 만나면 이성에 관심을 가지게 되었고, 일생 동안 동성애자로 남은 사람들 가운데 상당수는 사랑에 실패했거나 자신이 없다고 느낀 사람들이었다.

사립학교의 교과목 역시 동성애를 조장하는 데 일조했다. 그리스어를 비롯한 고전 교과목에 스파르타식 기율과 중세의 기사도가 교묘하게 결합된 교육과정 속에서, 소년들은 남성들 사이의 우정 또는 애정을 미화하는 내용을 늘 접할 수밖에 없었다. 빅토리아인들이 '남성적 사랑 manly love'이라고 부른 남자들 간의 우정은, 동성애와 분리하기도 어렵지만 그렇다고 반드시 동일한 것도 아니었다. 말하자면 이성애를 특징짓는 육체적 관계보다는 정신적 교감의 색채가 강한 개념이었다. 역사적으로 동성애적 관계는 대개 여성을 차별하는 사회의 산물이었는데, 그런 사회에서 여성은 지적·육체적·정서적으로 열등하다고 간주되었다. 따라서 결혼이나 가족관계에서 얻을 수 없는 강도 높은 인간관계에 대한 욕구가 동성애로 표출되었던 것이다. 동성애를 이상화한 대표적 문화는 고대 그리스 문화였다. 그리스의 동성애는 기본적으로 연장자와 젊은이의 관계였는데, 연장자는 젊은이가 지닌 아름다움·힘·기술·속도 등의 남성적 자질을 흠모했고 젊은이는 연장자의 경험·지혜·리더십을 존경했다. 중세에도 마찬가지로 가장 강한 세속적 감정은 전쟁터에서 싸우는 무사들 사이의 애정이었으며, 서구의 오랜 기독교 전통 속에서 육체적 접촉을 배제한 정신적 사랑은 한 단계 높은 도덕적 가치로 인정되어 왔다.

빅토리아 사회 역시 남성지배적 사회였다. 상층 중간계급의 삶은 전적으로 남성들만의 기관인 사립학교·대학·군대·의회·클럽 등을 중심으로 움직였고, 여성은 한옆으로 비켜서야 했다. 빅토리아 시대의 교육 역시 여성에 대한 사랑은 성적이고 따라서 열등한 데 반해, 남성에 대한 사랑은 여성에 대한 사랑과 달리 고차원적이라고 가르쳤다. 신문 작가이자 옥스퍼드의 펠로였던 월터 페이터Walter Pater는, "사람에게서 찾아볼 수 있는 최고의 아름다움은 남성의 아름다움이며, 그것은 여성적 부드러움과 전혀 다른 것"이라고 갈파했다.[41] 페이터에게서 깊은 영향을 받은 오스카 와일드가 유명한 동성애 사건으로 몰락한 것은 대단한 충격이었다. 학생 시절에 와일드는 특히 남성적 아름다움을 옹호하고 정신적 에너지로서 소년에 대한 사랑을 설파한 페이터의 가르침을 내면화했다. 그러다가 1891년에 모교인 모들린 컬리지를 방문했을 때 "이 세상에서 가장 아름다운 젊은이", "너무나 그리스적이고 우아한" 보시Bossy—앨프레드 더글러스 경—를 만나게 되었다. 와일드는 이미 결혼하여 두 아들을 둔 상태였고, 자신의 동성애적 성정을 조절할 수 있다고 확신해 오던 터였다. 그러나 보시를 알게 되자 모든 자제심을 잃어버리고 말았다.

---

41) Richards, "Passing the love of women", p. 100.

영국적인, 너무나 영국적인

오스카 와일드(왼쪽)는 **앨프레드 더글러스**(오른쪽)와의 동성애 행각이 발각되어 2년의 중노동형을 선고받았다. 그러나 당시의 남성지배적 사회는 동성애를 조장하는 측면이 강했다.

Oscar Wilde and Lord Alfred Douglas About 1893

보시의 집안은 그의 형이 로즈버리 경과 부적절한 관계에 이르렀다는 의혹 속에서 자살한 가슴 아픈 가족사를 간직하고 있었다. 그의 아버지인 퀸즈베리 후작은 이제 둘째아들마저 같은 운명에 처하는 꼴을 그냥 두고 볼 수가 없었다. 그는 와일드를 '남색'이라고 비난하며 아들과의 관계를 끊으라고 요구하는 편지를 보냈다. 그러자 와일드는 경솔하게도 후작을 명예훼손으로 고소했고, 그 바람에 재판 과정에서 오히려 와일드의 동성애 행각이 드러나고 말았다. 자질은 형편없지만 시인 지망생이던 보시는 '나는 차마 그 이름을 말할 수 없는 사랑이어라'라는 구절이 담긴 시를 썼는데, 그 시는 와일드 재판 당시 사람들의 입에 오르내리며 풍자의 대상이 되었다. 결국 성인 남자들의 음란한 관계를 금지하는 수정 형법 제11조에 의해 와일드는 최고형인 2년의 중노동형을 선고받았다. 감옥에서 쓴《절망의 구렁텅이로부터De Profundis》(1897)에서, 그는 '내 인생의 커다란 두 전환점은 내 아버지가 나를 옥스퍼드로 보냈을 때와 사회가 나를 감옥으로 보냈을 때'라고 적고 있다. 2년 후 출옥한 와일드는 다시 더글러스를 만났고, 그것은 그의 두 번째 나락을 의미했다.[42]

19세기 말의 제국주의 시대에도 영국의 영광, 나아가 제국의 영광으로 이어지는 남성성의 바탕에는 '형제애'라고 불리는 남성들 사이의 끈끈한 우정과 애정이 깔려 있었다. 아이로니컬한 것은, 제국을 확장하고 지배하는 데 크게 공헌한 유명인사들 가운데 많은 수가 동성애적 성향을 보였다는 사실이다. 역사가 하이엄Ronald Hyam이 보여 주듯이, 제국의 역동적 창설자들 가운데는 동성애자가 적지 않았다. 중국과 수단에서 용맹을 떨친 고든Charles Gorden 장군과 남아프리카에서 영제국의 영광을 드높인 세실 로즈Cecil Rhodes가 대표적인데, 특히 로즈는 여성과 함께하기를 혐오하여 하녀조차 거부한 것으로 악명 높았다.[43]

동성애자들은 기존의 권위 체제를 싫어하는 사람들이었다. 동성애는 비밀스럽다는 점에서 스릴 있었고, 나이 많은 세대를 화나게 만드는 즐거움도 가져다주었다. 11장에서 살펴볼 블룸즈버리 그룹도 그런 사람들이었다. 특히 1920~30년대에 동성애자가 많이 나왔다는 것은, 전쟁이 성적 규제를 완화하고 사람들을 빅토리아 시대의 성적 감옥으로부터 해방시켰음을 의미한다. 늙은 세대에 충격을 가하는 짓을 즐기던 동성

---

42) 와일드의 동성애에 관해서는 박지향, 《슬픈 아일랜드: 역사와 문학 속의 아일랜드》 6장, 8장 참조.
43) Hyam, *Empire and Sexuality*.

영국적인, 너무나 영국적인

애자들은 1930년대에 공산주의자라는 경쟁자를 만났다. 이 두 세력은 동성애자면서 공산주의자를 뜻하는 '호민테른Homintern'이라는 개념으로 결합되었는데 이들 중에서 국가에 대해 반역행위를 한 사람들이 많이 나왔다. 그러나 일부는 스탈린이 동성애자들을 처형했다는 사실을 알았을 때 공산주의를 거부했다.

19세기 들어 과거의 신사 개념과 다른 남성성이 대두했다. 아니, 그보다는 빅토리아 시대 사람들이 신사다움을 취해서 '남자다움'으로 바꾸었다고 말하는 편이 차라리 옳을 것이다. 처음에 남성성은 기독교적 성숙함을 받아들여, 경건·정직·진실성, 그리고 이기적이지 않은 인격체에서 구현되는 것으로 여겨졌다. 그리고 이후 육체적 힘, 근육, 굳게 다문 입술, 모험, 인내 등과 연결되었다. 그러한 남성성의 성립 과정에서 사립학교와 스포츠가 중요한 역할을 했다. 단체의식과 페어플레이 정신은 경기장의 테두리를 넘어 중요한 사회적 가치로 자리 잡았다. 그러나 스포츠 애호주의와 냉혹한 제국주의적 남자다움의 고양이 너무 지나쳤다고 판단되자, 20세기 초에 단체 활동보다는 개인과 순결한 남자다움을 강조하는 쪽으로 변화했다. 물론 육체적 강건함은 당연한 요소였고, 보이스카우트를 조직한 배든 파월이나 '백인의 짐'을 노래한 키플링은 남성적 덕목에 '훌륭한 외모'를 결부시켰다.

순결한 남자다움과 훌륭한 체격을 강조하는 그러한 남성성은 보이스카우트 운동에서 절정에 달했다. 배든 파월이 쓴 《소년들을 위한 스카우트Scouting for Boys》(1908)는 첫 장부터 남자다움과 군대적 성격을 띤

스카우트를 강조한다. 훈련을 사냥꾼, 모험가, 식민지 변경인의 삶과 동일시하면서 야외 훈련을 중시하는 것이다. 여기서 이전의 남성성과 다른 새로운 면모가 드러나는데, 즉 스카우트 훈련이 단체경기를 강조하지 않으며 고도로 개인주의적이라는 점이다. 단체경기보다 걷기, 등산, 배젓기 등이 중요하게 여겨졌고, 특별히 기독교적 내용을 담고 있지도 않았다.[44]

1930년대에 이르러 남자다움이라는 개념은 신빙성을 잃게 되었다. 남자다움의 기원이었던 문화적 풍토가 변하고 있었는데, 이는 부분적으로 장기적 사회변화에서 기인하는 것이었다. 종교적 실천의 쇠퇴, 찰스 다윈 이후 세력을 떨쳤던 우생학적 사고의 후퇴, 스포츠가 강요하는 단체윤리에 대한 거부감, (보이스카우트에서 드러나듯이) 야외활동에 대한 좀더 개인주의적인 태도, 그리고 제1차 세계대전 이후 생겨난 냉소주의 등이 기존의 남자다움을 낡은 것으로 만들었다. 한편 일탈, 혹은 심리적 질병으로 인식된 동성애는 1920~30년대에 전성기를 누리다가 1950~60년대의 전반적 해방운동에서 중요한 주제로 부각되었다.

물론 빅토리아 사회가 숭상한 남성성의 이상을 받아들이지 않은 사람들도 있었고, 그러한 이상에서 배제당한 사회집단들도 있었다. 중간계급의 남자다움에 동의하지 않은 하층 노동계급은 다른 식의 좀더 거친 남성성에 집착했다. 이러한 변천사가 입증해 주는 것은, 남성성이란 자의적 산물이라는 사실이다. 남성성은 19세기 영국의 정치적·사회적·도덕적 발전 속에서 구성되고 변화하고 재구성된 개념이었다. 19세

---

44) Allen Warren, "Popular manliness: Baden-Powell, scouting and the development of manly character" in *Manliness and Morality*, pp. 202~203.

영국적인, 너무나 영국적인

기 영국인들은 경쟁, 정확히 말해 '공정한 경쟁'의 윤리를 숭상했고, 그
것으로 인해 영국이 번성하고 있다고 믿었다. 칼라일이 말한 대로 영국
인들의 근육의 강건함과 마음의 강건함은 사회적 강건함과 국가적 강건
함이라는 개념을 낳았다. 그러나 영국의 번영과 위상이 흔들리자 그 사
회의 지배적 가치인 남성성 역시 흔들리지 않을 수 없었다. 국가적 강건
함이 쇠퇴하자 근육과 마음의 강건함도 함께 쇠퇴할 수밖에 없었던 것
이다.

6

스포츠와 여성해방

웰스H. G. Wells의 소설《앤 베로니카Ann Veronica》(1909)의 주인공이자 "신여성"의 상징인 앤 베로니카는, 자전거를 타고 바지를 입고 복장개혁 협회Dress Reform Association 회의에 참석할 뿐만 아니라, 결국엔 과격한 여성 참정권 운동에 참여하다가 경찰에 체포당하고 만다. 앤 베로니카에게서 우리는 "해방된 여성"의 모든 것을 발견할 수 있다. 웰스를 포함한 19세기 후반기 사람들에게 여성 스포츠와 복장개혁 운동 및 여성해방 운동은 단순하고도 직접적인 연관성을 가지고 있었다. "신여성"은

"자전거를 타고, 테니스나 골프를 치며, 스커트 밑으로 스타킹을 6인치씩이나 드러내 보이고, 몸을 조이는 코르셋을 입지 않는 여자"로 간주되었다.[1] '많은 여성들이 자전거를 타고 여성 참정권을 향해 나아갔다'는 말대로, 여성 스포츠와 여성해방 운동은 동시에 발달한 것으로 인식되어 왔다.

그러나 실제 역사적 현실은 훨씬 복잡했다. 19세기 중엽부터 여성이 스포츠를 즐기게 되고 그럼으로써 여성의 활동 범위가 확대된 것은 사실이지만, 스포츠의 발달과 여성해방 운동의 확대 사이에 인과관계가 있었던 것은 아니다. 여성이 스포츠에 참여함으로써 만끽하게 된 자유는 여성해방론자들의 의식적 노력과 아무런 상관이 없었다. 스포츠를 즐기던 여성들은 여권 운동을 지지하지도 않았다. 그렇다면 문제는 왜 양자 사이에 관련이 없었는가 하는 점이다. 일부 학자들은 빅토리아 시대의 도덕적 규범 때문이었다고 주장한다. 즉 남성과 여성의 분리된 영역을 정당화하는 전반적 사회통제 때문이었다는 것이다. 한편 여성의 복장과 행동거지에 부과된 엄격한 규율은 오히려 여성들 스스로가 택한 '타협적 정신'의 산물이었다는 주장도 있다. 여성다움과 육체적 운동이 양립할 수 있음을 보이려는 여성들이 고의적으로 의도한 결과였다는 것이다.

그러나 19세기 여성 스포츠의 한계를 오로지 사회통제 탓으로만 돌릴 수는 없다. 여성 스포츠의 한계는 여성들 스스로가 그러한 사회통제를 깨뜨리려는 노력이 부족했기 때문에 야기된 결과였다. 초기에 스포

---

1) Roberta J. Park, "Sports, Gender and Society in Transatlantic Victorian Perspective", *British Journal of Sports History* vol. 2(May 1985), p. 12에서 재인용.

츠를 즐겼던 여성들은 페미니스트이기는커녕 사실상 결혼 상대자를 구하기 위해 스포츠를 이용한 사람들이었다. 다른 한편 여성해방론자들은 스포츠를 특별히 여성해방의 한 도구로 여기지 않아, 스포츠에 관심을 기울이지 않았다. 따라서 19세기를 통해 여성의 육체적 해방과 이념적 해방은 각기 다른 길을 걸었다.

스포츠와 복장개혁도 마찬가지로 서로 분리된 궤도를 걸었다. 최근까지도 여성 스포츠의 발달이 여성 복장의 변화를 야기한 것으로 파악되어 왔으며, 스포츠가 1890년대 여성 복장의 변화에 끼친 영향은 '거의 혁명적'이었다고 평가되어 왔다.[2] 그러나 좀더 자세히 살펴보면 그러한 평가가 사실이 아님을 알 수 있다. 여성들은 운동복으로 입을 좀더 편한 옷이 필요하다고 말하기는 했지만, 편하면서 보기 흉한 옷은 입으려 하지 않았다. 사실상 스포츠가 여성 복장의 변화에 얼마나 영향을 '안' 끼쳤는지는 가히 놀라울 정도다. 1910년까지도 여성은 몸을 조이는 코르셋을 입고 높은 구두를 신은 채 자전거를 타고 운동장을 휩쓸었다.

마지막으로, 여성 복장개혁과 여권해방 운동 사이에도 역시 긴밀한 관계가 없었다. 영국 여성해방론자들은 대체로 복장개혁 문제에 대해 매우 조심스러웠다. 그들은 늘 여성의 전통적 복장에서 한 치도 벗어나지 않는 차림으로 여성해방을 주장했다. 복장개혁 운동에 대한 여론의

---

2) 여성해방 운동과 스포츠, 복장에 관한 기존 연구는 다음을 참조하라. Phillis Cunnington and Alan Mansfield, *English Costume for Sports and Outdoor Recreation*(Black, 1969); Marie Pointon, "Factors influencing the Participation of Women and Girls", *History of Education Society Bulletin*, vol. 24(Autumn 1979); Jennifer Hargreaves, "Playing Like Gentlemen While Behaving Like Ladies", *British Journal of Sports History* vol. 2(May 1985); Helene E. Roberts, "The Exquisite Slave; the Role of Clothes in the Making of the Victorian Woman", *Signs*, 2(Spring 1977).

비판을 잘 알고 있었기 때문에 그러한 비판에 휩쓸리지 않으려 했던 것이다. 이는 미국 페미니스트들의 태도와 뚜렷하게 구별되는데, 엘리자베스 스탠턴Elizabeth Stanton이나 루시 스톤Lucy Stone 같은 미국 페미니스트들은 1850년대에 이미 그 악명 높은 '블루머Bloomers 바지'를 애용했다.

따라서 19세기 여성 스포츠, 여성 복장개혁, 그리고 여성해방 운동의 전개 과정은 겉보기와 달리 서로 밀접히 연관된 현상이 아니었음을 확인하게 된다. 이 장에서는 스포츠와 여성 복장, 그리고 여성해방 운동이 어떻게 각기 분리된 과정을 겪었는지를 살펴보기로 한다.

| 복장개혁 운동 |

19세기 중엽 이후 여자 중등학교에서 운동을 가르치기 시작했다. 남자 사립학교를 본떠 생겨난 기숙 여학교에서는 한 주에 몇 차례 아침 미용 체조가 실시되었고, 세기 말에는 단체경기가 오후의 일상적 활동이 되었다. 그리고 이 무렵 남녀가 함께 섞여 즐기는 스포츠가 대두함으로써, 여성은 처음으로 육체적 움직임의 자유뿐만 아니라 사회적 자유도 만끽하게 되었다. 스포츠는 여성에게 처음으로 가족 모임이나 교회의 울타리를 벗어나 남성과 섞일 수 있는 기회를 제공해 주었다. 스포츠가 가져다준 신체적 해방은 법적 해방이나 정치적 권리의 획득만큼이나 여권 신장에 중요한 부분이었다. 페미니스트들은 인정하지 않았지만 그것은 분명한 사실이었다.

여성의 신체적 자유는 두 가지 방법, 즉 스포츠와 좀더 편하고 실제적인 복장을 통해 획득될 수 있었다. 영리한 페미니스트들은 몸을 꼭 조이는 드레스와 코르셋 등의 복장으로부터 여성을 해방시키는 데 스포츠가 큰 역할을 할 수 있음을 깨달았다. 유명한 소설가이자 페미니스트였던 올리브 슈라이너Olive Schreiner는 여성이 당시 유행하던 식의 옷을 입고 있는 한 결코 해방될 수 없다고 주장했다. 옷이 여성의 몸과 마음을 온통 억제하기 때문이었다. 슈라이너는 비록 너무 몰두하면 정신적 발달에 해롭다고 여겨 스포츠를 예찬하지는 않았지만, 스포츠에서 명백한 장점을 발견했다. 몸을 조이는 코르셋과 치렁치렁한 옷을 입은 채 운동경기를 할 수는 없을 테니, 스포츠가 발달하면 여성의 복장이 개혁되리라는 것이었다.[3]

　　19세기식 여성 복장에 대한 심각한 도전은 1850년대 미국 페미니스트들의 신문인 〈릴리Lily〉의 편집인 아멜리아 블루머Amelia Bloomer에 의해 처음 시도되었다. 그녀의 이름을 따라 "블루머"라고 불린 복식은 발목까지 오는 터키식의 불룩한 바지와 그 위에 입는 튜닉 스커트로 구성되었는데, 이는 사실 로버트 오언Robert Owen의 추종자들이 인디애나 주 뉴하모니에 만든 협동공동체에서 처음 등장한 것으로, 여성이 말을 탈 때 입던 옷이었다. 그리고 이 옷을 만든 사람은 여성해방 운동가인 엘리자베스 스탠턴의 사촌 엘리자베스 밀러Elizabeth Miller였다. 블루머에 의해 유명해진 이 복식은 영국에서 혹평을 받고 곧 사라졌지만, 그 후에도 블루머 바지는 페미니스트에 대한 혐오와 결부되어 사람들의 기억 속에 남아 있었다.

---

3) S. C. Cronwright-Schreiner, *The life of Olive Schreiner*(Boston: Haskell House, 1924), pp. 196~197.

19세기 식 여성 복장에 대한 최초의 심각한 도전은 미국 페미니스트 아멜리 블루머의 이름을 딴 **블루머 복식**이었다. 그러나 이 복식은 영국에서 혹평을 받고 곧 사라졌다.

사실 영국에서 처음으로 여성 복장의 개혁을 요구한 것은 여성들이 아니라 의료인들이었다. 1870~80년대에 일었던 복장개혁 운동은 여성 의복에만 한정된 것이 아니라 남성 의복까지 포함하는 것이었다. 당시 독일의 동물학자 예거Gustav Jaeger 박사는 견직물이 어떤 상황에서든 건강에 가장 좋다고 주장했는데, 영국에서 그의 주장은 유명한 극작가 버나드 쇼뿐만 아니라 많은 의사들까지도 견직물만 입을 정도로 크게

영국적인, 너무나 영국적인

신봉되었다. 그러나 복장개혁의 주요 목표는 물론 여성 의복이었다.

요즘 시각에서 볼 때는 터무니없는 의학상식이 빅토리아 시대를 지배하고 있었다. 여성은 남성에 비해 천성적으로 허약한 체질을 타고났기 때문에 남성과 동등한 사회적·정치적 참여를 누릴 수 없다는 것이었다. 그러나 19세기 후반에 이르러 페미니스트들과 의사들은 이러한 사회 통념에 맞서, 여성이 신체적으로 허약한 원인은 타고난 신체적 조건이 아니라 그들의 복장이라고 주장하기 시작했다. 페미니스트들이 여성복장에서 여성의 열등한 지위와 제한된 영역을 보았다면, 의학계는 여성 복장을 여러 질병의 원인으로 간주했다. 우선 여성 복장의 엄청난 무게가 문제였는데, 이는 신분의 상하를 막론하고 끊임없는 사고의 원인이었다. 빅토리아 여왕도 자신의 드레스에 헛발을 짚는 바람에 발목을 삐는 사고를 당했다. 권위 있는 의학지 〈란셋Lancet〉은 "근육과 신경조직의 유약함과 쇠퇴가 여성들이 겪는 많은 병의 원인이 되는데, 여성의 복장이 덜 번거로워지면 상황은 많이 달라질 것"이라고 주장했다.[4]

몸을 조이는 코르셋도 많은 병과 사고의 원인으로 비난받았다. 유명한 여류 인사들이 너무 꼭 조이는 코르셋 때문에 사망했다는 신문기사도 있었다. 의학계는 끊임없이 코르셋의 악영향을 지적했으며, 자유주의적 성향의 여성들은 코르셋을 착용하지 않는 것으로 보도되었다. 최초의 케임브리지대학 여학생들은 몸을 꽉 조이기 위해 부착된 뼈대를 없앤 좀더 편한 코르셋을 개발해 내기도 했다.[5] 코르셋의 문제는 사회

---

4) Lydia Becker, "On Stays and Dress Reform", *Sanitary Record*[1888. 10. 15], p. 150에서 재인용.

5) *The Queen*[1882. 4. 15], 311; Alison Adburgham, *A Punch History of Manners and Modes 1841-1940*(Hutchinson, 1961), p. 137.

적으로 매우 심각하게 인식되어, 1888년 영국학술원 회의에서 저명한
의학자 두 명이 이에 대해 논문을 발표할 정도였다.

이러한 의학계의 견해에 힘입어, 복장개혁가들은 1881년에 '합리적
복장 협회Rational Dress Society'를 설립하고 복장 양식에 정면으로 도
전했다. 그 주요 인물들은 하버턴 자작부인, 유명한 여류 탐험가로 한국
과 일본을 다녀갔던 이사벨라 비숍Isabella Bishop, 그리고 극작가 오스
카 와일드의 아내 콘스턴스 와일드Constance Wilde 등이었다. 당시 유
행하던 다윈주의를 따라 '건강과 과학'을 근거로 천명한 이 협회는, 신
체의 "모양과 움직임을 방해하거나 흩뜨리는, 혹은 건강을 해치는 어떠
한 복장도 반대한다"고 주장하면서, 특히 몸을 조이는 코르셋, 끝이 뾰
족한 높은 굽의 구두와 무거운 스커트 등을 공격했다.[6]

합리적 복장 협회는 기본 복장의 대안으로 하버턴 자작부인이 발명
한 '생존'이라 불린 속옷과 '둘로 나뉜 스커트'를 제시했지만, 겉옷에서
는 기존의 드레스를 그대로 유지함으로써 과격함을 유화하려 했다. 협
회를 가장 유명하게 만든 것은 역시 둘로 나뉜 스커트였는데, 이는 사실
상 바지였지만 아무도 그렇게 부를 용기가 없었다. 빅토리아 시대 여성
에게 다리를 보인다는 것은 이루 말할 수 없는 수치였기 때문이다. 둘로
나뉜 스커트는 보통 드레스 밑에 입는 속옷이었고, 또 바지라는 사실을
숨기기 위해 교묘히 재단된 것이었지만, 그래도 복장개혁가들로서는 큰
모험이었다. 그러나 보다 과격한 사람들이 보기에는 만족스럽지 않았
다. 예를 들어, 여성 복장개혁의 옹호자였던 오스카 와일드는 둘로 나뉜
스커트가 긍정적 가치를 지니려면 "겉보기에 보통 드레스와 다름없다는

---

6) *Rational Dress Society Gazette*(이하 *RDS Gazette*)[1884. 4], p. 4.

No. 45.
A DRESS OF THE FUTURE.
(Made for Mrs. King by Worth of Ca.)

A RATIONAL DRESS.

합리적 복장 협회가 제시한 '둘로 나뉜 스커트'는 사실상 바지였지만, 영국의 복장개혁가들은 그것을 바지라고 부를 만한 확고한 페미니스트들이 아니었다.

식의 아이디어는 결단코 포기되어야 한다"고 주장했다.[7] 복장개혁 운동은 적어도 사회의 관심을 끄는 데는 성공했다. 1882년에 전국건강협회가 개최한 여성건강복식 전람회는 성황을 이루었고, 합리적 복장 협회는 전국건강협회가 주는 상을 수상했다. 그러나 합리적 복장 협회는 이후 곧 쇠퇴하여, 1890년대 중반에 자전거 붐이 일어날 때까지 별다른 활동을 보이지 못했다. 비록 복장개혁 운동의 결과가 미흡했다 하더라도,

7) Oscar Wilde, "More Radical Ideas upon Dress Reform", *Pall Mall Gazette*(1884. 11. 11].

'합리적 복장Rational Dress'은 대중의 마음속에서 여성의 권리와 직접적으로 연결되었다.

그러나 복장개혁 운동가들은 확신에 찬 페미니스트들이 아니었다. 비록 그 기조는 여권해방론이었다 할지라도, 그들의 강조점은 여성의 권리가 아니라 건강에 놓여 있었다. 이러한 태도는 미국 여성들의 경우와 첨예한 대조를 보이는데, 미국에서 복장개혁가들의 주된 목표는 여성해방이었다. 미국 여성들은 더 나아가 왜 남자와 여자가 비슷한 옷을 입어서는 안 되는지에 대한 정당한 생물학적 근거가 없다고까지 주장했다. 영국 복장개혁가들에게 그러한 주장은 상상도 할 수 없는 것이었다. 물론 어떠한 옷도 그 자체로 남성적이거나 여성적이지는 않으며 "성性이란 단지 우리 마음의 연상 작용에 의한 것"이라고 주장하는 사람들도 있었지만,[8] 앞서 언급했듯이 합리적 복장 협회는 둘로 나뉜 스커트를 겉옷으로 장려하지는 않았다.

게다가 복장개혁가들은 여성운동의 다른 분야에 대해 전혀 동정적이지 않았다. 예를 들어 그들은 여성 고등교육에 반대했는데, 이들 건강우선주의 복장개혁가들은 어린 소녀들을 공부로 구속하거나 신체를 희생하여 정신을 연마하는 일에 동의할 수 없었던 것이다.

> 현재 행해지고 있는 바와 같이, 여자아이들을 어떤 학설이나 주의에 얽매이게 하는 것은 백과사전이나 사전을 편찬하는 것과 같고, 유용하지 못하다. …… 왜 그처럼 발랄하고 활기찬 아이들을 공부에 매달리는 기계로 만드는가?[9]

---

8) Florence Pomeroy, Viscountess Harberton, *Reasons for Reform in Dress* (c.1885), p. 9.

영국적인, 너무나 영국적인

복장개혁 운동에 영향을 준 세 번째 요인은 1870년대에 윌리엄 모리스와 에드워드 번존스Edward Burne-Jones의 영향으로 시작된 '미적 운동Aesthetic Movement'이었다. 모리스는 '미적 드레스Aesthetic Dress'에서 19세기라는 천박한 시대를 개혁할 수 있는 힘을 보았다. 미적 운동 추종자들이 선호한 옷은 중세 스타일과 그리스식 복장이었다. 모리스가 선호했고, 또 라파엘전파 화가들의 모델이기도 했던 아름다운 그의 아내가 유명하게 만든 중세 스타일은, "어떤 드레스도 딱딱해서는 아름답지 못하고, 부드럽게 늘어져야 한다"는 모리스의 주장을 그대로 구현한 것이었다. 그러나 비록 그의 아내에게는 잘 어울렸지만, 대부분의 여성들이 입었을 때 중세 스타일은 단지 "목욕 후 입는 구식 가운"으로밖에 보이지 않았다.[10]

오스카 와일드를 포함한 다른 유미주의자들은 그리스 옷을 드레스의 이상형으로 간주했는데, 이는 1870~80년대를 휩쓴 고전 열풍의 영향이었다. 그리스식 드레스는 역사상 가장 아름다운 의상으로 간주되었을 뿐만 아니라, 허리를 졸라매지 않아 코르셋이 필요 없다는 점에서 건강상의 이유로도 찬사를 받았다. 와일드 자신은 멋쟁이로 유명했지만, 그러한 이미지와 달리 그는 빅토리아 시대의 남녀 복장에 대한 신랄한 비판자였다. 특히 그는 졸라매는 허리가 건강상 좋지 않을 뿐만 아니라 미적 관점에서도 흉하다고 공격했다. 허리를 졸라맴으로써 여성의 신체에서 가슴과 둔부가 지나치게 넓게 강조된다는 것이었다. 그는 자연스러움을 그대로 보여주는 그리스나 일본식 복식을 예찬했다. 마침 〈여성

---

9) *RDS Gazette*[1889. 4], p. 3.
10) Valerie Steele, *Fashion and Eroticism*(Oxford: Oxford University Press, 1985), pp. 153~154.

1870년대 미적 운동이 선호했던 중세 스타일의 드레스는
윌리엄 모리스의 아내인 제인 모리스에 의해 유명해졌다.
그림은 가브리엘 로제티가 그녀를 모델로 **페르세포네**를 그린 것이다.

영국적인, 너무나 영국적인

의 세계\Women's World〉라는 잡지의 편집장이 된 와일드는 그 기회를 이용하여 복장개혁에 대한 자신의 주장을 널리 보급할 수 있었는데, 그는 심지어 "복장개혁이 종교개혁보다 더욱 중요하다"고 선언하기도 했다.[11] 1882년에 결혼식을 올리면서, 그는 신부에게 자신의 주장을 그대로 반영한 드레스를 입혔다.

와일드는 적어도 이론상으로는 열렬한 페미니스트였다. 그는 "여성만의 복장"이란 없다고 주장하며 여성들에게 바지를 입으라고 권했다. 합리적 복장 협회가 둘로 나뉜 스커트를 선전하고 있을 때, 와일드는 협회의 초청을 받아 강연을 하기도 했다. 그는 여성 복장개혁가들보다 더욱 과격한 입장을 취하면서, 그들이 선전하고 있는 것이 바지라는 사실을 과감하게 인정하라고 권유했다. 또한 20세기에는 성性이 아니라 직업에 따라 복장이 구분되리라는 점을 정확히 예측했다.[12]

| 여성 스포츠의 확산 |

여성 스포츠는 사실 복장개혁에 크게 기여할 수도 있었다. 문제는 스포츠를 즐긴 대부분의 여성들이 특별히 해방된 사고를 가지고 있지도 않았고, 반드시 여권론에 동의한 것도 아니었다는 점이다. 긴 스커트와 페티코트, 굽 높은 구두, 그리고 무엇보다도 몸을 꼭 조이는 코르셋이 20

---

11) Alison Gernsheim, *Victorian and Edwardian Fashion: A Photographic Survey*(NY: Dover, 1982), p. 70. 와일드는 1882년에 행한 미국 순회강연에서 18세기식의 무릎까지 닿는 바지를 입고 나타나 세간의 화제를 불러일으켰다.
12) Wilde, "More Radical Ideas", p. 12; *Women's World*(1888. 11), p. 40.

세기 초까지 운동복으로 남아 있었다. 운동복은 점차 덜 불편하고 덜 제한적인 형태로 변해갔지만, 그 변화가 매우 느렸기 때문에 19세기 말까지도 스포츠 의상은 정원 파티복과 별반 다르지 않았다. 운동의 편리 때문에 아름다움을 포기할 의도가 없었던 것이다. 무엇보다도 아름다운 외모를 포기하게 되면 운동경기를 하는 목적을 달성할 수가 없었다. 1870~90년대에 유행한 스포츠는 남녀가 함께 어울릴 수 있는 경기, 즉 테니스와 크리켓, 그리고 골프 등이었는데, 이러한 경기에 참여하는 주된 목표는 결혼 상대자를 구하는 것이었기 때문이다.

빅토리아 시대의 사회상을 냉철하게 관찰했던 에스코트T. S. Escott는 19세기 후반기에 인 스포츠의 유행을 그때까지 상류계급이 독점하고 있던 여가활동에 동참하고자 하는 중류계급의 여망에서 기인한 것으로 파악했다.[13] 상류계급 여성은 이미 19세기 이전에 승마와 사냥 등을 즐기고 있었지만, 중류계급 여성이 처음 시작한 운동경기는 크로케였다. 크로케는 1860년대에 유행했는데, 후일 여성 참정권을 반대하는 반反여권론의 기수가 된 험프리 워드 부인Mrs. Humphry Ward 같은 보수주의자도 옥스퍼드대학 시절 크로케 애호가였다. 크로케는 운동이라고도 할 수 없을 정도로 쉬운 경기였기 때문에 얼마 지나지 않아 좀더 과격한 경기를 원하는 젊은층의 인기를 상실하게 되지만, 어쨌든 처음으로 중류계급 이하의 남녀를 한자리에 모이게 함으로써 그 사명을 다했다고 할 수 있다.

1875년경 롤러스케이트가 열병처럼 번졌다. 그 폭발적인 수요를 충족시키기 위해, 사용되지 않는 건물은 어느 것이라도 롤러스케이트장으

---

13) T. S. Escott, *Social Transformations of Victorian Age*(Seeley, 1897), pp. 195~197.

19세기 말까지도 **여성의 스포츠 의상**은 정원 파티복과 크게 다르지 않았다.
운동경기를 하는 주된 목적은 결혼 상대자를 구하는 것이었기 때문이다.

로 꾸밀 정도였다. 롤러스케이트는 속도가 빠르고 흥미진진한 스포츠였지만, 크로케의 경우와 마찬가지로 스케이트를 타는 사람들의 목적은 운동이 아니라 친교에 있었다. 물론 여성은 동반보호자chaperon를 대동해야 했지만, 어쨌든 링크에서는 남녀가 서로 교제할 기회가 얼마든지 있었다. 사실 이 운동이 유행하게 된 가장 큰 이유 가운데 하나는, 나이든 동반보호자들이 젊은 여성을 따라 스케이트를 탈 수 없다는 점이었다. 풍자잡지 〈펀치〉는 롤러스케이트장의 광경을 이렇게 묘사했다. "아스팔트, 시멘트, 그리고 나무 바닥 위에서 젊은 남녀의 사랑이 오가고 있다."14)

14) Adburgham, *Punch History*, p. 107.

그러나 롤러스케이트의 유행도 역시 사라졌는데, 여성의 꼭 조이는 스커트가 이런 종류의 스포츠에 적합하지 않았다는 점이 바로 그 이유 가운데 하나였다. 다음에 등장한 인기 종목은 잔디 테니스였다. 테니스는 크로케에 비해 훨씬 빠르고 흥미진진한 경기였기 때문에 더욱 인기가 있었다. 초기에 테니스는 코트를 만들 만한 정원을 소유한 상류계급이나 중상류층에게만 어울리는 경기였지만 곧 중류계급 전체로 보급되었다. 테니스는 처음부터 여성에게 적합한 운동으로 간주되었을 뿐만 아니라 진정한 신체의 자유를 제공해 주는 것처럼 보였다. 학교를 졸업한 뒤로 여성이 이처럼 마음껏 뛰놀아 본 적은 없었다. 여전히 길고 무거운 스커트와 앞이 좁은 구두를 신고 있었지만, 여성은 남성만큼이나 테니스를 잘 칠 수 있었다. 1877년에 시작된 윔블던 대회는 본래 남자들만의 경기였다가, 7년 뒤에는 여성들의 경기도 추가되었다. 그러나 남녀 혼합복식 경기에서 나타나듯이, 테니스의 가장 큰 매력은 역시 남녀 모두에게 적합한, 남녀가 함께 즐길 수 있는 경기라는 점이었다.

테니스 다음으로 유행한 스포츠는 크리켓이었다. 1899년 여름에 이르러서는 거의 모든 젊은 여성들이 크리켓에 미쳐 있다고 기록될 정도였다. 그러나 크리켓을 자신들의 독점물로 남겨 놓으려는 남자들 때문에, 크리켓을 즐기는 여성들은 엄청난 조소를 견뎌내야 했다. 남자들은 크리켓을 남성 경기라고 주장하면서, 여자들에게는 그들에게 적합한 경기인 테니스를 고수하도록 강요했다. 그런 가운데 1890년에 "국기國技인 크리켓이 테니스나 그 밖의 다른 경기보다 여성에게 더욱 적합한 경기임을 증명"할 것을 선언하며 최초의 여성 크리켓 클럽이 창설되었다. 그러나 막상 여성 크리켓 시합이 열리자 여성의 자유에 내재한 한계가 명백히 드러났다. 선수들이 동반보호자와 함께 입장했던 것이다. 그러나 이 같은 동반보호자의 감시 속에서도 크리켓은 "남녀 혼합" 경기로서 유행하기 시작했다. 〈펀치〉는 여성들에게 다음과 같이 조언했다. "경기의 나머지 시간에 차를 마시며 남자들과 교제하기 위해서는 첫 번째 공을 높게 멀리 날려 보내는 편이 좋을 것이오."[15]

스코틀랜드에서 시작된 골프는 그곳 출신인 제임스 1세가 잉글랜드 왕위에 오르면서 간헐적으로 경기가 이루어졌는데, 잉글랜드에서 골프 치는 사람들을 "미치광이"로 보지 않게 된 것은 1890년대에 이르러서였다. 골프는 무엇보다도 사철 내내 즐길 수 있다는 장점이 있었고, 다른 경쟁적 스포츠와 달리 긴장감을 주지도 않았다. 골퍼의 전형은 "손을 호주머니에 찌르고, 파이프를 입에 문" 모습이었다.[16] 여성 골퍼 가운데 최초의 유명인사는 스코틀랜드의 메리 여왕이었다. 여왕은 남편이 살해된 지 며칠 뒤에도 골프를 친 것으로 알려져 있다. 1890년대 초에 골프는 여성들에게서 광적인 인기를 끌었는데, 골프가 여성해방에 가장 크게 기여한 것은 중년여성에게도 자신감을 불어넣었다는 점이다. 1904년에 쓰인 한 잡지기사는 "노처녀 고모"가 골프 시합에서 조카들을 이기고 여성 챔피언이 되었다는 내용을 전하고 있다. 이미 1867년에 스코틀랜드에서 여성 골프 클럽이 결성되었지만, 이는 "말할 수 없이 끔찍한 것"으로 간주되었다.[17] 그러나 1893년에 이르자 잉글랜드에서도 여성 골프 클럽이 생겨났다.

---

15) Ibid., pp. 139, 171.
16) Lady Violet Greville ed. *The Gentlewoman's Book of Sports*(n. d.), p. 197.
17) Max von Boehn and Oskar Fischel, *Modes and Manners of the Nineteenth Century*(J. M. Dent, 1927), pp. 207~208.

| 자전거 |

그러나 나이와 계급의 구분 없이 진정으로 여성해방에 기여한 스포츠는 자전거 타기였다. 여성해방에 기여한 공로로 자전거를 발명한 사람에게 국민훈장을 수여해야 한다는 주장이 나올 정도로 그 역할은 지대했다. 바퀴 달린 동체의 역사상 기차 다음으로 가장 '혁명적'이었던 자전거는 1890년대에 모습을 드러냈다. 이미 1870년대에 세발자전거가 사용되기는 했지만, 점잖은 여성은 어느 누구도 감히 타보려고 생각지 않았다. 그리고 1885년에 쇠 타이어 대신 보다 안전한 고무 타이어를 장착한 자전거가 발명되었을 때에도, 여성들은 세발자전거가 더욱 점잖다고 믿었던 탓인지 감히 두발자전거를 타려고 시도하지 않았다. 그러나 자전거의 보급은 놀랄 만큼 빨리 진행되었다. 1894년 봄만 해도 "여성이 자전거를 타는 것이 옳은지는 아직 해결되지 않는 문제"라는 견해였지만, 1년 뒤에는 두발자전거를 타는 여성들의 모습을 어디서든 볼 수 있었다.[18]

자전거는 두 가지의 획기적인 변모를 초래했다. 즉 '다리를 벌리고', '동반보호자 없이' 탄다는 것이었다. 그때까지 여성들은 말을 탈 때도 두 다리를 한쪽으로 모으고 타야 했는데, 자전거의 도래와 더불어 이 이상한 자세가 포기되었다. 여전히 길고 무거운 스커트를 입고 있기는 했지만, 여성은 자전거 위에서 남성만큼이나 민첩할 수 있었다. 따라서 자전거는 여성해방의 기운을 크게 불러일으켰다. 더욱 중요한 사실은 젊은 여성들이 동반보호자 없이 자유롭게 자전거를 타고 돌아다님으

---

18) David Rubinstein, "Cycling in the 1890's", *Victorian Studies*, 21(Autumn 1977), p. 49.

영국적인, 너무나 영국적인

로써 부모와 동반보호자의 감시로부터 벗어나 새로운 친교의 기회를 가질 수 있었다는 것이다.

초기의 자전거는 "안전 자전거safety bicycle"라고 불렸지만, 이름에 걸맞지 않게 빈번히 사고를 냈다. 그러나 젊은 여성이 자전거를 타러 나갈 때 부모가 품게 되는 진정한 걱정은 딸의 안전이 아니라 사회적 우려였다. 그 때문에 부모들은 딸에게 자전거를 타도록 허용하는 데 주저했는데, 그러다가도 자전거를 탈 때는 끊임없는 정신 집중이 필요하므로 딴 짓을 하지 못할 것이라는 주장에 곧 설득되었다. 그러나 사실 자전거는 남녀 교제의 기회를 무한히 제공했다. 일례로 웰스의 소설 《행운의 바퀴》(1898)에서, 주인공은 자전거를 타다가 실수로 넘어지면서 한 여성을 만난다. 1896년 여름에 발간된 한 자전거 잡지의 표지 역시 당시 세태를 잘 보여주는데, 그 표지는 자전거 위에 앉아 입맞춤하는 두 남녀의 모습을 담고 있었다.

자전거는 우선적으로 젊은 여성의 스포츠였기 때문에, 곧 동반보호자 부족 사태가 빚어졌다. 자전거를 탈 줄 아는 동반보호자를 주선하는 광고가 여기저기에 실렸고, 1896년에는 '동반보호자 자전거 협회 Chaperon Cyclists' Association'가 창설되었지만, 늘 공급보다는 수요가 더 컸다. 그 결과 여성의 자유는 더욱 증대되었고, 낮 시간 동안의 동반보호자 제도는 1890년대 중반 들어 빠른 속도로 자취를 감추었다. 그 과정은 실로 눈 깜짝할 사이에 일어났다. 1894년에 한 잡지에 게재된 글에서, 필자인 "반항하는 딸"은 동반보호자가 수반하는 불필요한 자유의 제한을 비판했다. 이 젊은 여성은 "언젠가 동반보호자가 옛날 공룡 시대의 공룡만큼이나 알려지지 않게 될 때"를 기다린다는 심정을 토로했다.[19] 그녀는 실제로 그 날을 맞게 되었는데, 1890년대 말에 이르러 동반보호자 제도가 완전히 사라진 것이다.

초기의 자전거 가격을 고려할 때, 자전거가 상류계급에서부터 유행했다는 사실은 전혀 놀라운 일이 아니다. 그러나 곧 가격이 떨어졌을 뿐만 아니라 여러 종류의 할부구입이 가능해졌기 때문에, 중하류층 내지는 노동계급 남성들도 자전거를 구입할 수 있게 되었다. 그리고 중하류층 여성도 곧 자전거 소유자가 될 수 있었다. 당시 자전거 잡지들은 직업을 가진 젊은 여성들의 자전거 소유 상태를 보도했는데, 가격이 낮은 자전거는 보증금으로 단 1파운드만 지불한 후 매달 5실링을 납부하면 구매가 가능했다.

자전거야말로 여가활동의 상류계급 독점을 실질적으로 깨뜨린 최초의 스포츠였다. 자전거가 등장함으로써, 경제적 여유가 없는 가난한 사람들도 비로소 스포츠를 즐길 수 있게 되었다. 자전거는 특히 모든 여가생활에서 제외된 채 꽉 막힌 사무실에 갇혀 있던 중하류층 남녀에게서 가장 큰 인기를 끌었는데, 해방감을 느끼기는 그들 남녀 모두 마찬가지였지만 여성들의 경우에는 그 의미가 더욱 깊었다. 19세기 후반 이래 사무직 근로자 수의 증가와 여성의 사회 진출이 맞물리면서, 1890년대에는 사무원이나 속기사, 타이피스트로 일하는 여성들이 상당수에 달했다. 이들 여성들은 이제 남성들이 모든 직업을 독점하는 시대는 지났다고 확신했을 뿐만 아니라, 자신들도 남성들과 똑같이 답답한 사무실에 앉아 일하기 때문에 남자들과 동등하게 맑은 공기를 쏘일 기회를 가져야 한다고 주장하고 나섰다.

19) Kathleen Cuffe, "A Reply from the Daughters", *Nineteenth Century*, vol. 35(March 1894), pp. 439, 442.

자전거야말로 여가 활동의 상류계급 독점을 깨뜨린
최초의 스포츠이자, 진정으로 여성해방에 기여한 스포츠였다.

처음에 단지 스포츠로 간주되었던 자전거는, 시간이 지남에 따라
교통수단으로도 애용되었다. 고용주들은 아침에 자전거를 타고 출근하
면 하루 종일 피곤하여 일을 잘할 수 없다는 이유로 여성 종업원의 자전
거 출근에 반대했지만, 수년 뒤에는 각 직장마다 자전거 보관대가 설치
되었다. 곧이어 백화점에는 종업원뿐만 아니라 고객의 자전거 보관대도
필요하게 되었다. 자전거는 이처럼 여성의 이동 영역을 크게 확대시켰
다. 전에는 1마일 밖도 나가보지 못하던 여자들이, 이제 자전거를 타고
20~30마일 떨어진 곳에 사는 친지를 방문하게 된 것이다. 따라서 1899
년 국제여성대회에 참석한 대표들이 여권 신장에 끼친 자전거의 공로를
예찬한 것은 놀라운 일이 아니다. 1896년에 열린 페미니스트대회의 파
티에서도 프랑스 대표는 "여성의 해방자"인 자전거에 축배를 들자고 제
안했다.[20]

| 스포츠와 여성 복장 |

1860년대에 여성이 스포츠 경기에 참여하기 시작했을 때 여성 복장의 비현실성과 불편함이 분명하게 드러났다. 예를 들어, 크리켓 운동장에서 여성이 "한 손에 모자를 붙잡고 다른 손으로 공을 잡으려 하다가 둘 다 못하고 마는" 장면을 흔히 볼 수 있었다. 초기 여성 골퍼인 메이블 스트링어는 "도대체 우리 여성들이 그 많은 옷을 겹겹이 껴입은 채 공을 칠 수 있었다는 것은 어느 시대에서도 볼 수 없는 불가사의"였다고 회고했다.[21]

둘로 나뉜 스커트가 운동복으로 적합하리라는 점은 충분히 납득 가능했지만, 사람들은 그 점을 좀처럼 인정하려 들지 않았다. 1899년에 이르러서야 합리적 복장 협회는 둘로 나뉜 스커트가 "자전거나 다른 운동 경기에 적합한 복장일 수도 있다는 점"이 인식되고 있다고 지적했다.[22] 그러나 자전거의 등장에도 불구하고 둘로 나뉜 스커트는 엄청난 적대감에 직면했다. 복식사 연구자들의 주장에 따르면, 빅토리아 시대 여성들이 스커트와 여성다운 장식을 유지한 것은 남성의 독점물인 스포츠 세계에 침범하면서 어쩔 수 없이 내보인 화해 지향적 제스처였다고 한다.[23]

---

20) *The Transactions of the International Congress of Women of 1899*(London, 1900) vol. vii, p. 100.
21) *The Gentlewoman's Book,* 175; Mabel Stringer, *Golfing Reminiscences*(Mills & Boon, 1924), p. 26.
22) *RDS Gazette*[1899. 1], pp. 3~4.
23) 예를 들어, Cunnington and Mansfield, *English Coustume for Sports*, pp. 357~358; Pointon, "Factors influencing the Participation"; Hargreaves, "Playing like Gentleman".

그러나 그러한 견해는 당시 여성의 자의적 선택폭과 보수성을 과소평가한 것이다. 운동경기와 편안한 의복이 서로 갈등을 빚었을 때, 여성들은 주저 없이 운동경기를 포기했다. 예를 들어, 롤러스케이트와 꼭 끼는 스커트가 서로 양립할 수 없음이 분명해졌을 때 여성들은 스케이팅을 포기했다. 또한 첩첩히 싸인 무거운 복장 때문에 골프 코스를 짧게 줄이는 사태가 벌어지기도 했다. 그러나 아이로니컬하게도, 모든 남성들이 꼭 조인 허리와 첩첩의 스커트 등을 예찬한 것은 아니었다. 여성 복장개혁 운동이 많은 남성들의 비웃음을 샀다면, 기존의 여성 복장 역시 웃음거리이기는 마찬가지였다. 1897년의 한 신문기사는 "여성이 자전거 위에서 스커트 때문에 어쩔 줄 몰라 하는 모습은 여성 혐오자들을 즐겁게 해줄 것이 틀림없다"고 조롱했다.[24]

1895년에 창설된 '영국 여성축구 클럽British Ladies' Football Club'은 두 가지 목표를 설정했다. 즉 건강 증진과 "머리가 아홉 달린 괴물인 여성의 복장"을 없애는 데 기여하겠다는 것이었다. 이처럼 여성 복장을 개혁해야 한다는 주장 저변에는 페미니즘이 깔려 있었다. 복장개혁가들은 여성의 복장만큼 남성에 대한 여성의 열등감을 적나라하게 표현하는 것이 없다고 주장했다. 여성의 "야만적 복장"은 "열등성의 표현"인 동시에 "그 원인"으로 인식되었다. 반면 바지는 많은 여성들에게 자유와 힘을 의미했다. 여성 복장개혁 협회의 기관지인 〈합리적 복장Rational Dress Gazette〉과의 대담에서, 남성으로 분장하고 무대 위에서 바지를 입어 본 경험이 있는 여배우들은 한결같이 바지를 입자 "표현할 길 없는 자유를 느꼈다"고 증언했다.[25]

24) Boehn and Fischel, *Modes and Manners*, p. 215에서 재인용.

그러나 여성 복장의 불합리성은 단지 조롱거리로 머물다가, 자전거의 유행과 더불어 스커트가 바퀴에 끼이는 등의 "스커트 사고"가 빈번해짐에 따라 비로소 심각한 문제로 인식되었다. 이에 합리적 복장 협회는 활기차게 활동을 재개했고, "자전거, 테니스, 골프, 기타 운동경기에 적합한 일종의 갈라진 복장"이 필요함을 역설했다.[26] 그들은 심지어 둘로 나뉜 스커트를 겉옷으로 입자고까지 주장했다. 사실 초기에 자전거를 탄 선구자들은 합리적 복장 협회가 선전하는 옷이 매우 편안하다는 사실을 깨달았고, 이 옷이 자전거 복장으로 널리 애용될 것이라고 예견했다. 1896년에 한 스포츠 잡지는 합리적 복장 협회가 고안한 '합리적 드레스'를 입은 여성들이 많이 눈에 띈다고 보도했다.

   그러나 이러한 예견은 실현되지 않았다. 거의 모든 자전거 잡지와 여성 잡지가 독자들에게 스커트를 계속 착용하도록 권유했다. 잘 재단된 스커트라면 자전거 타기에 거추장스럽지 않다는 것이었다. 어쨌든 자전거를 타는 여성의 주요 관심은 편안함이 아니라 아름다움이었다. 따라서 자전거 옷은 여성 패션의 중요한 분야가 되었고, 모든 양복점이 고유의 자전거 복장을 개발했다. 또한 모든 자전거 잡지들이 파리에 통신원을 두고서, 그곳에서 유행하는 자전거 복장을 소개했다.

   아마도 패션 역사상 자전거 복장만큼 많이 논의된 주제도 없을 것이다. 자전거를 진지하게 받아들인 여성들은 "우리 몸을 쇠로 된 창살 안에 가둬 우리 신체의 자유를 포기하지 말자"고 호소했다.[27] 그들에게

---

25) Ibid., p. 206; Steele, *Fashion and Eroticism*, p. 148; *RDS Gazette*(1889. 4], p. 6.
26) S. S. Buckman, "Lady Harberton and Rational Dress", *Notes and Queries 24*(February 1977), p. 3.
27) *The Gentlewoman's Book*, p. 175.

는 꽉 조이는 코르셋의 어리석음이 너무나 명백했기 때문이다. 그러나 모든 종류의 자전거 잡지들은 독자들에게 코르셋을 포기하지 말도록 권유했다. 꽉 조이는 것은 안 되지만, 코르셋은 오히려 몸의 자세를 유지시켜 주고 추위로부터 신체의 중요한 부분을 보호해 주기 때문에 이롭다는 것이었다. 〈자전거 타는 여성〉이라는 잡지의 한 기자는 자신이 코르셋 없이 자전거를 타 보니 더 나을 것도 없더라는 체험담을 전하면서, "코르셋을 입지 않은 채 운동을 하려는 것은 미친 짓이나 마찬가지"라고 단언했다.[28] 물론 자전거를 타는 많은 여성들이 긴 코르셋 대신 짧고 좀 더 부드러운 코르셋을 착용하기 시작하고, 자전거용 특별 코르셋이 새로이 고안되어 판매되는 등의 변화는 있었지만, 코르셋이 사라질 기미는 보이지 않았다. 1898년에도 여전히 "스커트를 입는 여성과 합리적 드레스 애용자 간의 싸움이 계속 중"인 것으로 보고되었다. 그리고 10년 뒤인 1909년, 합리적 드레스는 "그 생명이 다 했다"고 선언되었다.[29] 합리적 드레스 운동은 근대에 있었던 그 어떤 운동보다도 더 강한 반대와 조소를 야기한 운동이었다.

| 여성해방 운동과 복장 |

영국 페미니스트들은 비록 자전거가 여성해방에 끼친 영향을 인정하고 예찬했지만 스포츠에 특별한 관심을 기울이지는 않았다. 스포츠에 참여

28) F. J. Erskine, *Lady Cycling*(1897), p. 22; *Wheelwoman*[1896. 6. 27], p. 8.
29) *Hub*[1899, 10. 8], p. 425; *Cycling Yearbook*, vol. 1(1906), p. 34.

하는 것을 여성해방의 상징으로 보지 않았던 것이다. 그들은 오히려 스포츠에 너무 빠져듦으로써 자신이 처한 불평등한 위치를 망각하는 여성들을 비판했다. 이는 정치 모임이 아니라 축구 경기를 보러 가는 노동자들에 대해 비판적이던 당시 사회주의자들의 태도와 일맥상통하는 것이었다. 일례로 여성 참정권 운동의 기수였던 크리스타벨Christabel과 실비아 팽크허스트Sylvia Pankhurst 자매의 아버지는 정치적 급진주의자였는데, 그는 딸들이 자전거에 매료되어 자신이 그토록 중요하게 여기는 정치운동에 무관심한 것을 한탄하기도 했다.[30] 여성 참정권자들의 기관지 〈여성에게 투표권을Votes for Women〉은 당시 시류를 반영하여 가끔 여성 다이버나 크리켓 선수, 골프 선수들을 소개하기도 했다. 그러나 그들은 "참정권 없이는 골프도 없다"라든가 "스포츠 이전에 정의를" 등을 고창하면서, 무엇에 우선권이 있는지를 명백히 했다.[31]

페미니스트들은 또한 여성 복장개혁 운동에도 냉담했다. 복장개혁운동이 너무 과격하다는 사회적 인식을 알아차렸기 때문이었다. 전통적 여성의 입장에서는, 복장개혁가들이 마치 "해방된 다리에 대한 영광스러운 복음을 온 나라에 전도하는 선교사"처럼 보였다.[32] 합리적 복장 협회가 자전거 붐에 힘입어 활동을 재개했을 때, 그들의 노력은 매우 강한 반대에 부딪쳤다. 아이로니컬하게도, 유행 복장이라는 폭군에 맞서 궐기한 합리적 복장개혁가들이 오히려 더욱 나쁜 폭군으로 간주되었다. 어떤 자전거 잡지는 다음과 같은 강한 어조로 복장개혁가들을 비판했다.

---

30) Sylvia Pankhurst, *The Suffragette Movement* (Longmans, Green, 1931), 140.
31) *Votes for Woman*[1913. 2. 21]
32) *Cycling Magazine*[1896. 11], 25.

영국적인, 너무나 영국적인

페미니스트들은 우리에게 그들 자신이 허락한 것 이외의 다른 옷은 입지 말라고 강요한다. 다른 어떤 옷도 안전하지 못하고 건강에 해로우며 점잖지 못하고 여성답지 못하다는 것이다. 만약 우리가 그들이 자전거 복장이라고 부르는 이 괴물 같은 복장에 대해 비판하려고 입을 열면, 우리는 즉시 머릿속에 아무것도 든 것 없는 바보 천치요, 여성의 족쇄에 책임이 있는 자들로 비판받는다.[33]

영국 여성으로서는 처음으로 의사 자격증을 획득한 엘리자베스 가렛 앤더슨Elizabeth Garrett Anderson은 이러한 영국 여성의 체통을 대변한다고 할 수 있다. 앤더슨에게 여성다운 행동과 복장은 의학계에 진출하려는 그녀의 뜻을 실현시키는 데 필수적이었다. 그녀는 여성교육 운동의 지도자인 에밀리 데이비스Emily Davies에게 보낸 편지에서 이렇게 토로했다. "당신도 알다시피 나는 D가 좀더 여성다운 복장을 착용하길 바랍니다. 짧은 페티코트에 넓고 헐렁한 모자와 지팡이라니…… 그런 모습은 우리의 목표에 가장 유해한 것이에요." 에밀리 데이비스는 케임브리지대학 최초의 여성 컬리지인 거턴 컬리지의 창립자였는데, 그녀는 거턴 학생들의 축구 경기를 금지시켰다. "세상에 알려지면 너무 충격적"이라는 이유였다.[34] 다른 여성 교육자들은 여학생들에게 체조복을 입혔지만 그것도 단지 체조할 때뿐이었고, 그 밖의 운동경기에서는 평소의 드레스 차림 그대로였다.

영국학술원 회의에서 의사들이 "피의 흐름을 자유롭게 하여 피가

---

33) *Cycling Magazine*(1896. 11], 22.
34) Sara Delamont, "The Contradictions in Ladies' Education" in *The Nineteenth Century Women* eds. Sara Delamont and Lorna Duffin(Croom Helm, 1978), pp. 146, 149.

엘리자베스 가렛 앤더슨은 영국 여성으로서 처음으로 의사 자격증을
획득한 인물이지만, 여성 복장에 관한 한 전통적인 여성의 입장을 대변했다.

불필요한 곳에 머물러 있지 않고 두뇌나 다른 곳에서 이용될 수 있도록
한다"는 이유로 느슨한 코르셋을 변호했을 때, 초기 여성 참정권 운동의
기수이자 운동 기관지 〈여성 참정권Woman's Suffrage〉의 편집인인 리
디아 베커Lydia Becker는 당당하게 일어나 의사들의 의견에 반대했다.
그녀는 "여성들이여, 코르셋을 유지합시다. 코르셋은 체형을 좋게 하고
몸을 따뜻하게 하며 우리 몸을 지지해 줍니다. 여성들이여, 코르셋을 입
은 채 남성들에게 승리합시다"라고 선언했다. 이러한 베커의 태도는 복

장개혁가들을 크게 실망시켜, 양자 간에 한동안 갈등이 계속되었다.[35]

리디아 베커의 코르셋 옹호론은 사실상 그녀 자신이 일생 동안 추구해 온 바에 모순되는 것이었다. 그녀는 "필요하지 않다면 유행은 곧 사라지게 마련이고, 남아 있는 것은 존재하고 지속될 가치가 있기 때문"이라고 주장했다. 그녀는 또한 "진화의 위대한 법칙과 적자생존의 법칙"이 기존 복장을 옹호하고 있다면서, 복장개혁가들의 "혁명적 제안물에 굴복하지 말 것"을 권유했다.[36] 이에 맞서 합리적 복장 협회 회장인 하버턴 자작부인은 다음과 같이 반박했다.

여성이 시대의 경험이라는 미명 하에 성립된 가장 증오할 만한 악법에 굴복당해 왔고, 베커 양이 그 악법의 폐지를 위해 몸 바쳐 투쟁해 왔다는 사실을 상기할 때, 베커 양의 상호 모순적인 주장을 어떻게 받아들여야 할지 모르겠다.[37]

그러나 리디아 베커만이 예외는 아니었다. 가장 과격한 여성 참정권 운동가들조차도 전혀 흐트러짐 없는 전통적 복장을 착용했기 때문이다. 과격한 참정권자들의 기관지 〈여성에게 참정권을〉은 자신들의 맵시 있는 옷차림을 자랑스럽게 여겼다.

우리 여성 참정권자들은 우리의 목표를 달성하기 위해 모든 면에서 최고의 기준에 합당하게 행동해야 한다는 점을 인식하고 있다. 따라서 복

---

35) *RDS Gazette*(October 1888], p. 4.
36) Becker, "On Stays and Dress Reform", *Santiary Record*[1888. 10. 15], p. 151.
37) Harberton, "On Dress Reform and Stays", *Santiary Record*[1888. 12. 15], p. 254.

장은 우리에게 매우 중요한 문제이며, 우리는 집회에서나 가두시위에서나 혹은 집안에서나 항상 정숙한 옷차림이어야 한다는 점을 명심하고 있다.[38]

따라서 〈펀치〉가 여성 참정권자들을 다음과 같이 야유한 것은 놀라운 일이 아니었다.

여성에게 옷 뒤에 달린 그 우스꽝스러운 리본을 떼어 버리라고 말해 봐라. 아마도 검은 고양이에게 흰색으로 변하라고 하는 편이 나을 것이다. 여성에게 '먼저 유행이라는 폭군으로부터 당신들을 해방시키시오. 그리고 나면 자유로운 여성의 권리를 누릴 수 있을 것이오' 라고 권고하는 것이 어떨까?[39]

복장개혁에 대한 페미니스트들의 모순된 태도는 당대인들이 보기에도 명백했다. "신여성은 속어를 쓰고 여성의 권리를 논한다. 그렇지만 그녀는 18인치의 허리를 가지고 있다."[40] 사실 남성 개혁가들이 볼 때, 복장개혁은 여성해방에서 가장 중요한 부분이었다. "페미니스트들이 유행의 막대한 힘에 대해 보여주는 놀라울 정도의 나태"를 발견한 남성 개혁가들은, 복장개혁을 무시하는 그들의 태도를 비난하면서 여성의 고등교육과 복장개혁을 다음과 같이 대비시켰다.

---

38) *Votes for Women*(1908, 7. 30], p. 348.
39) Adburgham, *Punch History*, p. 98.
40) C. W. Cunnington, *Feminine Attitudes in the Nineteenth Century*(Haskell, 1935), p. 263.

영국적인, 너무나 영국적인

왜 현명한 어머니들의 단체가 결성되어 여학교 교장들에게 몸을 꽉 조이는 코르셋을 그만 입히도록 압력을 가하지 못하는가? 이는 우리 젊은 여성이 그리스어를 외우거나 수학 문제를 푸는 것보다 훨씬 중요한 문제다.[41]

복장에 대한 영국 페미니스트들의 전통적 태도는 미국 페미니스트들의 태도와 크게 상반된다. 미국에서는 수전 앤소니Susan Anthony, 엘리자베스 스탠턴 등의 여성해방론자들뿐만 아니라 최초의 여의사 가운데 한 명인 메리 워커, 각종 운동선수들, 그리고 문필가인 그림케 Grimké 자매 등이 모두 블루머 바지를 애용했다. 끊임없는 적대감에 부딪혀 이들 역시 결국은 블루머 바지를 포기하지만, 어쨌든 이들은 영국 페미니스트들보다 훨씬 용감했다. 유럽 대륙에서는 무릎까지 오는 바지가 운동복으로 애용된 반면, 파리에 사는 영국 여성들은 페미니스트조차도 거의 그런 운동복을 입지 않았다. 이렇듯 체통을 중시하는 영국 여성의 태도는 "도대체 영국 여자들은 태어날 때부터 아예 상식이라곤 없는 것인지"라는 평을 들을 정도였다.

합리적 드레스는 확실히 보기 흉했다. 더구나 특유한 영국적 체통 때문에 더욱 더 흉하게 재단되기도 했다. 한 자전거 복장 전문가는 "합리적 드레스라니? 도대체 이런 옷을 만든 여성은 눈도 없고 재단 감각이라는 것도 없는가?"라고 비명을 지를 정도였다. 그처럼 "보기 흉하고, 예술적이지 못한 복장은 역사상 발명된 적이 없었다."[42] 젊은 여성에게

41) Chapman, "A Dialogue on Dress", p. 579.
42) *Hub*[1898. 10. 8], p. 425; [1898. 3. 18], p. 254; [1896. 8. 29], p. 144.

는 합리적 드레스가 그런대로 괜찮았지만, 중년 여성이 입었을 경우엔 차마 볼 수 없을 정도였다. 결론적으로 리디아 베커의 다음과 같은 견해가 영국 여성 일반의 감정을 대변한다고 할 수 있을 것이다.

> 건강이라는 관점에서 아무리 완벽하다 해도, 보기 흉한 옷은 제대로 된 마음을 가진 여성을 행복하게 만들지 못한다. 인간이 빵만 가지고 살 수 없듯이 육체도 편안함만 가지고는 살 수 없다. 정신적 만족이 따라야 하는 것이다.[43]

이러한 상황에서 복장개혁 운동은 남성들에게 의존할 수밖에 없었다. 합리적 복장 협회는 "남성들 대부분이 쏙 들어간 허리를 예찬하지 않게 될 때, 우리의 임무도 훨씬 쉬워질 것"이라고 기대했다.[44]

여성의 이념적 해방과 신체적 해방은 1910년경에 드디어 접점을 이루었다. 그 무렵 코르셋이 사라지고 스포츠 경기에서 보다 편안한 복장이 착용되었다. 1913년에 제1회 여자대학 라크로스 경기가 열렸을 때, 옥스퍼드대학 팀은 여전히 긴 스커트 차림이었지만 케임브리지 팀은 무릎길이의 튜닉 바지를 입고 등장했다. 1913~14년경의 사진들을 보면 예전에 볼 수 있던 스커트가 스키장에서 사라졌음을 알 수 있다. 제1차 세계

---

43) Becker, "On Stays", p. 151.
44) *RDS Gazette*(1889. 4], p. 4.

대전은 여성들로 하여금 사무실과 공장에서 남자들이 남기고 간 직무를 대행하게 만들었고, 전쟁 중에 여성들은 보편적으로 바지를 착용했다.

이러한 변화를 가져온 중요한 세력은 젊은 중류계급 출신 여성들, 그 중에서도 중등학교나 대학에서 교육받은 여성들이었다. 이들 제2세대 페미니스트들은 제1세대보다 훨씬 더 과격하고 전통에 덜 순종적이었다. 이들은 특히 야외활동을 즐겼는데, 예를 들어 버나드 쇼가 주동이 되어 페이비언 협회가 매년 여름 개최한 페이비언 캠프에서는, 하루 일과가 체조와 더불어 시작되었다. 물론 모든 사람들이 체조복을 입었다. 〈페이비언 뉴스〉는 이 광경을 "지적인 정열이 장시간의 산책과 등산, 운동경기, 체조 등과 섞여 있다"고 묘사했다. 그러나 페이비언 협회 젊은 이들의 이러한 분위기는 나이 많은 세대의 입장에서 볼 때 용납할 수 없는 것이었다. 1910년 여름 캠프에 다녀온 비어트리스 웹Beatrice Webb 은 젊은 대학졸업생들의 경박함과 더불어 신중하고 지적인 토론보다는 여흥을 즐기는 태도를 비판했다.[45]

해방을 향한 흐름은 노동계급 여성들에게서도 마찬가지로 추적해 볼 수 있다. 중간계급뿐만 아니라 중하류층이나 노동계급 여성들 중에서도 점차 친목 단체나 휴가 단체에 가입하는 수가 증가하면서, 이들 단체들은 1890년대에 성황을 이루었다. 대부분의 협동조합 휴가협회Co-operative Holidays Association에서는 여성이 다수를 차지했다. 유명한 사회주의자 로버트 블래치퍼드가 조직한 클라리언 클럽은 중하류층과 노동계급 남녀에게 매우 인기가 높았는데, 그들에게 우호적인 사람들조

---

45) Norman and Jeanne Mackenzie, *The Fabians*(NY: Simon Schuster, 1978), pp. 348, 369~70.

페이비언 협회의 여름캠프에서는 하루 일과가 체조로 시작되었고, 물론 모든 사람들이 체조복을 입었다. 이러한 변화를 가져온 가장 중요한 세력은 젊은 중류계급 여성들이었다.

차도 클라리언 클럽에서 행해지는 "노골적인 연애행각"을 비난했다.[46]

1914년에 이르면 몸과 마음이 자유로운 여성이 탄생한다고 볼 수 있다. 그러나 이는 페미니스트들의 의식적 노력에서 비롯된 결과가 아니었다. 사실 여성 복장개혁은 정치적·법률적 변화 없이도 이루어질 수 있었다. 대학 졸업장과 달리, 복장개혁은 남성들에 의해 주어지는 것이 아니라 의도하기만 한다면 여성의 자율적 힘으로도 성취할 수 있는 것이었다. 복장개혁 운동이 실패한 책임은 여성에게 있었다. 복장개혁과 여성 스포츠의 한계는 빅토리아 시대의 규율과 구속의 반영이었다고 할

46) Pankhurst, *The Suffragette Movement*, p. 140.

수 있지만, 그것은 또한 여성들 스스로가 부과한 규율과 구속이기도 했다. 여성 복장개혁 운동은 여성해방 운동가들로부터 거의 지지를 얻지 못한 채 "아킬레스의 발뒤꿈치"로 남아 있다가 사라져 버렸다. 스포츠가 가져다준 신체의 자유도 여성해방론자들에게서 인정받지 못했다. 페미니스트들은 스포츠를 즐기는 수많은 여성에게 접근하여 그들을 여권 운동의 동지로 삼을 수 있었지만, 그런 노력을 기울이지 않았다. 결과적으로 빅토리아 시대를 통해 스포츠, 여성 복장의 개혁, 그리고 여성해방은 각기 분리된 길을 걸었다. 역설적으로, 이 분리된 세 갈래 길은 빅토리아 시대 여권론의 한계가 빚은 결과인 동시에 그 원인이기도 했다.

팔라스는 현명하고,

주노는 권력의 여왕

비너스의 장밋빛 얼굴은

아름다움에 반짝이네.

그러나 엘리자베스가 나타나자,

압도된 주노는 도망가고,

팔라스는 침묵하며,

비너스는 창피함에 얼굴 붉히네.

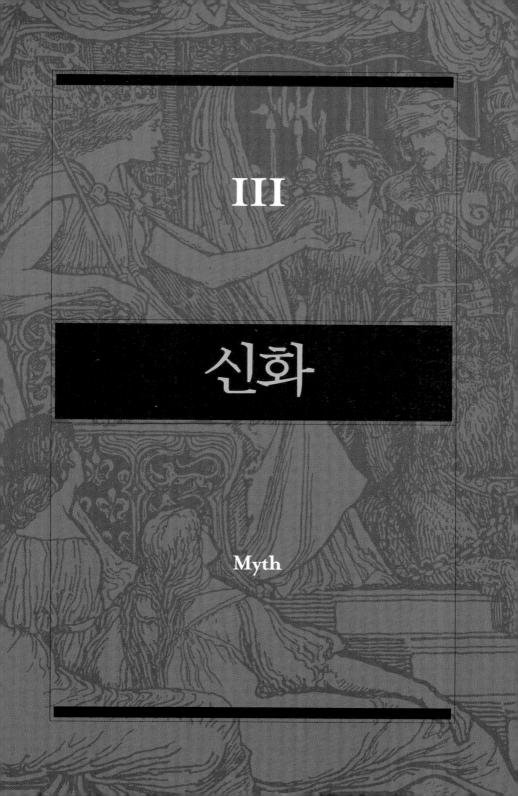

III

신화

Myth

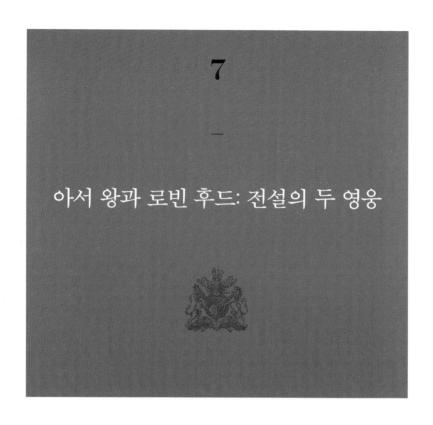

7

아서 왕과 로빈 후드: 전설의 두 영웅

아서 왕과 로빈 후드는 아마도 영국인들이 가장 즐겨 찾는 전설상의 영웅들일 것이다. 20세기 초의 한 문인은 '아서 왕과 그 기사들 이야기가 궁정 계급의 서사시라면, 로빈 후드 이야기는 대중의 서사시'라고 정의했다.[1] 유럽 대륙의 켈트족이나 아일랜드인들, 웨일스인들과 달리 잉글

1) Steohanie L. Barczewski, *Myth and National Identity in Nineteenth-Century Britain: The Legends of King Arthur and Robin Hood*(Oxford: Oxford University Press, 2000), p. 9.

랜드인들에게는 진정한 신화가 없다. 왜냐하면 그들의 선조인 앵글로색슨인들이 브리튼 섬의 원주민이 아니기 때문이다. 따라서 잉글랜드인들은 토착 켈트인들의 전설적 영웅을 전유하여 자신들의 영웅으로 만들었는데, 그 대표적인 예가 바로 아서 왕이다. 아서 왕 전설은 원래 앵글로색슨족이 잉글랜드를 점령하면서 쫓아낸 브리튼인들의 신화였다. 이 브리튼 신화는 우선 잉글랜드 사람들에 의해 전유되었고, 그 다음으로 1066년에 브리튼 섬을 장악한 노르만인들에 의해 더욱 철저하게 전유되었다. 이후 13세기에 이르러 아서 왕은 범汎브리튼적 영웅이 되었고, 그와 관련된 지역들이 스코틀랜드로부터 콘월까지 광범위하게 언급되었다. 아서 왕 전설은 특히 두 가지 점에서 흥미롭다. 하나는 앞서 언급했듯이 잉글랜드인들의 조상을 몰아내는 데 성공한 것으로 되어 있는 '켈트인' 아서가 후세에 이르러 '잉글랜드인'들의 위대한 전설적 영웅이 되었다는 점이고, 다른 하나는 이 전설이 한동안 잉글랜드가 아니라 프랑스에서 최대의 발전을 보였다는 점이다.

한편 로빈 후드가 오늘날까지도 인기를 끄는 것은 무엇보다도 그가 부패에 맞선 일반적 저항의 상징이기 때문이다. 그의 투쟁은 모든 형태의 남용에 맞선 인간의 영원한 전쟁을 의미한다. 이러한 맥락에서, 로빈이 18세기에 이르러 자유의 상징으로 영웅시된 것은 당연한 현상이었다. 그러나 시간이 갈수록 로빈 후드의 매력은 '숲속의 에덴동산'으로 변해갔다. 그 전설의 핵심 요소인 먹고 마시고 흥청망청 즐기기, 남자들 간의 끈끈한 유대, 그리고 별다른 해를 끼치지 않는 약탈 등에서 사람들은 '즐거운 잉글랜드Merrie England'를 찾으려 했던 것이다.[2]

우리가 유독 아서 왕과 로빈 후드에 초점을 맞추는 것은 우선 오늘날에도 뚜렷이 감지되는 그들의 인기 때문이지만, 더욱 중요하게는 그들이 특히 영국의 국민 정체성 형성에 크게 기여했기 때문이다. 전설적 영웅은 국가 공동체의 정체성을 인식하는 데 매우 중요한 역할을 한다. 18세기 후반부터 시작된 영국 국민문화에서, 아서 왕과 로빈 후드는 국민 정체성의 본질이라고 간주된 요소들과 동일시되는 한편 그러한 요소들을 조장하는 데 사용되었다. 이는 특히 프랑스 혁명과 나폴레옹 전쟁 시기인 1790~1820년에 아서 왕과 로빈 후드 관련 문학이 최정점에 달했다는 사실에서 잘 드러난다. 두 인물은 이념적으로 완전히 상반된다. 한 사람은 왕이고 다른 한 사람은 무법자다. 아서 왕은 질서·권위·안정을 대변하는 엘리트의 영웅인 반면, 로빈 후드는 적어도 부분적으로는 체제 전복적 인물이며 무질서·반란·혼란을 대변한다. 저명한 역사가 에릭 홉스봄Eric Hobsbawm은 로빈 후드를 '사회적 반역자의 원형'으로 분류했다.[3] 그러나 그는 시간이 지남에 따라 신사다움과 훌륭한 매너의 모델로 그려지고, 궁극적으로는 왕 앞에 무릎 꿇은 사람으로 묘사된다. 이제 앵글로색슨에 저항했던 아서 왕, 그리고 왕의 권위에 도전했던 로빈 후드가 어떻게 잉글랜드, 나아가 브리튼의 국민적 영웅으로 변모했는가를 살펴보자.

| 아서 왕과 '브리튼의 희망' |

아서 왕 이야기는 오랜 세월에 걸쳐 여러 경로로 첨삭·변형되는 운명을

---

2) Michael Wood, *In Search of England: Journeys into the English Past*(Berkeley: University of California Press, 1999), p. 72.
3) Eric Hobsbawm, *Primitive Rebels*(NY: Norton, 1959), p. 13.

겪었다. 따라서 여러 버전이 존재하지만, 요지를 간추려 보면 대강 다음과 같다. 대부분의 영웅들과 마찬가지로 아서 역시 예외적 상황에서 태어났다. 아버지인 우서 왕이 콘월 공작의 아내인 이그레인을 사랑하게 되어, 마술사 멀린의 도움으로 콘월 공작의 모습을 하고 접근하여 아서를 임신시킨다. 공작은 전투에서 죽고 우서는 나중에 이그레인과 결혼하지만, 출생 당시 사생아였던 아서는 멀린의 손에 양육된다. 누구도 아기의 정체를 알지 못했기 때문에, 아서의 밝혀지지 않은 정체성은 이 이야기에서 중요한 역할을 한다. 우서 왕이 죽고 기사들이 모여 새로운 왕을 선출하려 할 때, 런던 대주교는 신의 계시를 기다리라는 명령을 받는다. 계시의 상징으로 그들 앞에 바위가 굴러오는데, 그 바위에는 칼이 꽂혀 있다. 이후 아서는 그 칼을 뽑는 데 성공하여 왕이 되지만, 아서의 이복누이들과 결혼한 오크니와 노게일의 왕들이 반란을 일으킨다. 한편 귀족들이 런던에서 새로운 왕의 선출을 기다리는 동안 아서는 오크니 왕의 왕비를 만나 사랑에 빠진다. 그리고 자기 아버지의 행실과 비슷한 패턴을 반복하면서, 왕비를 속여 아들을 낳게 만든다. 한데 왕비는 그의 누이였기 때문에 결국 그 행위는 근친상간이 된다. 중세적 시각에서 근친상간은 가장 사악한 죄악 가운데 하나고, 결국 아서는 그 죄에 대한 벌을 받게 된다. 여기서 태어난 모드레드가 결국 아서의 왕국을 멸망시키기 때문이다.

한편 아서의 왕위 계승에 반대하는 반란군들이 그에 맞서 전쟁을 일으키려 할 때 색슨족이 왕국을 침략한다. 이제 브리튼 사람들은 모두 아서를 정통 왕으로 받아들이고 합심하여 색슨족을 몰아낸다. 이때 아서는 아름다운 귀네비어를 만나 결혼한다. 멀린은 귀네비어가 아서에게 불행을 가져다줄 것을 예견하고 반대하지만 아서의 고집을 꺾지 못한

영국적인, 너무나 영국적인

본래 잉글랜드인들에게는 자신들의 고유한 신화가 없다. 그들은 토착 켈트인들의 전설적 영웅을 자신들의 영웅으로 만들었는데, 그 대표적인 예가 바로 **아서 왕**이다.

다. 아서와 귀네비어의 결혼은 군사적 상황이 끝나고 평화와 번영의 시대가 시작되었음을 의미한다. 약 39년간 평화로운 통치를 이어가던 아서는 로마로부터 조공을 바치라는 요구를 받는다. 로마가 제시하는 근거는 브리튼이 카이사르에 의해 정복되었다는 것이다. 아서는 이 요구를 거부하고, 모드레드와 귀네비어에게 왕국을 맡긴 채 로마에 맞서기 위해 출정한다. 아서가 갈리아 전투에서 승리하고 알프스를 건너려 할 때, 모드레드가 귀네비어를 취하고 왕좌를 찬탈했다는 소식이 전해진다. 아서는 돌아와 모드레드와 운명의 결전을 벌이고, 두 사람 모두 서로에게 치명상을 입고서 몰락한다. 치명상을 입은 아서는 이전에 호수의 요정에게서 받은 엑스캘리버를 호수에 돌려주는데, 그때 아름다운

여인들이 탄 배가 나타나 아서를 데려간다.[4]

아서의 죽음에 대해서는 몇 가지 버전이 있다. 한 버전에 의하면, 치명상을 입은 왕은 바다 건너 글라스턴베리로 옮겨진 후 결국 죽어 그곳에 묻혔다. 이후 그가 묻힌 장소는 전설로 전해 내려왔고, 1150년에 헨리 2세의 명에 따라 무덤을 열었는데, 그때 입회했던 기랄두스 캄브렌시스Giraldus Cambrensis가 확인한 바에 의하면, 그곳에는 왕의 뼈와 칼, 십자가, 그리고 투박한 로마자로 '아발론 섬, 이곳에 위대한 아서 왕이 잠들다' 라는 비문이 적힌 비석이 있었다고 한다. 그런데 브리튼인들 사이에서는 또 다른 전설이 전해 내려왔다. 즉 아서 왕은 죽지 않았고 단지 상처를 치료받기 위해 요정들의 나라로 간 것이며, 언젠가 다시 나타나 브리튼의 영광을 재현하리라는 것이다. 이 전설에 근거하여 켈트인들은 아서를 '과거의 왕이자 미래의 왕the once and future king' 으로 추앙했다.

이상이 원래 이야기의 골자다. 그 후 민간전승의 다양한 모티브와 더불어 여러 이야기가 첨삭되면서, 중세 말에 이르러 아서 왕 전설은 한층 더 풍부해졌다. 아서 왕과 기사들은 12세기 후반기부터 운문 형태로, 나중에는 산문 형태로 수많은 로망스의 주제가 되었다. 원탁의 기사와 성배 이야기, 그리고 랜슬롯과 귀네비어의 사랑, 트리스탄의 비극 등이 모두 중세를 거치면서 첨가된 요소들이다. 그 결과 아서 왕 이야기에는 켈트 신화, 그리스·로마의 고전적 유산, 봉건제, 그리고 기독교 전통이 뒤섞이게 되었다.

---

4) 중세 후기에 첨가된 또 다른 버전에 의하면, 아서 왕의 기사인 랜슬롯이 귀네비어를 사랑하게 되고 모드레드가 랜슬롯과 귀네비어의 불륜을 폭로한다. 아서는 당시 브르타뉴에 있던 랜슬롯과 싸우기 위해 출정하고, 그 사이 모드레드의 반란이 일어난다.

영국적인, 너무나 영국적인

브리튼인들 사이에서는 아서 왕이 죽지 않았으며 언젠가 다시
나타나 브리튼의 영광을 재현하리라는 전설이 전해 내려왔다.
이에 근거하여 켈트인들은 아서를 '과거의 왕이자 미래의 왕'으로 추앙했다.

아서는 과연 실존 인물이었는가? 이 질문이 계속해서 사람들의 관심을 끌었지만, 정확한 해답은 찾을 수 없다. 5세기 초에 로마인들이 떠난 후 브리튼 섬에는 암흑기가 도래했다. 정복자 앵글로색슨족은 문자를 몰랐기 때문이다. 로마 시대 이후 브리튼의 역사를 기록한 가장 오래된 텍스트는 약 550년경에 쓰인 길다스Gildas의 《브리튼의 몰락De Excidio Britanniae》이다.[5] 이는 5~6세기에 걸친 앵글로색슨족의 침략 시기를 기록한 것인데, 실제 사건이 일어난 지 채 1백 년도 안 된 시점에 기술되었기 때문에 상당 부분 일차적 사료에 근거했을 것으로 추정된다. 중요한 것은 길다스가 몇몇 왕들의 이름을 언급하고 있지만 아서에 대해서는 아무 말도 남기지 않았다는 점이다. 아서가 실존 인물이 아니었다고 주장하는 사람들은 이 점에 주목한다. 현재 남아 있는 기록 가운데 아서가 언급된 가장 이른 기록은 10세기에 작성된 작자 불명의 《브리튼인들의 역사Historia Britonum》 필사본이다. 이는 길다스의 텍스트보다 약 400년 뒤에 쓰인 것으로 모든 후대 필사본의 전범이 되었으며, 명료하게 아서의 상을 서술하고 있다. 그러나 아서 왕 전설의 모체가 된 것은 1138년에 몬머스의 제프리가 쓴 《브리튼 왕 열전》이다.

| 아서 왕 전설의 정치적 이용 |

제프리는 아서에 관련된 산발적 자료들을 모아 주된 신화를 만들어낸 첫 번째 저자였다. 그는 아마도 웨일스 출신이지만 노르만 궁정과 파리 학파에서 훈련받은 것으로 추측된다. 그는 그때까지 쓰인 작품들로부터 이끌어낸 많은 정보를 바탕으로 사실과 전설을 섞어 브리튼의 역사를 연대기로 서술했는데, 그 자신은 옥스퍼드의 부주교에게서 얻은 고대

---

5) 길다스에 관해서는 정확한 사실이 거의 없다. 그는 나중에 성인으로 추앙받았지만, 사실 수도사가 아니었을지도 모른다. 그의 텍스트는 700년대 초에 수도사 비드Bede(672~735)가 저술한 《잉글랜드 교회와 국민의 역사》(731)라는 중요한 저서의 토대가 되었다.

웨일스 연대기로부터 자신의 작품을 번역했다고 확언한다.[6] 그에 따르면, 로마의 시조 아이네이아스의 증손자인 브루투스는 우연히 죄를 짓고 로마를 떠나, 당시 알비온이라 불린 브리튼 섬에 도착하게 된다. 그리고 그곳에 살고 있던 거인들을 산악지대로 내쫓고는, 자신의 이름을 따서 섬을 '브리튼'이라 명명한 후 사회적·정치적 기반을 마련한다. 제프리는 브루투스 이후의 왕들을 열거하는 가운데 가장 존경할 만한 왕으로 아서를 제시했고, 그 과정에서 아서는 켈트 군벌에서 강력한 왕으로 변신하여 거의 로마를 정복한 것으로 묘사되었다. 아서는 서양의 위대한 정복자들과 동일한 지위를 부여받았을 뿐만 아니라 당시 잉글랜드를 통치하던 앵글로노르만 군주들이 따라야 할 모델로 제시되었던 것이다. 더구나 제프리는 역사적 조작을 통해 아서를 노르만 지배자들의 계보와 연결 지음으로써, 아서 왕 신화를 정치적으로 처리했다. 당시 사람들은 그의 이야기에 열광했고 그의 책은 베스트셀러가 되었다. 물론 제프리는 아서의 죽음을 둘러싼 문제, 즉 그가 다시 돌아올 것이라는 전설이 민간에서 여전히 믿어지고 있다는 사실을 알고 있었고, 그래서 단지 "치명상을 입은 아서가 상처를 치유받기 위해 아발론 섬으로 옮겨갔다"고 두루뭉술하게 끝맺음으로써 그 문제를 피해갔다.[7]

아서 왕은 계속해서 노르만 지배자들의 이익을 위해 이용되었다. 이번에는 헨리 2세(1154~1189)가 자신의 정치적 목적을 위해 사실을 조작했다. 앞서 언급했듯이 아서 왕 전설의 가장 중요한 유산은 '브리튼의 희망'이라 불리는 것, 즉 아서는 죽지 않았고 단지 잠들어 있을 뿐이며

---

6) Richard White ed., *King Arthur in Legend and History*(NY: Routledge, 1997), p. 25.
7) Richard Barber, *Legends of King Arthur*(Woodbridge, Suffolk: Boydell, 2001), pp. 9~10.

브리튼이 위험에 처할 때 다시 나타날 것이라는 전설이다. 이 전설이 자신의 정치적 야망에 중대한 장애가 되고 있음을 깨달은 헨리 2세는 이중 전략을 세웠다. 즉 한편으로 자신을 아서 왕의 정통 후계자로 제시하면서, 다른 한편으로 브리튼인들의 희망에 종지부를 찍는 작업을 추진한 것이다. 제프리의 연대기를 소설로 바꾸라는 왕의 명에 따라 웨이스 Wace라는 성직자가 쓴 《브루트 이야기Roman de Brut》에서, 이제 아서의 통치는 더 이상 군사적 의미의 통치가 아니라 문명적 의미의 통치였다. 캐멀롯에 안주한 아서는 그림자 같은 존재로 남았고, 아서 왕 이야기는 그 휘하에 있는 기사들 개개인의 모험으로 바뀌었다. 케이 경이라든가 가웨인 등이 주요인물로 언급되었는데, 유명한 원탁도 웨이스의 발명품이다. '원탁'은 모든 기사들이 위계질서 없이 둥그런 탁자에 앉는다는 원칙의 반영으로, 위계질서나 잠정적 갈등이 존재하지 않음을 과시하는 것이다. 현재 윈체스터 성에 걸려 있는 원탁에는 아서 왕의 초상과 원탁의 기사 24명의 이름이 새겨져 있다.[8] 이 원탁은 오랫동안 '역사적 아서'의 유물로 생각되었지만, 1976년에 수선하는 과정에서 13세기의 유물로 밝혀졌다. 따라서 현재의 원탁은 필시 헨리 3세의 명에 의해 만들어졌을 것으로 추정되며, 아서 왕의 초상은 헨리 8세 때 제작된 것으로 생각되는데,[9] 이는 아서 왕 전설이 잉글랜드 군주들에게 계속해서 매우 중요했음을 입증해 준다.

웨이스가 그린 아서 왕은 색슨의 공격으로부터 브리튼을 구해낸 전

---

8) 원탁에 몇 개의 좌석이 있었는가에 대해서는 여러 설이 있는데, 텍스트에 따라 12개라는 설, 50개라는 설이 있으며, 많게는 150개까지 거론되기도 한다.

9) Anne Berthelot, *King Arthur: Chivalry and Legend*(London: Thames & Hudson, 1997), p. 68.

영국적인, 너무나 영국적인

현재 윈체스터 성에 걸려 있는 **아서의 원탁**은 오랫동안 '역사적 아서'의 유물로 생각되었지만, 1976년에 수선하는 과정에서 13세기의 유물로 밝혀졌다.

사왕戰士王으로서, 대륙으로 건너가 로마 제국에 맞설 만한 역량을 보인 영웅이었다. 그러나 웨이스는 헨리 2세의 정치적 필요를 위해 한 가지 문제를 제기했다. 즉 아발론이 과연 어디인가 하는 것이었다. 웨이스는 아서 왕이 여인들에 의해 인도되는 장면을 목격한 왕의 추종자 베디비어가 며칠 후 한 수도원에 도착하여 새로운 무덤을 보게 되고, 그것이 아서 왕의 무덤이라는 말을 듣게 되는 것으로 처리했다. 따라서 '브리튼의 희망'은 환상이며 아서는 아발론에 살아 있는 것이 아니라 글라스턴베리에 묻혀 있는 것이 된다. 웨이스의 책이 쓰일 때쯤 웨일스 인근의 글라스턴베리 수도원이 화재로 소실되었다. 어원적으로 보면 아발론과 글라스턴베리는 동일했다. 아발론의 켈트 이름은 Ynys-witrin, 즉 '글래스 섬Isle of Glass'이었던 것이다.[10] 그곳 수도사들은 아발론이라는 이

---

10) Berthelot, *King Arthur: Chivalry and Legend*, p. 42.

신화적 섬과 자신들을 연결시키는 것이 이득이 되리라는 데 재빨리 생각이 미쳤다. 그리하여 아서가 요정들에 의해 아발론으로 옮겨졌지만 결국 사흘 후에 죽어 그곳에 묻혔다는 신화가 만들어졌고, 이 새로운 버전은 헨리 2세의 정치적 목적에도 꼭 들어맞았다. 수도사들은 수도원 부속 묘지에서 아서와 귀네비어의 무덤을 '발견'함으로써(1191) 그 신화의 새로운 버전에 마지막 덧칠을 했다. 두 유골의 발견—귀네비어는 여전히 아름다운 금발머리를 유지하고 있었다—은 '브리튼의 희망'에 결정타를 가했을 뿐만 아니라 아서를 거부할 수 없는 역사적 현실로 만들었다. 어떤 학자는 그 무덤을 아서의 무덤으로 삼자는 제안이 헨리 2세에게서 나왔을지도 모른다고 말한다.[11]

이 이야기가 조작된 것임은 너무나 명백하다. 아서의 무덤에서 발견되었다고 전하는 십자가는 여러 문제점을 안고 있는데, 그 중 하나는 십자가에 아서가 왕으로 명기되어 있다는 점이다. 12세기까지도 아서는 결코 왕—라틴어 'rex'—으로 지칭되지 않았다. 초기 웨일스 문헌들은 아서를 지도자나 지휘관으로 표기했다. 한편 1240년대의 한 저자는 아서의 무덤을 발견하기 위해 수도원의 묘지가 전부 파헤쳐졌다고 말했는데, 1962년에 실시된 고고학적 발굴에 따르면, 당시 발굴 규모가 매우 협소했던 것으로 나타났다. 게다가 두 개가 아니라 세 개의 석관이 발견됨으로써 문제가 복잡해졌다. 수도원 측은 아서와 귀네비어뿐만 아니라 모드레드를 발견했다고 했다가 나중에 취소했다. 어찌 되었든 여기서 "글라스턴베리-아발론은 우리나라의 신화적 기원이며, 브리튼과 잉글

---

11) Richard Barber, *King Arthur: Hero and Legend*(Woodbridge, Suffolk: Boydel, 1986), pp. 134~135.

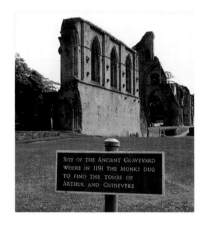

글라스턴베리에 있는 **아서 왕과 귀네비어의 무덤 유적**은 분명히 조작된 것이지만, 오늘날까지도 영국인들이 가장 많이 찾는 '유적지'로 남아 있다.

랜드의 신화들이 만나고 양분을 제공하는 지점"이라는 말이 생겨났다.[12] 오늘날에도 글라스턴베리는 영국인들이 가장 많이 찾는 '유적지'로 남아 있다.

  12세기가 끝나갈 무렵 아서 왕 전설은 프랑스 궁정 로망스의 장르로 넘겨졌다. 그리고 특히 크레티엥 드 트루아Chrétien de Troyes[13]에 의해 다루어지면서, 그의 이야기와 더불어 유럽으로 빠르게 전파되었다. 아서 왕 전설의 프랑스 전파는 아마도 노르만 정복 이후 궁정에서 일하게 된 웨일스 시인들이 프랑스 음유시인들에게 전한 데서 비롯된 것으로 보이는데, 어쩌면 해협을 건너 브르타뉴로 간 켈트인들에 의해 전해진 것일 수도 있다. 어쨌든 아서 왕 이야기는 제프리 이후 영국에서

---

12) Wood, *In Search of England*, p. 45.
13) 그는 아키텐의 엘레오노르의 딸인 샹파뉴 백작부인의 궁정에서 활동했으며(1165~1190), 이후 플랑드르의 필립 공 궁정에서도 활동했다.

트리스탄과 이졸데의 사랑 이야기는 아서 왕 전설이 프랑스 궁정 로맨스로
이전되면서 첨가된 것이다. 그림은 윌리엄 모리스가 그린 **이졸데**의 형상이다.

이렇다 할 독창적 작가를 배출하지 못하는 가운데 프랑스에서 번성기를
누렸다. 당시에는 기사들의 토너먼트라는 스포츠가 발달하면서 로맨스
가 실질적인 기사도 교본으로 기능하고 있었는데, 이때 아서 왕 전설과
기독교가 처음으로 연결되었다. 그리하여 아서가 색슨인들을 정복한

영국적인, 너무나 영국적인

후, 그의 궁정은 기독교 궁정이 되고 그의 기사들은 기독교 영웅들이 된다. 따라서 오늘날 우리에게 익숙한 성배 이야기는 원래 아서 왕 전설에 포함되어 있던 것이 아니라 중세에 첨가된 것이다.[14] 원탁과 성배는 이 불완전하고 가혹한 세상에서 정의와 자비를 희구하는 마음이 구현된 것으로 해석된다. 그리고 랜슬롯과 귀네비어의 사랑과 트리스탄과 이졸데의 사랑은 로망스의 핵심이 기사들의 사랑 이야기이기 때문에 첨가된 것으로 보인다. 그러나 이때 도입된 기독교적 요소는 본래 아서 왕 전설의 근간인 켈트적 요소와 맞지 않는다. 이처럼 아서 왕 전설이 대륙으로 넘어가 발달하면서, 아서 문학의 탄생지가 어느 나라인가를 판단하기란 불가능해졌다. 그리고 이로써 아서 왕 전설을 잉글랜드의 문학적 정전에 포함시키는 데 문제가 생기면서, 프랑스와 웨일스도 각각 아서 왕 이야기가 자기들 것이라고 주장하는 형국이 되었다.

| 잉글랜드인들이 아서 왕을 찾아오다 |

잉글랜드의 로망스가 대륙의 로망스를 따라잡는 데는 시간이 조금 걸렸다. 아서 왕 전설은 15세기가 되어서야 진정으로 잉글랜드의 것이 되었다. 중세 말에 아서 문학은 세 잉글랜드 걸작, 즉 저자 불명의 《가웨인 경과 녹색기사 *Sir Gawain and the Green Knight*》(1400년 이전), 토머스 맬러리 경 Sir Thomas Malory의 《아서의 죽음 *Le Morte d'Arthur*》(1485), 그리고 에드먼드 스펜서 Edmund Spenser의 《요정의 여왕 *Faerie Queene*》

---

14) 성배 이야기는 1190년대에 첨가된 것으로 추정된다. Barber, *Legends of King Arthur*, p. 2.

(1596)에서 절정에 이르렀다. 이 가운데 맬러리의 《아서의 죽음》은 아서 전설의 여러 갈래 이야기들을 하나의 연결된 이야기로 묶은 최초의 작품으로, 아서 왕 전설을 다시 잉글랜드의 것으로 만드는 데 결정적 역할을 했다. 15세기에 잉글랜드는 백년전쟁의 패배, 국내 불안, 장미전쟁 등의 심각한 어려움에 처해 있었는데, 맬러리는 정치적 이유로 수감되어 있는 동안 이 작품을 썼다. 이 작품은 중세 로망스 전통의 정점을 이루지만, 동시에 그 시대가 급속히 사라지고 있음을 인정하고 있다.

웨일스 출신의 헨리 튜더가 장미전쟁을 종식시키고 마침내 브리튼 섬을 통치하게 되었을 때, 그것은 마치 옛 브리튼의 왕 아서가 다시 돌아온 것 같았다. 헨리 7세는 취약한 정통성을 보완하기 위해 자신이 아서 왕의 혈통임을 주장하면서 장남에게 아서라는 이름을 지어 주었고, 아서 왕자는 1489년에 웨일스 공으로 서임되었다. 비록 아서 왕자는 1502년에 죽었지만, 튜더 왕조는 아서 왕 전설을 주요 선전물로 이용했다. 헨리 8세도 아버지를 따라 아서 왕의 원탁—실제로는 13세기에 만들어진 것—을 옛 잉글랜드 왕국의 수도이던 윈체스터로 옮겨, 튜더 왕실의 색깔인 녹색과 흰색으로 다시 칠하게 했다. 엘리자베스 1세의 왕실 행사에서도 아서 왕 신화는 선전용으로 자주 사용되었는데, 예를 들어 멀린이 호수의 여인에게 잡혀 있을 때 질서회복을 위해 엘리자베스가 부름을 받는다는 내용의 극이 상연되었다. 물론 엘리자베스와 아서를 연결시킨 가장 중요한 작품은 스펜서의 《요정의 여왕》이었다. 여기서 아서는 자신을 기다리는 순결한 요정의 공주를 찾아 나선다. 여기서 메시지는 명백하다. 즉 옛 브리튼의 왕통을 이은 아서가 앵글로색슨의 후손인 엘리자베스와 결혼함으로써 두 인종이 결합한다는 것이다. 실제로 1580년에 쓰인 왕실 계보는 "여왕 폐하의 국왕 타이틀은 브리튼 왕들의

영국적인, 너무나 영국적인

스펜서의 《요정의 여왕》은 엘리자베스 1세와 아서 왕을 연결 짓는
가장 중요한 작품으로, 그 메시지는 옛 브리튼 왕통을 이은 아서가
앵글로색슨의 후손인 엘리자베스와 결혼함으로써 두 인종이 결합한다는 것이다.

역사 속에 존재하는 아서 이야기에 기반을 두고 있다"고 하여, 여왕의 혈통이 아서 왕까지 거슬러 올라가는 것으로 기록했다. 재상 벌리 경[15]은 그 보고서를 회의적으로 보았지만, 여왕 자신은 만족했다고 한다.[16]

스튜어트 왕조 역시 아서 왕 전설을 적극적으로 이용했다. 제임스 1세도 자신의 정통성을 강화하기 위해 아서 왕 전설에 의존했는데, 왕의 지지자들은 멀린의 오랜 예언, 즉 잉글랜드와 스코틀랜드가 언젠가 하나로 통일되리라는 예언을 제임스가 실현시켰다고 주장했다. 아서 왕 전설은 끊임없이 영국인들의 상상력을 자극했다. 존 밀턴John Milton이 서사시를 써 볼까 생각했을 때 그가 염두에 두었던 주제 가운데 하나가 바로 아서 왕 이야기였다.[17] 하노버 왕조가 들어선 18세기는 전쟁의 세기였다. 스페인 왕위계승 전쟁을 시작으로 나폴레옹 전쟁에 이르기까지 끊임없이 전쟁이 지속된 시절에 군사적 무용과 기사도적 덕목을 구현한 영웅의 필요성은 당연했고, 아서는 이에 매우 적합한 인물이었다. 아서 왕은 당대의 애국적 언설이나 시에 자주 등장했다. 특히 자코뱅과 나폴레옹에 맞선 투쟁에서, 영국인들은 아서 같은 위대한 영웅들이 건설한 조국에 대해 강한 애국심을 느꼈다. 외부의 적에 직면하여 영국 내에서는 지난날의 갈등이 간과되고 통일이 강조되었으며, 웨일스인들은 잉글랜드인들과 나란히 싸웠다. 이 전쟁 기간 동안 아서 왕 전설이 그토록 강력한 호소력을 발휘한 데는 오랜 세월 지탱되어온 믿음, 즉 아서는 죽지 않았고 어느 날 다시 돌아올 것이라는 신화도 한몫했다. 이 신화는 19세기 초까지도 생생하게 남아 있었다. 1805년에 남부 웨일스를 여행

---

15) 윌리엄 세실 경Sir William Cecil. 1571년에 벌리 남작이 되었다.

16) Barber, *King Arthur: Hero and Legend*, p. 138.

17) M. H. 에이브럼즈 외, 김재환 옮김, 《노튼 영문학 개관》 II (까치, 1995), 196쪽.

영국적인, 너무나 영국적인

하던 옛것 연구가 도노번Edward Donovan은, 그곳 하층민들이 중세 시대나 마찬가지로 아직도 그 믿음을 굳건히 지키고 있다고 보고했다.[18]

| '의적' 로빈 후드 |

로빈 후드는 '인민의 아서people's Arthur' 라고 불렸는데,[19] 원탁 이야기가 기사도의 이상을 간직했듯이 로빈 후드 이야기는 인민의 이상을 간직했기 때문이다. 법 바깥에 존재하는 숲속 세계 이야기는 여러 문화권에서 발견되며, 로빈 후드 전설 역시 부자에게서 빼앗아 가난한 사람들을 돕는 '의적' 전설과 매우 흡사하다. 모든 시대를 통해 발휘되어 온 이 정의로운 도둑이라는 개념의 강력한 힘은 오늘날에도 여전히 축소되지 않고 있다.

아서 왕의 경우와 마찬가지로 로빈 후드의 실존 여부 역시 끊임없는 논란거리였다. 로빈 후드 이야기는 단 하나의 진정한 텍스트가 있다기보다 주로 구전을 통해 변형되고 지탱되어 왔는데, 그 시작은 12세기 말이나 13세기 초의 언젠가로 생각할 수 있다. 그가 누구였는가에 대해서는 전적인 픽션의 창조물이라는 견해와 역사적 실체라는 견해가 팽팽하게 맞서 왔다.

로빈 후드 전설은 1261년경에 이미 알려져 있었다. 그러나 가장 이른 필사본은 15세기에 만들어졌으며, 16세기 초부터 인쇄본이 유포되었

---

18) Barczewski, *Myth and National Identity*, p. 38.
19) Maurice Keen, *The Outlaws of Medieval Legend*(London: RKP, 1979), p. 190.

다. 따라서 전설이 시작된 시점과 현존하는 최초의 텍스트인 1450년의 필사본 사이에는 200년 이상의 간격이 존재한다.[20] 1600년 이전의 로빈 후드 발라드가 7편, 17세기 이래의 발라드가 27편 남아 있는데, 이는 15세기 중엽에 그가 보편적으로 알려진 인물이자 문학적으로 유명한 인물이었음을 입증한다. 최근의 한 연구는 로빈 후드를 언급하고 있는 1430년 이전의 자료가 궁정 기록에서부터 속담, 발라드, 그리고 연대기까지 총 1백 편이 넘는다고 확인했다. 또한 그가 출몰했다는 장소도 스코틀랜드에서부터 잉글랜드 남부 지역에까지 걸친다. 약 40편의 로빈 후드 발라드 가운데 단 5편[21]만이 13세기 말~14세기 초에 쓰인 진정한 중세 작품으로 간주되며, 나머지는 16~17세기에 쓰인 것이 확실하다. 1990년대 들어 로빈 후드 이야기의 기원에 관한 중요한 발견이 이루어졌다. 1260~1290년의 지방재판 기록에서 범죄자들이 로빈 후드—'Robehod', 'Robynhood' 등—라는 별칭으로 지칭되었다는 사실이 발견된 것이다. 이는 로빈 후드가 13세기 말에 이미 전설적 인물이었음을 암시한다. 도둑과 불량배들은 때때로 '로버트의 꼬붕들'로 불렀다. 이로부터 로빈 후드의 실제 생존 시기를 12세기 말이나 13세기 초로 잡는 것이 가능해졌다.

전설의 변형과 수식이 1260년대부터 1450년대까지 두 세기 넘게 지속되는 동안 무법자들의 활동 영역은 노팅엄 주의 셔우드로 확대되었고, 그들의 복장은 밝은 녹색 옷Lincoln Green으로, 무기는 긴 활로 정

---

20) Stephen Knight, *Robin Hood A Complete Study of the English Outlaw*(Oxford: Blackwell, 1995), p. 4.
21) <Robin Hood and the Monk>, <A Little Gest of Robin Hood>, <Robin Hood and the Potter>, <Robin Hood his Death> 그리고 <Robin Hood and Guy of Gisborne>이다.

영국적인, 너무나 영국적인

로빈 후드는 '인민의 아서'라고 불렸다. 원탁 이야기가 기사도의 이상을 간직했듯이, 로빈 후드 이야기는 인민의 이상을 간직했기 때문이다.

착수되었다. 또한 로빈 후드의 사회적 출신 배경도 초기 버전에서는 자영농 출신이던 것이 16~17세기에는 귀족 출신으로 달라졌고, 그 이야기를 보고 듣는 독자와 청중도 바뀌었다. 15세기부터 로빈 후드는 5월 게임이라고 알려진 민속 축제와 연결되기 시작했는데, 특히 성신강림 축일과 연관되어 연극·게임·행차·자선의식 등의 형태로 연출되었다. 그리고 이때 옳지 못한 강탈이라는 주제가 핵심을 이루게 되면서, 로빈 후드가 가난한 사람들에게 자선을 베푼다는 개념이 나타났다. 그러나 로빈 후드 극은 16세기 말에 복음주의 개신교도들이 민중 축제를 공격하는 바람에 쇠퇴했고, 게다가 엘리자베스 시대에 이르러서는 그의 반골 기질이 문제가 되었다. 그러다가 이후 로빈 후드는, 결국 왕과 화해한다는 점이 지적되면서 애국적 색조를 얻게 된다. 그러나 이처럼 로빈 후드를 체통으로 덧칠하려는 시도가 어느 정도 성공했음에도, 그는 무법자의 특성을 견지했고 대중과의 끈도 유지할 수 있었다.

1740~1789년은 민족주의가 절정에 이르면서 영국인들이 특히 국민적 문화유산을 수집·연구하고 진작하는 데 유별난 열성을 보인 시기였는데, 이 시기에 데이비드 흄David Hume과 에드먼드 버크Edmund Burke가 외국의 영향에 물들지 않은 대중시라는 이유로 발라드를 찬양하기 시작했다. 발라드가 순수하고 때 묻지 않은 '국민적 천재성'의 표현으로 칭송되었던 것이다. 그리고 1765년에는 퍼시Thomas Percy가 《남아 있는 고대 잉글랜드 시Reliques of Ancient English Poetry》를 펴내면서 그 안에 24편의 로빈 후드 발라드를 수록했다. 그러나 로빈 후드에 관한 최초의 진정한 학문적 업적은 옛것 연구가 리츤Joseph Ritson이 편집한 《로빈 후드: 저 유명한 잉글랜드 무법자에 대한 시, 노래, 발라드 선집Robin Hood: A Collection of Poems, Songs, and Ballads Relative to that Celebrated English Outlaw》(1795)이다. 로빈 후드에 관한 33편의 텍스트를 집대성한 이 작품은 그를 국민적 영웅으로 만드는 데 지대한 공헌을 했다. 프랑스 혁명전쟁과 급진주의의 도전이 맹렬했던 당시에 아서 왕이 웰링턴 장군과 연관되면서 영국의 군사적 성공을 상기시켰다면, 로빈 후드의 존재는 일부 사람들에게나마 국가의 미래가 전장에서만 결정되는 것은 아니라는 사실을 보여주었다. 그러나 급진주의자였던 리츤은 자신의 정치적 견해를 주장하기 위해 '무법자' 신화를 너무 강조했기 때문에, 그의 선집은 학문적 기준이 되기에 부적절했다.

리츤 이후 포괄적이고 정확한 텍스트를 제공하려는 여러 시도들 덕분에 19세기 영국인들은 로빈 후드 발라드에 익숙해질 수 있었다. 그리고 중세의 텍스트가 너무 길고 반복적이라는 점을 감안하여 축쇄본이 등장하면서 로빈 후드 발라드는 대중에게 한 걸음 더 다가갔다. 이제 로빈 후드의 존재는 모든 발라드 선집에 필수적인 것이 되었다. 그가 누린 지속적인 인기 때문만이 아니라, 그 없이는 어떤 선집도 진정 국민적인 것이 될 수 없기 때문이었다. 아서와 로빈 후드는 19세기에 확고해진 문화적 민족주의에서 없어서는 안 될 인물로 자리 잡았다.

| 가난한 사람의 친구 로빈 후드? |

로빈 후드가 과연 실존인물인가가 첫 번째 문제라면, 두 번째 문제는 그의 성격을 어떻게 규정하는가이다. 로빈 후드 전설이 발달하면서 두 가지 버전이 나타났다. 하나는 전통적 사회·정치 제도를 전복시키려 한 위험한 반란자로서의 로빈이었고, 다른 하나는 지위가 하락한 귀족이라는 훨씬 덜 전복적인 인물로서의 로빈이었다. 16~17세기부터 로빈 후드가 귀족 출신이라는 주장이 첨가되었는데, 그 근거는 그가 구해주는 사람들이 신분 낮은 농노들이 아니라 가난으로 전락한 기사들이라는 점이었다. 19세기까지도 이 같은 로빈 후드의 야누스적 모습이 지속되었고, 이 문제는 20세기에 들어서도 해결되지 않았다. 그가 과연 평범한 농민 출신이었는지 아니면 그보다 높은 신분의 자영농 출신이었는지를 놓고, 1950년대 말~60년대 초에 역사학 잡지 〈과거와 현재Past and Present〉에서 논쟁이 벌어졌다.[22] 로빈 후드 발라드의 가장 이른 텍스트인 〈로빈 후드의 작은 무용담A Little Gest of Robin Hood〉의 시작 부분에 "로빈 후드라는 이름을 가진 선한 요맨good yeoman whose name

---

22) *Past and Present*, 14호, 18호, 19호, 참조. 이 글들은 나중에 Holt가 편집한 *Peasants, Knights and Heretics*(Cambridge: Cambridge University Press, 1981)에 재수록되었다.

was Robin Hood"이라고 하여, 로빈은 분명히 자영농으로 묘사되어 있다.[23] 그런데 로빈 후드 발라드는 교회의 고리대금, 숲, 그리고 주 장관들을 중점적으로 다루기 때문에, 아마도 평범한 농부들보다 젠트리에게 더 어필했을 것이라는 주장이 제기되었다. 로빈 후드 발라드가 1381년에 일어난 농민 반란의 분위기와 목표를 전혀 반영하지 않는다는 점에 주목할 때, 그 우선적인 사회적 의미는 농민들의 불만이 아니라 중간부류 토지 소유자들의 불만이라는 영역에서 발견된다는 것이다. 결국 이 논쟁은 로빈이 자영농이기는 하지만 하급 신분 젠트리와 상층부 농민이라는 혼합된 청중이 없었다면 로빈 후드 발라드는 발달하지 않았을 것이라는 결론으로 끝을 맺었다.[24]

로빈이 자영농 출신인가라는 문제보다 더욱 심각한 것은 그의 성격을 어떻게 규정하는가이다. 그는 분명 반골이고 때때로 개혁가지만 어떤 때는 보수적 역할을 하기도 하는데, 이를테면 '나쁜 왕' 존에게는 저항하지만 '선한 왕' 리처드에게는 순종함으로써 위계적 사회에서의 역할을 충실히 해내기 때문이다. 중요한 것은 로빈이 왕의 권위를 악용하는 탐욕스러운 주 장관에 맞서 싸운다는 점으로, 로빈 후드 이야기에서 정의란 억압하는 자, 지주, 지방 관리들로부터 사람들을 보호해주는 것, 그리고 과거에 실행되었던 '선하고 오래된 법'을 재확인하는 것이었다.

---

23) Richard Barber ed., *Myths and Legends of the British Isles*(Woodbridge, Suffolk: Boydell, 1999), p. 504.

24) Maurice Keen, "Robin Hood--Peasant or Gentleman?", *Past and Present* no. 19(April 1961); Holt, "Robin Hood: Some Comment"; T. H. Ashton, "Robin Hood" in R. Holt ed., *Peasants, Knights and Heretics*(Cambridge: Cambridge University Press, 1981). 사실상 논쟁의 핵심은 자영농을 젠트리의 하급 신분으로 보는가, 아니면 농민층의 상부로 보는가에 있었다.

영국적인, 너무나 영국적인

로빈 후드는 '나쁜 왕' 존에게 저항하는 반면 '선한 왕' 리처드에게 순종함으로써 위계적 사회에서의 역할을 충실히 수행하기도 한다. 사진은 의회 앞에 서 있는 **리처드 1세의 동상**이다.

시간이 흐르면서 로빈은 역사가들이 '휘그적 역사해석'이라고 부르는 표준적이고 보수적인 담론으로 휩쓸려갔지만, 급진적 성격을 어느 정도 지탱했으며 적어도 때로는 체제 전복적 모습으로 나타났다. 그리고 18세기 이후에는 사회적 계서제에 대한 대안으로, 억압에 대한 평등주의적 반응으로, 그리고 대중적 차원에서 급진주의를 표현하기 위한 수단으로 사용되었다. 간단히 말해 그는 가난한 자들의 친구로 부각되었다. 19세기 대중적 발라드와 싸구려 책자에서 가난한 사람들은 게으른 부자보다 도덕적으로 우월한 것으로 묘사되었는데, 이는 '부자에게서 빼앗아 가난한 사람들에게 주는' 로빈 후드의 전설과 잘 어울렸다.

　　그러나 중세 법정의 풍부한 기록들을 살펴보면, 정의의 사도로서의 로빈 후드 신화가 갖는 문제점이 여실히 드러난다. 중세 무법자들은 부자를 털어 가난한 사람들을 돕는 것이 아니라, 거의 항상 '가난한 사람들을 털어 자기들이 차지'했다. 결국 가난한 사람들에게 주기 위해 부자에게서 빼앗는다는 것은 현실적으로 강탈을 수월하게 만들기 위한 수단일 수도 있었다. 달리 해석하자면 로빈 후드의 이야기는 자기기만과 속임수의 이야기가 될 수도 있는 것이다.[25] 로빈 후드가 가난한 사람들을 대신하여 부자들을 응징한 것이 아니라면 그의 진정한 적은 대체 누구였을까? 이미 초서Geoffrey Chaucer가 《기사 이야기 The Knight's Tale》에서 썼듯이 로빈 후드의 가장 중요한 자질은 약탈과 지주 살해인데, 특히 교회 지주들이 그의 진정한 적으로 묘사된다. 로빈 후드는 강한 반反성직자적 경향을 띤다. 이 이야기에 나오는 상징적 성직자인 '수도사 터크 Friar Tuck'가 술에 잘 취하고 우스울 정도로 영적이지 않은 인물이라는 점은 무척 시사적이다. 로빈 후드에 관한 초기 사료들을 분석해 보면, 내용은 많이 다르지만 그를 상당히 종교적인 사람으로 그리고 있다는 점은 일치한다. 1440년대에 바우어Walter Bower가 쓴 연대기에서 로빈 후드는 성스러운 의식에 대한 공경심 때문에 미사를 중단하고 도망치라는 부하들의 권유를 거절한다. 〈로빈 후드의 작은 무용담〉에서도 로빈 후드는 매일 식사할 때 성부와 성령, 그리고 그가 가장 사랑하는 성모에게 기도를 올리는 모습으로 그려진다. 그는 성모를 사랑하기 때문에 여

---

25) J. C. Holt, *Robin Hood*(Thames & Hudson, 1996), p. 12.

로빈 후드는 상당히 종교적인 동시에 강한 반성직
자적 경향을 띠는 모습으로 나타난다. 한 일화에서,
그는 성당에 머물다가 수도승의 밀고로 체포되고,
이후 **리틀 존**(오른쪽)과 동료들에게 구출된다.

성들을 존경하며 여성이 포함되어 있는 집단에는 절대 해를 끼치지 않
는다는 평을 듣는다.[26]

　　문제는 로빈 후드와 제도화된 교회 사이의 관계였다. 바우어의 연
대기보다 몇 년 늦게 쓰인 발라드 〈로빈 후드와 수도승〉에서도 로빈 후
드는 미사 드리기를 좋아하고 성찬예식을 즐기는 것으로 묘사되며, 로
빈 후드와 수도승의 대적 관계라는 측면이 부각된다. 이 발라드에서 로
빈은 미사에 갈 수 없음을 슬퍼하여 위험을 무릅쓰고 노팅엄으로 떠난
다. 그는 성당에 머물다가 심술궂은 수도승이 주 장관에게 알리는 바람

---

26) M. I. Ebbutt, *Hero-Myths and Legends of the British Race*(Amsterdam: Fredonia Books, 2002), p. 315.

에 체포되지만, 결국 리틀 존과 동료들의 힘으로 구출된다. 두 이야기 모두에서 로빈 후드는 미사에 참석하기 위해 위험을 무릅쓰며 수도승 때문에 해를 입는 것으로 나타난다. 대중에게 수도사들은 지주로, 지대와 십일세를 받아먹는 사람으로, 도둑으로, 그리고 경쟁적 상인으로 보였던 것이다. 연대기와 발라드라는 서로 다른 장르를 넘어, 로빈 후드는 '부패한 수도승들에 대항하는 경건한 속인'이라는 종교적 지평 안에서 움직이고 있었다고 해석할 수 있다.[27] 이 이야기들에서 로빈 후드는 부자에게서 빼앗아 가난한 사람들에게 주는 대신 욕심쟁이 수도승들에게서 빼앗아 받을 만한 자격이 있는 속인들에게 주는 것이다.

한편 로빈과 왕의 관계를 보면, 로빈 후드 이야기에서 리처드 왕은 항상 잘 생기고 용감하고 자비롭고 관용적인 모습으로 나타난다. 선한 왕 리처드가 돌아왔을 때 로빈은 아무런 도전 없이 왕의 당연한 권위에 복종한다. 왕이 그들 편이라는 환상은 그들의 저항이 국가를 대상으로 하지 않는다는 사실을 확인해 준다. 중세의 농민, 자영농, 소小젠트리는 왕을 정의의 원천으로 보았던 것이다. 가톨릭교회를 해체하고 잉글랜드의 종교개혁을 이룬 헨리 8세가 로빈 후드 역할을 즐겨 했다는 사실은 이 맥락에서 무척 흥미롭다. 헨리는 귀족들과 함께 "마치 로빈 후드와 무법자들처럼" 녹색 의복을 입고 야외놀이를 즐겼는데, 그가 스스로를 잉글랜드 종교개혁의 로빈 후드로 간주했을지 모른다는 추측도 가능하다.[28] 18세기 들어 로빈은 '자유롭게 태어난 잉글랜드 사람'을 상징하게 되었다. 로빈 후드와 자유의 연결은 1760년대에 만들어진 토론 클럽

---

27) Sean Field, "Devotion, Discontent, and the Henrician Reformation: The Evidence of the Robin Hood Stories", *Journal of British Studies*, 41(Jan. 2002), pp. 12~17.
28) Ibid., p. 22.

영국적인, 너무나 영국적인

인 '로빈 후드 협회'에서 잘 드러나는데, 급진주의자들은 '로빈 후드'라는 술집에서 만나 정치적 이슈를 토론하기도 했다.

| 19세기에 두 영웅이 잉글랜드성을 구현하다 |

19세기 들어 중세가 이상사회로 고양되면서, 아서 왕과 로빈 후드 전설은 새로운 전성기를 맞게 되었다. 낭만주의를 태동시킨 당시 분위기와 더불어 급격하게 변화하는 세상, 모든 익숙한 것들을 휩쓸어가는 상황에서 영국인들은 중세 과거로 향했다. 근대성에 대한 반발, 잃어버린 세계를 다시 찾으려는 열망, 그리고 위안과 안정을 희구하는 마음이 계급과 지역, 이념과 종교를 넘어선 공통의 과거라는 환상을 찾아 나서게 만든 것이다. 특히 중세라는 시기는, 잘만 조작되면, 그 땅의 모든 거주민들이 영광과 위대함을 향해 함께 나아간다는 단일 국민의 초상화를 제공해 줄 수 있었다.

19세기 들어 로빈 후드에 대한 관심을 지핀 인물은 누구보다도 월터 스콧 경이었다. 그의 《아이반호》(1820)는 로빈 후드 전설을 다룬 19세기 작품들 가운데 가장 중요한 것이었다. 키츠도 〈로빈 후드: 친구에게〉라는 시를 썼는데, 이 작품들이 모두 10년 내에 나타났다는 사실은 결코 우연이 아니었다. 1828년에 토머스 데일Thomas Dale이 런던대학 영어영문학 교수로 취임함으로써 영어 연구에 전념하는 교수직이 처음으로 생겨났다. 이는 보다 광범위한 '국민적 자기규정 과정'의 일부로서, 영어가 독자적 학문분과로 부상했다는 것은 곧 영어와 영어로 쓰인 문학에 대한 자부심이 증대했다는 뜻이었다. 이처럼 강화된 자부심은 중세 텍스트에 대한 관심으로 나타나, 먼지 쌓인 도서관에서 수세기 동안 무시된 채 버려졌던 사본들을 발굴하고 유포하는 일이 성행했다. 아서 왕 전설과 로빈 후드 발라드는 당연히 이 추세 덕분에 이득을 보았다. 아서와 로빈 후드에 대한 관심은 단순히 학문적인 것만은 아니었다. 19세기 중엽에는 중세문학이 대중 차원에서도 인기를 끌며 널리 읽혔다. 아서를 주제로 한 몇 편의 시들, 즉 계관시인 앨프레드 테니슨의 《왕의 목가*Idylls of the King*》(1859), 매슈 아널드의 《트리스트람과 이졸드*Tristram and Iseult*》(1852), 윌리엄 모리스의 《귀네비어의 옹호와 그 외의 시*The Defence of Guenevere and Other Poems*》(1858), 그리고 스윈번 Algernon Charles Swinburne의 《리오네스의 트리스트람*Tristram of Lyonesse*》(1882) 등이 19세기에 출간되어 큰 영향력을 떨쳤는데, 이들은 모두 맬러리의 텍스트를 사용했다. 특히 엄청난 영향력을 행사한 것은 테니슨의 연작시로, 처음 4편의 노래들은 발간 첫 주에 1만 부가 넘게 팔릴 만큼 인기를 끌었다. 아서 문학이 번성기를 이루게 된 데에는 테니슨의 공헌이 상당했다.

19세기에 국민주의가 최고조에 달하면서, 아서와 로빈 후드를 영국의 국민적 영웅으로 고양하는 문화적 과정이 활발하게 진행되었다. 아서 왕과 로빈 후드는 이미 프랑스 혁명과 나폴레옹 전쟁 시기에 확고하게 국민적 영웅으로 확립되었는데, 19세기를 통해 그 지위를 그대로 유지했다. 빅토리아 시대 사람들은 아서 왕과 로빈 후드 전설에서 도덕적 진실을 끄집어내는 데 의의를 두었다. 로빈 후드가 도적이며 무법자라는 사실을 무시한 채 대부분의 평자들은 그의 높은 도덕적 기준을 찬양했다. 1897년에 엘리트 사립학교인 해로의 교감 길리엇Edward Gilliat은, 로빈 후드를 "잉글랜드 사람이라면 누구라도 사랑과 존경과 흠모의

영국적인, 너무나 영국적인

감정 없이 언급할 수 없는 위대한 이름"으로 선언했다.[29] 오랜 고난 끝에 아서와 로빈 후드는 드디어 본질적 잉글랜드성性을 인정받고 국민적 정전에 융합되었던 것이다. 회화에서도 아서를 다룬 예술품들이 왕립아카데미와 영국예술가협회, 왕립스코틀랜드아카데미에 전시되었으며, 그 수는 다음 표에서 나타나듯 1860년 이후 급증했다.

왕립아카데미 등의 기관에 전시된 아서 관련 예술품들[30]

연대	그림 수	연대	그림 수
1800년대	0	**1850**년대	4
1810년대	1	**1860**년대	63
1820년대	1	**1870**년대	32
1830년대	1	**1880**년대	35
1840년대	1	**1890**년대	31

1881년에는 아서 왕 호텔, 아서 왕 여관, 로빈 후드 선술집들이 지난 몇 년 사이 매우 증가했다고 지적되었다. 게다가 전설과 아무 상관없는 지역들이 두 인물과 연결되어 부상했고, 많은 수의 영국인들은 일상생활에서 그들의 전설과 마주쳤다.

문제는 아서의 출신 배경이었다. 앵글로색슨의 인종적 우월감이 점차 강해지는 사회에서 브리튼인, 즉 켈트인이라는 그의 기원은 그리 호의적으로 받아들여지지 않았다. 여기서 아서를 잉글랜드인으로, 그리고 아서 왕 전설을 잉글랜드의 것으로 전유하려는 노력이 나타났다. 이전

---

29) Barczewski, *Myth and National Identity*, p. 94.
30) Ibid., p. 60.

에 잉글랜드 평자들은 아서 왕 전설을 브리튼의 문화적 산물로 보면서, 그것이 웨일스적인지 아니면 잉글랜드적인지는 그다지 중요하게 여기지 않았다. 그러나 19세기 후반 들어 인종주의 이론의 발달과 함께 배타적인 앵글로색슨적 견해가 대두함으로써, 영국인들을 '혼합 인종'으로 보는 견해에 경종이 울렸다. 이 새로운 인종적 이상에 맞추기 위해 아서 왕은 색슨의 영웅으로 재탄생되어야 했다. 그렇다면 토착 브리튼 왕이 어떻게 하여 잉글랜드 국민서사의 영웅이 되었는가? 가장 단순한 전략은 아서의 인종적 기원을 무시하는 것이었는데, 이는 그를 역사로부터 분리시킴으로써 가능했다. 즉 역사적 아서가 전혀 존재하지 않았다고 말하는 것이 아니라, 역사상의 아서와 픽션상의 아서는 전적으로 다른 성격이며 후자야말로 국민적 영웅의 진정한 전범이라고 주장하는 것이었다. 그럼으로써 잉글랜드인들은 아서가 기원으로는 켈트인이라 해도 색슨의 성격을 가졌다고 주장할 수 있었다.

아서를 색슨인으로 만드는 데 가장 크게 공헌한 것은 테니슨의 서사시 《왕의 목가》였다. 테니슨은 아서가 켈트인이라는 사실을 잘 알고 있었고 시작詩作 전에 웨일스로 몇 차례 조사여행을 다녀오기도 했다. 그러나 잉글랜드인으로서의 그의 애국심은 아서를 켈트인으로 제시하는 것을 허용하지 않았다. 첫 번째 시 〈아서의 출현The Coming of Arthur〉에서 아서는 켈트인으로 언급되지 않으며, 그의 적들도 특별히 색슨으로 표현되지 않은 채 애매모호하게 처리된다. 즉 아서의 정체성을 부인하지는 않지만 인정하지도 않는 전략이었다. 이 시를 비롯하여 《왕의 목가》의 다른 어느 시도 현실의 지리적 위치나 역사적 시간대에 연결되지 않는데, 그렇게 아서를 역사로부터 분리시킴으로써 테니슨은 그가 켈트인이라기보다 색슨인이라고 암시할 수 있었다. 물론 그처럼

영국적인, 너무나 영국적인

아서를 색슨인으로 만드는 데 가장 크게 공헌한 것은 앨프레드 테니슨의 서사시 《**왕의 목가**》였다. 그의 전략은 아서를 역사로부터 분리시키는 것이었다.

모호한 비역사적 처리에 반대한 학자들도 있었지만 당대의 앵글로색슨주의 분위기에 밀렸다.

> 그가 브리튼의 족장이었으므로 그를 잉글랜드의 영웅으로 다루는 것은 잘못되었다는 주장이 있다. 이는 확실히 과녁을 지나쳐 활을 쏘는 것과 같은 현학적 정확함이다. (……) 아서가 잉글랜드 사람이 아니라고 하는 것은 마치 샤를마뉴가 프랑스 사람이 아니라고 주장하는 것과 마찬가지다.[31]

1897년에 문학평론가 세인츠버리George Saintsbury는 아서 왕 전설을 '잉글랜드의 것'으로 단정했다. 앞서 언급했듯이, 아서 왕 전설에는 켈트, 앵글로노르만, 프랑스 등의 여러 요소들이 혼합되어 있었다. 그러나 세인츠버리는 잉글랜드 저자들이 여러 나라의 전통에서 나타난 전설들을 하나의 일관된 전체로 만들었기 때문에 아서 왕 전설은 잉글랜드의 것이라고 주장했다. '잉글랜드의 천재성'이 아서에 관한 단편들을 모아 훌륭한 전체로 만들어 냈다는 것이다. 영국인들은 특히 맬러리가 진정한 걸작품을 창조했다고 찬양했는데, 어떤 평자들은 그를 호메로스나 베르길리우스에 비유하기도 했다. 1879년 판《브리태니커 사전》은 일리아드가 그리스 정신의 서사시이듯, 맬러리의《아서의 죽음》은 "잉글랜드 정신의 진정한 서사시"라고 정의했다.[32]

그러나 아서가 진정한 빅토리아 시대의 영웅이 되기 위해서는 마지막 관문을 넘어야 했으니, 바로 그 시대의 도덕성이었다. 맬러리의《아서의 죽음》은 도덕성에서 항상 문제가 되었는데, 따라서 이 작품은 빅토리아 시대의 정서와 교육적 목표에 적합하도록 변조되어야 했다. 1862년에 대중을 위한《아서의 죽음》축약본을 낸 놀스James Knowles는 귀네비어와 랜슬롯의 부정한 관계를 삭제하고 아서의 출생도 정통성 있는 것으로 바꿨으며, 모드레드가 아서의 사생아라는 언급과 암시도 모두 제거했다. 또 에드워드 스트레이치Edward Strachey는 1868년에 발간된《아서의 죽음》의 다른 판에서 성적 암시를 가진 단어와 문구들, 신성 모독적 표현, 천박함 등을 전부 제거했으며, 모드레드가 아서의 사생아라는 사실은 모호한 암시로 남겨두었다.[33]

---

31) Jessie Weston, *Popular Studies in Mythology, Romance and Folklore*(1899). p. 3. Barczewski, *Myth and National Identity*, p. 160에서 재인용.
32) Barczewski, *Myth and National Identity*, pp. 112, 114.

영국적인, 너무나 영국적인

프랑스 궁정 로망스에서 첨가된 **귀네비어
와 랜슬롯**의 사랑은, 아서를 진정한 빅토리
아 시대의 영웅으로 만드는 과정에서 도덕
적인 문제로 인해 삭제되었다.

　　그렇다면 이러한 아서의 잉글랜드화에 켈트인들은 어떻게 반응했
을까? 잉글랜드에 저항했던 16세기 웨일스의 영웅 루엘린에 관한 시
〈루엘린 압 이오르워쓰Llewellyn ap Iorwerth〉(1818)에서, 이 반란 지도
자는 헨리 8세와의 전투를 앞두고 병사들에게 "아서의 기사들의 피가
아직도 너희들 속에 춤추고 있다"고 말한다. 그러나 웨일스의 영웅적 과
거와 아서의 공헌에 대한 이 뚜렷한 찬양은 웨일스의 주권 회복에 대한
요구로까지 확대되지 않는다.[34] 웨일스 저자들은 기껏해야 잉글랜드-웨
일스 통합의 이점을 강조하는 데 그쳤다. 두 민족의 협력에 대한 강조는
이미 프랑스 혁명과 나폴레옹 전쟁 동안 매우 명백히 드러난 바 있었다.

33) Berthelot, *King Arthur: Chivalry and Legend*, p. 48.
34) 비슷한 현상이 스포츠에서도 감지된다. 이 책의 4장 참조.

1833년에 왕위계승자 빅토리아 공주가 웨일스의 연례 음유시인 경연대회—에이스테포드eisteddfodau—에 참석했을 때, 한 시인은 〈송시: 브리튼의 아서의 왕관을 계승한 분의 존재Ode: The presence of the princely heir to British Arthur's crown〉에서 미래의 여왕에 대한 충성심을 재확인했다.[35]

아서의 경우와 달리 로빈 후드가 잉글랜드성의 구현으로 제시되는 과정에는 별 문제가 없었다. 로빈을 특별히 '색슨적 인물'로 보는 최초의 언급은 18세기 후반에 나타났지만, 이를 강력한 주제로 만든 것은 월터 스콧 경의 《아이반호》였다. 첫 장에서 스콧은 "앵글로색슨과 노르만의 적대적 피를 융합하기에는, 또는 공통의 언어와 상호 이해관계를 통해 두 적대적 인종들을 통합하기에는 4세대도 충분치 않았다"고 말하는데, 의미심장하게도 로빈 후드는 색슨인들의 저항의 상징으로 그려지면서 이 인종적 갈등에서 중요한 역할을 한다. 스콧의 재해석에 의해 로빈 후드는 노르만 억압자들에 저항하는 앵글로색슨 자유 수호자로 되살아났다. 스콧은 이 급진적 반항아를 '민족주의적 무용담의 계급장 없는 장교'로 격하시켜 버린 것이다.[36] 로빈 후드를 노르만의 압박에 저항하는 색슨인으로 보는 스콧의 비전은 19세기를 지배했고, 1860년에 공연된 오페라 〈로빈 후드〉에서도 색슨과 노르만의 갈등이 강조되었다. 그리고 19세기 말에는 색슨과 노르만 사이의 인종적 갈등을 표현하는 데 훨씬 더 엄격한 언어가 사용되면서, 로빈 후드는 '노르만 피가 전혀 섞이지 않은 순수한 잉글랜드인'으로 찬양되었다.

35) Barczewski, *Myth and National Identity*, pp. 148~149.
36) Knight, *A Complete Study of the English Outlaw*, p. 4.

영국적인, 너무나 영국적인

아서의 인종적 정체성은 20세기 전반기에 또 한 차례 변화를 보였다. 아서의 진정한 역사적 정체성을 재발견하려는 노력이 웨일스인들에 의해 추진된 것이다. 잉글랜드 저자들은 계속해서 그의 켈트적 기원을 무시하려 했지만, 이제 웨일스 저자들이 자신들의 주장을 펴기 시작했다. 20세기 전반기에 거행된 웨일스 축제들에 아서 왕 이야기가 등장했는데, 거기서 아서는 브리튼 왕족의 가운을 입고 위대한 켈트의 용으로 장식된 왕관을 쓴 모습이었다. 이제 그의 종족적 정체성에는 한 점의 의심도 없었고, 아서의 '잉글랜드성性'을 확인하기는 더욱 어려워졌다. 게다가 웨일스 민족주의의 부상으로 '더욱 켈트적인' 아서가 등장하면서, 나아가 아서는 웨일스 문화의 잉글랜드화에 대한 저항으로 발전했다.

한편 19세기 초까지 자유의 상징으로 군림하던 로빈 후드는 19세기 후반에 이르러 잉글랜드 국민 정체성을 재정의하는, 이전과는 전혀 다른 수단으로 기능했다. 즉 '전원적 잉글랜드'라는 이상의 부상과 함께, 불만에 찬 도시 거주민들에게 농촌생활 및 그와 연관된 삶의 형태로 작용하게 된 것이다. 19세기 말부터 유행한 소년소녀 소설에서, 로빈 후드의 주제는 전원적 만족, '시골생활'에 대한 향수와 예찬, 그리고 도시화의 거부로 점철되었다. 오래토록 이어져 온 잉글랜드의 소중한 역사적 유산이 망각될 위험에 직면했다고 주장되는 가운데 중세 후기 혹은 튜더 시대 언젠가에서 황금기를 발견하려는 문화적 이상이 '즐거운 잉글랜드'의 추구로 나타났고, 로빈 후드 발라드는 이 의제에 완벽하게 들어맞았다. 시끌벅적한 행동, 무제한의 즐거움, 그리고 건강한 남성성의 이미지는 가장 활기 있고 기운찬 '즐거운 잉글랜드'의 비전을 제공했다. 그러나 이와 달리 로빈 후드 세계의 진짜 모습은 매우 참혹했음이 분명하다. 적의 목을 잘라 화살 끝에 꿰찌르고는 얼굴을 칼로 난도질하는 장면들이 여러 종류의 로빈 후드 발라드에 등장한다. 다시 말해 숲속의 '즐거운 잉글랜드'는 환상이었던 것이다.

아서와 로빈은 영국인들에게 무엇을 의미했을까? 아서는 웰링턴 장군이나 말버러 공작처럼 과거에 출중했던 군사 지도자들에 비유되었으며, 군사적 영광을 강조하면서 충성과 통합을 고무하는 수단으로 사용되었다. 따라서 아서의 역할은 근본적으로 보수적이었다. 한편 로빈 후드는 아서와 다른 궤도를 거쳐 국민적 영웅으로의 부상했다. 즉 그는 '자유롭게 태어난 잉글랜드 사람'으로서, 일부가 아닌 국민 전체의 정치적 권리를 옹호하는 역할을 맡았다. 영국인들은 조국의 영광과 자부심의 궁극적 기원을 정치적 전통, 즉 자유에서 찾는다. 그렇다면 그 어떤 영웅이 로빈 후드보다 더 훌륭하게 자유를 구현할 수 있겠는가? 물론 인종주의가 득세하고 국민국가가 최고로 강성했던 19세기에, 로빈은 노르만 영주들에 대항하는 색슨을 대표했다. 그러나 오늘날의 로빈은 가난한 사람들의 친구라는 이미지와 함께 자유와 연결되어 있다.

　모든 국민은 국민적 신화를 요구하게 마련이다. 근대에 들어 국가의 경계선이 내적으로는 시민권이라는 맥락으로, 외적으로는 제국이라는 맥락으로 확대됨에 따라, 과거에 대한 전례 없는 관심과 함께 국민적 통합을 유지하고 확인하려는 노력이 진행되었다. 국가가 태곳적부터 존재해 왔다는 믿음이 강화되고, 이와 함께 국가는 영광스러운 운명을 만들어 내어 구성원들의 일체감을 조성함으로써 그들로 하여금 기꺼이 희생을 감수하도록 만든 것이다. 전설 혹은 실제의 영웅은 그러한 국가적

영국적인, 너무나 영국적인

의제에 봉사하게끔 효율적으로 이용되었다. 그처럼 상이한 아서 왕과 로빈 후드라는 두 인물이 동시에 국민적 영웅으로 기능할 수 있다는 사실은 영국의 국민 정체성이 얼마나 복잡한가를 나타낸다.

20세기의 전반적 분위기는 스콧의 《아이반호》로 돌아갔음을 보여 준다. 《아이반호》에서 스콧은 노르만 정복에 의해 야기된 사회적·문화적 개선점들을 언급하면서, 색슨인들이 단순하며 정교함을 갖추지 못했다고 비판한다. 그는 두 집단을 동화시키는 것이 나라의 미래를 위한 최선의 희망이라고 말한다. 즉 그의 이상은 두 인종이 상호 적대감을 씻어 버리고 국민적 통합을 이루는 것이었는데, 이는 스코틀랜드 출신인 스콧 자신이 염원한 통일국가의 이상이기도 했다. 20세기 초에 출간된 《로빈 후드 도서관》에서도 로빈 후드는 이렇게 주장한다. "나는 존 왕자와 그의 잔인한 부하들로부터 이 왕국의 모든 사람들이 법 앞에 평등하다는 사실을 인정받으려 한다. (……) 언제쯤 두 인종이 섞여 하나의 강력한 국민이 될 것인가?"[37]

켈트 변두리의 민족적 각성이 뚜렷해지고 유럽통합이 활발히 추진되고 있는 오늘날, 영국인들이 가장 두려워하는 전망 가운데 하나는 아마도 영국의 해체일 것이다. 그런 점에서 아서 왕과 로빈 후드 전설은 영국 국민통합의 상징으로 기능하고 있으며, 앞으로도 한동안 영국을 유지하는 강력한 접착제 역할을 할 것으로 추측된다. 그러나 지난 세월의 역사가 증명하듯이, 전설상의 두 인물은 언젠가 또 다른 모습으로 우리 앞에 나타날 것이며 그들의 상징도 또 다른 무엇으로 변해 있을 것이다. 그들이 어떤 새로운 이미지로 나타날지 기대된다.

---

37) Barczewski, *Myth and National Identity*, p. 235.

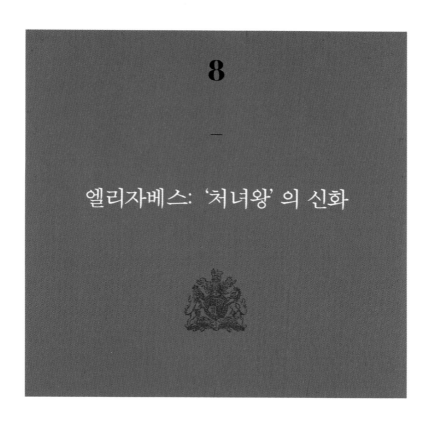

8

엘리자베스: '처녀왕'의 신화

21세기가 시작될 무렵 가장 위대한 CEO 가운데 한 명으로 뽑혀 화제가 된 엘리자베스 1세(1535~1603)는 16세기에 살았던 튜더 왕조의 여왕이다. 아이작 뉴턴, 셰익스피어와 더불어 영국을 대표하는 인물로 여겨지는 엘리자베스 여왕은 그 누구보다도 '국민적 히로인'에 가장 근접해 있다고 할 수 있다. 그녀는 영국인들의 집단적 심성에 가장 깊이 연계되어 있는 여왕으로서, 잉글랜드, 나아가 영국의 국민 정체성과 국민문화 형성에 중요한 역할을 해왔다. 2001년에 발간된 영국의 위대함을 기리는 책에서 가장 먼저 언급된 사건은 당시 최강대국이던 스페인의 무적함대를 격퇴시킨 일(1588)이다.[1] 이는 영국 국민의 자기이미지 형성에 결정적인 사건으로서 영국인들은 1588년을 신의 축복의 해로 기억하는데, 그 기억의 한가운데 엘리자베스 1세가 자리하고 있다.

엘리자베스는 또한 영국 역사상 최초의 진정한 여성 정치인이자 카리스마를 지닌 국왕이었으며, 신민으로부터 사랑받은 몇 안 되는 군주 가운데 한 명이었다. 엘리자베스라는 이름으로부터 사람들은 위대한 지식인과 천재적 시인, 현명한 정치인, 그리고 스페인 격퇴를 떠올리며, 해상의 모험과 영광스러운 영제국의 시작을 연상한다. 그러나 화려한 명성과 기억 뒤에는, 대외적으로 아직 약소국인 잉글랜드를 이끌어야 했으며 국내적으로 신·구교 간의 갈등을 무마시켜야 했던 엘리자베스라는 한 가녀린 여성이 있다. 여왕으로 즉위한 지 20년이 지난 뒤에도 여전히 그녀를 전복시키려는 음모가 적발될 정도로, 엘리자베스의 왕권은 상당한 취약성을 띠었다. 그럼에도 불구하고 오늘날 엘리자베스는 역사상 가장 위대한 국왕 가운데 한 명으로, 그리고 신민들의 사랑을 가장 많이 받은 군주 가운데 한 명으로 자리매김하고 있다.

엘리자베스에 대한 기억은 극·시·선전·소설·역사·영화 등에서 끊임없이 재생산되어 왔다. 그녀에게는 '선한 여왕 베스Good Queen Bess', '글로리아나Gloriana', '요정의 여왕Fairy Queen' 등, 선과 아름다움, 그리고 위대함을 나타내는 칭호가 따라붙었다. 나아가 그녀는 다이애나, 달의 여신 킨티아Cynthia, 그리고 정의의 여신 아스트라이아Astraea와 동일시되면서 불멸의 여신으로 표상되었다. 아마도 그녀에게

---

1) BBC, *British Greats*(Cassell & Co, 2001).

영국적인, 너무나 영국적인

바쳐진 최대의 찬사는 "지상에서는 첫 번째 처녀, 천상에서는 두 번째 처녀"일 것이다. '처녀왕Virgin Queen' 엘리자베스는 성모 마리아 다음 위치를 차지하는 성스러운 처녀로 자리매김했던 것이다. 이 찬사의 문구가 쓰였을 때 그녀의 나이는 70세였는데, 이 늙고 쇠약한 여인이 '천상의 두 번째 여왕'으로 통치하는 이상 다른 어떠한 찬사도 필요 없을 터였다. 그러나 엘리자베스의 처녀성은 이렇듯 궁극적으로 강력한 정치적 무기가 되기는 했지만, 즉위 초에는 오히려 방해물로 작용했다.

1980년대까지도 여왕에 대한 대중적 이미지나 학계 연구에 공통적으로 깔려 있던 암묵적 가정은, 엄청난 역경에 직면하여 그처럼 영광스러운 신화를 만들어낸 인물을 부정적으로 언급하는 것은 적절치 못하다는 것이었다. 그러나 오늘날에는 엘리자베스의 기억에서 신화를 걷어내는 작업이 진행되고 있다. 요즘 역사학계에 불어 닥친 신화 들춰내기, 역사 다시 읽기 등의 작업이 그 배경이다. 여기서 기억해야 할 것은, 다른 모든 전설적 인물들의 경우와 마찬가지로 엘리자베스에 대한 대중적 기억 역시 시대에 따라 부침을 보였다는 사실이다. 이 장에서는 엘리자베스 생존 당시의 이미지 창출 과정과 더불어, 뒤이은 여러 시대에 걸쳐 그 신화가 어떠한 개입을 통해 어떻게 새로이 만들어져 갔는가를 살펴본다.

| 신화 만들기의 시작 |

엘리자베스는 축복이 아니라 실망과 질시 속에서 태어나, 파란만장한 어린 시절을 보냈다. 튜더 왕조는 엘리자베스의 할아버지인 헨리 7세가

장미전쟁으로 알려진 왕족과 귀족 사이의 오랜 싸움을 끝내고 창립한 왕조였다. 아버지 헨리 8세는 튜더 왕조를 굳건히 세우는 일이 무엇보다 중요하다고 생각하여, 왕위를 계승할 아들을 원했다. 그래서 딸 메리만을 둔 왕비—아라곤의 캐서린—와 이혼하고 앤 불린Anne Boleyn과 결혼하기 위해 잉글랜드의 종교개혁을 감행했다. 그러나 아들 대신 딸이 태어나고 이듬해에 앤이 아들을 사산하자, 헨리는 엘리자베스가 채 세 살도 되지 않았을 때 어머니 앤을 간통죄로 몰아 처형했다.

엘리자베스는 아버지가 살아 있을 때부터 적자와 서자의 위치를 몇 차례 오락가락했을 뿐만 아니라, 이복언니 메리 여왕의 치세(1555~58)에는 반역 음모에 가담했다는 혐의로 2개월 동안 런던탑에 갇히기도 했다. 이러한 초기의 어려움 때문에 엘리자베스는 즉위할 때쯤 이미 생존의 기법을 터득하고 있었다. 그녀는 영리했고 자신의 강점과 약점을 잘 파악하고 있었다. 이복동생인 에드워드 6세에게 쓴 편지에서 밝혔듯이, 그녀는 "아마도 자랑스럽게 내밀 얼굴을 가지고 있지는 않지만, 정신만은 내놓기에 결코 부끄럽지 않을 것"으로 스스로를 평가했다.[2] 엘리자베스는 케임브리지대학 수사학자인 로저 애스컴Roger Ascham에게서 당시 여성에게는 가당치 않은 기술로 간주되었던 수사학을 배웠는데, 이는 일생 동안 그녀의 정치적 무기가 되었다. 그녀의 능력은 애스컴의 편지(1548)에서도 엿볼 수 있다.

공주의 정신은 여성적 허약함을 가지고 있지 않고, 그녀의 끈기는 남자와 맞먹으며, 그녀의 기억력은 재빨리 취하여 오래 간직한다. 영어를

---

[2] Simon Schama, *A History of Britain vol I.*(BBC Worldwide, 2002), p. 334.

말하는 만큼 프랑스어와 이태리어를 말할 수 있고, 라틴어는 아주 뛰어나며 그리스어 수준도 괜찮은 편이다. 공주의 라틴어와 그리스어 필기체는 무척 아름다운데, 화려하기보다는 우아하다.[3]

아버지 헨리가 정한 왕위계승 서열은 세 번째 왕비에게서 얻은 아들 에드워드, 첫 번째 왕비 소생인 메리, 그리고 엘리자베스 순이었다. 따라서 엘리자베스는 왕이 될 가능성이 거의 없었고 기껏해야 외국 군주의 배우자가 될 것으로 기대되었다. 그러나 이복형제들의 짧은 치세가 잇따르면서 그녀는 25세의 젊은 나이로 여왕이 되었다. 물론 그녀는 여러 악조건을 지니고 있었다. 우선 여성이며 미혼이라는 사실은 여성을 남성의 부수물로만 여기던 당시 분위기에서 평생 약점으로 남았다. 뿐만 아니라 앤 불린의 딸이라는 사실도 큰 취약점이었다. 앤은 자신의 오빠를 포함하여 다섯 명의 남자들과 간통했다는 혐의로 처형되었는데, 사람들은 앤을 창녀 또는 매춘부라고 불렀다. 따라서 엘리자베스 즉위 직후 의회는 "현재, 그리고 일생 동안 국왕이신 여왕 폐하가 이 왕국의 여왕이 아니라거나 여왕이어서는 안 된다고 악의적으로, 고의적으로, 직접적으로 말하는 것"을 반역으로 규정함으로써, 그녀에 대한 선동적 언행 및 정당성과 통치권에 대한 공격을 차단하려 했다.[4]

그러나 악조건을 극복하고 정치적 약점을 만회하는 데는 위협보다 부단한 신화 만들기가 더 효과적이었다. 프랑스 주재 베네치아 대사에

---

3) Ibid.
4) Carol Levin, "'We Shall never have a merry world while the Queene lyveth': Gender Monarchy, and the Power of Seditious Words" in *Dissing Elizabeth: Negative Representations of Gloriana* ed. Julia M. Walker(Durham & London: Duke University Press, 1998), p. 87.

자신의 오빠를 포함하여 다섯 명의 남자들과 간통했다는 혐의로
처형된 **앤 불린**은, 왕위에 오른 엘리자베스에게 크나큰 취약점이 되었다.

의하면, 엘리자베스는 즉위 직후 대중 앞에 자주 나타남으로써 권력을
획득했다고 한다. 화려한 행차와 보석으로 치장한 의상 등은 여왕을 지
상의 여신으로 보이게끔 하는 데 일조했고, 국민들 사이에서 '베스 열광
Bessiemania'을 불러일으켰다. 엘리자베스의 보석 치장은 다른 계층으
로도 퍼져 나갔으며, 그녀의 달빛 같은 창백한 안색이 붕사와 명반과 밀

영국적인, 너무나 영국적인

가루 반죽임을 아는 사람들도 어쩔 수 없이 그러한 열광에 사로잡혔다. 그러나 1580년대에 이르러 여왕은 암살 기도 등의 이유로 인해 점차 접근할 수 없는 존재가 되었는데, 거의 모습을 드러내지 않는다는 점이 오히려 그녀의 신체에 '성스러움'이라는 가치를 더욱 많이 부여하게 되었다. 스스로를 범해진 적이 없는 순결한 처녀이자 군주로 축성된 신성한 상태로 보존하기 위해, 엘리자베스는 가능한 모든 기제를 총동원해야만 했다.

여왕은 자신이 국민으로부터 얼마나 사랑받고 있는가를 종종 외국 대사들에게 자랑하곤 했다. 현실정치가로서 엘리자베스는 신민의 사랑을 유지하는 데 특별한 작업이 필요하다는 사실을 잘 알고 있었다. 1569년에 시험적으로 시작된 여왕의 즉위기념일은, 1580년대에 이르러 확실하게 자리매김함으로써 잉글랜드에서 가장 중요한 경축일이 되었다. 그날 전국을 아우른 기도와 설교, 시합과 행진, 축포, 음악, 잔치, 그리고 종소리는 이제 막 탄생한 정치문화에 통일성을 제공해 주었다. 여왕 생존 시뿐만 아니라 그 후 몇 세대 동안, 11월 17일은 신이 내린 지난날의 은총을 기억하는 동시에 잉글랜드가 여전히 신의 길을 따르고 있음을 확인하는 날이었다.[5]

엘리자베스 1세라고 불리는 역사적 주체는 여러 텍스트들, 즉 연설, 편지, 그림, 상징적 아이콘, 화려한 행진, 소문, 그리고 문학 등의 합성물로 존재하는데, 이 텍스트들의 진위를 가려내기란 쉬운 일이 아니다. '나는 왕의 심장과 가슴을 지녔다'를 포함하여 엘리자베스가 했다고 알

---

5) David Cressy, "National Memory in Early Modern England" in *Commemorations: The Politics of National Identity* ed. John R. Gillis(Princeton: Princeton University Press, 1994), pp. 62~63.

려진 말들은, 물론 그녀 스스로 만들어냈을 가능성이 많지만 확실치는 않다. 대부분의 기록들은 연설이 있었다고 알려진 시기보다 훨씬 나중에 만들어진 것이기 때문이다. 엘리자베스는 인기를 얻고 유지하는 데 탁월한 재능을 보였다. 그녀는 자신의 모든 연설이 확실하게 기록·편집되고 보다 낫게 개작되도록 주의를 기울였다.[6] 엘리자베스가 어느 정도까지 자신의 이미지를 만들어냈는가는 아직도 논란이 분분한 문제인데, 일부 연구자들은 그녀가 그 과정에 의식적·무의식적 행위자로 참여했다고 강조한다. 그러나 다른 연구자들은 여왕이 궁정에서조차 자신의 표상을 완전히 통제할 수 없었으며, 여왕의 이미지 통제를 둘러싼 투쟁이 지속되었다고 주장한다. 자신들의 필요에 따라 여왕의 이미지를 만들어낸 강력한 집단이 엘리자베스 못지않게 그 과정에 참여했다는 것이다.[7]

오늘날과 같은 매스미디어가 발명되기 전에, 신민들의 충성심을 유도하기 위한 왕의 이미지 창조는 인문학자·시인·작가·예술가의 몫이었다. 이미 여왕 생존 시부터 역사가들은 엘리자베스를 연구하고 전기를 서술했다. 당시 대중적 인기를 누린 존 폭스John Foxe의 《순교자 열전The Book of Martyrs》이나 홀린셰드의 《연대기》 등은 엘리자베스 치하의 종교적·정치적 문제를 해결하기 위해 그녀를 결단력 있고 천리안적 시각을 지닌 통치자로 묘사하는 목적론적 서사를 만드는 데 공헌했다. 엘리자베스 신화 만들기에 역점을 둔 대표적인 문학작품은 스펜서의

---

6) Susan Doran, *Elizabeth: The Exhibition of the National Maritime Museum*(National Maritime Museum, 2003), p. 7.
7) Susan Frye, *Elizabeth I: The Competition for Representation*(Oxford: Oxford University Press, 1993).

영국적인, 너무나 영국적인

순결과 정의의 여신 **아스트라이아**는 즉
위 초부터 엘리자베스와 결부되었고, 그
녀의 즉위는 곧 새로운 황금시대의 도래
로 선전되었다.

《요정의 여왕》이었다. 스펜서는 이 연작시를 '신앙심과 미덕, 자비로운
통치로 잘 알려진 가장 강력하며 위대한 여제, 신의 은총에 의해 잉글랜
드, 프랑스, 아일랜드와 버지니아의 여왕이자 믿음의 수호자' 인 엘리자
베스에게 헌정했다.《요정의 여왕》에서 아서는 요정의 공주가 머무는 궁
정을 찾아 나서고, 순결한 공주는 옛 브리튼의 젊은 왕자와 결혼하기 위
해 기다린다. 스펜서의 메시지는 명백하다. 즉 옛 브리튼의 왕통을 잇는
아서가 요정나라의 글로리아나와 결혼하여 브리튼인들과 요정나라 인
종을 결합시킨다는 것이다. 다시 말해,《요정의 여왕》은 하나의 신, 하나
의 통치자, 하나의 왕국, 하나의 섬이라는 상상적 통합을 만들어낸다.

　1580~90년대에 발표된 문학작품들은 엘리자베스를 오래전에 지상

을 떠난 정의의 여신 아스트라이아의 현신으로 칭송했으며, 그녀의 즉위를 새로운 황금시대의 도래로 선전했다. 성공한 법률가인 존 데이비스John Davies가 여왕이 사망하기 2년 전에 쓴 시 가운데 특히 〈아스트라이아 찬미Hymns to Astraea〉(1599)는 엘리자베스 숭배의 면면을 가장 잘 보여준다. 순결과 정의의 여신 아스트라이아는 즉위 초부터 엘리자베스에게 항상 붙어 다니던 이름이었다. 황금시대에 신들은 인간과 함께 지상에 살았다. 그러나 인간들이 죄악에 젖어듦에 따라 신들은 지상을 떠나게 되는데, 아스트라이아는 신들 가운데 마지막으로 지상을 떠나 '처녀좌'가 되었다. 옛 시인들은 이 여신을 다시 지상으로 돌아오게 하여 황금시대를 재현할 수는 없는가를 주제로 즐겨 노래했다. 그녀가 지상으로 귀환하는 날 황금시대가 열리고 평화와 영원한 봄날이 올 것이었다. 아스트라이아는 또한 '미의 여왕'으로, 5월은 그녀에게 바쳐진 달이었다. 따라서 엘리자베스는 정의의 여신이자 처녀좌이며, 동시에 비너스였다.

| 엘리자베스의 처녀성과 두 신체 |

'처녀왕'은 엘리자베스 신화의 핵심을 이룬다. 엘리자베스가 평범한 잉글랜드 사람들에게 존경심을 불러일으키는 궁극적 요인은 처녀왕의 시적 환상이다. 그녀의 처녀성은 나중에 강력한 정치적 무기가 되었지만, 처음에는 방해물이었다. 엘리자베스가 비록 대단히 강력한 여성의 이미지를 만들어내는 데 성공했다 하더라도, 여성 통치자는 역시 곤란한 개념이었고 많은 사람들에게 갈등을 불러일으켰다. 메리 여왕의 치세에

영국적인, 너무나 영국적인

환멸을 느낀 국민들은 엘리자베스의 즉위를 환영했지만, 그 기쁨은 또 다른 여성을 국왕으로 맞아야 하는 불행을 보상하기에 충분치 않았다. 여왕을 모신다는 것은 잘해야 위험하고, 최악의 경우에는 신이 정해 주신 남녀관계를 전적으로 뒤집는 일이었다. 스코틀랜드의 종교개혁가 존 녹스John Knox의 발언은 여성에 대한 당시의 일반적 상식을 대변한다. "자연은 여성을 약하고 인내가 부족하며 어리석은 존재로, 또 일관적이지 못하고 변화가 심하며 잔인하고 조직적이지 못한 존재로 만들었다."[8]

엘리자베스 시대에 통치자의 가장 바람직한 특성은 덕德이라는 개념으로 모아졌는데, 덕이란 적극적이고 활기 넘치고 남자다운 것, 즉 개념상으로나 어원상으로나 남성적인 것이었다. 이처럼 남성의 덕목이 봉사와 용기라면 여성에게 필요한 유일한 덕목은 정절이었다. 남성성과 여성적 미덕은 쉽게 공존할 수 없었다. 이처럼 성차별적이고 젠더화된 세계에서 남성에게 권위를 행사하는 여성은 당연히 여성성을 잃을 것으로 여겨졌다. 엘리자베스는 통치 기간 내내 사회적·종교적·법적 상투형, 그리고 무엇보다도 젠더상의 상투형에 도전해야 하는 어려움에 직면했다. 신민들은 여왕을 경배했고 신의 섭리가 여성 군주를 강요할 수도 있다는 점을 인정했지만, 일반적으로는 남성의 계승을 선호했으며 '자연스런 사물의 질서'로 돌아가기를 원했다. 엘리자베스가 여성이라는 사실은 결코 잊혀지지 않았던 것이다.

따라서 여성성을 초극하기 위한 노력이 절대적으로 필요했고, 엘리

---

8) Schama, A *History of Britain* vol. I, p. 342. 그러나 녹스는 개신교 군주의 권위를 해치지 않으려는 의도로, 엘리자베스는 특수한 경우일지 모른다며 예외를 인정했다.

자베스는 자신의 치세 동안 자연적 신체를 정치적 신체에 종속시켜 가면서 잉글랜드 왕국 역사상 전례 없는 '남성성과 여성성이 공존하는 처녀왕'이라는 이미지를 구축했다. 군주의 두 신체라는 원리는 중세 정치이론에서 발달한 것인데, 즉위 초 엘리자베스는 자신이 두 신체, 즉 자연적인 여성의 신체와 통치를 위한 정치적 신체를 가지고 있다고 천명했다. 스페인 무적함대에 대적하기 위해 집결한 병사들에게 행한 것으로 알려진 틸버리 연설에서, 엘리자베스는 "나 자신이 연약한 신체를 가진 여성임을 알고 있지만 나는 국왕의 심장, 그것도 잉글랜드 국왕의 심장을 가졌다 know I have the body butt of a weak and feble woman, butt I have the harte and stomack of a kings, and of a kynge of England too"고 일갈했다.[9]

엘리자베스는 또한 1601년에 의회에서 행한 '황금 연설'에서도 '국왕의 영광스러운 이름'과 '여왕의 왕권'을 모두 주장함으로써 여성적인 자연적 신체와 남성적인 정치적 신체를 동일시했다. 그녀는 상황의 요구에 따라 여성이나 남성, 또는 그 둘 모두이거나 아니면 둘 사이의 어떤 존재로서의 젠더 역할을 담당했던 것이다. 그러나 최근의 한 연구는, 르네상스 시기 잉글랜드 사회에서 여성의 전통적 역할을 뛰어넘는 '미혼 여성 통치자'에 대한 적대감이 존재한 것은 사실이지만, 엘리자베스 통치 후기에는 여성 통치를 수용하는 분위기가 강해지고 있었다고 지적한다. 따라서 엘리자베스를 둘러싼 이미지 제작자들이 여왕의 업적을 보다 높이 찬양하기 위해 그녀가 직면한 어려움을 지나치게 강조했다는

---

9) Janet M. Green, "I Myself: Queen Elizabeth I's Oration at Tilbury Camp", *Sixteenth Century Journal*, vol. 28 no. 2(1997), p. 443.

것이다.[10]

엘리자베스 치세 후반으로 갈수록 남성성과 여성성의 공존보다는 처녀성에 대한 강조가 두드러졌다. 엘리자베스가 처음부터 결혼에 반대한 것은 아니었다. 가장 그럴듯한 결혼상대는 레스터 백작인 로버트 더들리Robert Dudley였다. 그녀는 확실히 더들리를 사랑했고, 어린 시절부터 친구였던 두 사람의 관계는 온 유럽에 가십거리가 되었는데, 불행히도 불치병을 앓고 있던 더들리의 아내가 의문사하면서 두 사람의 결혼은 오히려 불가능해졌다. 어찌 되었든 엘리자베스는 자신보다 낮은 신분의 더들리와 결혼할 생각이 없었던 듯하다.[11] 40세가 넘어 엘리자베스의 마음은 프랑스 왕의 동생인 알랑송 공 때문에 또 한번 흔들렸고, 1579년에는 두 사람의 결혼이 정말로 성사될 것처럼 보였다. 그러나 가톨릭과의 인연을 재앙으로 우려하는 목소리가 커지자 엘리자베스는 결국 결혼을 포기했다.

1580년대 들어 결혼의 기대가 사라지면서 그녀의 처녀성에 대한 숭배가 시작되었다. 엘리자베스는 '정결한 다이애나'로 칭송되었고, 마돈나의 상징이던 피닉스·담비·초승달·장미꽃·진주 등은 이제 처녀왕의 상징이 되었다. 엘리자베스 자신과 이미지 제작자들은 점차 여왕이 처녀성을 통해 신과 연결되어 있다고 주장했다. 엘리자베스의 긴 치세 기간, 그리고 팽창하는 무역과 탐험을 통해 부상한 제국의 자부심은 스페인 무적함대의 '격퇴'와 맞물려, 신이 그녀의 순결을 인정했다는 주장이

---

10) Judith R. Richards, "To Promote a Woman to Beare Rule: Talking of Queens in Mid-Tudor England", *Sixteenth Century Journal*, vol. 28 no. 1(1997), pp. 120~121.
11) 아이로니컬하게도 엘리자베스는 더들리를 스코틀랜드 여왕 메리와 결혼시키려는 세실 경의 생각에 동조했는데, 세실의 의도는 잉글랜드 북쪽에 우호적인 개신교 국가를 확보하려는 것이었다.

'정결한 **다이애나**'는 엘리자베스 치세 후반기에 그녀의
처녀성을 강조하는 이미지 가운데 하나로 활용되었다.

수용될 수 있는 여건을 만들어 주었다. 여왕은 대관식 때 끼었던 반지,
즉 신민들과의 결혼을 상징한다고 일컬어진 반지를 죽기 직전까지 끼고
있었다. 물론 그 반지가 신민들과의 결혼을 상징한다는 것은 사실이 아
니었지만, 사실이건 아니건 사람들은 그렇게 믿었다. 여왕이 영원히 처
녀로 남기로 '선택'했다는 주장은 엘리자베스 사후 윌리엄 캠던에 의해
공식화되었는데, 그의 《연대기*Annales*》(1625)는 여왕의 말을 다음과 같
이 기록하고 있다.

그대들 모두가 내 자식이노라. 만일 내가 마지막 숨을 토하고 난 후 내

영국적인, 너무나 영국적인

무덤에 다음과 같이 새겨진다면, 나에 대한 추억과 내 이름의 영광은 그것으로 족하다. '죽을 때까지 순결한 처녀였던 엘리자베스, 여기에 잠들다.' [12]

캠던은 왕들이 통치에 사용했던 신민들의 '아버지'나 국가의 '남편' 같은 가부장적 언어를 차용함으로써, 엘리자베스가 정치적 언어와 상징의 이용에 노련한 통치자였음을 강하게 암시한다. 그러나 캠던의 이러한 증언은 엘리자베스가 그렇게 말했다고 하는 날보다 반세기나 뒤늦게 기록된 것으로, 요즘 학계는 그가 당대의 기록을 위조했다는 데에 대체로 동의한다. [13]

엘리자베스의 처녀성은 나중에 '어머니'라는 이미지로 대체되었다. 그리하여 그녀는 신민들의 '처녀 어머니virgin mother'가 되었는데, 이는 사실 자신의 결혼 문제를 무마하기 위해 엘리자베스 스스로가 사용한 이미지였다. 즉 자신은 왕위를 이을 후계자만의 어머니가 아니라 신민 전체의 어머니라는 것이었다. 1559년에 의회가 여왕의 결혼을 청원하자, 여왕은 "나에게는 이미 잉글랜드 왕국이라는 남편이 있으며, 그대들에게는 그것으로 충분할 것"이라고 응답했다고 한다. 또한 엘리자베스는 1563년에 왕위계승자를 낳아 달라는 의회 청원을 거부하는 연설에서, "더 이상 나를 비난하지 말라. 내게는 자식이 없지만 그대들 모두가 내 자식이고 인척이노라"라고 말했다. 이 말들은 오늘날까지도 그녀의

---

12) William Camden, *Annales: The True and Royal History of the Famous Empress Elizabeth*, bk I, pp. 26~29. John N. King, "Queen Elizabeth I: Representations of the Virgin Queen," *Renaissance Quarterly*, vol. 43 no. 1(Spring 1990), p. 33에서 재인용.

13) King, "Queen Elizabeth I: Representations of the Virgin Queen," p. 35.

정치적 유산 가운데 핵심적 부분으로 남아 있다. 그러나 학자들은 믿을 만한 당대의 기록에서 국가와 결혼했다는 엘리자베스의 말을 발견할 수 없다고 지적해 왔다. 엘리자베스는 실제로 1559년이 아니라 그 2년 뒤에, 그리고 의회가 아니라 스코틀랜드 대사와의 사석에서 잉글랜드와 결혼했다고 말했으며, 모든 잉글랜드 사람들이 자신의 자식이라는 말은 그녀가 자식 없이 죽고 난 후 꾸며진 것으로 추측된다.[14]

어찌 되었든 엘리자베스는 모성적인 비유를 자주, 그리고 효과적으로 이용했다. 그러나 실제로 왕위계승자를 제공할 수 없는 위기 속에서 그녀를 어머니로 표상하는 것은 곤란한 일일 수 있었다. 여기서 엘리자베스는 강력한 아마존Amazon 개념과 접목되었는데, 엘리자베스 시대 연극에서 아마존은 인기 있는 소재였고 많은 작가들은 엘리자베스를 아마존에 직접 비유했다. 그러나 그녀 자신은 스스로를 아마존에 비유하지 않았다. 단 한 번 틸버리 연설에서 스스로를 아마존에 비유한 적이 있는데, 비록 최근의 한 연구에서 틸버리 연설이 실제로 있었으며 그 내용도 지금 우리에게 알려진 바와 거의 동일하다는 주장이 제기되기는 했지만, 그에 대한 확실한 증거는 없다.[15]

엘리자베스와 아마존을 연결 짓는 것이 여왕에게 반드시 이롭게 작용하지는 않았다. 자연적 질서를 거부한 아마존의 이미지는 엘리자베스의 통치력과 용기를 가부장제 및 그 가치의 침해와 결부시킬 수 있었고, 가슴 절단과 전설적인 유아 살해의 신화도 엘리자베스의 이미지를 잔인

---

14) Michael Dobson & Nicola J. Watson, *England's Elizabeth*(Oxford: Oxford University Press, 2002), pp. 5~6.
15) 확실하게 있었다는 주장은 Green, "Queen Elizabeth I's Oration at Tilbury Camp", 확실하지 않다는 주장은 Mary Villeponteaux, "'Not as women wonted be': Spenser's Amazon Queen" in *Dissing Elizabeth* 참조.

영국적인, 너무나 영국적인

한 모습으로 왜곡시킬 위험이 있었다. 신화적 아마존의 이 부정적이고 괴이한 이미지는 엘리자베스 치세 말기에 떠돌던 선동적인 소문에도 반영되었다. 당시 여왕의 사생아에 관한 소문이 난무했는데, 소문인즉슨 엘리자베스가 더들리와의 사이에 딸 셋과 아들 하나를 두었다는 것이었다. 게다가 딸들은 살아 있지만 아들은 불속에 던져져 죽었다느니 굴뚝에 처박혀 죽었다느니 하는 소문도 나돌았고, 또 프랜시스 베이컨이 여왕의 숨겨진 아들이라는 소문도 있었다. 일부 사람들은 엘리자베스가 자주 지방으로 나가는 것이 궁정을 떠나 더들리의 사생아를 낳기 위해서라고 믿었다. 이러한 소문들은 그녀를 순결한 처녀왕으로 표상하려는 선전이 전적으로 성공하지는 못했음을 암시한다.

| 국민 정체성의 표징 |

엘리자베스는 잉글랜드 사람들로 하여금 자신들이 잉글랜드 사람이라는 사실에 행복감을 느끼게 만들었고 그녀가 다른 무엇보다도 자신들을 사랑한다고 느끼게 했다는 점에서 성공적인 군주이자 정치인이었다. 찰스 1세 때 글로스터의 주교가 된 굿맨Godfrey Goodman은 아르마다 Armada(스페인 무적함대) 해전을 회상하면서 "그대들은 나보다 더 위대한 군주를 가질 수 있을지 몰라도 나보다 그대들을 더 사랑하는 군주를 가질 수는 없을 것"이라는 여왕의 말이 당시 다섯 살이던 자신에게 미친 영향을 언급했다. "(그 말은) 우리에게 대단히 강한 인상을 남겨서, 우리는 하루 종일 여왕의 위대함을 칭송하면서 여왕을 위해 목숨을 바치겠다는 이야기만 했다."[16) 엘리자베스가 마지막 의회에서 행한 '황금 연설'은 수없이 인쇄되었는데, 특히 "나는 그대들의 사랑을 받으며 다스렸다는 것을 내 통치의 영광으로 생각한다"는 말은 연설의 압권이었다. 일기작가인 새뮤얼 피프스Samuel Pepys는 1667년 8월 17일자 일기에서, "어렸을 때부터 엘리자베스 여왕의 슬픈 이야기에 푹 빠져 있어서 언제든 그녀를 위해 기꺼이 눈물을 흘릴 준비가 되어 있었다"고 고백했다.[17]

스페인 무적함대의 격퇴는 가톨릭 신앙의 대변자인 스페인을 개신교 잉글랜드가 격파한 위대한 사건이자, 잉글랜드 국민 정체성을 확고히 하는 데 결정적 계기가 된 사건이었다. 아르마다 전쟁 당시 엘리자베스는 국가의 '처녀 어머니'로서 최고 지휘관의 모습으로 표현되었다. 당대인들은 그녀를 '왕과 같은', '신성한 장군' 등으로 표현했으며, 국민에게서 멀리 떨어진 존재가 아니라 위기의 순간에 그들과 함께하는 사람으로 묘사했다. 실제로 여왕의 연설은 병사들의 애국심에 불을 붙일만한 충분한 레토릭을 포함하고 있었다. "대신들은 내가 이곳에 있는 것이 위험하다고 경고하지만 나는 나의 신민들을 믿노라. 나는 즐거움을 위해 이곳에 온 것이 아니라 그대들과 함께 살고 함께 죽기 위해 왔노라."[18] 대對스페인군 총사령관 레스터 백작에 의하면, 여왕은 신민들의 가슴에 불을 붙여 "가장 유약한 사람조차 가장 용감한 스페인 사람을 상대할 수 있게" 만들었다. 여왕은 모든 종류의 사람들에게, 특히 남성들에게 그러한 효력을 미쳤다. 따라서 여왕이 어떤 존재였느냐고 묻는다면, 그녀는 1588년 당시 대저택에 있건 허술한 술집에 있건 상관없이 모든 사람들에게, 국민은 부분들의 합 이상의 무엇이며, 군주는 국민의 진

---

16) Schama, *A History of Britain* vol. 1, p. 330.
17) Dobson & Watson, *England's Elizabeth*, pp. 67~68.
18) Green, "Queen Elizabeth I's Oration at Tilbury Camp", p. 425.

영국적인, 너무나 영국적인

1588년의 **스페인 함대 격퇴**는 가톨릭의 대변자인 스페인을 개신교 잉글랜드가 격파한 위대한 사건으로, 잉글랜드 국민 정체성을 확고히 하는 데 결정적인 계기가 되었다.

정한, 그리고 불멸의 구현이라는 의식을 불어 넣었다고 말할 수 있다.[19] 1940년에 처칠이 그랬던 것처럼, 엘리자베스는 사람들의 공포를 어떻게 투사시켜야 하는가를 누구보다 잘 알고 있었던 것이다.

　1588년은 무엇보다도 개신교 수호자로서의 엘리자베스 신화를 확고부동하게 만든 계기가 되었다. '신은 잉글랜드 사람' 이라는 유명한 말에서 나타나듯이 신교주의는 영국의 민족 정체성과 자부심의 핵심이 되었는데, 이렇게 볼 때 잉글랜드 역사에서 가장 영광스러운 순간은 스페인 함대를 격퇴한 때라고 할 수 있다. 실제로 잉글랜드의 종교개혁은 영국 국민국가 형성의 시작을 의미하는 역사적 사건이었다. 개신교적 국

19) Schama, *A History of Britain* vol. I, p. 387.

민 정체성을 잘 묘사한 폭스의 《순교자 열전》은 메리 여왕 시대에 개신교를 고수하다가 화형당한 순교자들의 행적을 엮은 작품으로, 여기서 폭스는 엘리자베스를 순교자와 비슷한 인물로 묘사하면서 그녀의 등극을 잉글랜드 국가를 위한 신의 섭리로 그리고 있다. 훌륭한 개신교 군주야말로 모든 구악을 뿌리 뽑을 수 있는 유일한 방법이라고 생각한 폭스는, 교황제를 물리치는 데 필요한 수단으로 왕권의 중요성을 강조했다.

엘리자베스 시대에 반反교황적 정서는 일종의 대중적 제도요 집단의식의 중요한 일부였다고 할 수 있다. 1588년에서 1590년대 초에 영국의 국기國技는 스페인 때려잡기였다. 그러나 흥미롭게도, 엘리자베스는 생전에 개신교의 옹호자라는 역할을 추구하지 않았다. 그녀는 종교에 대해 절충적인 입장을 보였다. 종교개혁 후에도 여전히 많은 잉글랜드인들이 적극적으로든 소극적으로든 가톨릭교도로 남아 있었으며,[20] 총신인 세실 경조차도 과연 여왕이 얼마나 신교도인지를 의심할 정도였다. 즉 신교도의 수호자라는 엘리자베스의 이미지는 신화였던 것이다.

사실이야 어찌 되었든 엘리자베스에 관한 신화는 그녀가 죽은 뒤 얼마 지나지 않아 후계자인 제임스 1세의 행동으로 인해 다시금 국가적·종교적 상징으로 되살아났다. 제임스가 신교도의 옹호자보다는 가톨릭과 신교도 사이의 화해자로 행동하려는 데 대한 우려가 높아지면서 엘리자베스가 제임스의 반대 이미지로 추앙되었던 것이다. 스코틀랜드 국왕으로서 잉글랜드 국왕까지 겸하게 된 제임스 1세는 정치적 어머니인 엘리자베스를 위해 장대한 장례식을 치러 주었고, 1606년에는 웨스

---

20) 이에 관해서는 Constance Jordan, "Woman's Rule in Sixteenth-Century British Political Thought" *Renaissance Quarterly*, vol. 40 no. 3(Autumn 1987) 참조.

영국적인, 너무나 영국적인

엘리자베스는 웨스트민스터 사원에 묻힌 뒤에도
국가적·종교적 상징으로서 영원히 살아남았다.

트민스터 사원에 장엄한 무덤을 마련해 주었다. 그런데 아이로니컬한
것은, 이때 제임스가 자신의 진짜 어머니인 메리 스튜어트를 위해서도
마찬가지로 장엄한 무덤을 마련했으며, 엘리자베스의 시신을 옮겨 와
이복언니인 '블러디 메리Bloody Mary'와 같은 방에 안치했다는 사실이
다. 게다가 두 여왕의 무덤 앞에 세워진 거의 조롱조의 비문에는, 두 자
매가 생전에 비록 종교적 불화 때문에 갈라져 있었지만 이제 죽음 속에
서 하나가 되었다고 쓰여 있다. 이런 재배치에 의해 헨리 7세의 혈통은
메리와 엘리자베스가 아니라 스코틀랜드의 메리에 의해 유지되었음이
분명해졌던 것이다.[21]

그러나 아무리 조심스럽게 재매장되었을지라도 엘리자베스는 가만히 누워 있으려 하지 않았다. 엘리자베스의 말년을 어둡게 했던 왕위계승자 위기는 제임스의 등극으로 진정되고 국민들은 그에게 감사했지만, 제임스의 인기는 단 몇 년뿐이었다. 그는 왕이 되자마자 스페인과 평화조약을 맺었고, 그의 종교정책은 친교황적이라는 의심을 살 만했으며, 그의 궁정은 음모의 소굴이라는 인상을 주었다. 개신교 국가라는 영국의 정체성을 시험한 가장 심각한 문제는 제임스의 아들 찰스와 스페인 공주의 결혼 계획이었다. 의회는 스페인 왕녀의 자손들이 헨리 7세와 엘리자베스의 왕좌에 오르는 일은 있을 수 없다며 반대했다.

스코틀랜드 왕이 즉위했다는 점, 그가 스코틀랜드 출신 조신들을 배려한다는 점, 그리고 그가 무절제하며 스페인과 강화를 맺었다는 점에 대한 불만이 쌓임에 따라 '선한 여왕 베스'에 대한 노스탤지어도 강해졌다. 치세 말기에 약점으로 작용했던 그녀의 여성성은, 사후에 오히려 그녀를 교회와 왕권, 그리고 국가 전체를 위한 인물로 재형성하는 좋은 계기를 마련해 주었다. 다시 한 번 영웅적으로 수호된 엘리자베스의 처녀성은 섬나라 왕국의 불가침성과 보전의 표지가 되었고, 그녀의 영원한 활력은 개신교 성공의 일면으로 사용되었다.

개신교를 옹호하기 위해 쓰인 이 시기의 모든 문학작품들은 엘리자베스를 추앙하는 동시에 스페인을 격퇴한 1588년을 영국 역사의 정점으로 제시하면서, 제임스에게 반反스페인 정책을 요구했다. 토머스 헤이우드Thomas Heywood의 《나를 모를 수는 없습니다If You Know Not Me,

---

21) 엘리자베스는 미혼으로 남음으로써 결과적으로 잉글랜드와 스코틀랜드의 통합을 가져왔다. 그렇다면 후사를 남기지 못했다고는 말할 수 없을 것이다. 스코틀랜드 여왕 메리가 아들을 낳았다는 소식을 듣자 엘리자베스는 '나는 자식이 없는데'라며 울부짖었다는 설이 있다.

You Know Nobody》(1605)는 엘리자베스의 공주 시절부터 아르마다 해전에 이르기까지 일어난 극적인 사건들을 그리고 있는데, 이 작품이 엘리자베스의 왕위 등극을 통해 확인하고자 한 것은 엘리자베스 개인의 승리라기보다 개신교 영국의 승리요, 진리의 승리였다. 교황을 폄훼한 토머스 데커Thomas Dekker의 《바빌론의 창녀*The Whore of Babylon*》(1606~07) 역시 엘리자베스를 개신교의 수호자로 제시한다. 죽기 직전 어리석은 늙은 여인으로 비쳐졌던 엘리자베스는 1630년에 이르러 군주의 미덕을 모두 갖춘 모범으로 칭송되었다.

엘리자베스가 틸버리에서 행했다고 전해지는 연설은 1650년대 들어서야 인쇄되었는데, 그 무렵 엘리자베스는 이미 대중의 역사적 상상 속에서 민족적 수난을 감당한 훌륭한 '남성이자 여성'으로 신성화되어 있었다. 청교도혁명을 거치면서 엘리자베스는 신으로부터 인정받은 진정한 개신교의 구현이자 잉글랜드 사람들의 대표자로 재창조되었다. 특히 그녀를 유례없는 노스탤지어의 초점으로 만든 것은 호전적인 신교도들이었다. 개신교 전통은 엘리자베스를 영예로운 군주, 개신교의 성인聖人, 여신, 그리고 교회와 국가의 진정한 동일시를 위한 인물로 묘사했으며, 아르마다 격퇴를 개신교 국가에 내린 신의 은총으로 해석했다.

1588년으로부터 정확히 100년이 지난 1688년, 잉글랜드는 자유와 개신교 신앙을 지키기 위한 싸움에서 또다시 승리했다. 자유와 신교주의가 위험에 처했을 때, 위대한 여왕과 아르마다 격퇴의 기억은 국가의 미래에 대한 확신을 심어 주었다. 명예혁명이 아르마다 해전으로부터 정확히 100년 후에 일어났다는 사실은, 혁명으로 추대된 윌리엄과 메리를 엘리자베스의 개신교적 비전에 대한 옹호자로 만드는 데 도움을 주었다. 개신교 신앙을 핵심으로 한 잉글랜드 국민의 정체성은 18세기를 통해 확고해졌고, 신비스러운 성격이 더해진 아르마다 해전과 명예혁명은 신이 잉글랜드인들을 위해 마련해 둔 특별한 운명을 확인하는 사건으로 인식되었다. 그러나 18세기 말부터 강조점이 약간 변하면서, 신의 개입이 신교도의 편에서 이루어졌다기보다 '자유'의 편에서 이루어졌다는 주장이 제기되었다.

| 초상화에 나타난 이미지와 말년의 엘리자베스 |

엘리자베스의 경우 특이한 것은, 초상화를 통한 이미지 창출이 유달리 많았다는 점이다. 어린 시절의 엘리자베스는 왕위계승이 거의 불가능해 보였기 때문에 별로 주목받지 못했고, 그래서 남아 있는 초상화도 그리 많지 않다. 현존하는 최초의 초상화(1546)에서, 엘리자베스는 왕의 딸로서 훌륭한 의상에 보석으로 치장한 채 손에는 성경으로 생각되는 책을 쥐고 있다. 개신교 군주들의 초상화에는 성경이 자주 등장했는데, 이는 성경을 중시하는 개신교의 특성 때문이기도 했지만, 성경이 곧 왕실 권위의 상징이기도 했기 때문이다. 1560년대에 나타난 엘리자베스의 이미지는 주로 활자화된 텍스트에 실린 도판으로, 그녀를 처녀왕이자 개신교 신앙의 보호자로 표현했다. 그 후 여왕의 초상화는 복잡하고 은유적이며 상징적인 주제로 꾸며지게 되었으며, 처녀성과 같은 덕을 의도적으로 찬양하거나 평화의 구현으로 묘사함으로써 특정한 정체성을 형성하는 경향을 보였다.

　〈대관식 초상화〉는 실제 대관식이 있었던 1559년이 아니라 1600년경에 이름이 밝혀지지 않은 어느 화가에 의해 그려졌다. 그러나 그림 속

영국적인, 너무나 영국적인

1546년에 그려진 **현존하는 최초의 초상화**에서, 엘리자베스는 훌륭하게 차려 입은 전형적인 공주의 모습으로 등장한다.

의 엘리자베스가 대관식 당시에 그려진 세밀화에서와 같은 의상을 입고 있는 것으로 보아, 아마도 그 세밀화를 복사한 작품으로 여겨진다. 엘리자베스를 긴 머리칼이 어깨까지 드리운 순결한 처녀의 모습으로 표현한 이 그림은 왕위계승권을 중세적 과거와 연결 짓는 전통적 초상화의 형식을 띠는데, 따라서 대관식 당시의 엘리자베스는 특별한 신화 만들기의 주제가 아니었다고 볼 수 있다. 그러나 1569년에 제작된 〈엘리자베스와 세 여신들〉이라는 그림은 엘리자베스 신화 만들기가 경지에 이르렀음을 보여준다. 여왕 자신이 소장하고 있던 이 그림에서 그녀는 세 여신에 건줄 만한, 아니 그들을 능가하는 존재로 묘사된다. 제우스의 아내

헤라(주노), 지혜의 여신 아테나(팔라스), 그리고 미의 여신 아프로디테
(비너스)가 모두 엘리자베스를 경외한다.

팔라스는 현명하고,

주노는 권력의 여왕

비너스의 장밋빛 얼굴은

아름다움에 반짝이네.

그러나 엘리자베스가 나타나자,

압도된 주노는 도망가고,

팔라스는 침묵하며,

영국적인, 너무나 영국적인

1569년에 그려진 〈**엘리자베스와 세 여신들**〉은 엘리자베스 신화 만들기가 경지에 이르렀음을 보여준다. 이 그림에서 그녀는 세 여신에 견줄 만한, 아니 그들을 능가하는 존재로 묘사된다.

비너스는 창피함에 얼굴 붉히네.

Pallas was keen of brain,

Juno was queen of might

The rosy face of Venus was

in beauty shining bright,

Elizabeth then came,

And, overwhelmed, Queen Juno took to flight

Pallas was silenced

Venus blushed for shame.

스페인 무적함대의 격파를 기리는 〈**아르마다 초상화**〉에서,
엘리자베스는 위대한 여황제이자 찬란하고 고결한 승리자로 그려진다.

이 그림에서 엘리자베스는 눈부신 보석 장식과 함께 튜더의 상징인 장미가 수놓인 화려한 드레스를 입고서, 머리에는 왕관을 쓰고 손에는 보주를 쥐고 있다. 헤라 뒤에는 그녀의 상징인 공작이 있고, 투구를 쓰고 깃발을 쥔 아테나는 놀라움에 오른손을 들고 있으며, 아프로디테 옆에는 아들 큐피드가 보인다. 이 그림의 소재는 본래 파리스 왕자가 세

영국적인, 너무나 영국적인

여신들 가운데 누가 가장 아름다운지를 결정하는 신화지만, 여기서 엘리자베스는 파리스의 역할을 하는 동시에 세 여신의 모든 요소들을 대변한다.

스페인 무적함대의 격파를 기리는 〈아르마다 초상화〉(1588)에서, 여왕은 위대한 여황제로, 찬란하고 고결한 승리자로 그려진다. 여왕 뒤편의 두 그림은 무적함대의 도착과 패배를 보여주는데, 공격해 오던 무적함대는 강력한 국왕에 의해 퇴패하여 도망친다. 여왕의 왕관과 왕좌는 사악한 세력을 없애고, 여왕의 위대한 손은 이 세상 전체를 잡으려 뻗어 있다. 지구의를 짚은 그녀의 오른손은 남북 아메리카, 즉 잉글랜드 병사들이 스페인 병사들과 오래전부터 대적해 온 그 장소를 가리고 있다.[22] 이 초상화에서 엘리자베스는 보석으로 수놓은 드레스와 진주 장신구를 달고 있는데, 순결의 상징인 진주는 이미 공주 시절의 초상화에서부터 마지막 초상화에 이르기까지 엘리자베스의 주변에서 떠나지 않은 소재였다. 이는 그녀가 지닌 국왕으로서의 지위와 순결, 그리고 잉글랜드 왕국의 번영을 강조한다.

〈디칠리 초상화Ditchley Portrait〉(1590)는 엘리자베스의 왕권을 확인하는 가장 강력한 이미지이자 가장 인상 깊은 초상화로 알려져 있다. 이 초상화에서 엘리자베스는 이 세상을 딛고 서 있는 여제女帝로 그려진다. 그녀의 발은 잉글랜드 왕국을 딛고 있는데, 왼쪽의 구름은 새로운 시대의 시작을 반영한다. 여왕과 나라는 글자 그대로 하나가 되고, 하나는 다른 하나의 연장이 된다. 한편 마지막 초상화인 〈무지개 초상화〉(1600~03)에는 '태양이 없으면 무지개도 없다'는 명문이 라틴어로 새겨

---

22) Roy Strong, *The cult of Elizabeth: Elizabethan Portraiture and Pageantry*(Limlico, 1999), p. 43.

〈**디칠리 초상화**〉는 엘리자베스의 왕권을 확인하는 가장 강력한 이미지의 초상화로 알려져 있다.

져 있다. 엘리자베스는 태양, 그녀의 몸에서 빛을 뿜어 무지개에 색깔을 입혀 주는 태양이다. 나아가 이 그림은 엘리자베스를 영원한 젊음으로 표상하려는 강력한 전략을 뚜렷이 보여준다. 엘리자베스 생전에 제작된 초상화에는 그녀의 갑옷 입은 모습이 등장하지 않는다. 틸버리 연설 당시에 엘리자베스가 갑옷을 입었다고는 하지만, 이를 입증할 만한 실제적인 증거는 없다. 〈아르마다 초상화〉에서도 그녀는 가장 정교하게 장식된, 커다란 진주로 꾸며진 옷을 입고 있다. 그러나 사후 20년이 지나 제작된 〈여왕에게 창을 선사하는 진리Truth Presents the Queen with a

나이가 들어 갈수록 엘리자베스의 초상화 속 모습은 더욱 젊어졌다. 특히 〈무지개 초상화〉는 엘리자베스의 순결과 젊음과 권력을 확인하는 빛나는 표상이다.

Lance〉라는 판화에서, 그녀는 말을 타고 갑옷을 입고 검을 쥐고 방패를 착용한 모습으로 등장한다.[23] 한편 〈단리 초상화Darnley Portrait〉(1575)에서는 엘리자베스가 처음으로 여왕이 아닌 여성으로 그려지는데, 여기서 그녀는 왕관도 쓰지 않고 왕홀도 가지고 있지 않다. 〈단리 초상화〉는 후대인들, 특히 빅토리아인들이 가장 선호한 엘리자베스의 이미지였다.

23) Julia Walker, "Posthumous Images of Elizabeth and Stuart Politics" in *The reign of Elizabeth I: Court and culture in the last decade* ed. John Guy(Cambridge: Cambridge University Press, 1995), p. 259.

여기서 기억해야 할 것은 엘리자베스가 항상 똑같은 모습으로 그려졌을 뿐만 아니라 나이가 들어 갈수록 초상화 속의 모습은 더욱 젊어졌다는 사실이다. 특히 〈대관식 초상화〉와 더불어 〈무지개 초상화〉는 엘리자베스의 순결과 젊음과 권력을 확인하는 빛나는 표상들이다. 그녀가 죽기 1년 전에 존 데이비스는 다음과 같이 노래했다.

> 젊음의 시간이 그녀를 지키고 있네
> 그녀의 눈과 뺨은 가득 차 있네
> 신선한 젊음과 아름다움으로.
> Time's young hours attend her still
> And her eyes and cheeks do fill
> With fresh youth and beauty.

그러나 초상화들이 표상하는 엘리자베스의 영광과 달리, 현실은 좀더 산문적이었다. 특히 1590년대는 끝없는 전쟁들을 위해 지불해야 하는 감당하기 어려울 정도의 세금과 높은 실업률, 그리고 계속된 흉년과 치솟는 물가로 인해 대중에게 더없이 고통스러운 나날들이었다. 비록 영원한 젊음을 가장하고는 있지만, 수십 년 만에 처음으로 여자, 그것도 늙은 여자가 통치한다는 사실에 대한 불만의 소리가 들려 왔다.

엘리자베스는 1593년에 60세가 되었다. 에라스무스가 대담하게 요약했듯이 "처녀는 매력적이다. 그러나 늙은 처녀보다 더 자연스럽지 못한 것이 어디 있는가?"라는 태도가 일반적이던 사회에서, 그녀는 늙은 미혼 여성이었다.[24] 치세 마지막 10년은 매우 어려운 시기였고, 정권 말기적 증후가 나타났다. 후계자를 지명하지 않은 탓에 정국은 점점 더 불안해져 갔고, 스페인과의 갈등은 1588년에 완전히 해소된 것이 아니었으며, 인플레와 흉작으로 인한 비참함이 극에 달하여 '견디기 힘든 90년대'라는 말이 통용되었다. 굿맨은 엘리자베스 치세 말기를 회상하면서, "사람들은 늙은 여인의 정부에 일반적으로 몹시 싫증을 내고 있었다"고 증언했다. 위기를 느낀 엘리자베스는 "나는 세상에서 잊히기보다 차라리 죽음을 택하겠다"며, 정책 결정의 통제권을 유지하기 위해 각별한 주의를 기울였다.[25]

불만의 소리가 커질수록 신화 만들기는 더더욱 박차를 가했다. 후기 엘리자베스 시대의 가면무도회는 너무 심하다 싶을 만큼 의도적인 화려함으로 치장되었다. 1590년대에 외국 대사들은 여왕의 지나칠 정도로 화려한 의상과 목이 깊이 파인 드레스에 주목했다. 그러나 여왕은 이미 거의 말을 탈 수 없었고, 가발을 썼으며, 치아는 망가졌고, 구취 때문에 향수 뿌린 손수건을 사용해야 했다. 에식스 백작이 아일랜드에서 일어난 반란을 진압하는 데 실패하고 돌연 여왕의 궁정에 나타났을 때, 그가 저지른 가장 중대한 잘못은 군사작전에 실패하고 명령 없이 지위를 이탈한 것이 아니라 여왕이 화장을 마치기 전인 오전 10시에 예고 없이 들이닥친 것이었다.[26] 에식스의 몰락은 당연한 결말이었다. 여왕은 결코 늙지 않는다는 점이 여러 초상화를 통해 강조되었지만, 늙지 않는 신체라는 정치적 신화와 실제적인 노쇠 사이의 간극은 더욱 확연해졌다.

1603년 3월 24일, 엘리자베스는 길지 않은 병고 끝에 세상을 떠났

---

24) Frye, *Elizabeth I: The Competition for Representation*, p. 100.

25) Frye, *Elizabeth I: The Competition for Representation*, p. 99.

26) John Guy, "Introduction: The 1590s: the second reign of Elizabeth I?" in *The reign of Elizabeth I*, p. 3.

다. 그와 동시에 말년의 흉한 모습은 기억에서 사라지고 신화 만들기가 시작되었다. '선한 여왕 베스'를 선별적으로 기억하는 과정은, 동시에 선별적인 망각의 과정이었다. 어떤 글도, 어떤 극도 말년의 여왕을 기억하는 사람들이 떠올릴 수 있는 모습을 표현하지 않았다. 여왕의 죽음을 기리는 비가들은 그녀의 죽음으로 달은 광채를 잃고 장미는 가지에서 시들었으며, 정의의 여신 아스트라이아는 또 한 번 지상에서 사라졌다고 한탄했다. 셰익스피어는 1603년에 여왕을 찬양하지 않은 몇 안 되는 시인들 가운데 한 명이었지만, 마침내 그조차 엘리자베스를 '흠 없는 백합'으로 기억했다.[27]

| 18세기 이후 엘리자베스의 이미지: 여성성과 왕권 |

18세기 들어 엘리자베스를 잉글랜드 국민뿐만 아니라 국민문화라는 특정 개념과 연관 짓는 과정이 가속화되었다. 1702년에는 잉글랜드성性의 창출에 누구보다 중요한 셰익스피어와 엘리자베스를 연결 지으려는 시도가 처음으로 시작되었다. 엘리자베스가 셰익스피어의 후견인이었다는 근거 없는 주장이 끊임없이 제기되었고, 〈윈저의 즐거운 아낙네들〉이 여왕의 청으로 집필되었다는 식의 이야기가 나돌았다. 18~19세기를 통해 두 사람의 가상 만남을 주제로 한 수많은 소설·극·오페라·판화 등이 발표되었다. 잉글랜드가 배출한 최고의 천재와 여왕 사이의 결합은 엘리자베스가 생존 시에 구축해 놓은 국가와 군주 사이의 통일이라는

---

27) Strong, *The cult of Elizabeth*, p. 15.

영국적인, 너무나 영국적인

개념을 재확인하는 과정이 되었다. 문화적 민족주의에 의해 더욱 조장된 이러한 과정은 20세기 중엽, 셰익스피어가 사실은 엘리자베스의 필명이었다는 터무니없는 주장에까지 이르렀다.

1730년대에 반反스페인적이고 친親엘리자베스적인 분위기와 더불어 엘리자베스와 엘리자베스 시대 문학에 대한 열광, 반反가톨릭주의, 그리고 대륙풍에 대한 저항 등이 분출되었다. 특히 헨리 필딩Henry Fielding의 〈그럽가의 오페라Grub-Street Opera〉에 나오는 '옛 잉글랜드의 로스트비프'를 노래하는 스탠자Stanza—4행 이상의 각운脚韻이 있는 시—는 즉시 '명예 국가國歌'의 지위를 누릴 정도로 인기를 끌었다. 이 노래는 프랑스의 양고기와 송아지고기에 대비되는 잉글랜드의 로스트비프를 찬양하면서 '선한 여왕 베스가 왕좌에 있을 때 우리의 병사들은 용감했고, 우리 아버지들은 강건하고 건장했네'라고 기억하는데, 여기서 '로스트비프를 먹는 평범한 잉글랜드 사람'으로 묘사된 엘리자베스의 이미지는 널리 확산되어 이후 나폴레옹 전쟁 때까지 지속되었다. 비슷한 시기에 영국인을 의인화한 '존 불'도 등장했다. 존 불은 잘 먹어 다소 뚱뚱한 몸매에 무뚝뚝한 신사로 묘사되었는데, 엘리자베스가 존 불의 히로인 가운데 한 명이 된 데는 필딩의 스탠자가 적잖이 한몫했다. 1819년의 어느 정치 만화에서, 존 불은 그의 편업 걸인 '선한 여왕 베스'의 초상화가 걸려 있고 《옛 잉글랜드의 로스트비프The Roast Beef of Old England》라는 책이 놓여 있는 방안에 편안히 앉아 있는 모습으로 등장한다.[28]

엘리자베스는 이처럼 국민문화와 국민 정체성 형성에 중요한 존재

28) Dobson & Watson, *England's Elizabeth*, p. 119.

로 남아 있었지만, 18세기 이후 그녀의 여성성이 점차 문제시되었다. 왕정복고(1660)에서 빅토리아 여왕의 즉위(1837)에 이르는 기간 동안 여성성과 정치적 권위 사이의 모순—엘리자베스가 지니고 있는 국가적 우상으로서의 지위와 여성으로서의 개인적 정체성이 서로 다를 수 있다는 점—이 인식되면서, 엘리자베스에 관한 전혀 새로운 서사가 등장했다. 생존 시에 엘리자베스는 '남녀 양성을 지닌 처녀왕'의 신화를 만들어내는 데 성공했고, 또 스튜어트 시대 후기만 해도 그녀를 '영예로운 남성'이라고 부를 수 있었지만, 18세기 초에 이르자 이제 그럴 수 없는 상황이 되었다. 아무리 여성의 불리한 처지를 성공적으로 극복했을지라도 엘리자베스가 명백히 여성이라는 사실을 인정해야만 했던 것이다.

엘리자베스의 위치를 더욱 불편하게 만든 것은 하노버 왕조와 더불어 시작된 18세기 문화의 두 요소였다. 우선 새롭게 만들어진 영국 군주정이 근본적으로 왕조에 기초한다는 사실은 여성이면서 후사를 남기지 못한 엘리자베스를 예외적인 존재로 만들었다. 동시에 월폴Robert Walpole 시대에는 국가 권력이 점차 전문 정치가들 및 남성적 레토릭과 연관되었는데, 이 역시 엘리자베스를 불리한 위치에 놓이게 했다. 이처럼 공적 영역—국민 정체성—과 사적 영역—여성의 개인적 정서—의 차이가 극복할 수 없을 정도로 심각해진 결과, 엘리자베스는 확실하게 나뉜 두 신체의 존재로 간주되었다. 하나가 공적인 신체라면 다른 하나는 사적인 신체, 하나가 젠더 차원에서 남성적인 신체라면 다른 하나는 여성적인 신체였다.

19세기 들어 이러한 성 구분적 의식이 더욱 강화되면서, 엘리자베스의 여성성은 그녀의 이미지를 확인하는 데 무엇보다도 중요한 요소가 되었다. 특히 빅토리아 시대에 엘리자베스의 이미지는 빅토리아의 위상

영국적인, 너무나 영국적인

에 따라 부침을 겪었다. 빅토리아는 즉위 당시 별로 알려져 있지 않았기 때문에, 초기에 이 무명의 여왕을 글로리아나와 연결시키려는 시도가 있었던 것은 당연했다. 비록 빅토리아 자신은 엘리자베스에 대해 단정치 못하다는 식의 비판을 가했지만, 그녀의 즉위를 앞두고 몇몇 하원의원들은 빅토리아 공주가 '엘리자베스 2세'라는 이름으로 즉위해야 한다고 주장했다. 국가적 상징으로서의 국왕과 사적인 여성 사이의 간극은 빅토리아 여왕의 재위 기간을 통해 점차 강하게 인식되었다.

빅토리아 여왕 개인의 삶과 궁정에 관한 대중적 전기 및 역사책이 큰 인기를 끈 것과 더불어 낭만주의도 그러한 경향을 부추겼다. 낭만주의는 특히 중세와 감옥에 갇힌 자의 운명에 대한 관심을 야기했고, 이에 따라 엘리자베스의 이미지도 젊은 시절 옥에 갇힌 공주로 부각되었다. 1840년대에 미슐레Jules Michelet가 프랑스 민족의 히로인으로 창조해 낸 잔 다르크가 빅토리아 후기에 영국에서도 인기를 끌었는데, 아이로니컬하게도 잔 다르크의 인기는 엘리자베스가 아니라 스코틀랜드 여왕 메리의 인기를 부추겼다.[29] 간통 때문에 왕위에서 쫓겨난 가톨릭교도임에도 불구하고 메리가 엘리자베스보다 더 큰 인기를 끌었던 것은, 엘리자베스를 감상적인 여주인공으로 만드는 일이 여전히 어려웠기 때문이다. 그녀가 남긴 전설의 핵심이 통용되는 한 그녀는 희생자가 아니라 생존자였다. 보다 비극적 운명을 맞이한 그녀의 인척들, 즉 어머니 앤 불린과 추대된 지 사흘 만에 왕좌에서 쫓겨나 처형된 레이디 제인 그레이 등에 비할 때, 엘리자베스가 소극적 희생양이 아니었음은 분명했던 것이다.

---

29) Raphael Samuel, *Island Stories: Unravelling Britain*(Verso, 1999), p. 227.

그 결과 엘리자베스는 서로 반대되는 두 존재, 즉 국가적 존재인 동시에 여성적 존재로 구현되었다. 그녀를 적당히 비탄에 잠긴 감성적 여주인공이자 뛰어난 군주로 만들어 내려는 19세기의 관심은 연극과 소설, 역사책을 통해 사람들을 사로잡았지만, 그 두 가지를 결합하는 일은 점점 더 어려워졌다. 결국 그녀가 남긴 '국민의 아내이자 어머니'라는 수사적 이미지에도 불구하고, 19세기의 낭만주의적 시각에서 엘리자베스를 연약하고 도덕적으로 강인하며 가정적인 여왕으로 바라보는 것은 거의 불가능하다는 사실이 입증되었다. 엘리자베스는 결코 빅토리아 시대의 지배적 여성상이 아니었고, 그 시대 저자들은 이제 엘리자베스가 고의적으로 무책임하게 가정적이기를 거부했다는 비판에 동참했다.

반대로 빅토리아 여왕은 1847년 이후 근대 풍의 가정적인 중간계급 초상화로 그려지기 시작했고, 여왕 스스로도 그러기를 좋아했다. 즉위 자체를 그다지 반기지 않았던 빅토리아 여왕은 앨버트 공과 함께 9명의 자녀를 두고 사는 동안 아내, 어머니, 그리고 가정적 여성으로 표상되었다. 중요한 사실은, 군주의 직접적인 정치권력이 상실됨에 따라 가정에 대한 왕실의 애착이 점차 강해졌다는 것이다. 정치권력이 약해지면서 국왕은 모든 신민들을 아우르는 가장의 임무를 떠맡게 되었던 것이다. 1840~50년대에 빅토리아가 조금이나마 정치적 권력을 행사하려는 의지를 보였을 때, 그에 대한 우려는 엘리자베스의 정치적 권력에 대한 우려로 표현되었다. 예를 들어 엘리자베스의 늙어가는 신체를 드러내는 일련의 그림들에서 그런 우려가 구체화되었다. 빅토리아 시대 사람들에게 늙은 엘리자베스의 초상은 그녀의 여성성 부족과 그에 따른 정치권력의 기만을 결정적으로 표현하는 것이었다. 반면 절대왕권을 상기시키는 젊고 강력한 처녀왕 엘리자베스의 이미지는, 명예혁명 이후 제한적

영국적인, 너무나 영국적인

빅토리아 여왕은 1847년 이후 근대 풍의 가정적인 중간계급 초상화로 그려졌다.
직접적인 정치권력이 약해지면서 모든 신민을 아우르는 가장의 임무를 떠맡게 된 것이었다.

인 입헌군주정을 확립시킨 영국인들에게 용납될 수 없었다.

그러다가 엘리자베스의 어린 시절에 대한 관심이 갑자기 돌출하여, 그녀는 이제 늙은 여인이 아니라 어린아이로 묘사되기 시작했다. 엘리자베스가 갑자기 아이로 나타난 데는 당시 소년·소녀를 위한 역사책이 큰 인기였다는 사실도 작용했지만, 더욱 중요한 것은 그 정치적 함의였다. 즉 엘리자베스를 절대 권력의 가혹하면서 남성적인 현실에 부패하지 않은 아이로 확인함으로써, 당시 빅토리아 여왕의 왕권이라는 제한된 영역 안에서 엘리자베스를 통제 가능한 형태로 재정립하는 효과를 낳았던 것이다. '아기를 낳지 못한 노처녀'와 '순결한 아이'라는 두 엘리자베스는, 그녀에게 용납할 만한 여성적 정체성을 제공하는 것이 빅토리아 시대 사람들에게 얼마나 어려운 일이었는가를 극단적으로 보여준다.[30]

그러나 빅토리아적 여성성이 강요한 한계에도 불구하고 19세기 후반에 이르러 영국이 세계 최강의 경제대국으로서 제국의 영광을 누리게 됨에 따라, 엘리자베스는 그 모든 영광의 기원으로 다시금 조명 받게 되었다. 즉 베이컨의 경험주의 과학과 식민지 개척을 위시하여 영국의 위대함과 연관된 거의 모든 근대성의 발전이 엘리자베스와 결부되었던 것이다. 당시 최고의 역사가로 인정받던 제임스 프루드James A. Froude의 12권짜리 튜더 시대 역사책 《잉글랜드의 역사*History of England*》(1858~70)는 국가적 통일과 자립의 이야기, 그리고 엘리자베스 시대의 종교적 타협으로부터 어떻게 제국이 형성되었는가를 서술하고 있다. 동시에 엘리자베스가 처음으로 수세식 화장실을 쓴 국왕이라는 사실도 알려졌는데, 이는 그때부터 이미 영국에 가정의 안락함이라는 개념이 확립되었음을 주장하는 것이었다.[31]

19세기 말 독일의 무장에 대한 우려가 점점 더 커짐에 따라, 엘리자베스의 아르마다 격파에서 절정을 이룬 잉글랜드성性에 대한 서사들이

---

30) Dobson & Watson, *England's Elizabeth*, pp. 173, 175.
31) Ibid., p. 151.

영국적인, 너무나 영국적인

더욱 두드러졌다. 개신교도로서 국교회의 설립자이자 국가적 히로인인 글로리아나는 19세기 말에 이르러 개신교의 수호자가 아니라 가톨릭까지 아우르는 영국 국민의 상징으로 부각되었다. 게다가 제국의 시대를 맞아, 식민주의적 모험의 후원자라는 엘리자베스의 역할은 제국주의적 팽창과 국내 안정에 대한 서사와 연결되었다. 이때 영국 역사에서 가장 위대한 순간은 1688년의 명예혁명이 아니라 한 세기 앞선 아르마다 해전으로 소급되었고, 당시 교과서들은 잉글랜드성과 제국을 연결시키는 서사로 점철되었다. 엘리자베스 시대의 잉글랜드는 공격적으로 팽창하면서도 세련된 사회로 표상되었으며, 엘리자베스 시대는 황금시대로 신화화하여 '즐거운 잉글랜드'의 진정한 터전과 동일시되었다.[32]

엘리자베스가 더욱 주목받게 된 것은 당연한 일이었지만, 흥미로운 것은 그녀가 "무엇보다도 잉글랜드 여성"이라는 사실이 부각되었다는 점이다. 그녀가 "선한 남편, 잉글랜드 국민"에 대해 즐겨 이야기했다는 사실이 교과서에서 강조되는 반면, 그녀가 강력한 여성 지도자였다는 사실은 묵살되었다. 엘리자베스가 제국의 기초를 세우고 잉글랜드의 '바다표범'들, 즉 모험가들과 병사들에게 돈과 명예를 부여한 점은 칭찬되었지만, 그녀보다는 '바다표범'들이 최고의 칭송을 받았다.[33] 세기 전환기 엘리자베스 시대의 뱃사람들을 왕국의 수호자이자 위대한 제국의 건설자로 그려내는 이야기와 더불어, 그와 관련된 국민적 남성성의 개념들이 절정에 이르렀다. 이러한 서사들은 1930년대에 이르러서야 마

---

32) Alun Howkins, "The discovery of Rural England" in *Englishness: Politics and Culture 1880-1920* ed. B. Colls & P. Dodd(Croom Helm, 1987), pp. 70~71.

33) Stephen Heathorn, "Let us remember that we, too, are English", *Victorian Studies* vol. 38 no. 3(1995), p. 411.

침내 사라졌는데, 그 무렵 보다 자성적인 분위기가 지배하면서 엘리자베스는 시인과 뱃사람들의 글로리아나가 아니라 말썽 많은 의회와 갈등을 벌인 여왕의 관점에서 연구되기 시작했다.

20세기 들어 엘리자베스의 신화는 또다시 전환을 겪었다. 버지니아 울프가 엘리자베스에게서 반反빅토리아적 근대성의 모델, 즉 활기와 혁신, 총명함과 젊은 상상력, 열정과 폭력, 그리고 요염함의 시대를 보았듯이, 20세기는 다양한 이미지의 엘리자베스에 관심을 기울였다.[34] 그러나 세기 전반기에는 오래된 수수께끼, 즉 처녀성에 표현되는 엘리자베스의 타협된 여성성이 여전히 그 핵심을 이루었다. 엘리자베스의 처녀성이 빅토리아 시대에 '성적 제약으로부터의 비열한 도피'로 해석되었다면, 20세기에는 '재생산하지 않는 섹슈얼리티non-reproductive sexuality'를 의미했으며, 이는 결국 엘리자베스가 보여주는 외고집의 한 형태로 이해되었다.

엘리자베스 2세 즉위(1952) 직후, 미디어는 문화적 민족주의를 되살려 '새로운 엘리자베스주의'를 조장했다. 제2차 세계대전 이후의 비참한 상황과 제국에 대한 우려, 그리고 영국의 전반적인 지위 하락으로부터 벗어나려는 의도였다. 엘리자베스 2세 치하의 잉글랜드는 엘리자베스 1세 때와 마찬가지로 '조용하고, 통일되고, 독립적이고, 자유로울' 것이었다. 그러나 1953년의 크리스마스 방송에서 드러났듯이, 새로 등극한 여왕은 튜더 시대의 선조를 별로 흠모하지 않았다. "어떤 사람들은 나의 통치가 새로운 엘리자베스 시대를 이룰 것이라는 소망을 표현해 왔다. 솔직히 나는, 남편이나 자식의 축복을 받지 못했고 전제군주로서

---

34) Dobson & Watson, *England's Elizabeth*, p. 224.

34) Dobson & Watson, *England's Elizabeth*, p. 224.

34) Dobson & Watson, *England's Elizabeth*, p. 224.

엘리자베스 2세 즉위 직후 '새로운 엘리자베스주의'가 조장되었지만,
새 여왕은 엘리자베스 1세를 그다지 흠모하지 않았다.

다스렸으며 절대로 왕국의 연안을 떠날 수 없었던 튜더 왕조의 위대한
조상과 내가 닮았다고는 전혀 생각지 않는다."[35] 빅토리아 여왕의 '정
상성normality'처럼 새 여왕의 '정상성'이 다시 한 번 엘리자베스 1세를
완전히 비정상으로 각인시켰던 것이다. 그러나 1970년대 들어 페미니즘
이 세를 얻으면서, 엘리자베스가 미혼이며 자식을 두지 못했다는 문제
는 말끔히 사라졌다. 엘리자베스는 이제 오히려 전문 여성의 역할모델,
즉 마거릿 대처의 선례로 비춰졌으며, 탈제국주의적 근대성의 원천이자

35) Ibid., p. 235.

현대 여성을 위한 강력한 역할모델로 인식되었다. 1980년대에는 대처주의에 찬성하거나 반대하는 입장 모두에서 엘리자베스의 기억이 끊임없이 재생산되었다.[36]

엘리자베스는 한편으로 허영심 많고 거만하고 대담하고 자주 불공정하고 자주 참을 수 없을 정도로 우유부단한, 이를테면 정통 튜더 기질을 가지고 있었지만, 다른 한편 용감하고 영리하고 놀랄 정도로 분명하고 때로는 진정 현명하기도 했다. 엘리자베스는 이미지 창출을 통해 자신을 우리 가슴속에 대단히 강력한 여성으로 각인시키는 데 성공했다. 그러나 그 같은 이미지는 20세기 전반기까지도 갈등의 초점으로 간주되었다. 엘리자베스가 남긴 신화는 생존 시부터 부침을 겪었으며, 17세기 이래 그에 대한 향수 어린 숭배가 여러 버전으로 진행되었다. 한편에서는 그녀의 즉위와 무적함대의 격파, 17세기 후반 이후 나타난 개신교 히로인의 이미지, 로스트비프를 먹는 평범한 잉글랜드 사람이라거나 국민적 시인인 셰익스피어의 자애로운 후원자라는 내용의 거짓 이야기들이 만들어낸 엘리자베스, 영국의 제국적 모험과 해상권의 우위를 지배한 정신으로서의 엘리자베스, 그리고 그녀와 왕국 사이에 이루어졌다는 결혼 등의 신화가 존재해 왔다. 그러나 다른 한편에서는 여성성을 왕권에서 분리시키려는 의도들, 빅토리아라는 매우 다른 여왕권이 만들어낸 그늘 속에서 진행된 늙고 아이를 못 낳는 여자로서의 부정적 이미지, 그리고

36) Ibid., p. 218.

영국적인, 너무나 영국적인

모든 것에서 소외된 고집스런 여인으로서의 이미지가 존재해 왔다. 물론 부정적 신화보다는 긍정적 신화가 훨씬 강했기에 오늘날에도 글로리아나는 대중매체에서 가장 인기 있는 인물이자 역사상 가장 위대한 인물 가운데 한 명으로 남아 있다.

비록 엘리자베스의 신화가 여러 종류의 서사를 낳기는 했지만, 그녀가 남긴 영원한 신화는 특히 스펜서가 수놓은 요정의 여왕이라는 이미지일 것이다. 거기에는 아서 왕이 언덕 밑에 잠들어 있듯 엘리자베스도 단지 잠들어 있을 뿐이며, 잉글랜드가 필요로 할 때 아서 왕이 다시 일어날 것이듯 엘리자베스 역시 다시 일어설 것이라는 암시가 담겨 있다. 스펜서가 남겨 놓은 이 강력한 이미지는 아서 왕의 신부이자 아스트라이아 여신인 엘리자베스를 오늘날에도 숭배의 대상으로 만들고 있으며, 영국의 역사가 지속되는 한 영국 국민의 가슴속에 영원히 각인될 것이다. 그런 점에서 엘리자베스는 영원히 다시 살아나는 불사조이기도 하다.

9

처칠: '유럽'의 영웅

지난 2003년에 유럽 6개국, 즉 영국·독일·프랑스·스페인·이탈리아·폴란드를 대상으로 실시된 '19세기 이후의 유럽 위인들에 대한 선호도' 조사에서 놀랍게도 윈스턴 처칠Winston Churchill(1874~1965)이 1위를 차지했다. 그리고 퀴리 부인과 드골이 그 뒤를 이었다. 영국 내 설문조사에서 처칠이 역사상 가장 위대한 인물로 지목되는 것은 흔한 일이지만, 해외에서조차 처칠이 그렇게 기억되고 있다는 것은 놀라운 일이다. 선정 이유는 제2차 세계대전에서 그가 행한 역할이었다. 유럽이 히틀러

에게 거의 완전히 굴복했을 때 결연하게 고독한 투쟁을 이끈 처칠의 존
재 없이 오늘날 유럽의 번영은 불가능했으리라고 판단한 것이다. "나는
피와 노고와 눈물과 땀밖에는 줄 수 있는 것이 아무것도 없습니다.
(……) 우리의 목표는 어떤 대가를 치르더라도 승리하는 것입니다"라는
감동적인 웅변으로 국민을 독려한 처칠은, 카이로와 테헤란, 얄타로 동
분서주하며 전쟁과 평화, 전후세계의 운명을 주도한 탁월한 국제적 정
치가로 사람들의 기억 속에 건재해 있다.

그러나 다른 한편, 처칠은 식민지 독립과 여성해방에 소극적 태도
를 취하는 등 민주주의와 인권 신장에 크게 기여하지 못했다는 비판을
받기도 하며, 전쟁 동안에 그가 펼친 정책 때문에 오히려 영국의 강대국
위상이 몰락했다는 비난의 목소리도 있다. 이처럼 '구세주'라는 호평에
서부터 국가의 위상을 훼손시킨 사람이라는 비난까지 받는 논란의 인물
이 바로 처칠이다. 1990년대까지 그에 관한 글이 무려 3천 편 넘게 쓰였
다는 통계가 있을 정도로 처칠은 영국 현대사를 압도하고 있다. 물론 아
직도 생존 당시의 기억이 생생하기 때문에 그에 대한 객관적 평가는 여
전히 어려운 실정이며 조심성이 요구된다.[1]

영웅 처칠은 1940년이 되어서야 탄생했다고 일컬어진다. 1874년생
이니 66세가 되어서야 전성기가 시작된 것이다. 그 2년 전만 해도 처칠
의 인생은 실패작으로 인식되고 있었다. 그의 경력은 긴 생애만큼이나
다양했다. 62년에 걸친 하원의원직, 30년에 가까운 각료직(상무부·재무
부·내무부·식민부·해군·육군 및 공군), 그리고 8년여의 총리직을 역

---

1) 그에 대한 사후 평가의 변화에 관해서는, John Ramsden, *Man of the Century: Winston Churchill
and his Legend since 1945*(Harper Collins, 2002) ch. 12 참조.

영국적인, 너무나 영국적인

임한 그에게 많은 공과가 있었음은 당연하고, 평가 또한 다양할 수밖에 없다. 그러나 역사에 남은 처칠의 궁극적 이미지는 영국과 유럽을 나치즘으로부터 구해준 영국의 영웅이자 유럽의 영웅이다. 그가 세상을 떠났을 때, 그는 전쟁을 겪지 않은 세대에게 어떤 메시지도, 어떤 비전도 남기지 못할 것이라는 견해가 제시되었다. 그러나 전쟁 지도자가 아니라 불굴의 의지와 위험에 직면하는 용기를 지닌 한 인간으로서의 처칠은 세대를 막론하고 여전히 역할모델로, 그리고 신화로 남아 있다. 이제 처칠과 그를 둘러싼 신화를 찾아나서 보자.

| 처칠의 특이한 경력 |

윈스턴 처칠은 1874년에 보수당 거물 정치인인 랜돌프 처칠 경과 뉴욕 금융가 백만장자의 딸 사이에서 태어났다. 랜돌프 처칠은 스페인 왕위 계승 전쟁(1702~13)에서 눈부신 활약을 펼쳐 영국 역사상 가장 위대한 지휘관 가운데 한 명으로 꼽히는 초대 말버러 공작의 9대손으로, 윈스턴이 태어난 곳은 초대 공작이 앤 여왕으로부터 하사받은 블레넘 궁이었다. 윈스턴의 어린 시절은 행복하지 못했다. 아버지는 정치에, 어머니는 사교계에 몰두해 있었다. 사랑을 갈구하며 외로운 어린 시절을 보낸 윈스턴은 엘리트 사립학교인 해로에 입학했지만 학업 성적이 좋지 못하여 옥스브리지 진학을 포기하고 간신히 육군사관학교에 진학할 수 있었다. 이 사실은 그에게 평생 콤플렉스로 작용했다. 그의 집안 내력은 당연히 정계 입문을 고려하게 했지만, 처칠은 우선 보어 전쟁을 취재하는 종군 특파원직을 택하여 남아프리카로 떠났다. 그는 포로가 되었다가 극적으

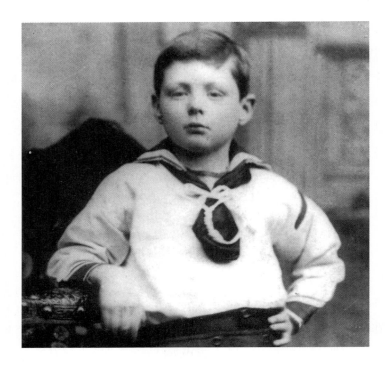

아버지는 정치에, 어머니는 사교계에 몰두한 탓에,
윈스턴은 사랑을 갈구하며 외로운 **어린 시절**을 보냈다.

로 탈출하여 다시 기병연대에서 맹활약했는데, 이때 얻은 대중적 인기
를 바탕으로 1900년에 하원에 입성할 수 있었다. 그 후 1922~24년을 제
외하고는 1964년에 은퇴할 때까지 줄곧 하원을 지켰으며, 가장 오랫동
안 의원직을 보유한 의원에게 돌아가는 명예인 '의회의 아버지'라는 칭
호를 받았다.[2]

　　처칠은 아버지를 좇아 보수당 의원으로 경력을 시작했지만, 그의

　　　　　　　　　　　　　　　영국적인, 너무나 영국적인

처칠은 정계 입문에 앞서, 보어 전쟁을 취재하는
종군 특파원직을 택하여 남아프리카로 떠났다.

성향이 반드시 보수주의적이지는 않았다. 1897년에 그는 어머니에게 보
낸 편지에서, "나는 이름만 빼고는 자유주의자입니다. 아일랜드 자치 문
제만 아니라면 자유당으로 의회에 진출하고 싶습니다"라고 토로했다.[3]
그러나 그는 현실을 고려하여 스스로를 아버지와 마찬가지로 '토리 민

2) 처칠은 총리직에서 물러났을 때 귀족 작위를 제의받았지만 거절했다.

주주의자'[4]로 규정했다. 그러다가 1904년 조지프 체임벌린Joseph Chamberlain의 보호관세 정책에 반대하여 자유당으로 옮겼다. 처칠은 당적을 바꾸면서 큰 대가를 치렀는데, 보수주의자들이 그를 뻔뻔스러운 기회주의자로 여겼다면 자유주의자들은 그의 토리적 배경과 군대 경력을 결코 잊지 않았던 것이다. 자유당에서 그는 화려한 경력을 쌓아 나갔다. 1908년 애스퀴스 정부의 상무장관으로 내각에 진입한 처칠은 로이드조지David Lloyd George와 함께 복지개혁·토지세·인민예산 등의 사회개혁 정책을 추진한 급진주의자로 알려졌다. 그러나 사람들은 그런 처칠의 모습을 믿으려 하지 않았다. 웨일스 출신의 로이드조지가 급진주의자로서 완벽한 경력을 가지고 있었다면, 귀족 출신인 처칠의 행동은 위선이라는 인상을 주었던 것이다. 그러다가 1910년경부터 그가 우익으로 옮겨가고 있다는 징후가 드러났다. 사회질서를 옹호하는 보수 정객과 운명을 타고났다고 느끼는 군사적 지도자의 성격이 나타나면서, 처칠 안에 잠재해 있던 보수 성향과 급진 성향 가운데 하나가 다른 하나를 압도하기 시작한 것이다. 게다가 그의 반反볼셰비키적이고 반反사회주의적인 노선을 생각할 때, 보수당으로의 회귀(1924)는 어쩌면 예견된 과정이었다. 처칠은 1919년 이후 반공산주의에서 자신의 정치적 정체성을 찾았다. 그의 정치 경력 가운데 그것만큼 일관된 원칙도 없었다. 그러나 1937년에는 "공산주의와 나치즘 사이에서 선택해야 한다면 나는 공산주의를 택하겠다"고 선언함으로써, 히틀러가 스탈린보다 더 사악한

---

3) Paul Addison, "Churchill's Three Careers" in *Winston Churchill in the Twenty-First Century* eds. David Cannadine and Roland Quinault(Cambridge: Cambridge University Press, 2004), p. 13.
4) 토리 민주주의는 사회 엘리트와 대중이 가부장적으로 맺는 관계를 통해 노동계급의 이해관계가 보존된다고 주장하는, 디즈레일리로부터 시작된 보수당의 한 원칙이다.

적이라는 자신의 판단을 공포했다.

그 좋은 배경을 가지고도 옥스브리지에 진학하지 못할 정도로 '지적 열등아'로 생각되던 처칠은, 일생 동안 많은 양의 글을 썼고 베스트셀러 작가가 되었으며 1953년에는 노벨 문학상을 수상했다. 뿐만 아니라 영국 역사상 가장 기억에 남는 명연설을 한 정치인으로 남아 있다. 그가 글을 쓴 것은 돈이 필요했기 때문이다. 귀족 집안 출신이었지만 상속받은 유산이 거의 없었고, 무척이나 사치스런 생활을 영위했기 때문에 항상 돈이 부족했다. 처칠이 특히 닮고자 했던 저자는 기본Edward Gibbon과 머콜리Thomas Macaulay였는데, 그는 기본의 《로마제국 쇠망사》와 머콜리의 《잉글랜드 역사》를 대단히 주의 깊게 읽으면서 문체를 공부했다. 처칠의 대표작으로는 아버지의 전기인 《랜돌프 처칠 경》, 《영어권 국민들의 역사》, 《전쟁 회고록》 등이 있다. 그는 스스로를 역사가로 생각했으며, 항상 "역사를 공부하라. 그 안에 통치학이 다 들어 있다"고 주장했다. 그러나 그가 본 역사는 기본적으로 정치적이고 군사적인 것이었고, 구조나 경제적 힘보다는 위대한 인물들에 의해 만들어지는 역사였다.

처칠은 육체적으로 호감을 주지 못했고, 카리스마를 지니고 있지도 않았다. 5피트가 조금 넘는 작은 키에 구부정한 몸, 얇은 윗입술에 피부도 희끄무레했다. 어느 공정한 관찰자가 기록했듯이, 그는 "중간키의 두각을 나타내지 못한 젊은이로, 말할 때 혀가 잘 돌아가지 않았다."[5] 옥스브리지 교육을 받지 못함으로써, 그는 지적 열등감을 느꼈을 뿐만 아

---

5) David Cannadine, "Introduction" in *The Speeches of Winston Churchill* ed. Cannadine (Penguin, 1990), p. 2.

카툰으로 그려지기까지 한 **명연설가 처칠**의 모습은,
지적 열등감과 말더듬이 습관을 극복한 영웅적인 노력의 결과였다.

니라 대학에서 즉흥토론이나 즉석연설을 훈련할 기회도 얻지 못했다. 그러나 그는 이 모든 약점을 각고의 노력으로 극복했다. 그는 크롬웰·버크·피트William Pitt·디즈레일리Benjamin Disraeli·글래드스턴William Ewart Gladstone의 위대한 연설을 면밀히 공부하고 연구하고 암기했다. 또 아버지의 연설을 외우고 그의 복장과 매너를 따랐으며, 영웅적인 노력으로 말더듬이 습관을 극복했다. 오랫동안 그는 미리 써서 외우지 않은 말은 전혀 할 수 없었는데, 너무나 철저히 준비했던 나머지 그가 외워서 연설한다거나 말을 더듬는다는 사실을 아무도 알아채지 못할 정도였다. 역사에 남은 명연설가 처칠은 그처럼 후천적 노력에 의해 만들어진 것이었다.

1940년에 처칠은 그의 아버지가 그토록 원했지만 얻을 수 없었던 최고의 영예, 즉 총리의 자리에 올랐다. 그리고 대독 전쟁을 승리로 이끌었다. 그러나 국민적 영웅이라는 칭호에도 불구하고, 종전 후 실시된 총선에서는 노동당에 패배했다. 이제 그의 정치 경력은 완전히 끝난 것처럼 보였다. 그러나 아무도 기대하지 않았을 때 그는 다시 총리가 되었고(1951), 4년 후에 그 자리를 이든Anthony Eden에게 넘겨주고 나서도 1964년에 은퇴할 때까지 하원을 지켰다. 그리고 그로부터 1년이 채 지나지 않은 1965년 1월 24일에 타계했다. 그의 아버지가 사망한 날로부터 꼭 70년 뒤였다.

처칠의 경력은 세 단계로 구분할 수 있다. 첫 번째 단계는 1900년 하원 진출에서부터 1915년 다르다넬스 작전 실패까지의 시기, 두 번째 단계는 1940년 총리에 오르기 전까지의 실패와 좌절의 시기, 그리고 마지막으로 1940년 이후 국민적 영웅으로 떠오른 시기다. 첫 번째 단계에서 처칠의 공적 이미지는 긍정적이지 않았다. 그는 자기중심적이고 곧 잘 흥분했으며, 일반적으로 '성질 급한 젊은이'로 알려져 있었다. 또 대체로 믿을 수 없고 일관성 없는 사람으로 간주되었으며, 충동적 야망과 자기중심주의, 거대한 에너지, 모험에 대한 갈망 등을 특징적으로 드러냈다. 로이드조지는 처칠 가문에 정신이상의 유전자가 있지 않은가 의심했는데, 실제로 처칠의 아버지는 정신병으로 사망한 것으로 알려져 있었다.[6]

당적을 두 번이나 바꾼 것도 진실성 결여의 대표적 사례로 꼽혔다. 기존 정치행태에 맞추기에는 그의 성향이 너무나 독자적이었던 것이다. 처칠은 항상 영웅적인 것에 대한 환상을 지니고 있었고, '위대한 지도자, 국민의 호민관, 철의 재상, 국왕의 수호자, 자유의 주창자'의 역할을 자임했다. 그의 이런 레토릭은 상당히 유명했는데, 그로 인해 그에게는 모든 것이 "항상 운명의 시간이며 최후의 심판일 것"이라는 야유를 사기도 했다.[7] 그는 언제나 대의를 위해 행동하는 선지자 같은 인물이었다. 그러나 그의 대의는 그때그때 달랐다. 상무장관일 때는 사회개혁을 주창했지만 내무장관일 때는 노동자들의 선동을 엄하게 억눌렀다. 해군장관일 때는 해군 증강에 열성을 기울였지만 재무장관일 때는 해군 예산을 삭감했다. 또 '소小잉글랜드'주의자로서 체임벌린의 제국적 통합 정책에 반대하여 보수당을 떠났지만 1930년대에는 완고한 제국 지지자가 되어 있었다. 그리고 광적이라 할 정도로 반反볼셰비키였지만 1938년에는 소련과의 동맹을 받아들였다.

처칠은 극적인 사람이었다. 그를 잘 알고 지내던 로이드조지는 그

---

6) 최근의 의학적 분석에 의하면, 랜돌프 처칠 경의 사인은 뇌종양이었다.
7) Robert Skidelsky, *Interests and Obsessions: Historical Essays*(Macmillan, 1994), pp. 169~170.

　　　　　　　　　　　　　영국적인, 너무나 영국적인

를 "평소 운전을 잘하다가도 갑자기 당신을 절벽으로 몰아넣는 운전기사"로 표현했으며, 1940년에 외무장관 핼리팩스도 처칠이 균형 잡히지 않은 정신을 지녔다고 말했다. 물론 일관성 없다는 비난을 너무 강조할 필요는 없다. 어느 누구도 긴 경력 동안 자신의 의견을 바꿀 수 있기 때문이다. 처칠은 마음을 바꿀 수 있고, 실제로 바꾸었던 사람이다. 초기에는 민주주의를 탐탁찮게 여겼지만 나중에는 의회 민주주의의 대변자가 되었고, 아일랜드 자치에 대해서도 마음을 바꾸었다. 그는 아버지의 전기에서 "마음을 바꾸지 않는다는 것은 존경할 만한 성정이다. 그러나 나 자신 결코 그렇게 되지 않기를 충심으로 바란다"고 쓰고 있다.[8]

그러나 처칠에게는 사람들로 하여금 그를 불신하고 싫어하게 만드는 무언가가 있었다. '처칠의 마술'에는 끌어당기는 힘만큼이나 밀치는 힘도 있었다. 경력의 각 단계마다 끌어당기는 힘이 지배적이기도 하고 밀치는 힘이 지배적이기도 했다. 그가 1936년에 신설된 통합국방부 장관직에서 탈락했을 때 각료들은 "하나님 감사합니다. 우리를 윈스턴 처칠로부터 구해주셔서"라며 고마워했다고 한다. 그가 종전 후 실시된 총선에서 패배했을 때 거의 모든 정당인들은 박수를 보냈다. 어떻게 해서 일생의 노력투구 끝에 그런 평가를 받게 되었는가? 그리고 그런 평가는 어떻게 바뀌게 되었는가?

---

8) John Lukacs, *Churchill: Visionary, Statesman, Historian*(New Haven: Yale University Press, 2002), pp. 138~139, 143.

| 1940년 이전의 처칠: 실패한 정치인 |

만약 처칠이 1940년 이전에 타계했거나 정계를 완전히 떠났다면, 그는 다르다넬스 작전의 실패, 러시아 내전 당시 백군 편을 들어 개입한 일, 재무장관 때 만든 예산들과 금본위제로의 복귀, 인도 자치법안을 끝까지 반대한 일 등으로 역사에 기억되었을 것이다. 이 모든 실수들의 공통점은 처음부터 잘못되었거나 충분히 고려되지 않았다는 것이며, 궁극적으로는 야심만만하고 상상력 넘치는 처칠의 성격에 그 책임이 있었다. 제대로 성숙되지 않은 아이디어에 대한 그의 열정은 잘 알려져 있었는데, 비어트리스 웹은 1903년에 처칠을 처음 만난 후 "영국 귀족이라기보다 미국의 투기업자" 같다고 평했다.[9]

우선 해군장관이던 처칠이 참모진의 반대를 무릅쓰고 감행했던 다르다넬스 작전의 실패를 살펴보자. 제1차 세계대전 중에 영국은 독일의 동맹국인 터키에 맞서 수에즈 운하에 새로운 전선을 전개해야 하는 상황에 직면했다. 영국은 이집트와 지중해에서 인도로 이어지는 통로를 지키기 위해, 그리고 이슬람 신앙권의 중심지인 이스탄불의 존재가 영제국 내 무슬림들의 반란을 부추길 가능성을 사전에 차단하기 위해 개입을 결정했다. 처칠이 구상한 전략은 다르다넬스 해협에 함대를 돌진시켜 일거에 이스탄불을 점령함으로써 터키를 붕괴시키고 배후에서 독일을 치는 것이었다. 고도로 독창적인 이 작전은 오스만 터키를 전쟁에서 탈락시키는 빠른 방법인 데다가, 프랑스 전선에서 병력을 빼낼 필요도 없었다. 뿐만 아니라 성공할 경우 많은 사상자 없이 승리를 가져다줄

---

9) Addison, "Churchill's three Careers", p. 12.

영국적인, 너무나 영국적인

것이었고, 남쪽 러시아와의 통신을 확보해줄 것이었다. 1915년 3월 18일, 해군 참모총장 피셔를 비롯한 장군들의 반대를 뒤로 한 채 처칠의 주도로 작전이 결행되었다.

그러나 폭이 평균 4.8킬로미터에 지나지 않고, 곳곳에 기뢰가 부설되어 있으며, 견고하게 요새화된 깎아지른 듯한 절벽이 수십 킬로미터씩 이어진 해협을 돌파하기란 불가능했다. 다르다넬스 작전의 진정한 비극은 그 다음부터였다. 함대 돌진이 불가능함을 알게 된 영국군은 해협 서쪽으로 뻗어 있는 갈리폴리 반도에 육군을 상륙시켜 해협을 제압하려 했다. 즉 반도 최남단에 영국 육군을 상륙시켜 마구잡이로 북상하도록 하는 한편, 오스트레일리아-뉴질랜드 연합군단을 북방에 상륙시켜 주력부대의 진로를 엄호한다는 구상이었다. 8개월의 작전 기간 동안 투입된 병력은 50만을 넘었고, 사상자는 20만에 이르렀다. 결국 그 해 말 야음을 틈타 해안의 생존자들을 구출함으로써, 다르다넬스-갈리폴리 작전은 대단원의 막을 내렸다.

다르다넬스 작전은 처칠의 가장 훌륭한 면모와 가장 형편없는 면모를 동시에 보여주었다. 처칠은 자신이 장군들보다 전쟁의 원칙을 더 잘 이해한다고 자부했는데, 아마도 조상인 말버러 공작을 항상 기억하면서 자신이 그 피를 이어받았다고 생각했던 것 같다. 처칠이 아니었다면 작전이 그처럼 오래 지속되지도 않았을 것이다. 그러나 작전이 실패로 돌아갔을 때, 처칠은 다른 사람들이 자신의 추진력과 강력한 힘을 따라오지 못했다고 불평했다.[10] 한편 후대의 군사 전문가들은, 비록 다르다넬

---

10) A. J. P. Taylor, "The Statesman" in *Churchill Revised: A Critical Assessment*, Taylor et al.(NY: Diall Press, 1969), p. 21.

스 작전이 성공하여 터키가 전쟁에서 떨어져나갔다 하더라도 발칸반도는 독일의 핵심부를 점령하는 길이 아니었다고 지적했다. 물론 해군장관으로서 처칠이 거둔 무시 못할 공적도 있다. 그는 제1차 세계대전 전야에 역사의 경로를 바꿀 거대한 모험을 감행했다. 즉 영국 해군의 연료를 석탄에서 석유로 바꾸었는데, 그 결과 군함의 속도가 향상됨으로써 독일 군함에 대해 결정적 우위를 점할 수 있었던 것이다.

한편 국내 정책의 실책도 여러 곳에서 지적된다. 처칠은 국내 문제에서도 마찬가지로 낭만적이면서 투쟁적이었다. 내무장관 시절에는 웨일스 광부들의 파업 현장에 병력을 투입했고, 재무장관 시절에 벌어진 1926년 총파업에서는 볼드윈 총리가 타협과 협상을 추구할 때 노동자들을 '적'이라 부르면서 런던 거리에 무장 군대를 투입하고 노조를 불법 단체로 만들려 했다. 그리고 그로 인해 평생 동안 반反노동계급적이라는 비난을 짊어지게 되었다. 사실 이는 편파적인 이미지다. 처칠은 광부들에게 동정적이었으며 그들이 정부와 고용주들로부터 부당한 대우를 받았다고 생각했다. 그러나 광부들이 도전해 오자 그의 동정심은 사라졌다. 그가 생각하는 사회정책이란 자비로운 정부가 국민을 위해 베푸는 것이지 권리의 주장이 아니었기 때문이다. 그것이 그가 이해하는 '토리민주주의'의 원칙이었고, 동시에 그 한계였다. 영국 노조들의 최상위 단체인 노동조합회의TUC 의장을 역임하고 전후 노동당 정부의 각료를 지낸 아이작스George Isaacs는, 처칠이 정치적으로 뛰어난 재능을 지니고 있었음에도 노조의 활동과 역할을 제대로 이해하지 못했다고 판단했다. 엘리트 출신인 그에게는 노조가 노동 대중의 지도력을 얻고 유지하는 기술이 낯설었다는 것이다.[11] 처칠의 반응은 그의 출신 배경보다 정치적 신념의 차이 때문이었다. 그는 특히 생디칼리슴Syndicalisme이 주장

영국적인, 너무나 영국적인

하는 '직접 행동', 즉 총파업을 민주주의에 대한 위협이자 의회 정부를 전복하려는 시도로 간주했다. 그리고 그것이 처칠로 하여금 급진주의로 부터 후퇴하도록 만드는 하나의 원인을 제공했다.

처칠의 재무장관직(1924~29) 수행 역시 대재앙이었다. 특히 금본위 제로 돌아갈 때 전쟁 전과 동일한 달러-파운드 환율을 적용한 결정이 큰 실책이었다는 데는 학자들 사이에 이론異論이 없다. 그러나 당시에는 비판자가 거의 없었다. 그 정책을 통해 런던이 국제적 금융 중심지의 위치를 회복하리라는 점은 아주 당연하게 여겨졌다. 보다 근본적인 문제는 처칠이 재무장관을 5년간이나 역임했으면서도 대공황이 최정점에 이르렀을 때는 그 거대한 경제적 문제에 대해 아무 말도 하지 않았다는 점이다. 실업, 보호무역, 경제 부흥에 대한 끝없는 논쟁에서 침묵을 지킨 채, 처칠은 오히려 인도 자치정부를 허용하려는 움직임을 막는 데 정치적 열정을 쏟아 부었다. 그는 심프슨 부인과의 결혼으로 야기된 에드워드 8세의 퇴위 위기 때(1936)에도 왕을 옹호했는데, 많은 보수당 의원들은 그의 행동을 단순히 총리 볼드윈에 반대하기 위한 것으로 생각했다. 정부가 무너지면 다시 각료가 될 수 있으리라는 희망에서 그랬다는 것이었다. 그러나 그 정도로 추락했던 처칠의 위신은 제2차 세계대전의 발발과 더불어 극적으로 부활했다.

---

11) George Isaacs, "Churchill and the Trade Unions" in *Churchill by His Contemporaries* ed. Charles Eade(NY: Simon & Schuster, 1954), pp. 310~334.

| 1940년 이후의 처칠: 자유세계의 구세주 |

1939년에 전쟁이 발발하자, 처칠은 1914년과 마찬가지로 다시 해군장관에 임명되었다. 1930년대 내내 갈리폴리의 실책이 그를 따라다녔고, 그의 반대자들은 변명의 여지 없이 잘못된 결정과 미숙함을 들어 그를 몰아세웠다. 그러나 막상 전쟁이 터지자 그가 지난 10년간 내각에 포함되지 못했다는 사실이 오히려 장점이 되었다. 이제 희생양은 뮌헨협정을 맺은 사람들이었기 때문이다. 처칠은 일찍이 히틀러 정권의 위험을 감지하고서, 체임벌린 정부의 대독 유화정책을 강력히 비판하며 재무장을 주장한 선지자였다. 처칠이 히틀러에 대해 우려를 표명한 것은 1930년 10월이었는데, 그때는 영국은 물론 독일에서도 아마 히틀러 본인을 제외하고는 아무도 그가 장차 총통이 되리라고 생각지 못하던 시점이었다. 1930년대의 대공황과 무슨 수를 써서라도 또 다른 전쟁은 회피해야 한다는 평화주의의 분위기 속에서, 처칠은 고독한 투쟁을 벌여야 했다. 나치 독일의 도발로 결국 그의 대독 강경노선이 빛을 보기는 했지만, 전쟁의 상처를 치유하기에 급급하던 1930년대 말 영국의 지배적 여론은 처칠을 '전쟁광'으로 매도하고 체임벌린을 '뮌헨회담의 영웅'으로 환영할 만큼 평화 유지를 갈망하고 있었다.

전쟁이 시작되자, 특히 프랑스가 함락되자, 많은 영국인들은 히틀러와의 협상만이 유일한 살길이라고 믿었다. 내각 내에서도, 보수당 내에서도, 그리고 국민 중에서도 많은 사람들이 그렇게 생각했다. 그러나 처칠은 협상을 단호히 거부했다. 사실 1940년의 영국은 혼자서 나치 독일에 맞서 싸울 만한 준비가 되어 있지 않았다. 1940년 여름에 영국이 가히 영웅적이라 할 만한 용기로 히틀러에 대항하여 고독하게 투쟁한

영국적인, 너무나 영국적인

기억은 오늘날 영국의 '가장 좋은 시간the Best Hour'으로서 국가적 신화가 되어 있지만, 당시 상황에서 계속 싸운다는 것은 결코 당연한 결론이 아니었다. 체임벌린 총리와 핼리팩스 외무장관은 영국의 독립과 통일을 보장한다는 조건하에 무솔리니를 통해 히틀러에게 평화협상을 제안하려 했다. 만약 실제로 협상이 시작되었다면, 그것은 되돌릴 수 없는 '미끄러운 경사길'의 첫걸음이었을 것이다. 처칠은 이 모든 것에 결연히 반대했고, 드디어 체임벌린이 실각함으로써 그에게 기회가 왔다.

물론 처칠이 처음부터 무조건 협상에 반대한 것은 아니었다. 그는 총리가 되고 나서 모든 것을 다 바쳐 승리해야 한다고 선언했지만, 그전까지는 히틀러와의 타협에 반대하지 않았다. 처칠은 사석에서 승리는 물론이고 살아남을 수 있는 기회도 거의 없음을 자주 토로했다. 그 역시 제국의 일부를 희생하고 중부 유럽을 독일에 넘겨주는 한이 있어도 영국의 독립만 인정받는다면 협상할 수 있다는 입장이었다. 따라서 처칠이 유화론자들과 근본적으로 다르지는 않았으며, 그가 거의 맹목적으로 전쟁을 수행하고자 했다는 상투적 이미지는 그의 복잡성을 무시한 채 그를 비현실적 기초 위에 세우는 것이라는 평도 있다.[12] 단지 그는 이미 때를 놓쳤고 이제는 싸우는 길뿐이라고 판단했던 것이다.

1940년 5월에 총리가 된 처칠은 곧바로 됭케르크 철수 작전을 지휘해야 했다. 독일군의 대공세에 쫓겨 프랑스 연안에 포위되었던 33만여 명의 영국-프랑스군을 구출해 낸 이 작전에서 다수의 민간선박을 동원한 영국은, 병사들 거의 대부분을 무사히 영국 본토로 철수시키는 대전

---

12) David Carlton, "Churchill and the two 'Evil Empires'" in *Winston Churchill in the Twenty-First Century*, pp. 173~174.

과를 올렸다. 이 성공이 너무나 인상적이었기 때문에, 오늘날에는 히틀러가 영국과의 평화의 길을 폐쇄하지 않으려고 일부러 됭케르크에서 총공격을 보류했다는 해석까지 나오고 있다. 간신히 돌아온 한 젊은 병사는 그때의 감동을 다음과 같이 회상했다.

> 우리 부대는 됭케르크로 가는 길에 나치로부터 큰 타격을 받았다. 살아남은 자는 장비고 뭐고 모두 내동댕이치고서 작은 배에 매달렸다. 도버항에 도착한 후에도 모두 공포로 망연자실해 있었다. 그때 처칠의 목소리가 라디오에서 흘러나왔다. '우리는 결코 항복하지 않습니다.' 그 소리를 들었을 때 내 뺨에는 눈물이 흘렀다. (……) 독일 전차에 맞서야 한다. 그리고 우리는 반드시 승리한다.[13]

영국인들의 기억의 터전에 확고히 자리 잡고 있는 '제국의 가장 좋은 시간'은 이렇게 시작되었다. 모든 나라들이 다 히틀러에게 정복당하고 굴복한 상황에서 영국 혼자 꿋꿋이 맞섰는데, 당시 히틀러가 얼마나 승리에 가까이 가 있었는가를 알면 처칠의 위대함이 더욱 돋보인다. 만약 히틀러가 1940년 6월이나 7월에 소규모의 육군 병력을 영국에 보냈더라면 아마도 전쟁에 승리했을 것이라는 추측이 군사학자들로부터 나오기도 했다. 어느 정치인의 증언대로 처칠은 혼자서 버텨냈다.

그는 정말로 그 전쟁에서 거의 혼자 싸웠다. 프랑스는 패배했고 미국은 아직 참전하지 않았으며 우리에게는 아무 동맹국도 없었고 무기도 절

---

13) 나카니시 테루마사, 서재봉 옮김, 《대영제국 쇠망사》(까치, 2000), 228~229쪽.

영국적인, 너무나 영국적인

대적으로 모자랐다. 그러나 하느님이 도우셔서 우리는 '이 성냥이 필요 없는 무기'를 가지고 있었다. 즉 처칠의 신념과 용기와 말과 행동이라는 무기를 가지고 우리는 적에게 강력히 도전했다. 그는 우리 모두에게 감명을 주어 최상의 노력을 바치도록 만들었다. 우리의 생존이 그의 덕분이라는 사실을 영원히 잊지 말자.[14]

물론 처칠의 지도력만이 영국을 구한 것은 아니다. 1938년 이후 빠르게 증강된 영국 공군의 위력이 1940년 여름의 '브리튼 전투'에서 발휘되었다.[15] 큰 무리를 지어 내습하는 독일 공군기에 맞서 싸운 소수 '허리케인' 전투기와 '스핏파이어' 전투기의 용맹은 가히 영웅적이었다. 처칠은 이를, "역사상 이렇게 많은 사람들이 이렇게 소수의 사람들에게 이렇게 많은 것을 빚진 적이 없었다"며 감동에 찬 수사로 예찬했다. 사실 됭케르크 철수에서부터 '브리튼 전투'로 이어지는 1940년 여름의 전투는 국가적 위기 속에서 최후의 일선을 사수한 것에 불과했지만, 이를 통한 영국인들의 정신적 고양은 이후 제2차 세계대전과 대영제국의 운명에 결정적인 영향을 미치게 되었다.

나치의 영국 침략이 어느 순간에라도 가능해 보일 때, 그리고 영국의 승리는 거의 생각지도 못할 때, 처칠의 연설은 그 어느 때보다도 훌륭했다. 때로는 그가 전쟁 내내 의회에서, 그리고 라디오에서 행한 연설이야말로 영국이 가지고 있던 '유일한 무기'였다. 누군가의 표현대로 "그는 영어를 동원하여 전투에 내보냈다." 처칠의 많은 연설들이 무척

---

14) Ramsden, *Man of the Century*, p. 86.
15) 실제로 체임벌린과 유화파는 1938년 9월 뮌헨회담 이후 국력을 정비하고 재무장에 진력하여, 영국 공군 전투기의 전력이 1년 전보다 10배로 증가했다.

나치 독일에 맞선 전쟁 동안, 때로는 처칠이 의회나 라디오에서 행한 연설이야말로
영국이 가지고 있던 '유일한 무기'였다. 그는 "영어를 동원하여 전투에 내보냈다."

감동적이고 역사적이지만, 1940년 5월 13일에 하원에서 행한 연설은 너무나 유명하므로 여기에 발췌해 싣는다.

나는 피와 노고와 눈물과 땀밖에는 줄 수 있는 것이 아무것도 없습니다. (……) 여러분들은 물을 것입니다. 우리의 정책이 무엇이냐고. 나는 대답하겠습니다. 전쟁을 행하는 것이라고. 바다에서, 땅에서, 하늘에서, 하나님이 우리에게 주신 모든 힘과 능력을 다하여 전쟁을 하는 것이라고. 그것이 우리의 정책입니다. 여러분은 묻습니다. 우리의 목표는 무엇이냐고. 나는 한마디로 대답하겠습니다. 승리라고. 어떤 대가를 치르더라도 승리하는 것이라고. 모든 공포에도 불구하고 승리하는 것, 아무리 길고 어려운 길이 될지라도 승리하는 것이라고. 지금 나는 모든 분들의 도움을 얻어 다음과 같이 선언합니다. '함께 갑시다. 우리의 통일된 힘으로 다 함께 나아갑시다.' [16]

물론 처칠과 영국 혼자서는 히틀러를 정복할 수 없었다. 그 승리는 미국의 참전이 있었기에 가능했다. 그러나 처칠이 영국을 통치하는 한 히틀러 역시 전쟁에서 이길 수 없었다. 아마도 그 때문에 히틀러는 그렇게 끝까지 처칠을 미워했던 것 같다. 히틀러는 스탈린을 존중하고 존경하기까지 했으며 루스벨트는 얕보았지만, 처칠은 그 누구보다도 증오했다.

처칠의 영웅적 지도력에 대해 비판이 없는 것은 아니다. 그 당시에도 그랬고 지금도 마찬가지지만, 그에게 가해진 비판 가운데 하나는 총

---

16) *The Speeches of Winston Churchill* ed. David Cannadine(Penguin, 1990), p. 148.

력을 기울여 전쟁에 임하기보다 히틀러와 타협함으로써 영국의 국력이
바닥나도록 싸우는 일은 피했어야 했다는 것이다. 신중한 국가 지도자
라면 '어떤 대가를 지불하더라도 승리를' 이라는 결정은 회피했어야 한
다는 주장이다. 또 다른 비판은 전후세계에 대한 것이다. 일부 역사가들
은 처칠이 독일과 싸우기로 결정함으로써 독일을 몰락시킴과 동시에 대
륙의 동쪽 절반이 러시아의 지배하에 들어가도록 만들었다고 비판한다.
한 예로 영국 출신의 역사학자인 퍼거슨은, 제2차 세계대전 때 영국이
참전하지 않았다면 '독일 지도하의 다소간 통일된 유럽'은 받아들일 만
했을 것이고 장기적으로는 영국에 유리했을지도 모른다고 주장한다. 여
기서 우리는 '나치가 지배하는 유럽 전체'와 '소련이 지배하는 유럽의
반'에 대한 처칠의 판단을 살펴보아야 한다. 1940년 초에 이미 그는 독
일이 유럽 전체를 지배하든가 아니면 러시아가 유럽의 반쪽을 지배하든
가라는 두 가지 대안을 전망하고 있었다. 결국 그는 반쪽이 아무것도 없
는 것보다 낫다고 판단했던 것이다.

처칠은 전쟁 초부터 미국의 참전을 고대했고, 루스벨트 대통령과
사적인 서신왕래를 통해 개인적인 친분을 쌓았다. 두 사람은 1939년 9
월부터 1945년 4월까지 2천 통에 가까운 편지와 전보를 교환했는데, 처
칠이 1,161통, 루스벨트가 788통의 편지를 썼다. 두 사람은 서로를 알아
보았다. 처칠은 루스벨트가 아니라 어떤 다른 사람, 예를 들어 후버가
1940년에 백악관을 차지하고 있었다면 히틀러가 승리할지도 모른다는
사실을 알았다. 루스벨트 역시 처칠이야말로 히틀러에게 굴복하여 전쟁
에 질 사람이 아니라는 사실을 깨달았는데, 1942년에 그는 처칠에게 "당
신과 같은 시대에 살고 있다는 것은 재미있는 일입니다"라고 고백했다.
더욱 흥미로운 것은 스탈린이 '민족주의적 공산주의자'이지 '국제주의

영국적인, 너무나 영국적인

적 공산주의자'가 아니라는 사실을 처칠이 알고 있었다는 점이다. 1944
년 11월에 파리를 찾았을 때 드골로부터 동유럽에서 러시아에게 너무
많이 양보한다는 비판을 받자 처칠은 이렇게 대답했다. "당신 말이 맞
소. 지금 러시아는 양떼 속에 있는 굶주린 늑대요. 그러나 먹고 나면 소
화시킬 시간이 필요한 법. 러시아는 지금 삼키는 것들을 다 소화시킬 수
없을 것이오."[17]

처칠이 드골의 불평을 살 만큼 스탈린에게 양보한 것은, 소련이 대
독 전쟁에서 펼친 활약과 공헌을 인정했기 때문이다. 나폴레옹이 실패
한 일을 히틀러는 성공적으로 해냈다. 독일 군대는 러시아에서 겨울을
지내고 살아남았으며 다시금 진군할 태세가 되어 있었다. 그것을 막은
것이 소련군이었다. 스탈린그라드 전투 이후 러시아인들은 "날뛰면서"
요구했고, 처칠과 루스벨트는 더 많이 양보할 수밖에 없었다. 처칠은 끝
까지 스탈린에 대한 신의를 지켰다. 히틀러가 자살하기 며칠 전, 히믈러
는 제3제국이 '서방 동맹국들'에게 무조건 항복하겠다고 통고했다. 그
러나 처칠은 이를 거부하면서, 항복은 '소련을 포함한' 모든 동맹국들을
대상으로 해야 한다고 잘라 말했다. 스탈린은 "당신이 그렇게 하리라는
것을 의심하지 않았다"는 반응을 보였는데, 이는 그가 처칠에게 보여준
단 한 차례의 아부였다.[18]

그러나 처칠이 제2차 세계대전 수행 중에 범한 실책 역시 지적되어
야 한다. 무엇보다도 그는 일본의 세력을 과소평가했다. 영국의 그 어느
지도자도 일본이 가한 위협의 정도를 제대로 평가하지 못했으며, 처칠

17) Lukacs, *Churchill: Visionary, Statesman, Historian*, PP. 12, 14, 56.
18) Ibid., p. 44.

역시 예외가 아니었다. 아시아에 있는 영제국이 일본의 공격 위협에 직면했던 1941년 11월에 처칠은 상징적으로 두 척의 군함을 보내면 그들을 제어할 수 있을 것이라고 생각했다. 해군부는 더욱 증강되고 균형 잡힌 병력이 마련될 때까지 군함의 파견을 연기하려 했지만 그의 고집을 꺾을 수 없었다. 처칠이 단지 모호한 위협과 영제국이란 이름만으로 일본인들을 견제할 수 있다고 믿었다는 것은 이상할 정도다. 아마도 그에게 내재해 있던 인종주의적 시각이 일본의 실체를 보지 못하게 만들었을지도 모른다. 처칠은 일본이 전쟁을 시작한다 해도 그 여파가 크지 않을 것이라고 나름대로 판단했다. 홍콩과의 무역을 약간 잃겠지만 태평양 지역에서 영제국의 손해는 그리 크지 않을 것이라는 예측이었다.

여기서 그의 전적인 판단 착오가 드러났다. 영국 함대가 침몰하고 영국·네덜란드·미국 식민지에 대한 일본군의 공격이 성공함으로써 (1941. 12.~1942. 1.) 최악의 결과가 빚어졌다. 말라야 전투에서 일본군 전사자는 1만 명 미만이었던 데 반해, 영국군 13만 8,700명 가운데 13만 명이 항복하고 포로가 되었다. 공포에 질린 오스트레일리아 총리는 "이 제부터 오스트레일리아는 영국을 대신하여 미국을 맹방으로 바라보겠다"고 선언했고, 그와 함께 오스트레일리아는 태평양전쟁을 수행하기 위한 미군 기지가 되어 종국에는 미국의 영향권 하에 들어가게 되었다.[19] 아울러 일본군이 아시아의 유럽 제국을 점령한 상황은 궁극적으로 이 지역에서 반제국주의 운동을 부추김으로써 전후 유럽 제국이 해체되는 계기가 되었다.

---

19) David Reynolds, *Britannia Overruled*(Longman, 2000), p. 149.

영국적인, 너무나 영국적인

| 전후세계에 대한 낡은 구상? |

처칠은 20세기를 형성한 경제적·사회적 세력들에 관심을 가지지 않았으며 결코 근대적 관점에 다가가지 못했다는 평을 듣기도 한다. 유명한 역사가 테일러A. J. P. Taylor는, 한마디로 처칠에게는 새로운 유럽에 대한 비전이 없었고 새로운 세계에 대한 비전은 더더구나 없었다고 판단 내렸다. 처칠은 구세계로 돌아가고 싶어했다는 것이다. 특히 처칠이 스탈린과 맺은 영향권 분할이 문제가 되는데, 루스벨트 대통령은 처칠이 낡고 위험한 세계관을 가지고 있다고 걱정했으며, 무엇보다도 그가 계급사회와 구태의연한 권력정치를 옹호하고 개혁과 정의를 거부한다고 불만을 토로했다. 그렇다면 처칠은 과연 시대에 뒤떨어진 낡은 정치인이었는가? '브리튼 전투'가 끝나고 미국이 참전했을 때, 처칠에게 대독전쟁은 이미 두 번째 목표였다. 1943년 무렵 처칠의 우선적 관심사는 전후세계에서 소련에 어떻게 대처할 것인가 하는 것이었고, 그리하여 그는 스탈린과 합의점을 도출해냈다. 두 사람은 미국이 떠나고 난 후 유럽을 영국과 소련의 영향권으로 분할한다는 데 동의했다. 그 결과 발칸에서 소련의 영향력을 인정하는 대신 그리스에서 영국의 우세가 인정되었고, 얄타회담(1945. 2.)에서도 거의 동일 선상에서 폴란드와 동유럽에 대한 입장이 확정되었다. 그렇다면 처칠의 안중에는 무엇이 있었을까? 처칠은 두 차례의 세계대전이라는 혹독한 시련을 겪은 러시아가 독일로부터의 완충지대를 가질 권리가 있다고 생각했다.

그럼에도 처칠의 전후세계 구상에서 핵심으로 견지된 것은 반反공산주의였다. 처칠은 소련 볼셰비즘과의 투쟁이 자신의 정치적 경력에 가장 위대한 지속성과 의미를 부여해 준다고 확신했다. 그는 제1차 세계

처칠은 전후 영국의 위상을 "커다란 발톱을 길게 뻗은 러시아 곰과 거대한 미국 물소 사이에 있는
작고 보잘 것 없는 당나귀"로 표현했다. 왼쪽부터 **처칠**, **루스벨트**, **스탈린**.

대전 직후 볼셰비키 정권에 반기를 든 러시아 백군을 지원하는 데 앞장
섰고, 볼셰비즘에 대항하기 위해 무솔리니와 프랑코의 대두를 환영했으
며, 1946년에는 '철의 장막'의 위협을 경고하고 나서며 냉전의 선지자
역할을 하기도 했다. 물론 그의 반공산주의에는 분명한 이유가 있었다.
그는 무엇보다도 볼셰비키들이 역사의 유산을 감히 거부한다는 사실에
경악했다.

　19세기식 자유주의를 여전히 믿고 있던 처칠은 사회주의와 자유주
의가 가지고 있는 원칙상의 분명한 차이를 지적할 수 있었다. 즉 사회주
의가 '부를 끌어내리려' 한다면 자유주의는 '빈곤을 끌어올리려' 하고,
사회주의가 개인적 이익을 파괴하려 한다면 자유주의는 개인의 이익을
공공의 권리와 화해·유지시키려 한다는 확신이었다. 그의 반사회주의
적 판단을 지탱하는 핵심은 사기업에 대한 신념이었다. 그는 국가가 산

　　　　　　　　　　　　　　　영국적인, 너무나 영국적인

업을 소유하는 사회주의적 생산을 믿지 않았다. 오로지 사기업과 개인의 근면, 개인의 이익에 의해 유지되는 경제체제만이 제대로 작동할 수 있다고 확신했다. 처칠은 1906년 이후 신자유주의를 받아들였지만, 시장의 가치와 미덕에 대한 신념은 버리지 않았다. 또한 그는 현존하는 사회조직이 '경쟁적 선택'에 의해 추진된다고 믿었지만, 그러면서도 사회적 약자의 운명을 개선하고자 한 가부장적 인물이었다.

1946년 3월 5일에 트루먼 대통령의 출신 주이기도 한 미주리 주 풀턴의 웨스트민스터대학에서 행한 초청연설에서, 처칠은 그 유명한 '철의 장막'을 언급했다. 이는 그 자리에 참석한 트루먼에게 보내는 일종의 경고, 즉 미국과 영국이 유럽 대륙에서 진행되고 있는 경찰국가와 특권적 공산당 체제를 정확히 인식해야 한다는 경고이기도 했다. 이미 냉전이 시작된 상태였지만 그의 연설은 대소동을 야기했다. 스탈린은 예상대로 처칠을 '반소련적 전쟁광'이라고 비난했고, 신문 대담을 통해 그를 히틀러에 비유했다.[20] 대부분의 미국 언론도 마찬가지였으며, 다수의 영국 노동당 의원들은 말할 것도 없고 보수정론지 〈타임스〉까지도 처칠을 비난하는 데 동조했다. 그러나 당시 노동당 정부의 애틀리Clement Attlee 총리나 베빈Ernest Bevin 외무장관은 처칠을 비판하지 않았다. 그들 역시 소련의 야심에 경악하고 있었던 것이다. 결국 시간은 처칠이 옳았음을 입증했다. 장기적 안목에서 공산주의가 살아남지 못할 것이라고 전망한 처칠은, 비서인 콜빌John Colville에게 만약 그가 평균수명만큼만 산다면 동유럽에서 공산주의가 망하는 모습을 볼 수 있을 것이라고 말했다. 콜빌은 1987년에 사망했다.[21] 이 모든 일화는 처칠의 감탄할 만

---

20) Churchill, *Memoirs of the Second World War*, An Abridgment(NY: Bonanza, 1978), p. 998.

한 선견지명을 보여주는데, 1990년대 초에 공산권이 몰락했을 때 그의 예언이 다시금 화제가 되었다.

처칠에 대한 평가에서 대두하는 또 하나의 문제는 그가 공산주의를 억제하기 위해 파시즘을 이용하려 했다는 점으로, 그 때문에 처칠은 많은 비난을 받았다. 그러나 그의 행동에는 뚜렷한 근거가 있었다. 앞서 언급했듯이 그가 가장 중요하게 여긴 것은 독일이 지배하는 유럽의 전망이었다. 처칠은 히틀러를 매우 잘 이해했고, 그것은 유화론을 주장한 체임벌린 같은 다른 정치인들이 가지지 못한 자산이었다. 처칠은 자신의 저서 《제2차 세계대전》에서, 만약 1930년대에 자신이 권력을 잡고 있었다면 제3제국의 팽창을 막을 수 있었을 것이라고 주장했다. 물론 이는 논란의 여지가 있는 주장이었지만, 그와 유화론자들 사이의 본질적 차이만큼은 논란의 여지가 없었다. 그는 영국의 운명이 독일 치하의 유럽 대륙과 공존할 수 없다고 확신했다. 그러나 전후세계에서 영국이 유럽과 거리를 둔 것은 많은 부분 그의 책임으로 돌아간다.

제2차 세계대전 당시 영국은 미국의 부와 러시아의 인력에 크게 의존했다. 테헤란회담(1943)에서 처칠은 영국의 위상을 "커다란 발톱을 길게 뻗은 러시아 곰과 거대한 미국 물소 사이에 있는 작고 보잘 것 없는 당나귀"로 표현했다. 그럼에도 전후 유럽 내에서 영국의 지배력은 괜찮은 편이었다. 전쟁 동안 발휘된 처칠의 지도력, 그리고 서유럽과 스칸디나비아 국가들이 영국을 비롯한 영연방군에 의해 해방되었다는 사실 때문에, 영국의 위상은 실제로 상당히 굳건했다. 그러나 전쟁에 지친 영

---

21) John W. Young, "Churchill and the East-West Detente" in *Winston Churchill in the Twenty-First Century*, p. 206.

영국적인, 너무나 영국적인

국은 유럽적 프로젝트에 관심이 없었고, 처칠 역시 마찬가지였다. 그리하여 영국은 유럽에서 좀더 큰 영향력을 행사할 수 있는 기회를 놓치고 말았다. 처칠의 생각은 '우리는 유럽에 있지만 거기에 속하지는 않는다'는 것이었다. 그는 1950년대 초에 '자유로운 민주주의 국가들로 구성된 세 개의 거대한 원'이라는 개념을 제시하고는, 영연방·영어 사용권·유럽이라는 "이 세 개의 원에 모두 포함되는 나라는 우리밖에 없다"는 인식 하에 독자 노선을 걸었다. 특히 미국에 대한 그의 헌신은 영제국에 대한 헌신만큼이나 굳건했는데, 그가 구상한 미래는 그 자신이 '영어 사용권'이라고 부른 영역의 통합이었다. 결국 영국이 유럽 통합이라는 진전에 한 걸음 뒤쳐져 동참하게 된 데는 그러한 처칠의 역할이 한 배경을 이루었던 것이다.

처칠에 대한 기억은 식민지 및 유럽 대륙과의 관계에서 더욱 미묘한 문제들을 안고 있다. 그의 가장 큰 실패 가운데 하나는 인도에 자치령을 허락하지 않으려 한 것이다. 그가 제국의 유지에 집착했고, 따라서 식민지의 민족주의 운동에 강경한 입장을 취했던 것은 사실이다. 심지어 그는 전통적으로 '제국의 정당'을 자처해 온 보수당이 동의한 인도 자치법안조차 강력히 반대했다. 그러나 19세기 말 이래, 그리고 특히 제1차 세계대전 이후 대영제국의 위상이 날로 기울어 가던 상황에서, 하루 아침에 제국 또는 영연방에 대한 기대와 미련을 떨쳐 버린다는 것은 누구에게든 그리 쉬운 선택이 아니었다. 사실 제1차 세계대전 이후, 인도에 자치령을 허용하는 데 실질적으로 반대한 사람은 아무도 없었다. 문제는 속도였다. 처칠 역시 인도와의 타협을 지지했지만, 간디가 이끄는 인도 민족주의자들이 영국의 지배를 실질적으로 거부했을 때는 참을 수가 없었다. 인도인들이 전쟁 도중 '인도를 떠나라'라는 캠페인을 벌이자, 처칠은 이를 '반역 행위'로 규정하며 분노했다. 그는 "우리의 의무를 포기하고 인도를 무정부 상태나 종속 상태로 남겨둘 수는 없다"고 선언했다.[22]

여기서 드러나듯, 처칠은 여전히 19세기식의 '문명화의 사명'을 믿고 있었다. 그에게 제국은 백인의 짐이자, 양심에 의해 강대국에 부과된 책임이었다. 그는 영국인들만이 '제국과 자유'를 결합할 수 있다고 확신했다. "우리가 동양에서 우리의 사명에 대한 믿음을 잃는다면, 우리가 그 무력한 수많은 인구에 대한 우리의 의무를 조용히 그리고 겁 없이 수행할 수 없다고 느낀다면, 그곳에서 우리의 존재는 모든 도덕적 인가를 빼앗길 것"이었다.[23] 그러나 제국은 이미 시대착오적인 존재가 되어 있었다. 제2차 세계대전 당시 누구보다도 이를 명료하게 지적한 사람은 루스벨트였다. 루스벨트는 처칠이 여전히 영제국을 옹호하는 데 강하게 도전했는데, 그렇다고 해서 탈식민을 즉각적 행동으로 이해한 것은 아니며, 그 역시 긴 기간의 지도가 선행된 뒤에야 탈식민이 가능하다는 점을 인정했다. 그러나 처칠은 "나는 제국의 파산을 관장하기 위해 국왕 폐하의 재상이 된 것은 아니다"라며 반발했다.

처칠은 1914년 이전에 존재하던 사회적 질서와 제국적 질서에 집착한 정치인이었다. 그의 비전은 애초 인도와 수단에서의 경험을 바탕으로 형성된 위계질서와 영국인들의 '문명화의 사명'을 믿는 빅토리아 후기의 비전이었다. 나중에는 그 스스로도 자신이 '빅토리아 시대의 아이'

---

22) Warren F. Kimball, "'A Victorian Tory': Churchill, the Americans, and Self-Determination" in *More Adventures with Britannia* ed. Wm. Louis(Austin: University of Texas Press, 1998), p. 230; Kenneth Morgan, *The People's Peace*(Oxford: Oxford University Press, 1992), p. 12.
23) Lukacs, *Churchill: Visionary, Statesman, Historian*, p. 15.

였다고 회고했는데, 노년이 되면서 그는 일생에 걸친 자신의 과업이 허망한 것이었지 않았나 하는 공포를 느끼게 되었다. 풀턴으로 가는 기차에서 그는 동행에게 이렇게 토로했다. "이제 세계의 희망은 미국이다. 다시 태어난다면 미국인으로 태어나고 싶다."[24] 너무도 오래 지속된 생애가 그를 어쩔 수 없이 시대의 낙오자로 만들었던 것이다.

| 처칠, 신화로 남다 |

1945년에 처칠이 총선에서 패배하고 총리직에서 물러났을 때, 거의 모든 사람들이 그의 정치적 경력은 이제 끝났다고 확신했다. 그러나 그는 부활했고, 단순히 은퇴하지 않으려는 고집 센 노인이 아니라 다시 한 번 지도자가 되고 정치인이 되었다. 전후에 한 역사가가 처칠에게 과연 역사가 그를 위인 목록에 포함시키겠느냐고 묻자 그는 "누가 역사를 쓰느냐에 달렸겠죠"라고 대답했는데, 혹자는 그가 "스스로 존슨 박사와 보즈웰의 역할을 겸했다"고 말했다.[25] 실제로 처칠은 자신의 저서를 통해 자신의 개인사를 영국 국가의 역사로 탈바꿈시키려 했다. 한 예로, 모든 사람들이 실패로 기억하는 갈리폴리를 그는 성공에의 지름길로 기억했다. 그러나 사실 제2차 세계대전 동안 처칠의 개인사는 국가의 역사와 분리될 수 없었고, 하나의 표현은 다른 하나의 표상이었다. 심지어 1953

---

24) Addison, "Churchill's three Careers", p. 24.
25) John Ramsden, "'That Will Depend on Who Writes the History': Winston Churchill as his Own Historian" in *More Adventures with Britannia*, p. 243. 보즈웰은 새뮤얼 존슨의 전기 작가다.

년에 〈뉴욕타임스〉는 처칠이 이미 지난 반세기 동안 세계사의 일부였다고 썼다. 1940년에 히틀러와 싸우고자 했을 때, 그리고 1946년에 스탈린주의에 반대했을 때, 그의 결정이 세계사의 과정을 바꾸었다는 것이었다. 1963년에 케네디 대통령은 처칠이야말로 '생전에 이미 신화'가 되었다고 말했다. 케네디만 그렇게 생각한 것이 아니었다. 영국 노동당 정부의 각료를 지낸 신웰Emanuel Shinwell이 1964년에 선언한 바에 따르면, 처칠은 보통의 국회의원이 아니라 국왕·교회·의회·언론과 더불어 "우리의 가장 위대한 다섯 번째 제도"였다.

처칠의 부음이 전해지자 모든 축구 경기가 연기되었고, 계획되었던 파업들도 일제히 취소되었다. 〈타임스〉는 수세기 동안 유지해 온 전통을 깨고 그의 죽음을 1면에 보도했으며, 처칠의 라이벌이던 애틀리는 그를 '우리 시대의 가장 위대한 세계시민'으로 천명했다. '국왕은 결코 신하의 장례식에 참석하지 않는다'는 불문율을 깬 엘리자베스 2세를 위시하여 모든 국민들이 애도하는 가운데 장례식이 치러졌다. 이때 대표단을 파견하지 않은 나라는 중국뿐이었고, 유럽에서는 오직 아일랜드만이 TV 생중계를 하지 않았다. 처칠의 명성은 그렇게 남았다. 뉴욕 외신기자클럽이 1968년에 3,500명의 기자들을 대상으로 실시한 설문조사에서, 처칠은 '우리 시대를 더 낫게 만드는 데 가장 위대한 흔적을 남긴 인물'로 선정되었다. 두 번째는 루스벨트였다. 또 1971년에 갤럽조사가 70개국 국가원수들과의 면담 후 발표한 '역사상 가장 위대한 인물' 명단에서, 처칠은 2위를 차지했다. 링컨이 처칠을 제쳤고, 간디가 3위였으며, 그 뒤를 셰익스피어와 소크라테스가 바짝 쫓았다.

그러나 이 같은 이미지의 그늘에 가려 있는 기억들, 그럼에도 곰곰이 되새겨 볼 만한 미묘한 기억들도 존재한다. 노동운동을 탄압한 정치

　　　　　　　　　영국적인, 너무나 영국적인

엘리자베스 2세를 위시한 모든 국민들이 **처칠의 죽음**을 마음 깊이 애도했고, 그는 신화로 남았다.

인, 제국주의자, 반공주의자로서의 행적은 그의 이미지에 부정적 낙인을 찍기에 충분했다. 영제국의 위대함을 유지하려는 집념은 종종 그의 급진주의를 가렸다. 전후에 활기를 띠기 시작한 유럽공동체의 구상에 거리를 두면서 영연방의 유지와 대미 관계에 더 중점을 둔 것 역시 틀림없는 사실이다. 그러나 노동운동과 소련에 반감을 품었던 그가 1930년대에는 소련과의 동맹을 제안했다는 사실 역시 기억되어야 한다. 그의 급진적 정책 역시 부정되어서는 안 된다. 1904년에 보수당의 보호관세 정책에 반대하여 당적을 포기한 그는 자유당 정부의 각료로서 노령연금제나 국민보험법 같은 사회입법을 추진했으며, 더욱이 총리로 재임한 두 차례의 집권 기간 중에도 일련의 사회보장 정책을 꾸준히 강구하고 시행했다.

처칠에게서는 뚜렷한 양면성이 발견된다. 그의 성격 한편에는 사태를 정확하게 파악하고 면밀하게 계산하여 장기적 준비를 통해 위험을 타개하려는 현실주의자가 있었다. 다른 한편, 그는 여전히 기적을 바라는 도박사이며 충동적인 소년이었다. 성급함·조급함·고집스러움·기발함 등은 약점이었다. 반면 그는 머리회전이 매우 빨랐고 정치인으로서의 용기와 결단력을 갖추고 있었다. 그는 제1차 세계대전 후 전쟁 기념비에 새긴 문구에서 자신의 전망을 한 문장으로 요약했다.

전쟁에서는 결의
패배에서는 도전
승리에서는 아량
평화 시에는 선의
In War: Resolution
In Defeat: Defiance
In Victory: Magnanimity
In Peace: Goodwill[26]

그는 이 전망을 글로만 새긴 것이 아니라 실천에 옮겼기에 위대한 인물로 기억되고 있는 것이다. 물론 역사상의 처칠이 신화 속의 처칠과 항상 같지는 않지만, 그는 자신이 결의와 도전의 인물임을 확실히 입증했다. 그가 제2차 세계대전에서 설정한 우선적 목표는 히틀러의 제3제국을 패배시키는 것이었다. 처칠은 그 목표를 일단편심 추진했고, 그 과

---

26) Churchill, *Memoirs of the Second World War*, p. vi.

영국적인, 너무나 영국적인

웨스트민스터 의사당에서 후세들을 굽어보고 있는 동상처럼,
처칠은 그 어느 인간보다도 '거대한' 인간이었다.

정에서 어떤 잘못을 저질렀을지라도 그 목표를 달성했다. 물론 대가도 컸다. 그가 이끈 대독 전쟁의 승리는 매우 비싼 값을 치렀다. 그러나 패배의 대가는 훨씬 더 심각했을 것이다. 영국이 패배했다면, 나치가 유럽을 영구히 지배하고 영국은 그런 유럽의 곁에서 명맥을 유지하다가 결국 그 일부가 되고 마는 그런 세상이 되었을 것이다. 그것을 알기에, 노동당 당수를 역임한 마이클 풋Michael Foot이나 거물 좌파 정치가인 토니 벤Tony Benn조차도 '처칠은 위대했다'고 한 목소리를 내는 것이다.[27]

처칠은 무엇보다도 다층적 인간이었고, 다양한 목표를 위해 다양한 층위의 청중에게 다양한 방법으로 접근할 줄 아는 정치인이었다. 이 점이 아마도 일관성을 결여하고 있다는 인상을 주었을 것이다. 그의 레토릭은 공격적이고 도전적이었지만, 그는 사실 타협과 화해를 선호했다. 처칠은 그를 둘러싼 신화가 그려내는 식의 1차원적 인간이 아니라 3차원적 인간이었다. 그는 급진주의자면서 보수주의자였고, 계급사회를 인정했으면서도 국민적 영웅으로 존경받았으며, 나라를 구한 지도자였으면서 조국의 쇠퇴를 지켜봐야 했던 정치인이었다. 또 그는 빅토리아 시대에 태어나 경력을 시작했다는 어쩔 수 없는 시대적 한계를 지니고 있으면서도 꾸준한 역사 공부를 통해 그 한계를 극복하고자 노력했다. 한 예로, 그는 히틀러와 스탈린의 됨됨이를 다른 누구보다도 먼저 알아채고 그에 대처하고자 했다. 처칠은 위인이었다기보다 거인이었다. 지금 웨스트민스터 의사당에서 후세 사람들을 굽어보고 있는 실물보다 몇 배 큰 동상처럼, 그는 어느 인간보다도 '거대한' 인간이었다. 거대한 만큼

---

27) "Recollection" by Tony Benn in *Winston Churchill in the Twenty-First Century.*

영국적인, 너무나 영국적인

업적도, 실수도 다른 사람들의 그것보다 컸다. 처칠의 공과에 대한 평가는 역사적 인물에게 어떤 잣대를 적용해야 하는가를 숙고하게 만든다. 인간의 삶과 역사적 과정의 다원적이고 다층적인 면을 이해하지 못하는 역사는 옳은 역사가 아니라는 사실을, 처칠의 생애와 그에 대한 기억이 보여주고 있는 것이다.

그대를 위해 난 무엇을 했던가

잉글랜드여, 나의 잉글랜드여

그대를 위해 무엇이건 못하리

잉글랜드, 나의 것이여

—

헨리W. E. Henley

IV

정신

Spirit

10

—

엘리트의 요람, 대학

19세기까지 영국 사회의 엘리트를 키워낸 기관은 이튼과 해로로 대표되는 사립학교와 옥스퍼드 · 케임브리지 대학이었다. 엘리트 형성에는 사실 사립학교가 더 중요했는데, 엘리트 대부분이 사립학교 출신이었지만 대학을 나온 경우는 그 중에서도 일부에 지나지 않았기 때문이다. 과거에는 가장 돈 많은 사람들과 가장 신분이 높은 사람들의 경우 고등교육의 필요성을 느끼지 못했고, 게다가 고등교육 없이도 정치와 언론을 비롯한 여러 부문에 진출할 수 있었다. 따라서 대학교육을 받지 않았다고

하여 곧 사회적 신분이 낮다는 뜻은 아니었다. 대학은 그 자체 엘리트 형성의 도구가 아니었던 것이다.

1820년대까지 600여 년 동안 잉글랜드에는 옥스퍼드와 케임브리지의 두 대학만이 존재했는데, 이들 대학이 지적 문화나 과학적 연구에 중요한 역할을 했다고는 말할 수 없다. 19세기 초만 해도 벤담·맬서스·리카도·패러데이·다윈 등의 중요한 지식인들 가운데 대학교수는 아무도 없었으며, 1826년에 설립된 런던대학에서나 몇 안 되는 과학자들이 발견될 뿐이다. 그러나 사회의 세속화·전문화 현상과 함께 과학교육 및 전문교육의 필요성이 제기되면서 근대적 대학체제에 대한 요구가 일기 시작했다. 옥스퍼드와 케임브리지의 개혁을 요구하는 목소리가 높아졌고, 엘리트 대학에서 경시되던 과학·기술교육을 위한 '민립civic' 대학들이 산업자본가들의 출자를 통해 지방도시에 설립되었다. 그리고 이러한 압력 하에 옥스퍼드·케임브리지도 중세 대학에서 근대적 교육기관으로 탈바꿈하기 시작했다. 대학의 변화는 신분 중심에서 능력 중심으로 나아가는 전반적인 사회 변화와 맞물려 진행되었다. 즉 전문지식에 대한 사회의 요구와 능력에 의한 출세라는 원칙에 부응하는 가운데, 전문지식을 가르치고 각 부문의 지도층을 배양하는 기관으로 변모한 것이다. 1854년에 도입되어 확대 적용된 '경쟁시험을 통한 공무원 임용제도'는 영국 사회가 전문화와 능력주의로 나아가는 데 결정적으로 작용했다.

1945년에도 영국에는 스코틀랜드의 5개 대학을 포함하여 모두 22개 대학이 있었지만,[1] 1960년대 이후 평등주의의 바람이 몰아치면서 그

---

1) 런던대학과 웨일스대학을 구성하고 있던 단과대학들을 따로 계산하면 58개에 달했다.

영국적인, 너무나 영국적인

수가 더 늘고 학생들의 출신 배경도 다양해졌다. 그럼에도 권력의 중추에는 여전히 옥스퍼드·케임브리지가 자리 잡고 있다. 1990년대 초반에도 보수당 하원의원 370명 가운데 무려 166명이 옥스퍼드와 케임브리지 출신이었다. 또 현재 영국 행정부 고위 관료의 절반 이상이 옥스퍼드나 케임브리지 출신이며, 특히 가장 특권적인 재무부와 외무부는 거의 두 대학 출신들이 장악하고 있다.

아이작 뉴턴이 가르쳤으며 찰스 다윈이 지루하게 빈둥거리며 허송세월한 곳, 또 컴퓨터와 인공지능 원리의 기초를 닦았다고 평가되는 찰스 배비지Charles Babbage와 제2차 세계대전 당시 독일군의 에니그마 암호를 해독하는 데 결정적 역할을 했으며 컴퓨터의 시조로 간주되는 앨런 튜링Alan Turing, 그리고 DNA의 나선형 구조를 발견한 크릭 Francis Crick과 왓슨James Watson이 활동한 곳이 바로 케임브리지다. 요즘에는 미국의 실리콘 밸리와 유사한 실리콘 펜Fen—케임브리지가 늪지인 점을 감안하여 붙여진 별칭—이 형성되어 있다. 케임브리지가 옥스퍼드에 비해 더 많은 노벨상 수상자를 배출했다면, 옥스퍼드는 애틀리·이든·맥밀런Harold Macmillan·더글러스 흄Alec Douglas-Home·윌슨Harold Wilson·히스Edward Heath·대처·블레어 등의 20세기 전·현직 총리 대부분을 배출했다. 현 블레어 총리가 옥스퍼드 출신으로는 25번째 총리다. 영국 역사상 최초의 여성 총리인 마거릿 대처의 모교는 옥스퍼드에서 두 번째로 설립된 여자대학인 소머빌 컬리지인데, 이 학교는 또한 인도 총리를 역임한 인디라 간디의 모교이기도 하다. 대처 총리가 첫 내각을 구성했을 때 22명의 각료 가운데 9명이 케임브리지 출신이었고, 블레어의 노동당이 1997년 총선에서 승리했을 때 노동당 의원의 6분의 1이 옥스퍼드 졸업생들이었다.

1980년대에 전후 경제 부흥의 효과가 사라지고 다른 유럽 국가들과 비교하여 영국 경제의 상대적 쇠퇴가 분명해지자, 그 책임을 영국 교육 제도에 돌리려는 주장이 제기되었다. 전통적 엘리트의 형성과 대학의 관계가 집중 분석되었고, 더불어 대학이 교육의 기회를 확대했는지 여부와 영국 교육이 지닌 고질적인 서열제의 본질에 대한 뜨거운 논의가 이어졌다. 이 장에서는 영국 대학이 어떻게 영향력을 행사했으며, 사회의 광범위한 수요에 반응하라는 개혁의 요구를 어떻게 거부 또는 수용하면서 변모해 왔는가를 살펴본다. 아울러 옥스퍼드 · 케임브리지의 독점을 깨고 나타난 민립대학들이 과연 성공했는지, 아니면 이를 실패로 간주해야 하는지, 그리고 대학이 진정 영국 경제의 쇠퇴에 책임이 있는지도 분석될 것이다.

| 옥스브리지의 독점 |

옥스퍼드와 케임브리지를 묶은 '옥스브리지Oxbridge'라는 말은 윌리엄 새커리William Thackeray의 소설 《펜데니스Pendennis》(1849)에서 처음 사용된 후, 20세기 중반에 이르러 같은 의미의 또 다른 조어인 '케임퍼드Camford'를 제치고 일반적으로 사용되기 시작했다.[2] 옥스퍼드의 정확한 기원에 대해서는 의견이 분분하지만, 어쨌든 1167년 이후 대학의 형태를 갖춘 것으로 보인다. 옥스퍼드는 1214년에 최초의 헌장을 통해 공인받기 이전부터 비공식 강의를 진행하고 있었을 뿐만 아니라, 12세

---

2) 페터 자거, 박규호 옮김, 《옥스퍼드 & 케임브리지》(갑인공방, 2005), 15쪽.

기가 끝날 무렵에는 이미 파리대학, 볼로냐대학과 더불어 3대 유럽 대학의 한 축을 이루고 있었다. 이에 비해 독일에서 가장 역사가 오래된 하이델베르크대학은 그보다 한참 뒤인 1386년에야 문을 열었다. 한편 일설에 의하면 1209년에 옥스퍼드 학생 두 명이 창녀를 살해한 혐의로 시 법정에서 재판을 받고 처형되었는데, 이에 항의한 일부 교수들이 옥스퍼드를 떠나 따로 설립한 대학이 바로 케임브리지라고 한다.[3] 케임브리지는 14세기에 옥스퍼드가 반反교황 운동인 위클리프 파동에 휩쓸리면서 기피된 덕분에 교황과 왕실의 비호를 받아 발전했다. 두 대학 모두 초기에는 교수가 학생들을 모아놓고 가르치기 위해 세낸 시내의 사설 숙박소 내지 기숙사에서 시작하여 점차 컬리지를 이루어 갔다. 두 대학은 중세 시대에 스콜라 철학의 본거지였다가, 근대국가의 형성이 시작된 튜더 왕조 이후 왕국의 최고 관리들을 양성하는 교육기관으로 기능했다. 종교개혁(1534) 이후 교회 대신 국가권력이 대학을 지배하게 되면서, 엘리자베스 1세 때는 학위 취득 조건에 국왕과 국교회에 대한 충성 선서의 의무가 추가되었고, 대학 총장도 성직자가 아니라 여왕의 측근 가운데서 선임되었다.

옥스브리지는 다양한 성격의 독립적인 컬리지들이 느슨하게 연합된 컬리지 시스템으로 운영되었다. 지저스·트리니티·코퍼스크리스티 같은 이름에서 드러나듯이, 컬리지들은 독신생활을 하는 수도원에 기원을 두고 있었다. 그 때문에 펠로―컬리지에서 학생들과 함께 생활하면서 가르치는 교수―들은 결혼하지 않은 남성들로만 구성되었고, 1874년까지는 학생들도 원칙적으로 결혼할 수 없었다. 또 옥스브리지의 모든

---

3) 위의 책, 298쪽.

옥스브리지는 다양한 성격의 독립적인 컬리지들이 느슨하게 연합된
컬리지 시스템으로 운영되었다. 사진은 **옥스퍼드 베일리얼 컬리지**의 전경이다.

학생들은 1571년에 제정된 잉글랜드 국교회의 '39개 신조'를 따르겠다
고 서약해야 했다. 옥스퍼드는 입학할 때, 그리고 케임브리지는 졸업시
험에 앞서 서약을 요구했는데, 비록 이는 1854년에 신학부를 제외하고
폐지되었지만 국교회 신자가 아닌 비국교도[4]들은 1871년까지 거의 모
든 컬리지에서 교수나 교원으로 임용되지 못했다.

초기 옥스퍼드대학의 경우, 학생들은 보통 14세에 입학하여 개인교
수tutor의 지도하에 4년간 공부한 후 시험에 합격하면 학위를 받았다.
즉 자유교양 7과목 가운데 문법·수사학·논리학을 4년간 공부한 후 두
차례 시험에 합격하면 학사가 되고, 이어 4년간 상급 과목인 수학·기
하·음악·천문학, 그리고 아리스토텔레스 철학을 배워 석사학위를 획득

---

4) 헨리 8세가 1534년에 로마 가톨릭교회로부터 떨어져 나와 국왕이 수장이 되는 국교회를 수립한
   이후에 국교회를 받아들이지 않은 사람들을 칭한다. 엄밀한 의미에서는 로마 가톨릭도 비국교
   도지만, 보통 개신교도 가운데 국교회에 속하지 않은 사람들이 비국교도로 분류되었다.

　　　　　　　　　　　　　　　　　　　영국적인, 너무나 영국적인

18세기에도 대학은 여전히 모든 계급의 집합소였지만, 점차 부자들의
독점 현상이 나타났다. 사진은 **케임브리지 트리니티 컬리지**의 전경이다.

했다. 학생 구성을 보면, 중세에 두 대학은 귀족과 자비생뿐만 아니라
가난한 특대생들도 받아들였다. 17세기 중엽까지는 가난한 학생들이 많
았고, 18세기에도 대학은 여전히 모든 계급의 집합소였다. 근로 장학생
으로 일종의 하인 노릇을 하며 학비를 충당하는 가난한 학생에서부터
자비로 수업을 듣는 '보통 학생'과 귀족층 자제들까지 다양했다. 그러나
점차 부자들의 독점 현상이 나타났다. 케임브리지에서 귀족은 교수들과
함께 하이 테이블에서 식사했고, 2년만 기숙사 생활을 하면 학사학위도
없이 석사학위를 받았다.

　이런 귀족적 특권의 자취는 19세기에도 남아 있었다. 19세기 초에
트리니티 컬리지에 다닌 바이런은 교수들과 함께 하이 테이블에서 식사
하고 외출할 때는 네 마리 말이 끄는 마차에 제복 입은 하인까지 대동하

며 귀족 신분을 즐겼다. 또 컬리지에서는 개를 기르는 것이 허용되지 않았기 때문에, 대신 길들인 곰을 애완동물로 데리고 있었다. 바이런은 케임브리지에서 생애 가장 행복한 날들을 보냈다고 하는데, 여기에는 15세의 한 컬리지 합창단원이 가장 결정적이었다. 이 어린 친구가 요절한 뒤에 바이런은 〈싸이어차에게To Thyrza〉라는 비가悲歌를 써서 그에게 바쳤다. 물론 그로부터 20여 년 후에 쓰인 테니슨의 비가와 마찬가지로 동성에게 바치는 시였다. 앞서 5장에서 살펴보았듯이, 사립학교에서 시작된 동성애적 습관은 마치 수도원과 같은 대학 컬리지에서도 지속되었던 것이다.

흔히 옥스퍼드는 매슈 아널드가 말한 "꿈꾸는 첨탑들의 달콤한 도시"로 불리지만, 그와 동시에 역시 아널드에게서 비롯한 "뒷북만 치는 곳"이라는 표현이 따라붙곤 한다. 낭만주의자들과 미적 감상자들은 옥스브리지의 아름다움과 우아함에 매료되었지만, 대학이 지식의 발전을 위해 존재한다고 믿는 사람들은 좌절할 수밖에 없었다. 1810~14년에 킹스 컬리지에서 공부한 블레이크H. J. C. Blake는 그레이하운드를 위시하여 몇 마리의 개를 방에서 키웠는데, 그가 남긴 자서전을 보면 그의 주된 일과는 사냥이었다.[5] 케임브리지의 경우, 1846년에 이르러서도 트리니티 컬리지에만 입학시험이 있었고 입학한 사람들 가운데 일부는 아예 졸업할 의도가 없었기 때문에, 졸업생 수는 항상 입학생 수보다 적었다. 학문적 성취에 대한 평판이 낮아지고 입학생 수가 줄어들자 두 대학은 우등학위제도를 도입했다. 1747년에 케임브리지에서 수학 우등학위

---

5) Peter Searby, *A History of The University of Cambridge* vol. III 1750-1870(Cambridge: Cambridge University Press, 1997), p. 66; 페터 자거, 박규호 옮김, 《옥스퍼드 & 케임브리지》, 343~344쪽.

제가 시작되고 1801년에 옥스퍼드에서 고전 우등학위제가 도입되어, 1830년대에 이르면 두 대학 학생들의 절반 정도가 우등학위 과정을 선택했다.

우등학위제가 확립된 후 케임브리지의 학위 수여는 다음과 같은 과정을 거쳤다. 즉 학생들은 보통학위와 우등학위를 신청할 수 있었는데, 보통학위를 받기 위해서는 먼저 2학년 때 예비시험을 치러야 했다. 예비시험은 수학과 고전학의 기본적인 수준을 요구했고, 이를 통과한 학생은 전공분야를 선택하지 않은 채 여러 과목들을 종합한 보통학위 시험을 치를 수 있었다. 학문적 야심이 없는 학생들은 이 시험을 치르고서 보통학사학위BA를 받아 졸업했다. 한편 우수한 학생들의 경우에는 우등학위 시험, 즉 '트라이포스Tripos'를 선택할 수 있었고, 이를 통과하면 우등학사학위BA with honour를 취득했다. 그러나 많은 학생들은 전혀 만족할 만한 수준이 아니었던 보통학위조차도 획득하려 하지 않았다. 옥스브리지에서 학생들의 지적 능력은 한마디로 아킬레스의 건이었다.[6)

옥스브리지의 주된 교육 목적은 '교회와 국가에 충실한 봉사자'를 양성하는 것이었다. 즉 특정 분야의 전문가를 육성하기보다 교양교육을 통해 균형 있는 신사나 성직자를 배출하는 것이었다. 지저스 컬리지에 입학한 낭만주의 시인 새뮤얼 콜리지Samuel Coleridge는, 하루에 두 번씩 채플에 참여해야 하고 빠질 때마다 2펜스의 벌금을 지불해야 하는 규칙에 특히 불만이 많았다. 그는 자신이 "경제적 기획에 따라 매우 종교

---

6) Searby, *A History of The University of Cambridge*, p. 68; 김중락, 〈케임브리지대학과 여성교육, 1870-1949〉,《영국연구》제14호(2005. 12.), 50쪽. '트라이포스'라는 이름은 시험 감독관이 앉는 삼각다리 걸상tripod에서 유래했다고 한다.

적이게 되었다"고 진술했다.[7] 대학은 속세의 직업을 준비하는 데 거의 도움이 되지 않았고, 그럴 필요도 없었다. 예를 들어, 1818~19년에 옥스브리지 학생들 가운데 50% 이상이 성직으로 진출했고, 5~7% 정도가 법조계로 나아갔으며, 1%도 안 되는 소수만이 의사를 직업으로 택했다. 그러나 이런 상황은 1850년 이후 크게 변화한다.

19세기 초, 옥스브리지에 대한 비판이 거세게 일었다. 옥스브리지는 원래 가난한 학자들을 위해 설립된 국가적 자원이었는데 국교회 성직자들과 젠트리가 독점해 버렸다는 불만이 팽배해진 것이다. 공리주의자와 비국교도들이 중심이 된 개혁가들은 종교 심사를 폐지하고 대학체제를 근대적 산업국가에, 그리고 중간계급에 좀더 유용하게 만들 것을 요구했다. 스코틀랜드의 4개 대학—에든버러, 글래스고, 세인트앤드루스, 애버딘—과 비교할 때 옥스브리지의 한계는 자명했다. 두 엘리트 대학에 대한 요구는 크게 교과과정의 개혁과 종교적 제한의 철폐로 요약되었다. 즉 고전 외에 근대적 주제들을 교과과정에 포함시켜 대학교육을 좀더 생산적이고 유용하게 만들라는 것, 그리고 모든 종교와 종파 신봉자들에게 대학을 개방하라는 것이었다.

| 옥스브리지의 개혁 |

중세 대학의 우선적 기능은 전문교육이었다. 이를 위해 법학·의학·신학이 만들어졌고, 인문학은 이 고등교육을 위한 준비과정으로 인식되었

| 7) 페터 자거, 박규호 옮김, 《옥스퍼드 & 케임브리지》, 341쪽.

다. 그러나 르네상스 시대에 '덕'이라는 새로운 이상이 중요시되면서, 교육의 실용적 내용은 덜 중요해지고 대신 교양교육이 부상했다. 교양교육 위주의 대학교육은 19세기까지 지속되었다. 특히 고전학과 수학이 옥스퍼드와 케임브리지를 지배했다. 옥스퍼드에서는 고전이 압도적이었던 반면, 케임브리지에서는 뉴턴의 명성 때문에 수학이 압도적 지위를 차지하여, 수학 1등 졸업생은 곧 대학의 영웅으로 여겨질 정도였다.

19세기 초에, 과연 인문교육이 새로운 산업사회의 엘리트에게 가장 어울리는 교육인가에 관한 논의가 활발해졌다. 교육 전문가들은 옥스브리지가 고전이나 수학 같은 중세적 학문만을 고집할 것이 아니라 근대사회에 필요한 과학과 외국어 등의 전문지식을 가르쳐야 한다고 주장했다. 대학에서 실용적인 학문을 가르치지 않는다면 영국은 새로운 시대에 적응하지 못할 것이라는 위기감도 생겨났다. 협소한 교과목과 고루한 학문에 대한 비판은 〈에든버러 리뷰〉에서 시작되었다. 이 잡지는 열 살 때 유클리드 기하학을 배운 어느 영특한 젊은이가 케임브리지에 진학하여, "영국 학자 외에는 아무도 경의를 표하지 않을" 투키디데스를 형편없는 수준으로 번역하는 것을 배웠다고 조롱조로 논했다. 게다가 이 "화석화한 학자"가 고전학 우등졸업시험에서 8등을 차지했다는 것이었다.[8]

옥스브리지의 일부 학자들도 교양교육보다는 한 부문에 대한 깊이 있는 연구가 사회에 필요한 지적 훈련을 제공한다는 데 동의했다. 그러나 대학 내에서는 '유용한' 목표를 위한 공부를 부정하는 분위기가 여전히 압도적이었다. 고전학자들은 고전 시대 그리스인들에게서 도덕적이

---

8) Searby, *A History of The University of Cambridge*, p. 435.

고 정신적인 자질과 제도를 발견했고, 그것들이 빅토리아 시대의 삶에 여전히 중요하다고 믿었다. 옥스퍼드의 신학교수인 존 뉴먼John Henry Newman—초기 교회의 신실한 신앙으로 돌아가자는 옥스퍼드 운동 Oxford Movement을 이끌었다—은 1852년에 발간한 책에서, 대학의 목적이란 특정한 지식을 가르치는 것이 아니라 지성을 훈련시키고 덕성을 풍부하게 하는 것, 즉 인성교육이라고 주장했다. 단순히 유용하거나 실질적인 교육이 아니라 인문주의적인 교육을 행해야 한다는 것이었다. 반反전문적 정신은 옥스브리지의 가장 중요한 특징으로 남아 있었다. 대학 개혁의 필요성을 인정한 사람들도 엘리트 대학들은 인문교육을 주로 하되 어느 정도의 과학을 가르쳐야 한다는 입장이었다. 이런 입장에서 볼 때, 옥스브리지의 핵심은 기숙사와 개인교수제를 겸하는 컬리지 체제에 있었다. 컬리지 체제가 대학의 가장 중요한 구성물이었으며, 그것이 도덕적 훈련이라는 목표에 가장 잘 봉사한다고 여겨졌다.[9]

그러나 옥스브리지가 근대적 대학으로, 엘리트의 독점물이 아니라 전 국민의 교육기관으로 거듭나야 한다는 여론은 높아만 갔다. 1846년에 빅토리아 여왕의 부군인 앨버트 공이 케임브리지대학 총장으로 취임하면서 개혁의 요구를 수용하기 시작했다. 1848년에는 옥스브리지의 개선책을 연구할 왕립 조사위원회를 설치하라는 청원서가 러셀 총리에게 전달되었다. 거기에는 찰스 다윈과 새커리, 찰스 배비지 등의 서명이 담겨 있었다. 이들의 청원이 받아들여져 마침내 1850년에 조사위원회가 임명되었고, 이로써 옥스브리지는 대변신의 전기를 맞이하게 되었다.

---

9) 옥스브리지의 컬리지 제도에 관해서는 김상수, 〈옥스브리지의 컬리지어트 시스템〉, 《영국연구》 제14호(2005. 12.) 참조.

새로운 졸업시험제가 도입되고 교수법이 강조되는가 하면 종교의 다양성이 인정되고 교수의 지위가 성직에서 세속으로 바뀌는 등, 이제 옥스브리지는 중세 대학에서 근대적 학문의 중심지로 탈바꿈하기 시작했다. 케임브리지의 경우, 교과과정이 근대화되면서 전통적으로 강했던 수학이 특권을 잃기 시작했다. 우등학위제가 자연과학과 윤리학(1851), 법학(1859), 역사(1870)에 도입되었고, 컬리지 간 상호 강의도 시작되었다. 한편 1850년 이후 확정된 옥스퍼드의 우등학위제에는, 그리스어와 라틴어 외에 수사학, 시, 고대사, 그리고 정치철학과 도덕철학이 포함되었다. 개혁이 야기한 또 하나의 결과는 인문교육이 고전과의 연계에서 탈피했다는 것이다. 이제 고전만이 인문교육이며 공리와 무관한 숭고한 교육이라는 사고가 사라지고, 어떤 과목이라도 '인문학적' 방법으로 가르치면 된다는 사고의 유연성이 생겨났다.

그러나 제도적 변화가 곧장 실질적 개혁을 가져다주지는 않았다. 1868년에 토머스 헉슬리Thomas Huxley는 옥스브리지의 현황을 다음과 같이 조롱조로 표현했다. "우리의 가장 위대한 학문의 전당이라 불리는 곳은 다 큰 소년들의 기숙사일 뿐이다."[10] 존 스튜어트 밀John Stuart Mill은 1867년에 여전히 다음과 같은 강연을 했다.

국가 교육에서 대학의 적절한 기능은 꽤 잘 이해되고 있다. 대학은 전문교육의 장소가 아니다. 대학은 사람들이 먹고사는 전문적인 방법을 위해 적합하게 만들어진 지식을 가르치는 곳이 아니다. 그 목표는 기술

---

10) Thomas W. Heyck, *The Transformation of Intellectual Life in Victorian England*(St. Martin's, 1984), p. 106.

있는 법률가나 의사, 혹은 엔지니어를 만들어내는 것이 아니라 유능하고 교양 있는 인간을 만드는 것이다. 사람은 법률가나 의사, 상인, 또는 제조업자이기 이전에 인간이다. 그들을 유능하고 지각 있는 인간으로 만들어 놓으면, 그들은 스스로 유능하고 지각 있는 법률가나 의사가 될 것이다.[11]

케임브리지에서 수학의 특권이 사라지는 데는 오랜 시간이 걸렸다. 1880~89년에 해마다 평균 125명이 수학 우등학위시험을 치렀고, 109명이 고전, 그리고 23명이 역사 과목의 우등학위시험을 치렀다. 역사는 옥스퍼드에서 강했는데, 1874~84년에 642명의 근대사 우등학위자를 배출할 정도였다. 케임브리지에서도 역사 전공 학생은 1883년에 80명이었다가 1898년에 170명으로, 그리고 20세기 들어 더욱 크게 늘었다. 역사는 두 대학을 통틀어 새로 도입된 근대적 과목들 가운데 공직으로 진출한 젊은이들을 가장 많이 끌어들인 과목으로, 20세기 들어서는 장래지도자들을 훈련시키는 데 가장 성공적인 학과로서 고전학을 대체했다. 실리는 1870년의 옥스퍼드 역사학 흠정교수 취임강연에서, 역사를 "공적 감정과 애국심의 수업, 정치인들의 수업"으로 추켜세웠다.[12] 그러나 옥스브리지에서 가르친 역사는 당대 사회에 대한 문제의식을 드러내지 않았다. 19세기의 역사학 교수나 역사 관련 저작물 저자들은 영국의 경제적·정치적·사회적 제도가 이미 역사적으로 검증이 끝난 완벽한 것이

---

11) Anthur Engel, "The English Universities and Professional Education" in *The Transformation of higher Learning 1860-1930* ed. Konrad H. Jarausch(Chicago: University of Chicago Press, 1983), p. 293.

12) Reba Soffer, "The Modern University and National Values, 1850-1930", *Historical Research* v. 60 no. 142(1987), pp. 176, 186.

영국적인, 너무나 영국적인

라는 공통된 신념을 지니고 있었다. 영국이 자랑할 만한 역사를 가지고 있다는 이러한 자부심은 이른바 '휘그적 해석'과도 연결되었다.

사실 옥스브리지의 편협하고 수준 낮은 교육보다 더욱 큰 불만이었던 것은 국교도들의 독점 상태였다. 1830~40년대까지만 해도 옥스브리지는 교회의 일부로서 국교회 성직자를 양성하고 엘리트들을 기독교 원칙과 도덕으로 교육하는 기능을 수행했다. 이는 교회가 문명의 거의 유일한 담지자였던 중세적 사회질서의 유물이었다. 18세기 말부터 비국교도들의 압력이 강해지기 시작하여, 1830년대에는 대학의 질을 높이기 위해 우수한 비국교도 중간계급 학생들을 선발해야 한다는 주장이 거세게 일었다. 비국교회파는 복음주의적 부흥에 힘입어 1851년에 이르면 신도 수에서 국교회를 압도하게 되는데, 이렇게 세력을 확장하고 있던 비국교도들이 옥스브리지 진입을 요구한 것이었다. 그러나 국교회주의자들은 개혁 압력에 맞서, 대학은 지적이고 도덕적이면서 종교적인 공동체여야 한다고 주장했다. 영국의 대학은 "강의를 파는 상점이 아니"며, 대학교육의 목표는 다양한 지식의 전달이 아니라 국교회 교리를 정확하게 가르치는 데 있다는 것이었다.[13]

그러나 대학 밖 사회에서 진행되고 있던 세속화 과정과 맞물려 개혁의 요구와 압력이 더욱 거세지자, 마침내 변화가 시작되었다. 학사학위를 받기 위한 종교심사가 1856년에 드디어 폐지되고, 펠로의 독신 규칙도 1870~80년대에 폐지되거나 완화되었다. 1810년에 태어난 한 비국교도는 트리니티 컬리지에서 배우고 1833년에 졸업시험도 통과했지

---

13) 정희라, 〈차별에서 평등으로: 종교적 불평등 폐지를 위한 19세기 영국의 개혁〉, 《영국연구》 제 13호(2005. 6.), 66~67쪽.

만 종교심사에 걸려 졸업을 하지 못했는데, 상황이 나아질 때까지 등록을 계속한 그는 종교심사가 폐지된 이듬해에 드디어 졸업장을 받을 수 있었다. 그러나 학사학위만 개방되었을 뿐 석사 이상의 경력은 여전히 막혀 있었다. 두 대학의 최우등 졸업자들 가운데 상당수를 차지했던 비국교도들은, 비록 학위를 받고 졸업할 수는 있었지만 석사과정에 진학하거나 컬리지 펠로가 될 수는 없었다. 1871년에 이 제한이 철폐된 뒤에야 옥스브리지는 비로소 '국교회의 탁아소' 역할에서 벗어나 진정한 세속화의 길을 걷기 시작했다.

비국교도들과 더불어 차별받은 또 하나의 집단은 여성이었다. 소년들과 동일한 교과과정을 배우는 여성 중등학교는 1850년대에 발달하기 시작했는데, 1870~80년대에 중등학교 수준의 여성교육이 전국적으로 체계화되면서 대학교육에 적합한 자격을 갖춘 많은 여학생들이 생겨났다. 특히 여성 의사에 대한 수요가 절실한 가운데 여성들도 적절한 대학교육을 받도록 허용해야 한다는 압력이 강해졌다. 1869년에 여성교육의 선구자인 에밀리 데이비스가 다섯 명의 여학생들을 모아놓고 강의를 시작함으로써 최초의 여성 컬리지인 거턴이 시작된 후, 뉴넘(1875)이 케임브리지에서 그 뒤를 이었고, 옥스퍼드에는 레이디 마거릿 홀(1878)과 소머빌(1879)이 설립되었다. 20세기 초에 거턴과 뉴넘의 학생 수는 각각 180명과 165명으로 증가했다. 1871~93년에 옥스브리지 여성 컬리지 입학생은 모두 1,486명이었는데, 이 가운데 680명이 교사가 되고 11명이 의사의 길을 밟았으며 208명은 결혼했다.[14] 대학교육은 여성에게 남성보다 훨씬 제한된 경력을 제공할 뿐이었다.

14) Martha Vicinus, *Independent Women*(Chicago: University of Chicago Press, 1985), p. 177.

영국적인, 너무나 영국적인

최초의 여성 컬리지인 거턴은 1869년에 여성교육의 선구자인
에밀리 데이비스가 다섯 명의 여학생들을 모아놓고 강의한 데서 시작되었다.

오랫동안 옥스브리지의 여학생들은 단지 옥스브리지에 있었을 뿐
그곳에 속하지는 못했다. 여성 컬리지에서 교수는 "숙녀 여러분"이 아니
라 "신사 여러분"이라는 말로 수업을 시작했는데, 이는 "여학생이 아니
라 남학생들에게 강의하는 척"해야 했기 때문이었다.[15] 케임브리지의
여학생들은 1881년 이후 졸업시험을 치를 수 있게 되었지만 학위를 받
을 수는 없었다. 경제학자 헨리 포셋Henry Fawcett과 여성 참정권 운동

15) 이성숙, 〈영국 여성들의 대학교육과 여성 직업〉, 《영국연구》 제14호(2005. 12.), 84쪽.

의 지도자인 밀리슨트 포셋Millicent Fawcett의 딸 필리파는, 뉴넘 학생으로 1890년도 수학 우등졸업시험에서 남성 최우등 졸업자보다 더 나은 성적을 받았다.[16] 그러나 그런 뛰어난 재능도 소용없었다. 옥스퍼드는 여성에게 선거권이 부여된 지 2년 뒤인 1920년에 여학생들에게 동등한 학위를 보장했지만, 케임브리지는 1948년에야 학위를 허용했고, 그제야 여성 컬리지 학장들이 대학 이사회에 참석하여 발언할 수 있게 되었다. 작가 나이절 니콜슨Nigel Nicholson의 기억에 의하면, 1930년대 중반까지도 케임브리지의 어느 역사학부 교수는 강의시간에 여학생들을 면전에 두고서 "나는 풋내기 여학생들에게는 강의하지 않네"라고 선언할 정도였다.[17] 세월이 흘러 이제 여성 컬리지가 남성에게 문호를 개방하는 상황에 이르렀다. 가장 오랜 전통을 지닌 거턴이 여성 컬리지로는 처음으로 1979년에 남학생을 받아들였는데, 지금은 여학생보다 남학생 수가 더 많아졌다. 1986년에, 옥스브리지에서 남성들의 마지막 보루로 남아 있던 모들린 컬리지가 개교 444년 만에 여학생을 입학시키기로 결정했을 때, 그 대학 학생들은 검은 상장喪章을 달고 항의했다.

반면 런던대학은 처음부터 평등한 조건으로 여성을 받아들였고, 1878년부터 여성에게 학위를 수여했다. 앞으로 살펴볼 민립대학들도 마찬가지로 처음부터 여성을 받아들였다. 여자 대학생 수는 1920년대에 한때 정점을 이루었다가 감소했다. 그 후 1958년에 전체 대학생 가운데 4%를 차지하던 여학생 수는 1960년대에 새로운 대학들이 설립되면서 1968년에 28%, 1989년에는 44%로 급신장세를 보였다.[18] 21세기 초의

---

16) 필리파의 이모이자 포셋 부인의 동생인 엘리자베스 가렛 앤더슨은 영국 최초의 여성 의사였다.
17) 페터 자거, 박규호 옮김, 《옥스퍼드 & 케임브리지》, 29쪽.

영국적인, 너무나 영국적인

영국 대학에서 이제 여성은 더 이상 소수 집단이 아니다. 거턴 컬리지에서 시작된 130여 년 동안의 참으로 긴 여정이 성과를 나타낸 것이다.

| 민립대학의 설립 |

1800년경에 옥스브리지의 명성은 크게 떨어져 있었다. 특히 자연과학 분야의 권위는 스코틀랜드의 에든버러대학과 하노버의 괴팅겐대학에도 미치지 못했다. 옥스브리지가 개혁 요구에 꼼짝도 안 하는 동안, 이 엘리트 대학의 벽을 깨기가 무척 힘들다고 여긴 사람들은 새로운 대학 창설을 대안으로 생각하게 되었다. 잉글랜드의 경우, 1830년에만 해도 옥스브리지 이외의 대학으로는 벤담주의자들이 1826년에 설립한 런던대학이 유일했다. 스코틀랜드와 독일의 대학을 본뜬 런던대학은 전문 분야의 지식을 가르쳤으며 옥스브리지와 달리 기숙사 제도로 운영되지 않았는데, 국왕으로부터 학위 수여 권리를 얻는 데는 설립 후 8년이라는 시간이 걸렸다. 비종파적 대학이라는 이유로 격렬한 반대에 부딪힌 탓이었다. 런던대학의 설립은 고등교육의 종교적 평등을 위한 첫 번째 시도로서, 국교회가 주도하는 옥스브리지의 대학교육 독점을 견제해 줄 것으로 기대되었다. 그러나 다른 한편으로는 옥스브리지의 종교심사가 계속 유지될 여지를 남겨 주는 것으로 보였다. 국교회주의자들은 이제 비국교도의 경우 런던대학에서 교육받고 학위를 받으면 되지 않느냐는

---

18) R. D. Anderson, *Universities and elites in Britain since 1800*(Cambridge: Cambridge University Press, 1995), p. 19.

런던대학은 1830년에만 해도, 옥스브리지를
제외하고는 잉글랜드에서 유일한 대학이었다.

주장을 펼쳤던 것이다.[19]

옥스브리지의 독점에 대한 두 번째 도전은 맨체스터의 오언스 컬리지—현 맨체스터대학의 전신—로부터 시작된 지방 민립대학 설립이었다. 옥스브리지 건물들이 돌로 지어진 것과 달리 벽돌로 건축되어 '붉은 벽돌' 대학이라고 불린 민립대학들은 그 지역 산업자본가들의 도움으로 설립되었다. 오언스 컬리지는 맨체스터에서 직물공장을 운영하던 존 오언스John Owens가 10만 파운드를 출연하여 설립했고(1846), 조사이어

19) 정희라, 〈차별에서 평등으로〉, 65쪽.

영국적인, 너무나 영국적인

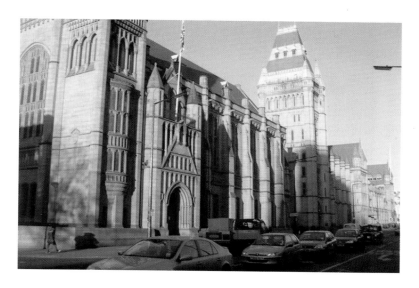

최초의 지방 민립대학인 **오언스 컬리지**는,
1846년 맨체스터 지역 산업자본가인 오언스에 의해 설립되었다.

메이슨Josiah Mason은 중부 지역의 제조업과 산업적 요구에 부응하기
위해 메이슨 컬리지를 설립했으며(1870), 셰필드대학 역시 철강산업가
에 의해 설립되었다(1879). 비국교도들에게 개방된 첫 번째 지방대학이
맨체스터에서 설립된 것은 당연했다. 맨체스터는 지방에 거주하는 비국
교도 기업가들의 상징적 수도였기 때문이다. 그렇다고 해서 모든 부르
주아지가 다 비국교도였던 것은 아니었다. 뒤이어 뉴캐슬(1874)·리즈
(1874)·브리스틀(1876)·버밍엄(1880)·리버풀대학(1881)이 새로운 대
학에 동참했다. 이들 대학은 비종파적이었고 고전이 아닌 새로운 과목
들을 가르쳤으며, 그 지역 사업가들과 전문직 종사자들의 감독을 받았

다. 대학마다 차이가 있기는 했지만, 민립대학의 성공에는 산업계의 지지가 중요했다. 즉 산업지역에 위치하여 사업가 계층의 지지 속에 그들의 이익과 정신을 반영한 지방대학들은 번성했고, 그러지 못한 대학들은 실패했다. 버밍엄의 사업가이자 거물 정치인인 조지프 체임벌린은 버밍엄대학을 위해 25만 파운드의 기금을 모금했는데, 이에 자극받아 케임브리지가 자체 기금을 조성하기 시작할 정도였다.[20]

당초 이 대학들은 정부의 재정 원조도, 교과과정 결정권도, 학위 심사권이나 수여권도 없었지만 나중에는 정식 대학의 자격을 갖추었다. 물론 산업가들에 의해 설립되었다고 해서 그 목표나 정신이 대단히 산업적이었다고 단순화할 수는 없지만, 창립자들은 대학이 산업에 봉사해야 한다는 점을 처음부터 명백히 했다. 버밍엄대학은 "오래된 두 대학과 연관되어 있는 학과들, 즉 고전학·수학·철학·역사 등에서 그들과 경쟁하려고 꿈꾸지는 않는다. 우리 대학은 우리의 정력과 자원을 그들이 거의 하지 않는 분야로 돌린다"고 선언했다.[21] 새로운 대학의 단골 연사였던 토머스 헉슬리는 과학이 인문학을 대체하여 인문교육의 핵심으로 자리해야 한다고 강조했다. 이러한 취지에 따라 리즈대학은 가죽·가스·직물염색에서, 버밍엄대학은 광업에서, 그리고 리버풀과 뉴캐슬대학은 조선과 선박 설계 등에서 특수화를 추구했다.

다음 표에서 보듯이, 지방 민립대학들은 과학 인력을 배출하는 데도 결정적으로 중요했다. 1880~1914년에 지방대학 기술 관련 학과와

---

20) Michael Sanderson, "The English Civic Universities and the 'Industrial Spirit', 1870-1914", *Historical Research* v. 61 no. 146(1988), pp. 91~92.

21) Roy Lowe, "The Expansion of Higher Education in England" in *The Transformation of Higher Learning 1860-1930*, p. 41; Sanderson, "The English Civic Universities and the 'Industrial Spirit'", p. 95.

산업체들은 그 전후 어느 때보다도 긴밀한 관계를 맺고 있었으며, 제조업 부문의 과학기술 향상을 위해 대학에 상당한 지원이 이루어졌다. 이 시기에 지방대학들의 공헌이 특히 중요한 것은, 독일이나 미국과 달리 영국에는 정부나 기업의 연구 활동이 거의 존재하지 않았기 때문이다. 그 역할을 한 것이 바로 산업과 긴밀하게 접촉한 대학 학과들이었다. 제1차 세계대전 이후 정부에 과학·산업 연구부가 만들어지고 기업들이 전쟁 중 획득한 잉여이윤으로 연구 부서를 설치하게 되지만, 1914년 이전에는 사정이 그렇지 못했던 것이다.

지방대학의 과학 · 기술 분야 졸업생 수[22]

	1870년	1880년	1890년	1900년	1910년
당해년도	19	55	166	781	231
누적	127	512	1447	4984	14330

'붉은 벽돌' 대학은 교육 기회의 확대와 고등교육의 대중화에도 이바지했다. 1900년대에 이르러 지방 민립대학들은 광범위한 과목들을 가르치면서, '인문교육을 제공하는 수도원적 기관으로서의 대학'이라는 개념을 직접적으로 공격했다. 또한 이 대학들은 처음부터 여성에게 개방되어 있었으며, 남녀 비율을 일정하게 유지했다. 학생 수에서는 1880년경에 옥스브리지와 비슷해졌다가 나중에는 옥스브리지를 훨씬 압도했다. 그러나 '붉은 벽돌' 대학들은 20세기 들어 본래 취지와 다르게 변모하기 시작했다. 우선 산업과의 연계가 강했음에도 불구하고 독일식의

---

22) Sanderson, "The English Civic Universities and the 'Industrial Spirit'", p. 100.

기술고등학교로 발전하지 않았고, 궁극적으로는 오히려 옥스브리지와 흡사해졌다. 학생 수도 감소했는데, 무엇보다도 '붉은 벽돌' 대학에서 교육받는 데 따르는 재정 부담은 큰 반면 그 명성은 옥스브리지보다 떨어졌기 때문에 이득이 크지 않다고 생각되었던 것이다.[23]

| 영국 경제의 쇠퇴와 대학의 책임 |

앞서 2장에서도 언급했듯이, 역사학자인 마틴 위너는 19세기 말 이후 영국 경제가 쇠퇴한 원인을 산업정신의 쇠퇴에서 찾으면서, 그 주범으로 특히 사립학교와 옥스브리지를 지목했다. 위너에 의하면, 칼라일·디킨스·러스킨 등의 소수 지식인들이 공유했던 반反산업적 정서가 중간계급에게도 바람직한 문화적 외관으로 자리 잡으면서, 전원생활에 대한 동경을 고조시키고 산업과 산업적 정신을 경시하게 만들었다. 반산업적 문화는 특히 사립학교와 엘리트 대학을 통해 산업자본가 2세들에게 전수되어, 그들을 비산업적이고 비물질적인 가치에 동화시키고 신사화했다는 것이다.[24] 이른바 '위너 테제'라고 불리는 이 명제는 1960년대 이래 심각하게 감지되어 온 영국 경제의 쇠퇴와 그 원인을 규명하려는 노력에 힘입어 중요한 화두로 등장했고, 곧 커다란 반향을 불러일으켰다. 책이 발간된 후 한동안 지지 측과 반대 측 사이에 치열한 논쟁이 벌어

---

23) Sheldon Rothblatt, "The Diversification of Higher Education in England" in *The Transformation of Higher Learning 1860-1930*, p. 137.

24) Martin Wiener, *English Culture and the Decline of the Industrial Spirit 1850-1980*(Penguin, 1992), pp. 24, 97. 위너 테제에 대한 우리말 설명은 이영석,《다시 돌아본 자본의 시대》(소나무, 1999) 제7장 참조.

영국적인, 너무나 영국적인

졌다.

　위너 테제가 제시한 가장 강력한 논지는, 옥스브리지가 오랜 가문의 엘리트 자제들을 산업과 접촉하지 못하도록 막았을 뿐만 아니라 그곳에 재학한 얼마 안 되는 산업 및 상업계 가족의 아들들도 그들 아버지의 직업으로부터 떨어져 나가게 만들었다는 것이다. 이에 대해, 우선 산업자본가들이 자식들을 신사로 양육한 것은 영국만의 현상이 아니라는 반론이 제기된다. 전통적 엘리트층에 합류하고 싶어하는 욕망은 어느 나라를 막론하고 부르주아지의 공통된 특징이며, 그들은 집이나 생활양식은 물론 자녀 교육과 사회적 지위에서도 최상의 것을 사고자 한다는 것이다. 이와 관련하여 루빈스틴W. D. Rubinstein 같은 학자는, 역사적으로 볼 때 영국 경제의 주류는 산업이 아니라 상업 및 금융이었으며 영국 문화는 기본적으로 통치에 중점을 두었다고 지적한다. 따라서 재능 있는 사람들이 관직이나 금융 같은 전문직으로 진출한다고 해서 이상할 바 없다는 것이다.[25]

　위너 테제에 대한 두 번째 반론은, 사립학교와 옥스브리지에 진학한 산업자본가의 아들들이 과연 아버지의 직업을 버렸느냐 하면, 그렇지 않다는 것이다. 명문 사립학교인 윈체스터 졸업생 7,105명과 그들의 부모를 추적한 한 연구에 의하면, 부친 세대의 산업자본가는 11.1%이고 후일 같은 길을 걸은 졸업생은 16.4%로, 아들이 가업을 이어받은 경우가 많았던 것으로 나타났다.[26] 이 경우에서 알 수 있듯이, 11%라는 비교적 적은 수의 산업가들이 아들을 사립학교에 보낸 데 반해 그보다 훨

---

25) W. D. Rubinstein, *Capitalism, Culture, and Decline in Britain 1750-1990*(Routledge, 1993).
26) 이영석, 《다시 돌아본 자본의 시대》, 231쪽.

씬 더 많은 전문직 종사자들이 자식을 사립학교에 보냈다. 대학에서도 사정은 마찬가지였다. 사실 옥스퍼드와 케임브리지는 '귀족과 젠트리의 창고'라는 비판을 받았지만, 누가 그곳에 있었는가를 정확하게 확인하기란 쉽지 않다. 1753~1886년에 케임브리지를 거쳐 간 2,822명에 관한 한 연구는, 그 가운데 37%의 사회적 배경을 확인할 수 없다고 밝혔다. 그러나 각 컬리지에 대한 좀더 나은 정보를 바탕으로 분석해보면, 18세기 후반과 19세기 전반에는 케임브리지 졸업생의 아버지들 가운데 지주층이 가장 많았고, 성직자도 거의 3분의 1이나 되었다. 그러다가 19세기 후반 들어 지주층 아들의 비율은 급격히 줄고, 대신 법률가·의사·교사 같은 전문직 종사자 자제들의 수가 늘었다.[27] 민립대학 학생들은 원래 산업계에 종사하는 집안 출신이 다수였는데, 그들은 졸업 후 가업을 잇는 경우가 많았다. 버밍엄 및 브리스틀대학 졸업생과 맨체스터의 화학 전공 학생들 가운데 3분의 1은 산업계로 진출했고, 3분의 1은 학교 교사, 그리고 나머지 3분의 1은 의사가 되었다.[28] 따라서 원래 옥스브리지에는 산업계 자손들이 많지 않았고, 산업계층 자손들의 탈산업화도 두드러진 현상이 아니었으며, 옥스브리지 이외의 경우를 보면 위너의 주장은 전혀 맞지 않는다고 할 수 있을 것이다.

세 번째 반론은 사립학교 교육이 19세기 후반에 그렇게 일반적이지 않았다는 것, 즉 중간계급 전체에 '반산업적' 정서를 불어 넣고 산업가와 제조업자의 아들들에게 영향을 미칠 정도는 아니었다는 것이다. 사립학교에 입학하는 수가 워낙 적었기 때문이었다. 1860년대 중반 34개

---

27) William C. Lubenow, "University History and the History of Universities in the Nineteenth Century", *Journal of British History* 39/2(April 2000), pp. 252~254.

28) Ibid., p. 254; Sanderson, "The English Civic Universities and the 'Industrial Spirit'", p. 101.

의 사립학교에 7,500명의 기숙학생들이 있었는데, 전체 인구를 고려할 때 이는 대단히 적은 수였다. 더군다나 북부 산업가와 제조업자의 아들들이 사립학교에 입학하는 비율은 상대적으로 훨씬 낮았다. 거의 모든 사립학교들이 국교회 기반을 가지고 있었고, 런던 주변에 분포되어 있었기 때문이었다. 한 연구에 의하면, 1870~1914년에 활동한 맨체스터·버밍엄·브리스틀의 지도적 기업가 754명 가운데 7.5%가 명문 사립학교 출신이며, 9.5%가 그 밖의 다른 사립학교 출신인 것으로 나타났다.[29] 이력이 불분명하여 계산에서 제외된 574명의 사업가들을 고려하면 그 비율은 더 낮아진다. 그러므로 사립학교가 기업가들에게 미친 영향은 매우 제한적이었다고 결론지을 수 있다.

마지막 반론은 영국에서 실시된 과학기술 교육에 관한 것이다. 위너 논의에서 과학과 기술은 영국의 엘리트 교육에 적절한 역할을 하지 못했고, 그 때문에 제대로 된 정보를 가지지 못한 정치인과 관리들이 산업 생산의 문제를 경시해 온 것으로 부각되었다. 이에 대한 반론은 영국의 기술교육이 학교교육보다는 현장학습이나 개인학습을 통해 비공식적으로 이루어졌다는 사실을 지적하는 한편, 더 나아가 사실 영국 대학들이 과학 및 기술혁명에 성공적으로 반응했다면서 영국의 경험을 좀더 적극적으로 옹호한다. 물론 옥스브리지는 기대에 못 미치지만, 민립대학들은 과학 전문가를 양성하고 실용적 연구를 추진하는 등, 전문지식과 기술의 제공자로서 중요한 역할을 했다는 것이다. 경제사가인 폴라드Sydney Pollard는 19세기 말~20세기 초에 과학기술 교육이 크게 확

---

29) W. D. Rubinstein, Capitalism, *Culture, and Decline in Britain 1750-1990*(Routledge, 1993), p. 112.

장되고 과학 전공 졸업자 수가 늘었으며, 옥스브리지를 제외하고는 인문학 전공 학생이 소수였음을 지적한다.[30] 결론적으로 대학들이 산업정신의 쇠퇴에 기여했다는 것은 사실이 아니며, 오히려 산업적 혁신에 새로운 피를 수혈했다는 것이다.

실제로 19세기 말에 과학적 연구가 대학에 자리 잡았다고 할 수 있다. 1850년에 과학기술 분야 대학교수직은 약 60개에 불과했지만, 1900년에는 400개 이상으로 늘어났다. 또 1870년에는 케임브리지에 캐번디시연구소가 설립되어 자연과학 발전의 중추가 되었다. 그러나 과학자들이 옥스브리지에 자리 잡음으로써 오히려 영국 산업에 부정적 효과를 야기했다는 해석도 가능하다. 산업으로 진출할 재원들이 대학으로 빠져나갔기 때문이다.[31] 더욱 중요한 것은 과학기술 전공 학생 수의 부족이었다. 제1차 세계대전 전야에 영국의 종합대학과 기술학교technical college에서 공학과 기술을 전공한 전업 학생은 2,700명이었던 데 반해 독일의 경우에는 그 4배였다. 따라서 영국 엘리트 교육에서 과학기술의 역할이 대체로 만족스럽지 못했다는 주장은 부정하기 어려운 사실이라고 결론지을 수 있다.

| 능력주의와 대학 |

부족하나마 옥스브리지의 개혁과 민립대학의 설립을 계기로 영국 고등

---

30) Sidney Pollard, *Britain's Prime and Britain's Decline*(Edward Arnold, 1991).
31) Rubinstein, *Capitalism, Culture, and Decline*, p. 114.

영국적인, 너무나 영국적인

교육이 변신을 꾀하게 된 배후에는 점점 거세지는 사회적 압력이 있었다. 사회가 전문지식을 요구하게 되고, 새로운 과학을 기반으로 하는 산업들이 생겨나고, 국가 행정직이 증가하고, 국가가 경제와 사회적 삶에 보다 직접적으로 간섭하게 되는 등, 사회 전반에 걸쳐 변화가 일어나고 있었다. 무엇보다 중요한 요인은 교육과 자격 체계를 통한 인재 등용이 정착하면서 대학이 그 정점에 위치하게 되었다는 점이었다. 옥스브리지의 경우에도, 변화를 주도한 것은 훌륭한 학생들 사이의 경쟁을 조장한 시험제도의 강화였다. 국가 차원에서도 1854년에 경쟁적인 공무원 시험이 도입되어, 1871년에는 거의 모든 고위직으로 확산되었다. 그 결과 인문교육이라는 대학의 이상은 뒤로 물러나고, 학위시험이 전문직 지위의 보장이라는 새로운 역할을 떠맡게 되었다. 시험이 능력을 판가름하는 수단으로 자리 잡은 것은 중간계급의 가치와 직업 본성이 관철된 결과였다. 시험은 결국 근면과 능력과 용기를 판가름하는 것이었는데, 중간계급은 그러한 덕목들을 자기 정체성의 핵심으로 생각했던 것이다.

퍼킨Harold Perkin 같은 학자는 1850~1930년에 일어난 영국 고등교육의 변화를 '혁명'이라고까지 평가했다. 만약 대학들이 갑자기 사라져 버렸다면 영국 사회가 얼마나 큰 타격을 입었을까? 1850년이라면 아마 정치 분야를 제외하고는 거의 아무런 효과도 감지되지 않았을 테지만, 1930년에 그런 일이 벌어졌다면 그 결과는 치명적이었을 것이라는 판단이었다. 1880년대 이후 옥스브리지 졸업생들의 경력이 다양해졌다. 예를 들어, 1897~98년에 성직자가 된 옥스퍼드 졸업생은 전체의 18.1%, 케임브리지 졸업생은 14.8%였고, 반면 속세 전문가들이 크게 늘었다. 옥스퍼드 졸업생의 10.8%가 법조계로, 15.6%가 대학 및 기타 고등교육기관으로, 2.6%가 의료계로, 11.7%가 관직으로 진출했으며, 케임브리지의 경우에는 11.4%가 법조계, 13.2%가 교직, 10.8%가 의사, 7.8%가 관직으로 나아갔다. 이제 옥스브리지는 더 이상 '국교회의 탁아소'가 아니라 전문직 종사자를 양성하는 기관이 된 것이다. 19세기 말 농업 지대와 농산품 가격의 하락으로 인해 지주와 성직자들의 수입이 크게 줄고 이들의 지위가 상대적으로 쇠퇴함으로써 성직의 매력이 사라진 것도 한 원인이었다. 1920~30년대에 이르러 대학은 '젊은 신사의 마무리 학교'가 아니라 근대적 산업과 사회의 중심 세력으로서, 진정한 엘리트의 대부분을 공급했다.[32]

　이러한 변화에서 국가 역시 통상 인정되는 것 이상으로 적극적인 역할을 했다. 앞서 언급했듯이 경쟁시험을 통한 공무원 선발이 정착하면서 대학 공부가 그 준비과정으로 크게 중시됨에 따라, 정부의 성장은 대학의 역할을 확대시키는 또 다른 이유가 되었다. 1889년부터 대학에 정부 보조금이 지급되기 시작했는데, 정부는 돈을 미끼로 대학에 간섭하려 들었다. 그 결과 대학들이 연례보고서를 제출하기 시작했고, 교육부에 모든 통계가 집계되었으며, 1914년에 이르러 국가적 대학체제라 할 만한 것이 성립되었다. 1930년대에는 국가 지원이 대학 재정의 3분의 1을 차지했다. 옥스브리지도 보조금 체제에 들어왔기 때문에 효과는 그곳에도 파급되었다. 새로운 과목을 가르칠 교수들이 충원되고, 컬리지에 속하지 않은 대학교수의 수가 늘어났다. 이들은 컬리지의 개인지도를 수행할 의무가 없었기 때문에 강의보다 연구에 집중할 수 있었고, 이를 계기로 옥스브리지는 연구기관으로 발전하기 시작했다.

---

32) Harold Perkin, "The Pattern of Social Transformation in England" in *The Transformation of higher Learning 1860-1930*, pp. 207, 209, 218.

영국적인, 너무나 영국적인

19세기 말 영국의 상대적 쇠퇴가 뚜렷해 지는 가운데, 웹 부부는 과학적 원리들을 사업계와 공직사회에 적용하기 위해 **런던 경제대학**을 설립했다.

그렇다면 간섭을 꺼리기로 유명한 영국 국가가 왜 대학에 관심을 가지게 되었을까? 그것은 19세기 후반의 국가 간 경쟁심 강화와 제국주의, 그리고 국내 상황의 변화로 인해 고등교육을 바라보는 시각이 달라졌기 때문이었다. 외국, 특히 독일과의 경쟁은 외국의 발전에 대해 민감하도록 만들었고, 직업훈련과 기술훈련에 대한 요구를 증대시켰다. 19세기 말에 뚜렷해진 영국의 상대적 쇠퇴는 국가 효율성National Efficiency 운동을 자극했는데, 이에 적극적으로 참여했던 페이비언 사회주의자 시드니 웹Sydney Webb이 볼 때, 국가 효율성을 증진시키는 가장 좋은 방법은 고도의 기술학교와 대학을 지원하는 것이었다. 웹 부부는 나아가 과학적 원칙들을 사업계와 공직사회에 적용하기 위해 런던경제대학London School of Economics을 창립했으며(1895), 국가 효율성 운동에 함께 참여했던 정치인 홀데인Robert Haldane은 임페리얼 컬

리지를 설립하여(1907) 독일의 기술고등학교에 대응하려는 노력에 동참했다.

이상 살펴본 바와 같이, 19세기 말 이래 영국 대학의 변화와 발전은 과거에 비해 괄목할 만한 양상을 보였다. 그럼에도 영국 대학들의 역할은 상대적으로 제한적이었다고 평가할 수밖에 없다. 다음 표에서 보듯이, 민립대학들이 설립된 지 한참 뒤에도 같은 나이 집단에서 대학에 진학한 젊은이의 수는 1%를 넘지 못했다. 반면 독일은 그 2배, 미국은 4배 이상이었다. 영국이 당대 선진국 가운데 가장 제한된 고등교육 체제를 가지고 있었던 것이다. 더욱 중요한 것은 과학기술 부문 학생 수의 부족이었다. 이 문제는 제2차 세계대전 후에야 해결되기 시작했다. 전쟁의 경험이 과학과 기술에 새로운 특권을 부여하게 되면서 과학자와 기술자의 부족이 심각한 문제로 인식되었던 것이다.

잉글랜드 총인구에서 대학생이 차지하는 비율[33]

	총인구비(%)	20~24세 대비(%)
1861년	0.016	0.185
1881년	0.040	0.453
1901년	0.054	0.572
1921년	0.091	1.098

영국 대학의 중요한 양상인 계서적 질서도 깨지지 않았다. 옥스퍼드·케임브리지·런던이 맨 위에 위치하고, 지방 민립대학들이 두 번째, 그리고 기술학교와 교사 양성 대학이 맨 밑에 위치하는 구도가 고착화

---

33) Lowe, "The Expansion of Higher Education in England", p. 52.

영국적인, 너무나 영국적인

했다. 1910년도에 발표된 런던 대학교육위원회의 보고서는, "대학은 장교들을 훈련시키는 기관이고 기술학교는 대중을 이 세상에서 가장 유능한 대중으로 만드는 기관이 되고자 했다"며 계서적 질서를 인정해 주었다.[34] '우리는, 미안하지만, 우리는 정말 최고야'가 옥스브리지의 위치를 대변하는 말이었다.

여기서 중요한 것은 민립대학의 변모였는데, 1900년 이후 '붉은 벽돌' 대학들에서 원래 노선을 거스르는 일종의 후퇴가 일어났다. 민립대학들은 점차 시간제 학생들과 비非학위과정 학생들을 떨쳐 버리고 학문적으로 존경받을 만한 권위를 추구했으며, 교육 내용도 엘리트 대학을 따름으로써 애초의 설립 목표와 기대를 저버렸다. 그 결과 기술교육과 시간제 교육을 원하는 사람들은 이제 기술학교로 향할 수밖에 없었다. 설립 당시 자부심을 가지고 엘리트 대학과 다른 교육을 표방했던 버밍엄대학이, 1905년에는 이제 '일반 지식 교육'을 제공할 수 있다고 주장했다. 결국 1911년에 이르러 민립대학의 교육은 "산업 계급들에게 아무 소용이 없다"는 분노에 직면하게 되었다.[35]

오늘날에도 인명록 《후즈후Who's Who》에 실리는 금융기관 고위간부들의 75%가 사립학교 교육을 받았고, 50%가 옥스브리지에 다녔으며, 그 가운데 45%의 부친이 역시 인명록에 수록되었다는 보고가 있다. 이처럼 영국 사회는 여전히 부와 계급이 세습되는 사회처럼 보인다. 시인 스티븐 스펜더Stephen Spender는 자서전 《세계 속의 세계》(1951)에서 자신의 대학 시절을 회고하면서, 우수한 혈통과 사립학교, 그리고 돈이

---

34) Ibid., p. 43.
35) Ibid., p. 53.

모든 것을 결정했기에 이를 갖추지 못한 사람들은 "옥스퍼드 안에서 옥스퍼드로부터 배제되었다"고 토로했다.[36] 영국 사회에서는 돈이 상류계급으로의 진입을 보장해 주지 않는다. 다시 말해, 졸부는 엘리트로 진입하기가 무척 어렵다. 상류계급은 주로 가족 배경, 사립학교와 옥스브리지 대학 등의 학연 및 인연으로 만들어진다. 중요한 것은 19세기 중반 이후 더 이상 그런 배경만으로는 엘리트의 지위를 유지할 수 없게 되었다는 점이다. 최상층 자제들도 최상층에 이르기 위해, 또는 그 자리를 유지하기 위해 대학교육을 받아 능력을 키우고 전문지식을 습득해야 했기 때문이다.

20세기 들어 대학은 모든 계급에게 높은 지위와 수입을 얻는 통로가 되었다. 고등교육기관의 하위에 위치한 교사 양성 학교의 경험도 사회적 신분 상승의 좋은 예를 제공해 준다. 그곳 학생들의 대다수는 노동계급이나 하층 중간계급 출신이었는데, 교사가 됨으로써 신분의 사다리에서 좀더 상위의 위치를 차지하게 된 것이다. 이 부문에서는 특히 여성의 진출이 두드러졌다. 대학을 통한 신분 상승에서 무엇보다 중요한 것은, 가난한 사람들의 옥스브리지 진입이 19세기 말 이후 좀더 쉬워졌다는 점이다. 옥스브리지의 개혁 이후 가난한 학생들에게 제공되는 장학금이 지방대학보다 더 많아지면서, 노동계급 출신의 똑똑한 젊은이들은 문법학교를 거친 후 지방대학보다 오히려 옥스브리지에 진학했다. 그 결과 전통적 사회 엘리트층인 고위 관료, 주교, 대학 총장 가운데서 사립학교 출신들이 감소했다. 1960년대에 이르면 하층 중간계급과 노동계

---

36) Mike Storry & Peter Childs eds, *British Cultural Identities*(Routledge, 2002), p. 181; 페터 자거, 박규호 옮김, 《옥스퍼드 & 케임브리지》, 86~87쪽.

영국적인, 너무나 영국적인

급 출신이 이 엘리트 집단의 약 40%를 이룬다. 그러나 사회 최하층인 미숙련공 자식들의 대학 진학률이 1950년대 이후에도 1%에 불과했다는 사실은, 최하층으로부터의 도약이 얼마나 어려운가를 새삼 깨닫게 한다.[37]

1945년 이후 영국 고등교육에서 특기할 사안은, 대학교육 수혜자의 수적 확대와 평등주의의 확산이다. 1944년에 버틀러 법에 의해 무상 중등교육이 도입됨으로써, 노동계급 출신의 똑똑한 학생들이 문법학교를 통해 대학에 진학할 수 있게 되었다. 더불어, 가난하지만 똑똑한 사람들이 대학에 간다는 능력주의 원칙이 만들어졌다. 그러다가 1960년경부터 정의의 정신이 잠에서 깨어났다. 갑자기 사회 도처에서 능력주의가 공격당하기 시작하면서 평등을 실현하려는 시도가 강해졌다. 같은 나이층에서 대학에 진학하는 비율은 1962년에도 4%밖에 되지 않았는데, 이를 극복하기 위해 로빈스위원회가 임명되었고(1963) 그 보고서에 의거하여 고등교육이 재편되었다. 서식스대학을 비롯한 11개의 대학들이 설립되고, 1969년에는 우리나라의 방송통신대학에 해당하는 개방대학Open University까지 만들어져, 1945년 당시 17개에 불과하던 대학 수는 1972년에 45개로 늘어났다. 더불어 고등교육기관 재학생 수는 1980년대 중엽에 8%로 뛰었다. 1990년 당시 영국의 각종 고등교육기관에 등록된 전업 학생은 65만 명이었으며, 개방대학 학생과 시간제 학생까지 합치면

---

37) Anderson, *Universities and elites*, p. 46.

그 수는 100만 명에 이를 것으로 추산되었다.[38]

로빈스 보고서는 또한 과학기술 교육에 대한 더욱 큰 관심을 촉구하면서 고급 기술학교를 대학으로 승격시킬 것을 제안했는데, 이는 평등의 원칙에도 부합하는 것처럼 보였다. 이에 따라 기술학교들이 폴리테크닉Polytechnics으로 개편되어 정식 대학 인가를 받았다(1966). 이러한 평등주의 원칙은 1992년에 폴리테크닉이 대학University의 명칭을 사용할 수 있도록 허가한 데서 절정에 달했다. 그러나 직업기술계 출신자의 사기 진작을 위한다는 명목으로 취해진 이 조치는, 과학기술 교육의 전파라고 하는 본래 취지에 어긋나는 결과를 낳고 말았다. 예전 폴리테크닉들은 오히려 고질화된 학교 계서제의 하위에 편입됨으로써 우수학생 선발에 어려움을 겪게 된 것이다.

1980년대에 상황이 또다시 변했다. 대처 정부가 유발한 효율성 제고 분위기로 인해, 그때까지 20여 년 동안 영국 고등교육이 걸어온 길에 의문이 제기된 것이다. 고등교육의 전반적 하향 평준화, 특히 미국 대학들과 비교하여 질적 저하가 심각한 수준에 이르렀음이 감지되었다. 대처 정부는 학비 보조금을 융자로 바꾸려 했는데, 이는 좀더 시장의 힘에 반응하는 효율적인 대학을 만들려는 것이었다. 이러한 정책은 블레어 총리 하에서도 지속되었다. 블레어는 2004년에 그 동안 거의 무상이나 다름없던 학비의 상한선을 대폭 늘려 대학의 질적 향상을 위한 자원으로 쓰도록 했다. 노동당 내부의 상당한 반대를 무릅쓰고 처리된 이 법안은 영국 대학이 더 이상 평등주의를 신봉하지 않는다는 사실을 상징적으로 보여준다.

38) Ibid., p. 18.

영국적인, 너무나 영국적인

옥스브리지의 권위는 600여 년의 역사를 통해 부침을 겪었다. 그러나 그들의 자취 없이는 영국 문화를 말할 수 없다. 옥스브리지 출신들은 영국을 통치하고 운영해 왔으며, 고급영어와 수준 높은 문화를 전파시켰을 뿐만 아니라 영국 문화를 다채롭고 풍부하게 만들어 왔다. 그 때문에 못 말리는 급진 좌파였던 버트런드 러셀Bertrand Russell도 옥스퍼드와 케임브리지가 수행하는 사회적이며 정신적인 엘리트 기능만은 언제나 옹호했다. "이 두 대학은 특히 일류 인간에게 적합하다. 하지만 이들이 제공하는 미래에 대한 보장은, 스스로를 고립시키고 열등감에 시달리는 이류 인간에게는 해가 될 뿐이다."[39] 우리나라와 마찬가지로 영국의 경험도, 교육의 평등주의와 능력주의가 서로 양립할 수 없는 딜레마임을 보여준다. 사회적 정의와 효율성을 다함께 증진시키는 절묘한 방법이 진정 존재하지 않는다고 할 때, 21세기가 무엇을 요구하는지는 자명한 것 같다.

---

39) 페터 자거, 박규호 옮김, 《옥스퍼드 & 케임브리지》, 17쪽.

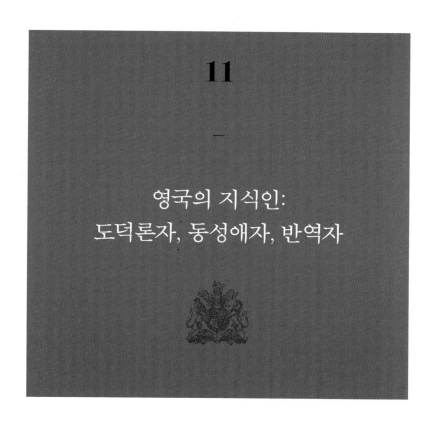

11

영국의 지식인:
도덕론자, 동성애자, 반역자

지식인은 여러 의미로 정의된다. 어떤 정의에 의하면, 지식인은 생각하는 것이 '일'인 동시에 '여홍'인 사람, 그 자체의 가치를 위한 연구나 지적 행위에 몰두하는 사람을 말한다. 1910년에 발간된 《브리태니커 사전》은 지식인을 '실제보다는 이론과 원칙'에 관심을 두는 사람, 주로 추상적 이론에 관계하는 사람으로 정의했다. 그는 세계로부터 멀리 떨어져 있고, 특히 일상적인 감각적 기쁨에 거의 관심을 기울이지 않는 '훈련과 문화의 인간'이다. 또 다른 정의에 의하면, 지식인은 '의견을 조성하고 그 의견을 실현'시키려 하는 사람이다. 즉 사상을 생산해내고 그 사상이 실현될 방법을 특수화하는 두 가지 직무를 담당한다는 뜻으로, 그렇다면 지식인의 영향력은 그 사상의 성공적인 실현 정도로 측정될 수 있다.[1] 지식인은 또한 행동하는 실제적 인간에 대비되는 부정적 개념으로도 사용된다. 부정적 지식인의 전형적인 예는 조지 엘리엇George Eliot의 소설 《미들마치Middlemarch》에 등장하는 카소본인데, 그는 현실 학문으로부터 완전히 동떨어진 화석화된 인물이다. 이런 영국의 통념과 달리, 프랑스에서 지식인이란 드레퓌스 사건 이래 그 지적 지위 때문에 정치에 개입하고 정치적 권위를 주장하는 사람을 가리켰다.[2] 이 장에서는 위에 언급된 여러 정의들을 고려하여, '장기적 안목과 전망에서 사고하고 여론을 주도함으로써 영향력을 행사'하는 사람을 지식인으로 규정하고자 한다.

영국에서 '지식인'이라는 용어는 1870~80년대에 사용되기 시작했다. 그 전까지는 오늘날 우리가 사용하는 의미의 지식인이라는 단어가 딱히 존재하지 않았다. 1888년도 판 《옥스퍼드 영어사전》은 지식인이라는 낱말을 실었지만 인용문은 첨가하지 않았으며, 《브리태니커 사전》도 1910년 판에서야 지식인을 언급했다. 그 전에는 주로 '문필가men of letters'라는 개념이 사용되었는데, 예를 들어 디킨스·새커리·테니슨·칼라일·러스킨·아널드·밀 등의 시인·소설가·언론인·역사가·사회비

---

1) 지식인의 정의에 대해서는 Thomas W. Heyck, *The Transformation of Intellectual Life in Victorian England*(St. Martin's, 1984), p. 13; Heyck, "Myths and Meanings of Intellectuals in Twentieth-Century British National Identity", *Journal of British Studies*, 37/2(April 1998), p. 203; Noel Annan, *Our Age: the Generation that made Post-Britain*(Fontana, 1991), p. 22 참조.
2) 프랑스 지식인에 관해서는 파스칼 오리·시리넬리, 한택수 옮김, 《지식인의 탄생: 드레퓌스부터 현대까지》(당대, 2005) 참조.

영국적인, 너무나 영국적인

평가·철학자·경제학자들이 그렇게 불렸다. 이들 가운데 가장 영향력 있는 사람들은 '현자' 또는 '선지자'라 일컬어지기도 했다.[3]

영국 지식인에 관해서는 두 가지 명제가 제시되어 왔다. 첫째, 영국 지식인들은 대륙에서와 달리 사람들로부터 거의 주목받지 못했으며, 대중은 지식인들을 그리 심각하게 받아들이지 않는다는 것이다. 러시아에 인텔리겐치아라는 뚜렷한 사회적 집단이 존재했던 것과 비교할 때, 확실히 영국 지식인들은 두각을 나타내지 않은 것 같다. 둘째, 영국 지식인들은 소외된 인텔리겐치아나 부르주아 이데올로그가 아니라 지배 엘리트와 통합되었으며, 그 때문에 강력한 영향력을 발휘할 수 있었다는 것이다. 사회를 결집시키는 '유기적 지식인'과, 의식적으로 소외된 '인텔리겐치아'의 두 형태로 지식인을 구분한다면 영국에는 인텔리겐치아가 존재하지 않았다는 말이 된다.[4] 토크빌은 1835년에 존 스튜어트 밀을 만났을 때, 프랑스 지식인들의 극단주의, 반(反)교회주의, 그리고 폭력 선호는 그들이 사회적으로 주변부적 위치에 있고 가난하며 무식하기 때문에 야기되는 당연한 결과라고 갈파했다. 그에 반해 영국의 급진주의자들은 재정적으로 편한 위치에 있고 역사책과 정치경제학을 읽으며 신사로 인정받기 때문에 재산권과 종교적 신념을 존중하고 방법에서도 점잖다는 것이었다.[5]

---

3) Stefan Collini, *Public Moralists: Political Thought and Intellectual Life in Britain 1650-1930* (Oxford: Oxford University Press, 1991), 1장, 4장 참조.
4) 소외된 지식인을 지칭하는 인텔리겐치아라는 개념은 영국에서 제1차 세계대전 때 사용되기 시작했다. 그러나 인텔리겐치아는 이런 의미보다 교육받은 계층을 지칭하는 개념으로 구분 없이 사용되었다. Heyck, "Myths and Meanings of Intellectuals", p. 214.
5) Peter Mandler and Susan Pederson, "Introduction" in *After the Victorians* ed. Mandler and Pederson(Routledge, 1994), p. 2.

그러나 무엇보다도 19세기 영국 지식인들의 특징은 도덕성과 윤리의식, 그리고 의무감에서 발견된다. 그들의 정치적 성향이나 활동영역이 어떻든 간에 19세기 영국 지식인들은 엄격한 도덕적 기준과 타인에 대한 의무감이라는 공통점을 가지고 있었으며, 이러한 특징은 18세기말 복음주의자들 이래 뚜렷이 감지되었다. 그러나 20세기 초에 이르면 도덕적 엄격함과 의무감에 대한 안티테제로 극도의 개인적 감각에 탐닉하는 지식인들이 나타났다.

이 장에서는 우선 영국 지식인들이 반지성적이며 체제통합적이라는 명제가 어떤 근거로 제기되었는지 살펴본 후, 존 스튜어트 밀로 대표되는 도덕적 지식인들의 특징을 분석하고, 20세기에 등장한 파격적 지식인들의 표본인 블룸즈버리 그룹과 케임브리지 스파이들을 고찰하기로 한다. 블룸즈버리 그룹이 철저한 개인적 유미주의에서 19세기 식의 도덕성에 대한 안티테제를 발견했다면, 케임브리지 스파이들은 마르크스주의에 헌신하는 것에서 또 다른 안티테제를 발견했다. 물론 이 세 가지 유형이 영국 지식인들을 대표한다고 말할 수는 없지만 각 시대에 처한 지식인들의 특징을 극명하게 드러낸다는 점에서 이들의 분석은 영국 지식인들을 이해하는 데 의미 있는 작업이 될 것으로 생각한다.

∣ 영국 지식인에 대한 명제 ∣

영국 지식인에 관한 첫 번째 명제, 즉 영국에는 대륙과 달리 지식인이 존재하지 않으며 설령 존재했을지라도 크게 주목받지 못했다는 주장은, 영국의 기라성 같은 지성을 생각할 때 쉽게 납득되지 않는다. 아이작 뉴턴, 존 로크, 애덤 스미스Adam Smith, 제러미 벤담, 윌리엄 워즈워스, 토머스 칼라일, 존 스튜어트 밀, 찰스 다윈, 토머스 힐 그린Tomas Hill Green, 시드니 웹과 비어트리스 웹, 리처드 헨리 토니Richard Henry Tawney, 존 메이너드 케인스John Maynard Keynes, 조지 오웰, 에드워드 파머 톰슨Edward Palmer Thompson 같은 인물들의 역할과 영향력은 너무도 자명하기 때문이다.

그렇다면 왜 지식인들이 없다거나 중요하지 않다는 것이 영국 국민 정체성의 중요한 단면으로 간주되었을까? 아마도 영국 사회의 이미지 자체가 지성적이지 않다는 팽배한 인식이 가장 중요한 이유였을 것이다. 즉 영국인들은 대륙 유럽인들과 달리 이론을 싫어하고 실용성에 자부심을 가지며, '인격이 지성보다 중요하다'고 배우고 또 스스로도 그렇게 간주하는 경향이 있다는 것이다. 한 국민의 자기인식은 주로 타자를 통해 결정되는 법인데, 근대국가의 형성 이래 영국의 타자는 주로 프랑스였다. 역사가들의 연구에 의하면, 18세기 이래 영국인들에게 프랑스는 범세계주의, 인위성, 패션의 노예, 지적인 외도를 의미했으며, 반대로 영국은 진실하고 자연스럽고 남자답고 직설적이며 도덕적으로 진지했다. 18세기의 사상가이자 정치가인 에드먼드 버크 역시 프랑스와 대비하여 영국 국민 정체성의 반反지성적 성격을 설파했다. 그는 유명한 저서 《프랑스 혁명에 대한 성찰》(1790)에서, 프랑스인들은 순수한 이성에 무분별하게 의존함으로써 모든 정치적 전통과 괴리된 데 반해 영국인들은 경험과 관습이라는 가장 현명한 안내자를 존중한다고 주장했다. 영국인들의 성정을 버크와 같이 규정한 사람들은 대부분 그러한 성정을 긍정적 가치로 바라보았다. 그러나 일부 지식인들은 정신적인 면에 대한 영국인들의 부족한 관심을 애석하게 여겼다. 19세기 후반에 활동한 비평가 매슈 아널드는 영국인들이 독일인들과 달리 정신적인 문제에 무관심한 점을 애석해 했으며, 페이비언 사회주의자인 비어트리스 웹도 "영국인들이 지니고 있는 기본적으로 좋은 성정은 위대한 자산이지만, 지성이 결여되어 있거나 지적 노력이 부족한 것은 커다란 결점"이라고 기록했다.[6] 조지 오웰 역시 영국인들이 일반적으로 독일인이나 이탈리아인처럼 예술적이거나 지적이지 않다고 인정했다. 영국인들은 추상적 사고에 대해 "공포"를 느끼며, 어떤 철학이건 간에 체계적 세계관의 필요성을 느끼지 않는다는 것이었다.[7]

이상 살펴본 대로, 지식인의 미약한 영향력에 대한 첫 번째 설명은 영국인들 스스로 자신들을 반지성적이라고 보는 오랜 전통에 근거한다. 이는 또한 영국인들로 하여금 영국과 같이 실용성과 산업, 그리고 제국이라는 가치에 몰두해 있는 나라에서 지식인들은 별로 중요한 존재가 아니라는 가정을 받아들이게 했다. 영국인들은 사업과 정치에서 건전한 상식과 실질적 효용성으로 가득 차 있지만, 지적 호기심이나 모험심은 가지고 있지 않다는 것이다.

영국 지식인에 관한 두 번째 명제는, 그들이 소외된 인텔리겐치아나 허황된 이데올로그가 아니라 지배 엘리트와 융합되어 있다는 점에서 프랑스나 독일 지식인들과 구분된다는 것이다. 이른바 '지적 귀족'이라는 개념을 소개한 역사가 애넌에 의하면, 영국에는 19세기에 만들어져 20세기 전반기에 꽃을 피운 지적 가계가 존재한다. 즉 학계와 지성계의 주도적인 인물들을 배출한 머콜리 · 트리벨리언 · 아널드 · 헉슬리 · 다윈 ·

---

6) Heyck, "Myths and Meanings of Intellectuals", pp. 198~200.
7) George Orwell, *A Collection of Essays*(NY: Harcourt Brace Janovich, 1953), p. 255.

영국적인, 너무나 영국적인

웨지우드Wedgwood 등의 명문가들은 서로 이렇게 저렇게 연결되면서 지적 귀족층을 형성했다는 것이다. 예를 들어, 역사가이자 정치인인 토머스 머콜리는 호브하우스L. T. Hobhouse, 찰스 부스Charles Booth, 비어트리스 웹과 인척관계였고, 럭비학교 교장 토머스 아널드 박사와 그의 아들 매슈 아널드는 트리벨리언 · 헉슬리 · 다윈 · 케인스 · 시즈윅 Sidgwick 가와 연결되었다. 한편 스티븐 가문의 딸로 태어난 버지니아 울프는《빅토리아 시대의 명사들Eminent Victorians》을 쓴 리턴 스트레이치Lytton Strachey와 인척이었는데, 찰스 다윈의 사촌이자 우생학자인 프랜시스 골턴Francis Galton은 저서 《유전적 천재Hereditary Genius》 (1869)에서 이 두 가문을 천재적 혈통의 예로 언급했다. 나아가 지적 귀족들은 의회의원, 고위 관리, 고위 성직자 등의 지배 엘리트와도 연계를 맺고 있었다. 여기서 가족의 끈보다 더 중요한 것은 사립학교와 옥스퍼드 · 케임브리지의 학연 및 클럽 활동 등이었다. 지적 귀족들은 일찍부터 환경에 의해 자동적으로 지적인 훈련을 받았다. 예를 들어, 토머스 머콜리는 네 살 때 이미 "감사합니다, 부인. 고뇌가 이제 경감되었습니다"라는 식의 고급언어를 구사했다.[8]

영국 지식인들과 정치권력 핵심의 근접성은 장점이자 한계로 작용했다. 정치적 영향력은 증가했지만, 다른 한편 이는 독립의 상실을 의미했던 것이다. 신좌파 이론가인 앤더슨Perry Anderson과 네언Tom Nairn은 빅토리아 시대 지식인들이 충분히 반항적이지 않았기 때문에 영국 사회주의와 노동당이 비교적 온건하고 영향력이 약하다는 주장을 제기

---

8) Noel Annan, "The Intellectual Aristocracy" in *Studies in Social History* ed. J. H. Plumb(1969), p. 250.

한 바 있다. 그러나 '지적 귀족'이라는 단어에 현혹되어 진짜 귀족 및 지배계급과 지식인들의 융합이 지나치게 강조되어서는 안 된다. 지식인들은 사회적 맥락에서 확실하게 부르주아 집단이었다. 그들은 귀족으로 상승하고 싶어하지 않았으며, 그것이 가능하지도 않다는 사실을 잘 알고 있었다. 또한 질서, 진보, 기독교적 윤리, 생산성, 자조 같은 중간계급의 가치관을 공유했고, 기존 사회에 개혁이 필요함을 인식했다. 그들은 정치적 발언권을 가지고 새롭게 부상하는 교양 대중을 상대로 자신들의 주장을 전개하여, 자신들의 개혁 사상에 따라 새로운 여론 주도자들을 형성하려는 목표를 가지고 있었다. 사회개혁을 위해 애쓰는 지식인들의 전통은 19세기 전반기의 벤담과 공리주의자들, 그리고 클래펌파 Clapham Sect의 복음주의적 활동에서 잘 나타난다. 18세기 말~19세기 초에 큰 영향력을 떨쳤던 복음주의자들은 종교를 내면화하고 삶을 영적으로 만들려고 노력했으며, 대표적으로 노예무역과 노예제도의 폐지를 쟁취해냈다. 영국 사회에서 경건함과 도덕성이 존경받게 된 데는 그들의 노력이 컸다. 영국 사회가 19세기에 이르러 능력 위주의 사회가 된 데도 지식인들의 역할이 컸다. 그들에게 권리장전이 있다면, 그것은 예전의 끈과 후원제를 대체하는 '능력에 따른 공무원 임용제도'의 도입을 건의한 〈트리벨리언 노스Trevelyan-North 보고서〉(1853)였다.

지식인이라는 단어가 아직 통용되지 않았을 때, 그들은 어떻게 불렸을까? 빅토리아 시대에 가장 흔하게 쓰인 단어는 '문필가'였다. 오늘날의 지식인들은 대부분 전문가지만, 19세기 지식인들은 일반론자이며 일종의 '현자'였다. 지혜와 경험의 새로운 비전을 주고받는 사람, 독자들에게 기쁨을 주는 것이 아니라 교훈을 주고 가르침을 전하려 한 사람을 현자라고 정의할 때, 빅토리아 시대 지식인들에게는 그 개념이 어울렸다. 러스킨과 칼라일로 대표되는 '현자'는 지식의 도덕적 의미에 관심을 기울인 '일반적' 지식인이었다. 그러나 1850~1900년에 새로운 의미의 '지식인'이라는 개념이 대두하면서, 일반론자가 전문가로 대체되었다. 자연과학자들은 이미 1830~40년대에 일반론자들로부터 분리된 상태였다. 일반적 지식인은 일생 동안 다양한 경력을 가질 수 있었다. 이를테면 제임스 스튜어트James Stuart(1843~1913)는 케임브리지대학 트리니티 컬리지의 펠로를 거쳐 기계 및 응용수학 교수로 봉직한 후, 언론인과 하원의원이 될 수 있었다.[9] 그러나 19세기 말에는 그런 식의 다양한 경력이 더 이상 가능하지 않았다. 지식인의 지위는 특수화된 전문지식의 소유에 의존하게 되었고, 과학기술 분야뿐만 아니라 예술과 문학에서도 그런 과정을 촉진하는 변화가 일어났다. 그러나 지식인의 존재와 학문적 전문화 현상을 동일시할 수는 없다. 지식인을 장기적 안목에서 사고하고 영향력을 행사하는 사람으로 정의한다면, 이런 개념의 지식인이 반드시 전문가와 동일시될 필요는 없기 때문이다.

| 공적 도덕론자들 |

19세기 영국 지식인들의 핵심적 가치는 무엇보다도 도덕적 의무감이었다. 인간의 모든 행동은 타인에게 이로워야 한다는 명제 하에, 그들은 이기적 감정을 사회적 감정으로 극복하는 것을 의무로 받아들였다. 이

9) William C. Lubenow, "University History and the History of Universities in the Nineteenth Century", *Journal of British History* 39/2(April 2000), p. 255.

는 당시 사회의 전반적 분위기에 위배되는 특이한 현상이다. 빅토리아 시대에는 개인과 개인의 이기심, 그리고 이성적 계산이 모든 것의 기초로 간주되었기 때문이다. 그러나 지식인들은 이성과 이기심만큼이나 애타심과 인격 수양에 집착했고, 영국인들이 이기심 이외의 다른 어떤 동기도 부정하는 것을 비판하면서 그 너머의 영역이 있음을 지적했다. 그런 의미에서 지성사가인 콜리니Stefan Collini는 그들을 '공적 도덕론자들public moralists'이라고 불렀는데, 정부와 의회, 고급 관직, 문필업, 사립학교와 엘리트 대학, 법조계에 포진하고 있던 이들 공적 도덕론자들이 이기심에 젖어 있는 사람들에게 윤리적 가치를 상기시키는 역할을 했다는 것이다.[10] 대체로 상층 중간계급 출신인 그들은 자신들이 누리는 기득권에 대해 '죄책감'을 느끼게 되었으며, 비록 19세기의 과학적·지적 분위기에서 종교적 신앙심을 잃기는 했지만, 신에게 봉사하는 대신 인류에 봉사하기로 선택한 사람들이었다. 소설가 조지 엘리엇은 "신은 생각조차 할 수 없고 영생은 믿을 수 없는 것이지만, 그럼에도 불구하고 의무는 엄연하고 절대적"이라고 선언했다. 엘리엇이 보기에 의무라는 개념, 즉 자기 자신의 만족을 넘어선 무언가를 위해 살아야 한다는 의식은 도덕적 삶의 핵심이었다.[11]

　　도덕적 의무감을 삶의 기초로 삼은 대표적 지식인으로 존 스튜어트 밀을 들 수 있다. 글래드스턴이 현실 영역에서 차지했던 위치를 지적 영역에서 차지했다고 일컬어지는 밀은, 빅토리아 시대의 정치적·지적 삶

---

10) Stefan Collini, *Public Moralists: Political Thought and Intellectual Life in Britain 1650-1930*(Oxford: Oxford University Press, 1991); Robert Skidelsky, *Interests and Obsessions* (Macmillan, 1993), p. 19.

11) Gertrude Himmelfarb, *Victorian Minds*(Gloucester, Mass.: Peter Smith, 1975), p. 291.

을 논하려면 반드시 그에게 주의를 기울여야 할 만큼 당시 막강한 영향력을 발휘했다. 그의 위치에 대해 당대의 지식인인 시즈윅Henry Sidgwick은 "1860~65년경에 밀은 다른 어떤 사람도 그러지 못했고 앞으로도 그럴 수 없을 정도로 영국의 사상을 지배했다"고 증언했다.[12] 앞서 정의한 대로 '유기적 지식인'과 인텔리겐치아를 구분한다면, 1830년대에 밀은 유기적 지식인의 필요성을 강조했다. 그러나 그 자신은 일생을 통해 인텔리겐치아의 입장을 취했다. 오늘날의 판단으로는 당연히 기득권의 기둥으로 간주될지 모르지만, 사실은 스스로 국외자의 위치를 선택했던 것이다. 그는 '진보적 급진주의자'의 신념을 지니고 있었고, 특권과 불의, 그리고 사회적 무관심에 적극적으로 대적하는 것을 자신의 임무로 받아들였다.

존 스튜어트의 아버지인 제임스 밀(1773~1836)은 스코틀랜드의 애버딘 인근 마을에서 구두제조공의 아들로 태어났다. 영특했던 그는 그 지역 지주인 존 스튜어트 경의 후원으로 에든버러대학에서 공부함으로써 가난과 무지에서 벗어날 수 있었다. 그는 필시 후원자의 이름을 따서 아들의 이름을 지어준 것임에 틀림없다. 1802년에 런던으로 이주한 제임스 밀은 이후 동인도회사에서 고위직으로 근무했고, 당시 개혁을 화두로 한 지적 담론에서는 벤담의 친구로서 그 한복판에 섰다. 밀 부자父子를 알고 지낸 사람들의 증언에 의하면, 두 사람은 아들이 자서전에 쓰고 있는 것보다 더욱 애정으로 얽혀 있었다고 한다. 그러나 아버지는 아들을 영재로 키우고자 혹독하게 교육시켰고, 아들이 자만심을 가지지 않도록 칭찬에도 매우 인색했다. 저명한 전기 작가인 레슬리 스티븐

---

12) Collini, *Public Moralists*, p. 178.

존 **스튜어트 밀**은 도덕적 의무감을 삶의 기초로 삼은 대표적 지식인이었다. 그는 특권과 불의, 사회적 무관심에 적극적으로 대적하는 것을 자신의 임무로 받아들였다.

Leslie Stephen은 존 스튜어트 밀의 전기에서 그를 차갑고 냉혈적인 인간, 고도로 지적이지만 성적으로 덜 발달한 애처가, 그리고 유머라고는 없는 사람으로 그렸다. 밀은 20세경에 정서적 위기를 겪으면서 워즈워스의 시를 발견했고, 또 운명의 여인인 해리엇 테일러Harriet Taylor 부인을 만났다. 그리고 그로부터 20년 후에 존 테일러가 사망하고 나서야, 두 사람은 부적절한 관계를 끝내고 결혼할 수 있었다. 해리엇의 영향력에 대해서는 학자들 사이에 말이 많았지만, 그녀가 밀 자신이 주장한 것만큼 지적으로 탁월하지 않았음은 분명하다. 그러나 밀에게 해리엇의

영국적인, 너무나 영국적인

기억은, 그 자신의 표현에 의하면 "종교"와 같았다. 무엇보다도 그녀와의 관계와 그에 대한 사회의 적대가 밀로 하여금 일생 동안 국외자의 위치에 서 있도록 한 요인이었음은 확실하다.

밀은 노동계급과 여성, 그리고 아일랜드 같은 약자들에 대해 동정심을 가졌고, 그들의 대변자 역할을 자임했다. 그러나 성인 보통선거권을 지지하는 것이 민주주의자의 입장이라면, 그는 민주주의자가 아니었다. 프랑스에서 나폴레옹 3세의 독재 하에 민주적 국민투표가 악용되는 데 절망한 밀은, 무식한 농민들에게 선거권을 부여하는 일에 회의를 품게 되었다. 이것이 그가 민주주의를 제한·통제해야 한다고 제안하게 된 근본 이유였다. 그가 보기에, 민주사회의 원칙인 평등은 탁월함에 위협이 되고 평범함을 조장하며, 그로부터 가해지는 획일성의 압력 때문에 개인은 항상 위험에 처하게 된다. 밀은 모든 사람들이 "인간으로서 동등한 가치를 가질 때까지" 평등한 목소리를 내서는 안 된다고 선언했다.[13] 그는 일정한 도덕적·지적 발달 수준에 도달한 사람들에게만 자치정부가 가능하다고 판단했고, 읽기·쓰기·산수의 기본을 갖추지 못한 사람들은 참정권에서 제외하기를 원했다. 정치적 정보가 주로 인쇄물을 통해 교환되는 상황에서 문맹인 사람은 토론에 참여할 수 없다는 것이 그 근거였다. 또한 국가 부조를 받는 사람들도 제외해야 했다. 세금을 내지 않는 사람들은 마음대로 공공예산을 증가시키려는 유혹을 받게 되고 다른 사람들의 재산을 자신에게 이롭게 쓰려 할 것이기 때문이었다. 교육받지 못한 보통사람들의 위험에 맞서, 밀은 선거가 아니라 경쟁시험을 통해 선정된 '영구적 관료'가 정부 임무의 상당부분을 수행하는 편이 바

---

13) William Stafford, *John Stuart Mill*(Macmillan, 1998), p. 116.

람직하다고 생각했다. 경쟁은 좋은 것이며, 근면과 효율성을 고무하기 때문이었다. 밀은 자유주의를 끝까지 견지했다. 그가 대변하는 영국 지식인들의 경향은, 개인의 자유를 최대한 강화하되 능력주의 이상과 연결시키는 것이었다.[14] 이처럼 밀은 사회적 약자의 대변자 역할을 떠맡았음에도 불구하고, 그들을 비판하고 훈계하는 도덕적 엄정함을 포기하지 않았다. 아마도 지배계급으로부터 떨어져 있는 국외자의 지위를 의도적으로 자신에게 부여했기 때문에 그런 엄정함을 유지할 수 있었던 것 같다.

밀의 도덕론자 역할은 에어Edward John Eyre 총독 사건에서 가장 잘 드러났다. 이 사건은 한마디로 빅토리아 사회의 공적 도덕성에 거대한 충격을 가한 대지진이었다. 1865년 10월, 영제국의 식민지인 자메이카에서 반란이 일어나자 에어 총독은 계엄령을 선포하여 신속히 진압하고 곧바로 반란군 지도자를 처형했다. 사건의 확실한 전말이 밝혀지지 않은 가운데, 영국 내에서 찬반 여론이 들끓었다. 한편에는, 물론 잔혹 행위야 유감스러운 일이지만 에어의 신속한 행동이 주민들, 특히 백인들을 훨씬 더 심한 고난으로부터 구해냈다고 믿는 사람들이 있었다. 그들에게는 아직 인도 반란(1857)의 기억이 생생했다. 반면 에어의 행동은 도덕적으로 용서될 수 없으며 불법이기 때문에 재판을 통해 처벌되어야 한다고 믿는 사람들이 있었는데, 밀은 그들의 대표였다. 다윈과 토머스 헉슬리, 허버트 스펜서, 프레더릭 해리슨Frederic Harrison 등의 자연과학자와 사회과학자들이 그와 같은 생각이었고, 반대편에는 토머스 칼라일, 찰스 디킨스, 존 러스킨, 앨프레드 테니슨, 찰스 킹즐리 등의 저명한

14) Ibid., pp. 114~116.

영국적인, 너무나 영국적인

문인들이 주로 포진했다.

칼라일과 디킨스 같은 인물들은 에어의 행동을 남자다움의 에토스와 연결시켰다. 즉 그는 용감하게 자신의 의무를 다했으며, 의무 수행에 유혈이 뒤따른다 해도 후회해서는 안 된다는 입장이었다. 칼라일은 에어 총독을 처벌하라는 밀 측의 요구에 대해, "반역을 일으킨, 처형되어 마땅한 물라토mulato 한 명을 구하기 위해 그 난리를 피우다니……"라는 반응을 보였다.[15] 밀도 영제국을 포기하라는 반제국주의자는 아니었다. 그러나 제국은 도덕적이어야 했고, 이 사건은 영국의 지배에 도덕적 오점을 남겼기 때문에 신속히 그 오점을 제거해야 한다고 믿었다. 그는 이 사건의 해결이 선거법 개혁보다 더 중요한 사안이라고 주장하면서 자메이카위원회 의장직을 맡아 1869년까지 투쟁을 이끌었지만, 결국 패배했다. 도덕적 노선을 걷는다고 믿어지던 글래드스턴 정부가 본국에 소환된 에어에게 재판에 소용된 경비를 치러 주었을 때(1872), 밀은 이제 자신이 토리 정부를 원한다고 선언했다. 그러나 다음에 정권을 차지한 토리 정부는 한 걸음 더 나아가 에어의 연금을 회복시켜 주었다.

에어 총독 사건에서 드러나듯이, 밀의 특별한 관심은 영국의 도덕적 명성, 즉 세상 사람들의 눈에 영국의 도덕적 위상과 지도력을 드러내 보이는 것이었다. 최대 다수의 최대 행복을 원칙으로 하는 공리주의에서도, 밀은 벤담과 달리 도덕적 측면을 덧붙였다. 즉 쾌락의 범주에 '의무'를, 그리고 고통에 '양심의 가책'을 포함시켰다. 그가 주장한 후기 공리주의는 행복을 덕으로, 이기심을 이타주의로 변화시킨 것이었다. 벤담은 인간 행동이 주로 기계적 방법으로 통제된다고 본 반면, 밀은 인

---

15) Ibid., p. 113.

간에게 양심이라는 내부 경찰이 있다고 주장했다. 밀은 1868년에 자유당 공천을 받아 하원의원에 당선되었다. 글래드스턴은 의회에 밀을 소개하면서, 지적 권위가 아니라 '자신을 잊는 것'과 '공공 의무에 대한 완벽한 헌신'에서 그의 중요성을 구했다. 그의 존재가 의회의 도덕적 기품을 향상시키고 유지시킬 것이라는 내용이었다. 밀은 '대중적 도덕론자' 역할을 즐긴 듯 보인다. 물론 그가 반드시 도덕적 의무만을 염두에 두고 행동한 것은 아니었다. 콜리니에 의하면, 그는 시간 감각을 중요시했고, 자신의 저술이나 연설이 최대한의 인상을 줄 수 있는 순간을 계산했다고 한다. 예를 들어, 여성에게 참정권을 허용하자고 주장한《여성의 종속》을 이미 1861년경에 끝냈으면서도, 그 문제를 좀더 쉽게 받아들일 만한 분위기가 형성될 때까지 기다렸다는 것이다.[16]

밀로 대표되는 19세기 영국 지식인들은 도덕성과 의무라는 압도적 가치를 일생 동안 짊어지고 살아갔다. 그러나 그에 따르는 중압감으로 인해, 그들은 때때로 이중적이고 위선적 모습을 드러내기도 했다. 버지니아 울프의 아버지인 레슬리 스티븐은 다양한 인물들의 평전과 비평서를 30권가량 집필한 대표적 문필가이자, 기념비적인《영국 인명 대사전 Dictionary of National Biography》의 편찬자다. 그런 아버지를 울프는《등대로To the Lighthouse》에서, 자식으로 하여금 그 가슴에 칼을 꽂고 싶게 만드는 사람으로 묘사한다. 울프는 차갑고 이기적이고 폭군 같고 편협하고 신랄하고 자린고비 같은 스티븐의 괴팍함과 결점을 놀라운 솜씨로 들추어냈다. 스티븐 자신도 친구에게 쓴 편지에서, "내 속에는 항상 내가 협잡꾼이라는 확신이 숨어 있다네. 그리고 누군가가 그것을 발견해

---

16) Collini, *Public Moralists*, pp. 126~128, 169.

버지니아 울프의 아버지 **레슬리 스티븐**은 도덕적 중압감에 압도된 19세기 영국 지식인들의 이중적이고 위선적인 모습을 단적으로 보여준다.

내리라는 두려움도"라고 토로했다.[17] 아마도 스티븐이 빅토리아 시대 지식인들의 예외는 아니었을 것이다.

어찌 되었든 의무와 도덕을 삶의 중심에 놓는 지식인들의 이미지는 20세기 들어서도 한참 동안 지속되었다. 결국 19세기를 주름잡은 공리주의·다윈주의·실증주의·합리주의는 모두 도덕성이라는 절대 가치를 무너뜨리지 못했다. 그러나 20세기 초에 그 도덕성에 반발하는 분위기가 꿈틀거리고 있었다.

17) Himmelfarb, *Victorian Minds*, p. 200.

| 블룸즈버리 그룹 |

20세기 전반기의 영국 지식인들은 민주주의로의 이행을 걱정 어린 눈으로 바라보았다. 그 행보가 너무 빠르게 느껴졌던 것이다. 그들 가운데 일부는 관용을 배우고 그때까지 무시했던 대중문화와 계급에 다가가 그 가치를 배우려 했지만, 다른 일부는 끝까지 자신들이 아끼는 바를 고수하려 했다. 철학자 버트런드 러셀은 1920년대를 회상하면서, "우리의 분위기는 로마 제국과 문명의 몰락을 바라보는 성 아우구스투스와 성 제롬 같았다"고 말했다.[18] 이처럼 대중사회의 도래를 우려한 지식인들 가운데 블룸즈버리 그룹이 있다. 예술가들과 작가들의 느슨한 연합체인 블룸즈버리 그룹에는 소설가 버지니아 울프와 남편 레너드 울프Leonard Woolf, 버지니아의 언니이며 화가인 버네써 벨Vanessa Bell과 그 남편인 비평가 클라이브 벨Clive Bell, E. M. 포스터, 리턴 스트레이치, 화가 던컨 그랜트Duncan Grant, 만능인 로저 프라이Roger Fry, 그리고 경제학자 케인스가 포함되었다.

블룸즈버리 그룹은 케임브리지에서 시작되었다. 버지니아와 버네써의 오빠인 토비 스티븐Thoby Stephen, 리턴 스트레이치, 레너드 울프, 그리고 케인스 등이 매주 토요일마다 클라이브 벨의 방에서 독서 모임을 가진 것이 그 시작이었다. 1904년에 레슬리 스티븐이 죽고 나서 그의 자녀들은 대영박물관 인근의 블룸즈버리라는 지역(고든스퀘어 46번지)으로 이사했는데, 여기서 블룸즈버리 그룹이라는 이름이 유래했다. 이들은 매주 목요일 밤 스티븐 남매의 집에 모여 이야기로 밤을 새웠다.

---

18) Mandler and Pederson, "Introduction" in *After the Victorians*, p. 23.

영국적인, 너무나 영국적인

'블룸즈버리 그룹'이라는 이름은 버지니아 울프 남매들이 1904년 이후
블룸즈버리 지역(고든스퀘어 46번지)에 기거한 데서 유래했다.

블룸즈버리 그룹은 1906년에 토비 스티븐이 죽으면서 잠시 기둥이 흔들렸지만, 버네써와 클라이브 벨이 결혼함으로써 다시금 유지되었다. 블룸즈버리 그룹의 특징은 엘리트 문화와 지적 능력에 대한 절대적 믿음과 성적 관계의 완전 개방으로 요약될 수 있다. 그들은 자유와 우정을 핵심 가치로 받아들이고 페이비언주의 같은 사회주의를 거부했으며, 삶의 목표 가운데 하나를 문명의 보호로 설정했다. 그들이 말하는 문명이란 훌륭한 삶을 살려고 노력하는 것으로, 이는 우정과 예술과 문학을 통해 얻어질 수 있다고 생각되었다. 지식인들의 소외감이 특히 블룸즈버리 그룹을 지배했는데, 그들은 자신들이 지적 귀족에 속한다는 사실을 잘 알고 있었다. 케인스는 자신들의 계급이 정부에서 본질적인 결정권을 가져야 한다고 생각했고, 클라이브 벨은 문명이란 유한계급에 의존하는 법이라고 거리낌 없이 발언했다. 대중사회가 소수의 문화를 위협한다고 느낀 블룸즈버리 그룹은, 엘리트 문화를 지키는 것이 자신들의 임무라고 믿었다. 엘리트 문화의 필요성을 절감했다는 점에서 그들은 매슈 아널드를 따랐지만, 그 방식은 고도로 반항적이었다.

블룸즈버리 그룹은 국교회, 계급제도, 군국주의, 여성의 종속, 인종차별 같은 빅토리아 시대의 실천과 제도들을 공격했다. 이는 또한 애국심, 영웅주의, 경건함, 자기확신, 사회적 기율, '여린 여성'에 대한 존경, 권위에 대한 경의 등을 공격하는 것이기도 했다. 그들이 가장 원했던 바는 아버지 세대의 도덕과 의무라는 중압감에서 벗어나는 것이었다. 레슬리 스티븐은 1856년에 기독교 신앙을 잃었을 때, "나는 이제 아무것도 믿지 않지만, 여전히 도덕을 믿는다. 나는 가능하면 신사로 살다 죽으련다"라고 선언했다.[19] 스트레이치는 아버지 세대를 두고, "빅토리아 시대는 자기만족과 자기모순의 시대였다. 그 시대에는 무신론자조차 종교적이었다"고 비판했다.

그들은 아버지 세대를 지탱해 온 신화를 폭로하려 했는데, 스트레이치의 《빅토리아 시대의 명사들》이 첫 번째 공격나팔이었다. 그는 이 책을 통해, 영제국 수호자의 대명사가 된 고든 장군, 크림 전쟁의 영웅 플로렌스 나이팅게일, 럭비학교 교장 아널드, 그리고 가톨릭교도들의 정신적 지주였던 매닝Henry Manning 추기경을 둘러싼 신화를 해체하려 했다. 스트레이치는 이들 최고 명사들을 대단히 유능하지만 괴팍하고, 목표 달성을 위해 주변사람들을 무자비하게 혹사한 사람들로 묘사

---

19) Quentin Bell, *Bloomsbury*(Phoenix Giant, 1986), p. 24.

영국적인, 너무나 영국적인

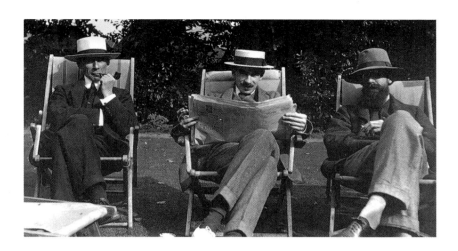

블룸즈버리 그룹은 아버지 세대를 지탱해 온 신화를 폭로하려 했다.
스트레이치(오른쪽)의 《빅토리아 시대의 명사들》과 **케인스**(가운데)의
《평화의 경제적 결과》는 그러한 취지의 작업이었다.(왼쪽은 **버트런드 러셀**)

한다. 가장 존경받는 사람에게서조차 야비하고 우스꽝스러운 면을 들춰 냄으로써, 그는 영웅이란 없다고 감히 선언한다. 빅토리아 가치관에 대한 두 번째 공격은 케인스의 《평화의 경제적 결과Economic Consequences of the Peace》(1919)였다. 케인스는 스트레이치의 책에서 영감을 받아 윌슨Woodrow Wilson, 로이드조지, 클레망소Georges Clemenceau 등의 성격을 통해 베르사유 조약을 바라보면서, 그로부터 야기될 결과를 비관했다.

기독교 신화 역시 블룸즈버리 그룹의 공격 대상이었다. 그들은 아담과 이브의 창조신화를 가장 파괴적인 신화로 판단했다. 공포를 낳고 자유의 제한을 정당화하며 이성적 사고를 억누르기 때문이었다. 노아와

방주 이야기 역시 가공할 신화로 생각되었다. 이 세상이 너무나 타락한 탓에 대홍수로 쓸어버릴 수밖에 없다는, 보다 나은 것이 나타나기 전에 모든 종류의 타락을 소멸시켜야 한다는 전제가 깔려 있기 때문이었다. 반면 블룸즈버리 그룹이 특히 좋아한 신화는 아폴로와 다프네의 이야기였다. 자부심 강하고 거만한 영웅이 똑똑한 소년 큐피드에게 말려들어 아름다운 처녀에게 마음을 빼앗기고, 다프네는 그의 유혹을 꾸준히 거부하다가 마침내 월계수가 되었다는 이 이야기는 이들의 작품에 종종 나타났다.[20]

블룸즈버리 그룹의 초창기 성원 20명 가운데 10명은 케임브리지의 유명한 토론 단체인 '사도회Apostles'에 속해 있었다. 1820년에 세인트 존스 컬리지의 한 학생이 토론 클럽을 만들었을 때 회원 수가 12명이었기 때문에, 사람들은 이 클럽을 사도회라고 불렀다. 규칙은 오직 한 가지, 서로 완전히 공개적으로 토론하되 그 내용을 절대 외부에 발설하지 않는 것이었다.[21] '사도들'은 모두 합리주의자이자 오로지 회의懷疑만을 신뢰하는 불가지론자들이었으며, 그들의 정신은 '철저한 헌신과 친한 친구들 사이의 솔직함을 가지고 진리를 추구'하는 것이었다. 한동안 절대 비밀에 붙여졌던 이 비밀단체가 유명해진 것은, 출신자들의 면면이 그들의 회고록을 통해 알려지면서부터였다. 어찌 되었든 이 유명한 단체가 비밀로 남아 있을 수는 없었다. 버트런드 러셀, 케인스, 루트비

---

20) Craufurd D. Goodwin, "Bloomsbury and the Destructive Power of Myth" in *Still more Adventures with Britannia* ed. Wm. Roger Louis(I. B. Tauris, 2003), p. 103.
21) '사도회'의 비밀 전통이 시작된 것은, 어느 속물이 회원들에가 접근하여 회원으로 선출된 뒤 아주 뽐내면서 바로 사퇴한 사건 때문이었다. 그 후 사도회는 그런 사람들을 배제하기 위해 비밀조직이 되었다. Noel Annan, *Our Age: the Generation that made Post-Britain*(Fontana, 1991), p. 318.

영국적인, 너무나 영국적인

대단히 아름다운 금발 청년이었던 **루퍼트 브룩**은 블룸즈버리 그룹의 남성과 여성 모두에게 양성동체적 이상의 구현으로 여겨졌다.

로렌스D. H. Lawrence도, 1915년에 버트런드 러셀의 초대로 케임브리지를 방문했을 때 사도회의 동성애적 분위기에 잘 적응하지 못했다. 세계대전의 비참한 시기에 그들이 생각하고 살아가는 방식은 로렌스에게 역겨운 심미주의로만 보였다. 그는 러셀에게 보낸 편지에서, 케임브리지의 "썩은 냄새"를 도저히 참을 수 없었다고 썼다. "그렇게 병든 인간들이 도대체 어디서 도약의 힘을 얻을 수 있겠습니까?"[22] 이 젊은이들

---

22) 예이츠도 브룩을 두고 영국에서 가장 아름다운 청년이라고 예찬했다. 페터 자거, 박규호 옮김, 《옥스퍼드 & 케임브리지》, 352쪽.

에게서 공경심이라고는 한 조각도 찾아볼 수 없었던 것이다. 레너드 울프는 그런 비난에 대해, 자신들에게 종교와 권위에 대한 공경심이 없다는 말은 옳지만, "우리에게도 진리, 아름다움, 예술작품, 우정, 사랑, 살아 있는 많은 사람들, 그리고 죽은 자들 가운데 많은 이들에 대한 공경심은 있다"고 대꾸했다.[23] 그러나 그들에게 '신성한' 것이란 아무것도 없었다.

아버지 세대의 도덕관에 반발한 블룸즈버리 그룹에게 가장 중요한 것은, 종교적이고 도덕적인 위압적 분위기를 떨쳐 버림으로써 만끽하게 된 해방의 느낌이었다. 그들은 감각을 중시했다. 그들은 도덕이 아니라 즐거움을 원했으며, 진리는 이성만이 아니라 직감과 감각을 통해서도 이해될 수 있다고 믿었다. 블룸즈버리 그룹은 파격적이고 무신론적이고 조롱하는 듯하고 해방을 신조로 한다는 인상을 주었으며, 어려움을 자청하고 있었다. 1912년에 그들이 포스트표현주의 전시회를 끝내고 무도회를 열었을 때, 버지니아를 포함한 블룸즈버리 여성들은 타히티 여자들로 변장하고 나타났다. 아직 긴 치마가 바닥을 쓸고 다니던 때에 이런 자유분방한 복장이 준 충격은 상상을 초월했다. 스트레이치는 전쟁 중 하원 청문회에서 "독일 병사가 당신의 누이를 겁탈하려고 하면 어쩌겠소?"라는 질문에, "두 사람 사이에 내 몸을 끼워 넣으려고 하겠습니다"라고 대답했다. 이 말은 전쟁 중인 국가에 대한 반항과 더불어 자신의 동성애적 성향을 내비친 매우 재치 있는 답변이었다. 그러나 대단히 재치 있고 영리한 이 대꾸는 동시에 매우 불손했다. 블룸즈버리에 적대적이던 소설가 웰스는 전쟁이란 이성의 문제가 아니라 명예의 문제라며,

23) Bell, *Bloomsbury*, pp. 77~78.

영국적인, 너무나 영국적인

"네 누이의 순결이 위험에 처해 있을 때는 이성을 발휘할 때가 아니라"
고 스트레이치에게 직격탄을 날렸다.[24] 로렌스의 아내도 비슷한 의견이
었다. "블룸즈버리 사람들에게는 인간적 친절함이라는 우유가 단 한 방
울도 없었다. 그 사람들은 재치 있고 똑똑하기에 너무 바빴다." 로렌스
자신도 그들과 하룻밤을 보내고 나서, 그들을 초대한 지인에게 다시는
그들을 데려오지 말라고 했다. "그 친구들은 끊임없이 말한다. 그리고
단 한 번도 훌륭하거나 진실한 이야기를 하지 않는다. 그들의 태도는 너
무나 불손하고 뻔뻔스럽다."[25]

　　그러나 블룸즈버리 그룹 역시 후기 빅토리아 시대 사람들이었으며,
복음주의자들의 특징 가운데 일부, 즉 일의 윤리, 문화적·사회적 진보
를 위한 헌신, 지적 정직성에 대한 믿음 등을 물려받았다는 평가도 있
다. '존 러스킨과 조지 엘리엇 사이에 태어난 아이들'로서 '어머니의 합
리주의'와 '아버지의 감성주의'를 아울렀고, 대중의 존재에 거부감을
느끼면서도 그들에게 다가가려 했다는 것이다.[26] 1920~30년대에 파시
즘이 대두하면서, 블룸즈버리 그룹은 더 이상 유지되지 못했다. 그들의
평화주의와 미적·지적 입장은 파시즘에 맞선 처절한 투쟁에 적절치 않
았다. 블룸즈버리의 운명은 전쟁 중에 신경쇠약으로 자살한 버지니아
울프로 대변될 수 있을 것이다. 그들은 많은 재능의 집합체였음에도 불
구하고 어떤 지적 전통을 세우지는 못했다. 로렌스의 말대로, 재치 있기
에 너무 바빴는지도 모른다. 그러나 블룸즈버리 그룹의 신화는 버지니
아 울프와 케인스 같은 지식인들의 존재로 인해 여전히 유지되고 있으

24) Ibid., p. 68.
25) Ibid., pp. 70~72.
26) Hermione Lee, *Virginia Woolf*(Vintage, 1997), p. 54.

블룸즈버리 그룹의 운명은 전쟁 중에 신경쇠약으로 자살한 **버지니아 울프**로 대변될 수 있다.
그들은 많은 재능의 집합체였지만, 어떤 지적 전통도 세우지 못했다.

며, 대중사회에서 문화와 지식인이 자리하는 위상에 대한 그들의 우려는 오늘날에도 풀리지 않은 문제로 남아 있다.

| 케임브리지 스파이들 |

동서고금을 막론하고 첩보 역사상 가장 유명한 인물들 가운데 이른바 '케임브리지 스파이'들이 있다. 네 명의 케임브리지 출신들—모두 다섯 명으로, 한 명은 나중에 밝혀졌다—이 1930년대에 소련 KGB에 포섭되어 수십 년간 국가기밀을 빼돌린 사건이 밝혀졌을 때 세상은 경악할 수밖에 없었다. 그들은 모두 외무부, 비밀정보부, BBC 방송 같은 최고 엘리트 기관의 핵심 고위층으로, 그 위치에서 접할 수 있는 최고급 국가기밀을 소련에 낱낱이 고해 바쳤다. 이처럼 중상류층 집안 출신으로 케임브리지에서 수학하고 국가 요직에서 일한 엘리트들이 조국을 배반했다는 사실에 세상은 더더욱 경악할 수밖에 없었다.

 1920년대에 자유민주주의의 나약함과 파시즘의 대두 사이에서 길을 잃은 많은 젊은이들이 공산주의에 경도된 것은 당연한 추세였다. 그러나 케임브리지 학생들과 마르크스주의의 접촉은 다소 경박한 지적·윤리적 유희와 모험의 분위기에서 이루어졌다. 케임브리지에 망명한 러시아 청년 블라디미르 나보코프Vladimir Nabokov는 1920년대 초반에 그곳 젊은이들이 보여준 태도에 놀라움을 표시했다. "상당한 품위와 교양을 갖춘 사람들이 러시아에 대한 이야기만 나오면 놀라울 정도의 멍청함을 보였다."[27] 물론 케인스 같은 사람들은 마르크스주의 경제학을 두고 "우리의 지적 능력에 대한 모독"이라고 말하기도 했다.

네 명의 케임브리지 스파이 가운데 단연 돋보이는 인물은 킴 필비 Kim Philby다. 그의 본명은 해럴드지만, 스파이를 주인공으로 한 키플링의 소설 《킴》을 본떠 그렇게 불렸다. 그는 유명한 아랍학자의 아들로 인도에서 출생했는데, 영어를 말하기 전에 펀자브어부터 말했다고 한다. 사회주의에 대한 필비의 관심은 학창 시절에 시작되었다. 그는 대공황이 막 시작된 1929년에 자전거 여행을 하면서 영국 북부 공업지대를 지나다가 자신이 본 광경에 충격을 받았다. 이후 그는 마르크스주의 경제학자 모리스 돕Morris Dobb이 이끄는 작은 규모의 서클에 참여했고, 공산당에도 가입했다. 필비는 아직 케임브리지 학생일 때 소련 첩보부에 포섭되었는데, 재미있는 사실은 소련 첩보부가 사실 필비보다 그의 아버지에게 더 관심이 있었다는 것이다. 그의 아버지가 유명한 동양학자면서 사우디아라비아 왕실과 친근한 관계에 있었기 때문이다. 필비의 첫 번째 임무는 아버지에 관한 첩보를 수집하는 것이었다.[28] 케임브리지 역사학과를 졸업한 뒤, 필비는 영국의 첩보기관인 MI6[29]에 들어가 고속으로 승진했다. 1944년에 소련·동유럽권 공산당 담당 첩보과장이 되었고, 1년 후에는 전체 부서를 책임지게 되었다. 부서 책임자가 바로 소련의 첩자인 상황이 야기되었던 것이다. 필비는 네 명의 스파이 가운데 가장 높은 지위에 올랐고, 심지어 MI6의 다음 책임자로 고려될 정도였다. 그 후 필비는 워싱턴에서 CIA 및 FBI와 일하는 연락관이 되었다가

27) 페터 자거, 박규호 옮김, 《옥스퍼드 & 케임브리지》, 325쪽.

28) Miranda Carter, *Anthony Blunt: His Lives*(Farrar, Straus & Giroux, 2001), p. 158.

29) MI는 military intelligence의 약자다. MI5는 주로 국내 스파이와 파괴 활동자를 단속하고 MI6는 해외첩보를 담당한다. 영국 정부는 MI5와 MI6의 존재를 부정하기 때문에, 공식적으로는 이들 첩보기관이 존재하지 않는 것으로 되어 있다.

영국적인, 너무나 영국적인

필비는 첩보 역사상 가장 성공적인 간첩 중 한 명이었으며, 따라서 가장 큰 해악을 입혔다.

1951년에 두 명의 케임브리지 스파이들이 소련으로 도주하는 것을 돕는데, 결국 그 사건으로 의혹을 사는 바람에 사임하게 된다.

영국 비밀정보부는 필비를 5년간이나 조사했지만 혐의점을 발견하지 못했다. 필비는 MI6에 다시 고용되어, 언론인이라는 신분으로 중동 지역에서 첩보활동을 하도록 파견되었다. 그는 나중에 모스크바에서 가진 대담에서, 만약 자신의 정체가 드러났다면 MI6 관리들은 대단히 낭패했을 것이라고 조롱조로 말했다. 그의 스파이 행각은 1963년에 소련에서 탈주한 소련 첩보원의 실토로 드러났다. 베이루트에 있던 필비는 자신에 대한 조사가 시작된다는 정보를 접하고는 곧바로 모스크바로 도망쳤다. 그가 KGB 장성에 준하는 연금을 받으며 25년이나 더 살다가 죽었을 때, 소련은 기념우표까지 발행하여 그의 공을 기렸다. 그는 죽을 때까지도 아침마다 BBC 방송을 듣고 옥스퍼드 잼을 먹고 케임브리지에서 나온 책들을 읽으며 생활했다고 한다. 필비는 그 지위 때문에 첩보 역사상 가장 성공적인 간첩 가운데 한 명이 되었다. 그는 가장 전문적이

버저스는 필비와 더불어 모스크바로 향했지만, 그곳 생활을 힘들어 하며 평생 런던을 그리워했다.

고 헌신적이고 잔인했으며, 따라서 가장 큰 해악을 입혔다. 동유럽에서 활동하던 수백 명의 첩보 요원들과 반정부 인사들이 필비의 이중행위로 인해 목숨을 잃었다. 놀랍게도 그는 마르크스주의 자체에 관심이 없었던 것으로 일컬어진다. 단순히 조직의 인간으로서 일생 자신이 속한 조직, 즉 KGB에 봉사하는 삶을 살았다는 것이다. 소련에 왔을 때 필비는 "조국에 돌아온" 느낌이라고 말했다. 모스크바의 생활에 대해서도 "나는 내 나라에 살고 있다"며, 조국에 대한 향수를 눈곱만치도 내비치지 않았다. 만약 다시 산다 해도 KGB를 위해 일한 43년을 되풀이하리라는 것이 그의 확신이었다.[30]

두 번째 인물인 가이 버저스Guy Burgess 역시 케임브리지 학생일 때 KGB에 포섭되었다. 버저스의 요란한 동성애적 행각이 소련의 청교

---

30) Kim Philby, "Lecture to the KGB" in Rufina Philby, *The Private Life of Kim Philby: The Moscow Years*(St Ermin's Press, 2003), pp. 251, 258.

영국적인, 너무나 영국적인

도주의에 거슬리기는 했지만, KGB는 결국 그를 포섭하여 'Mädchen' —독일어로 '소녀'라는 뜻—이라는 코드네임을 붙여주었다. 첩보사회에도 유머감각은 살아 있었던 것이다. 대학 졸업 후 술주정뱅이 동성애자로 마땅한 직장도 없이 백수 생활을 한 버저스는 한동안 첩보를 전달할 자리에 있지 못했다. 그러다가 마침내 BBC 방송의 프로듀서가 되어 많은 지도적 정치가들과 접촉하면서, 가십과 정치적 비밀을 모아 모스크바에 전달했다. 버저스는 1944년에 외무부의 뉴스부로 자리를 옮겼고, 그 후 워싱턴으로 발령 받았다. 이때 필비는 워싱턴 주재 영국 대사관에서 미국 정보기관과의 연락 업무를 맡고 있었다. 워싱턴에서 버저스는 필비와 함께 거주했는데, KGB는 첩보원들이 함께 사는 것을 금했지만 필비는 버저스의 음주 습관을 억제하기 위해 자신이 필요하다며 설득했다. 한국전쟁 당시 버저스는 한국 내 미군의 움직임을 크렘린에 보고함으로써 한국전쟁의 전개 과정에도 영향을 미쳤다. 버저스의 첩보 경력은 필비의 모스크바행에 동행하면서 끝이 났다. 버저스는 잘생겼고 유쾌한 성격에 남을 즐겁게 하고 자기도 즐거워하는 타입이었다. 필비 등의 다른 스파이들에게 애국심이 의미 없는 개념이었던 데 반해, 버저스는 이상한 형태로 조국에 대한 낭만적 개념을 가지고 있었다. 그는 단순히 미국이 아니라 러시아에 영국의 미래가 있다고 믿었다.[31] 모스크바에서 버저스는 술주정뱅이 생활을 계속했는데, 필비와 달리 모스크바생활을 견디기 힘들어했다. 버저스는 런던을 그리워했고, 죽을 때까지 런던의 새빌 가 양복점에서 옷을 주문해 입었다.

세 번째 케임브리지 스파이인 도널드 매클린Donald Maclean의 아

---

31) Annan, *Our Age*, p. 304.

매클린은 소련 사회에서도 젊은 시절의 이상주의를 견지하면서 공산주의 원칙에 맞게 살려 했으며, 소련 체제를 비판했다.

버지는 자유당 국회의원으로 내각의 각료를 역임한 인물이었다. 어릴 때부터 강한 정치적 견해를 보인 매클린 역시 케임브리지에서 포섭되었다. 그는 졸업 후 외무부 관리가 되었고, 1950년에 워싱턴 주재 영국 대사관에 근무하게 되었다. 그는 핵무기와 핵에너지의 모든 암호와 코드에 접근할 수 있었는데, 자신이 다룬 정보를 전부 모스크바에 전달했다. 그러나 그 사이 FBI는 뉴욕 주재 소련 영사관과 모스크바 사이의 코드화된 전보를 해독하여, KGB가 영국 대사관에 '호머'라는 코드네임의 스파이를 두고 있음을 알게 되었다. KGB 암호는 특정 주말에 이 첩자가 뉴욕으로 갈 것이라고 했고, 이로써 그 첩자가 매클린임이 밝혀졌다. 이때 매클린은 런던에 돌아와 외무부에서 미국 담당 책임자로 일하고 있

영국적인, 너무나 영국적인

었다. FBI의 제보를 받은 영국 정보기관은 매클린을 조사하기로 결정했다. 그러자 내부 정보에 접할 수 있었던 필비가 이 사실을 KGB와 매클린에게 알렸고, KGB는 버저스를 런던으로 보내 매클린과 함께 도주하도록 했다. 두 사람은 영국 비밀정보부의 조사가 시작되기 이틀 전에 모스크바로 도주하여 세상을 놀라게 했다. 필비가 1963년에 모스크바로 도망 옴으로써 케임브리지 스파이 세 명이 그곳에 모이게 되었다. 매클린은 그곳에서 여자관계가 복잡했던 필비에게 아내를 빼앗겼지만, 러시아어를 배우고 소련 사회에 적응하려고 노력했다. 그러나 그는 젊은 시절의 이상주의를 견지하면서 모든 특권을 거부한 채 공산주의 원칙에 맞게 살려 했으며, 소련 체제를 비판했다. 그 바람에 매클린은 크렘린의 눈 밖에 나 비참한 생을 보내야 했다. 심장발작으로 사망한 그의 시신은 화장 후 소원대로 영국으로 보내졌다.

한편 필비마저 소련으로 도망친 지 1년 후인 1964년에 '제4의 사나이'가 발각되었다. 그는 왕실 미술품을 잘 관리한 공로를 인정받아 엘리자베스 여왕으로부터 기사작위까지 받은 앤소니 블런트Anthony Blunt였다. 출신 배경으로는 블런트가 스파이들 가운데 최고였다. 국교회 목사의 아들로 태어난 그는 여왕의 먼 인척이었던 것이다. 블런트를 KGB에 소개한 사람은 버저스였다. 두 사람은 동성애자로 인연을 맺고 있었다. 버저스가 왜 블런트를 포섭했는지는 확실치 않다. 블런트는 외무부나 정보부에서 경력을 쌓을 계획이 없었기 때문에, 소련에 첩보를 전달할 위치에 오르지 않을 것이었기 때문이다. 아마도 케임브리지에서 젊은이들에게 영향력을 미치고 그들을 포섭할 사람이 필요했을 것이라는 추측이 가능하다. 버저스는 비록 술주정뱅이였지만, 블런트가 아주 훌륭한 스파이감이라는 사실을 꿰뚫어보고 있었다. 블런트는 동성애자로

필비가 모스크바로 도주한 지 1년 뒤에 발각된 **블런트**는, 여왕의 먼 인척이자 여왕으로부터 기사작위까지 받은 인물이었다.

서 이미 이중생활에 익숙해 있을 뿐만 아니라, 말이 없고 감정 억제에 능하며, 비밀을 필요로 하는 성격이었던 것이다.

블런트는 확실히 1934년부터 1945년까지, 아마 그 이후에도 KGB 첩보원으로 암약했다. 1939년에 제2차 세계대전이 발발하자 그는 육군에 입대하여 프랑스가 독일에 점령될 때까지 그곳에서 전투에 참여했다가, 영국으로 돌아와 첩보기관 MI5에 자리를 얻었다. 그는 특히 제2차 세계대전 중에 영국이 극비리에 해독한 독일 암호 '에니그마'의 상세한 결과를 KGB에 빼돌렸다. 동시에 MI5 제2인자의 개인비서라는 자리를 이용하여 획득한 안보 및 방첩활동 관련 정보뿐만 아니라, 자신이 포섭한 케임브리지 '사도들'로부터 넘겨받은 국방 관련 정보도 소련 측에 제공했다.

전후 블런트는 스파이 활동을 줄이고 학문 활동에 집중했다. 그는

영국적인, 너무나 영국적인

푸생Nicolas Poussin과 바로크 시대를 전공하여 이후 세계적 권위자가 되었으며, 왕실 미술소장품을 관리하는 미술사가로 활동했다. 그러다가 1963년, 케임브리지 출신으로 사도회 일원이었으며 역시 KGB에 포섭되었던 미국인 스트레이트Michael Straight가 FBI에 자백하는 과정에서 블런트의 행적이 들통 나게 되었다. 블런트는 이때 비밀 보장과 처벌받지 않을 것을 약속받고서 KGB에 관한 정보를 제공했다. 그러고는 대외적으로 계속해서 특권적 지위를 향유했다. 마침내 1979년에 어느 첩보 관계 전문 필자가 펴낸 책에서 그의 반역행위가 폭로되었다. 그 책은 굉장한 소동을 불러일으켰고, 의회는 대처 총리에게 책에 등장하는 그 첩자가 누구인지를 밝히라고 요구했다. 결국 블런트의 오랜 배신행위가 밝혀졌는데, 비밀이 밝혀졌을 때 그가 보인 오만한 태도는 대중을 더욱 분노로 몰아넣었다. 블런트도 필비 못지않게 냉혈인간이었다. 그는 '목표가 수단을 정당화'한다고 주장했다. 모든 것이 밝혀졌을 때, 그의 40년 지기 친구가 그에게 물었다. 여왕을 위해 일하고 왕실 가족과 정기적으로 만찬을 함께하는 위치에 있으면서 어떻게 여왕과 국가를 파괴하려는 작업을 계속할 수 있었느냐고. 그러자 블런트는 위스키 잔을 들면서 이렇게 대답했다. "이것과, 그리고 더 많은 일, 일을 하면서."[32] 3년 후 심장마비로 쓰러졌을 때, 그는 기사작위도, 영국학술원 회원 자격도 빼앗긴 상태였다.

케임브리지 스파이들이 더욱 가증스럽게 보인 것은, 그들이 철저히 비밀을 지키기 위해 겉으로는 전향한 것처럼 쇼를 했기 때문이었다. 버저스는 1930년대 초에 파시즘으로 전향했다고 공언하고 나치 독일을 방

32) Carter, *Anthony Blunt*, pp. 174, 491.

문했으며, 필비도 스페인 내전 당시 프랑코에 우호적인 보도를 내보냈다. 블런트 역시 학문적 박학함 뒤로 이념을 숨기라는 명령에 따라, 1930년대 중반까지 보이던 투철한 마르크스주의적 미술사관을 접고서 그 후 좀더 정확하고 학문적인 예술관을 발표했다. 그는 그렇게 가장한 덕분에 정보부에 침입했고, 트리니티 컬리지의 펠로로 재직하면서 젊은 이들을 포섭하여 그들을 통해 정보를 빼돌릴 수 있었다. 아이로니컬한 것은, KGB가 거의 마지막까지도 그들이 혹시 이중첩자는 아닌지 확신을 내리지 못했다는 사실이다. 그들은 블런트가 영국의 첩자라고 단정했고, 필비도 마찬가지 혐의를 받았다. 필비가 소련으로 도주한 뒤에도 KGB는 그가 영국의 첩보원인지 여부를 몰라 어려움을 겪었다고 한다. 필비는 1980년대에야 충성심을 확인받고 KGB 고문이 되어 젊은 KGB 관리들에게 강의하는 등의 봉사를 했으며, 훈장도 여러 개 받았다.[33]

| 케임브리지 스파이 사건이 남긴 문제점 |

케임브리지 스파이 사건은 영국 사회의 여러 가지 문제점을 노출시켰다. 가장 먼저 대두된 문제는 왜 이들 기득권을 누린 엘리트가 반역이라는 중죄를 범했는가 하는 것이었다. 1988년에 필비는 모스크바에서 가진 〈선데이타임스〉와의 긴 인터뷰에서, KGB에 충성을 맹세했을 때 서구 민주주의 사회는 파시즘을 이길 수 없을 것으로 믿었다고 말했다. 그

---

33) 케임브리지 스파이의 마지막 인물은 존 케언크로스John Cairncross다. 그는 전쟁 중 독일 암호 해독문을 소련에 건네주었고, 영국 과학자문위원회 위원장의 개인비서로 일하면서 미·영 원자폭탄 프로그램을 최초로 소련에 제공했다.

영국적인, 너무나 영국적인

의 말대로 1930년대 영국 젊은이들은 파시즘에 적절히 대처하지 못하는 서방세계의 나약함에 실망하여 공산주의를 받아들였고, 소련을 이념적 조국으로 삼았다. 스페인 내전 당시 케임브리지 학생들 8천 명 가운데 1천 명이 공산당 당원이었고, 1930년대 말에는 다섯 명에 한 명꼴로 사회주의 클럽에 가입하고 있었다.[34] 히틀러의 공격, 대중 실업의 부당함, 그리고 영국 통치자들의 무능이 모든 급진주의자들을 하나로 묶은 연대의식이었다. KGB가 필비와 매클린 등을 포섭하면서 건넨 이야기도 파시즘에 맞선 투쟁에 참여해 달라는 것이었다.

종교가 대중의 아편이었듯이, 마르크스주의는 부르주아 이상주의자들의 아편이었다. 그들은 빈곤과 불평등과 특권을 끝내고 싶어 했고, 마침 소련에는 그런 부조리가 없는 것처럼 보였다. 1930년대의 공산주의자들은 자신들을 청교도와 복음주의자들의 후예로 생각했고, 도덕적 우월감을 느꼈다. 그들은 지구상에 천국을 세우고 싶어했는데, 당시 소련은 그들에게 새로운 인간사회를 만들어 내는 실험실로 보였다. 그러나 공산주의에 끌린 케임브리지의 특권층 젊은이들은 여전히 자신들을 엘리트로 간주했다. 그들은 무산계급을 이끄는 미래의 지도자로 자처했으며, 노동자를 개인적으로 사랑하는 것과 대중을 사랑하는 것을 혼동하지 않았다. 블런트에게 포섭되었다가 빠져나온 마이클 스트레이트가 보기에, 그가 접촉한 소련인들은 새로운 국제질서의 대표가 아니라 마치 소규모 밀수꾼들 같았다. 그러나 케임브리지 스파이들의 눈에는 그 점이 보이지 않았다. 조지 오웰은 애국심의 결여를 영국 지식인들의 특징으로 지적한 바 있다. 그가 본 좌파 지식인들은 사회주의의 핵심인 정

---

34) Skidelsky, *Interests and Obsessions*, p. 138.

의와 관대함에는 별 관심을 갖지 않은 채 이상한 이상에만 집착했다. 오웰이 판단하기에, 좌파 지식인들이 러시아를 숭배하는 것은 그들이 영국의 본질적 천재성, 즉 애국심, 상식, 그리고 전체주의에 대한 불신 등과 동떨어져 있기 때문이었다. "지식인들은 음식은 파리에서, 의견은 모스크바에서 얻어 온다."[35] 영국 지식인들은 애국심이 없기 때문에 대중의 정서와 멀리 떨어져 있고, 그 결과 대중에게 아무런 영향력을 발휘하지 못한다는 지적이었다.

케임브리지 스파이 사건이 노정한 두 번째 문제점은 그들이 애초에 정부 요직에 기용되었다는 것이었다. 이 사건의 진정한 아이러니는, 소련 측이 스파이들에게 품었던 의심이었다. 소련 몰락 후 공개된 KGB 문서가 확인해 주듯이, KGB는 그들의 진정한 충성심이 어디에 있는지를 확신하지 못한 채 반대로 영국 첩보원들이 침입한 것은 아닌지 의심했다. 스파이들의 첩보가 "사실이기에는 너무 훌륭"했던 데다가 그들이 너무 쉽게 자기들 수중에 떨어졌기 때문에 오히려 믿지 못했던 것이다. 필비 등이 보낸 중요한 첩보는 다른 첩보에 의해 확인되지 않는 한 사실로 받아들여지지 않았다. 문제는 영국의 국가 엘리트를 거르는 장치가 너무나 허술했다는 점이었다. 네 명 모두 대학 시절에 명백한 좌익 성향을 보인 사람들이었고, 특히 필비의 공산주의적 행동은 잘 알려져 있었다. 그런 사람이 MI6의 안보 검사를 통과하고 제2인자의 지위에까지 올랐다는 것은, KGB의 상식으로는 도저히 이해할 수 없는 일이었다. 영국 당국이 그런 사람들을 제도권 요직에 임명할 정도로 어리석다고는 생각할 수 없었던 것이다.

---

35) George Orwell, *The Road to Wigan Pier*(Harvest, 1958), p. 275.

영국적인, 너무나 영국적인

도대체 그런 경력의 사람들이 정부 요직에 임용되었다는 것부터가 다른 나라에서는 불가능한 일이라는 점이 지적되었을 때, 그 답은 영국 사회에 존재하는 기득권 세력의 '끼리끼리' 주의에서 구해졌다. 버저스는 친구에게 자신이 코민테른 첩보원이라고 고백할 정도로 경솔했고 아무도 그가 어떤 일이든 분별 있고 신중하게 처리하리라고 믿을 수 없었지만, 그런 사람이 버젓이 외무부 관리로 임용되었던 것이다. 한편 매클린은 외무부에 입사할 당시 아직도 강한 공산주의적 견해를 가지고 있느냐는 질문에, 다 떨쳐버린 것은 아니라고 대답하면서 정직의 쇼를 벌이기도 했다. 혐의 사실이 드러났을 때조차 그들은 보호받았다. 버저스와 매클린이 도주하고 필비가 그 제보자라는 혐의를 받았을 때, 이든 총리는 더 이상 수사하지 말라고 지시했다. 더욱 한심한 것은, 정보기관에 포진한 필비의 친구들이 그를 다시 고용하여 베이루트에 보냈다는 사실이다. 블런트가 처벌받지 않은 것 역시 '끼리끼리' 주의라고밖에 설명될 수 없었다. 왜 이 거만한 지식인에게 면죄부가 허락되었느냐며 여론이 들끓었고, 결국 같은 사립학교, 같은 대학, 같은 클럽, 혹은 같은 성적 취향을 가졌다는 것밖에는 답이 없었다.

옥스퍼드에서는 단 한 명의 스파이도 나오지 않았는데, 왜 유독 케임브리지에서만 이처럼 반역자들이 배출되었을까? 여기서 특히 케임브리지의 분위기와 사도회의 존재를 좀더 살펴볼 필요가 있다. 역사학자 트레버로퍼H. R. Trevor-Roper는, 옥스퍼드가 보다 국교도적이고 획일적이라면 케임브리지는 비국교도적이고 비획일적이며 세상을 삐딱하게 바라보는 경향이 있다고 지적했다. 또한 옥스퍼드는 독단론과 권위를 의심하는 회의적 분위기가 강한 데 반해, 케임브리지 출신들은 절대적인 도덕적 진리를 추구하는 과정에서 정신적 지도자guru를 따르는 경향이 강하다고 보았다. 그러한 지적 전통의 차이가 케임브리지 출신이 소련 첩보원의 회유와 포섭에 쉽게 넘어간 이유를 설명해 준다는 것이다. 이렇게 서로 다른 도덕적 뿌리는 케임브리지의 비국교도적인 역사로 거슬러 올라간다. 대표적으로, 헨리 8세 시대에 영국 교회를 로마로부터 떨어져 나오게 한 종교개혁의 실무자들인 토머스 크랜머Thomas Cranmer와 니콜라스 리들리Nicholas Ridley가 이곳에서 대학 시절을 보냈다. 19세기 역사가 토머스 머콜리는 이에 대해, "케임브리지는 신교의 저명한 주교들을 양성하는 영광을 얻었고, 옥스퍼드는 이들을 파문하는 영광을 누렸다"고 평했다.[36] 올리버 크롬웰과 존 밀턴도 케임브리지에서 학창시절을 보냈다. 그곳은 청교도들의 대학이었고, 영국 혁명 중에는 의회파 군대의 거점이었다. 반면 옥스퍼드는 찰스 1세의 지휘본부 겸 왕당파들의 토론장이 되었다.

또 하나의 설명은 스파이들 가운데 많은 수가 사도회에 속해 있었다는 사실에서 윤곽을 드러낸다. 전향자 스트레이트는 25명 정도의 케임브리지 출신 첩보원 목록을 제공했는데, 이와 관련하여 40명의 '사도들'이 조사를 받았고 그 가운데 15명은 블런트와 버저스를 통해 소련에 정보를 제공한 사실이 드러났다. 그러나 옥스퍼드에는 사도회에 상응하는 것이 없었다. 옥스퍼드에서 학생들이 어떤 클럽에 가입하는 목적은, 그 클럽을 선전하고 그곳에 가입하지 못한 사람들에게 고통을 주는 것이었다. 반대로 '사도회'는 철저히 비밀에 부쳐졌고, 그 클럽의 단 하나의 원칙은 비밀 지키기였다. 게다가 동성애자들의 비밀스러움 역시 스파이 사건에 작용했음이 확실하다. 블런트와 버저스는 동성애자였고,

---

36) 페터 자거, 박규호 옮김, 《옥스퍼드 & 케임브리지》, 21쪽.

영국적인, 너무나 영국적인

그들이 포섭한 '사도들'도 대부분 그랬다. 케임브리지의 젊은이들이 마르크스주의 음모에 가담한 것은, 당시 '사도들'이 사용하던 표현에 의하면, 코민테른Comintern이 아니라 '호민테른Homintern'을 통해서였다. 호민테른은 국제공산당을 뜻하는 코민테른의 머리글자를 바꾸어 만든 '동성애자 인터내셔널'의 약자였다. 강한 동성애적 요소는 그들을 똘똘 뭉치게 하는 요인이었으며, 동성애자면서 마르크스주의자인 사람들은 더욱 똘똘 뭉쳤다. 그들은 동성애를 불법화하는 국가제도를 거부했고, 그들을 범법자라고 부르는 사회에 분노했다. 결국 그들의 이중 언어, 이중 사고, 이중적 삶이 이중적 충성심을 가진 첩보원이 되는 조건을 낳던 것이다.

영국 지식인들이 반지성적이라는 명제는 실상에 부합하지 않는 가정이었다. 그럼에도 영국인들 스스로가 파악한 반지성적 자기인식은 지속되었으며, 1950년대에도 영국인들은 지성보다 인격이 더 중요하다는 교육을 받는다는 말이 공공연히 들렸다. "이 나라 지식인들은 프랑스 같은 다른 나라에서 지식인들이 누리는 특권을 전혀 누리지 못한다. 지난 2세기 이상 그래 왔다"는 것이다.[37) 영국 지식인들에 대한 두 번째 명제인 지배 엘리트와의 밀착성은 분명한 사실이었다. 19세기 이래 영국 지식인들은 인척관계, 학연, 클럽 등을 통해 의회, 관료, 교회의 지도층과 연결되어 있었다. 그들은 드러내놓고 영향력을 발휘하려 하지 않았지만

---

37) Heyck, "Myths and Meanings of Intellectuals", p. 195.

체제통합적 지위 때문에 오히려 다른 나라 지식인들보다 더욱 강력한 세력이 될 수 있었다. 역사가 애넌은 1930년대에 잠깐 지적 귀족과 정치 엘리트 사이가 벌어졌지만 그 후 다시 회복되었다고 평가한다. 그러나 영국 지식인들의 체제통합적 성격은 케임브리지 스파이들의 경우에 여지없이 깨져버린다. 그들은 자신들의 기득권에 대해 불편해하고 궁극적으로 나라를 배반했는데, 영국 상층계급에 뿌리 내리고 있는 권위 의식과 엘리트교육은 외적인 순응주의자와 동시에 내적인 반란인을 만들어냈던 것이다.

19세기 영국 지식인들을 압도한 것은 무엇보다도 도덕적 엄격함과 의무감이었다. 그러한 에토스는 세기말에 가장 강하게 분출되었지만 곧바로 안티테제가 나타났다. 19세기적 에토스로부터의 일탈은 철저한 개인적 심미주의에 탐닉하고 신성한 모든 것을 부정한 블룸즈버리에서 가장 분명하게 구현되었다. '사도'면서 블룸즈버리 그룹에 속했던 E. M. 포스터는 "내가 만일 국가와 친구 가운데 하나를 배신해야 한다면 나라를 배신할 용기를 가지기를 바란다"고 공언했다.[38] 이 말은 사도회와 블룸즈버리의 정신을 정확히 드러낸 말이었다. 그러나 이들과 달리, 19세기의 지식인들은 공적인 도덕성과 의무감을 우선시했다. 존 스튜어트 밀과 블룸즈버리 그룹의 차이는 거기서 드러난다. 내부의 갈등과 어쩌면 위선으로 보이는 행태에도 불구하고 지식인들의 도덕적 의무감 덕분에 19세기 영국 사회는 대중에게 좀더 살기 편한 사회가 되었다.

세월이 가면서 1920~30년대 영국 지식인들에게 큰 영향력을 미쳤던 마르크스주의와 동성애는 쇠퇴했다. 1927~39년에 '사도들'로 뽑힌

---

38) Annan, *Our Age*, p. 319.

영국적인, 너무나 영국적인

31명 가운데 공산주의자가 15명이었던데 반해 1945년 이후에는 역사가 에릭 홉스봄 외에는 마르크스주의자로 남아 있는 사람이 없었고,[39] 동성애는 이성간의 애정으로 돌아섰다. 현재 영국 사회에는 여전히 기득권자들의 '끼리끼리' 주의가 남아 있고 사도회도 아직 존속하면서 예술 부문과 정부에서 영향력을 미치고 있다. 그러나 제2차 세계대전 이후 엘리트 집단에는 사회 하층으로부터의 신분상승이 눈에 띄게 되었고, 지식인들의 사회경제적 배경도 다양해지고 있다. 지식인과 대중이 서로 갈등하면서도 공존해야 하는 존재라면 그러한 다변화는 바람직하다. 앞으로 더욱 다양한 사회적 배경을 가진 지적 귀족들의 활동이 기대된다.

---

39) Sinclair; *The Red and the Blue: Intelligence, Treason and the Universities*(Coronet, 1987), p. 45.

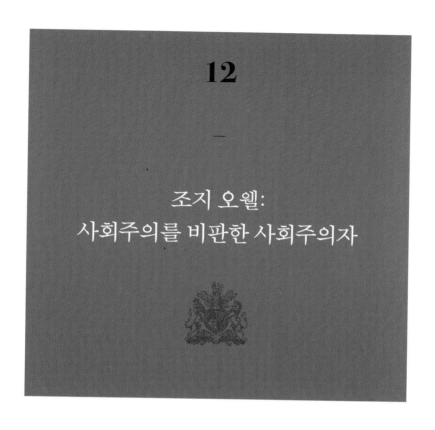

12

조지 오웰:
사회주의를 비판한 사회주의자

조지 오웰의 본명은 에릭 아서 블레어Eric Arthur Blair다.[1] 그는 인도제
국 아편국 소속 관리인 리처드 블레어의 아들로 1903년에 벵골에서 태
어났다. 당시 제국 관리 집안에서 행해지던 관습대로 에릭은 여섯 살 때
부모와 이별하고 본국으로 갔다. 그는 명문 사립학교에 진학할 수 있는

---

[1] 이 장에서 오웰이 1933년에 필명을 사용하기 이전에 그를 칭할 때는 본명을 사용하기로 한다.
그러나 문맥에 따라 두 이름을 혼용할 수도 있다.

장학금을 획득하여 학교의 명예를 높이겠다는 조건으로, 학비가 비싼 예비학교인 세인트 사이프라이언스St. Cyprian's에 입학했다(1911). 6년 후 그는 약속한 대로 장학금을 받아 이튼에 입학했지만, 졸업 후 대학에 진학하지 않고 제국 경찰이 되어 버마로 떠났다(1922). 버마에서 5년을 보낸 후 영국 제국주의에 환멸을 느끼고 돌아온 에릭 블레어는《파리와 런던의 밑바닥 생활Down and Out in Paris and London》(1933)을 출간하면서 조지 오웰이라는 필명을 사용하기 시작했다. 조지는 영국 남성의 전형적인 이름이고, 오웰은 그가 자란 이스트앵글리아를 흐르는 강에서 따온 것이다.

오웰은 1930년대에《위건 부두로 가는 길The Road to Wigan Pier》(1937)과《카탈로니아 찬가Homage to Catalonia》(1938) 등의 정치성 강한 책들을 냈지만 별로 주목받지 못했다. 1945년 이전의 그의 삶은 험난했다. 그의 작품은 자주 출판사로부터 거절당했는데,《파리와 런던의 밑바닥 생활》이 그랬고,《버마의 나날Burmese Days》(1934)은 인도청이 반대하는 바람에 출간이 1년 늦어졌으며,《위건 부두로 가는 길》은 막상 그 작품을 의뢰한 출판자로부터 거부되어 편집자 서문을 붙여서야 출간되었다. 그러다가《동물농장Animal Farm》(1945)과《1984년》(1949)으로 인해 그의 명성은 극적으로 변했다. 그의 작품 가운데 어느 작품이 최고 걸작인가에 대해서는 논란이 있다. 물론《동물농장》이 대중적으로 가장 인기 있는 작품이고《1984년》은 가장 강력한 영향력을 발휘했는데,《카탈로니아 찬가》는 이미 이 두 작품을 예고하고 있었으며 오웰 자신도《카탈로니아 찬가》를 자기 작품 가운데 가장 뛰어나다고 평가했다. 오웰은 생의 거의 마지막 순간에 다다라서야 돈과 명성을 얻었지만 얼마 안 있어 폐결핵으로 사망했다(1950. 1. 21).

오웰은 좌우를 막론하고 인간의 존엄성을 짓밟는
모든 행위에 저항했으며, 스스로를 '민주적 사회주의자'로 자처했다.

그의 관심은 우선 영제국의 지배 하에 있던 버마인들에 대한 동정
에서 시작되어 영국 내 약자인 노동자들에 대한 연민으로 발전했으며,
좌우를 막론하고 인간의 존엄성을 짓밟는 모든 행위에 대한 저항으로
나아갔다. 진정한 사회주의를 지식인들의 이념이 아니라 대중에서 찾으
려 한 오웰은 페이비언 협회와 같은 사회주의 엘리트에 대해 증오를 품
게 되었고, 그들이 너무 쉽게 스탈린 같은 독재자들에게 넘어갔다고 비
판했다. 1930년대에 그의 정치적 경험은 사회주의에 존재하는 획일성의
위험을 가르쳐 주었고, 스페인의 경험은 스탈린주의에 대한 환멸을 뱃

속까지 느끼게 해주었다. 그는 궁극적으로 자신을 '민주적 사회주의자 democratic socialist'로 자처하게 되는데, 여기서 '민주적'이라는 형용사는 '개인'에 대한 신념을 나타내는 것으로, 그가 영국 출신이라는 사실에서 유래한 유산이었다.

오웰은 인도주의자였고, 항상 인간관계와 삶의 경험에 관심을 가졌으며, 인간애와 동정심에 의해 움직였다. 그와 동년배인 역사가 애넌은 오웰에 대해 "변덕스럽고, 성격이 불같으며, 독립적이고, 아무에게도 매어 있지 않은 우리 세대의 첫 번째 성인"이었다고 말했다. 또 문인 무거리지Malcolm Muggeridge는 유명한 공식을 만들었는데, 오웰이 "과거를 사랑했고, 현재를 증오했으며, 미래를 두려워했다"는 것이다. 오웰은 모순투성이 인간이었다. 이튼 졸업생이면서 무산자였고, 식민주의에 반대했지만 제국 경찰로 복무했으며, 가난한 부랑자였지만 식사 때는 포도주와 오래된 놋 촛대를 갖추는 부르주아적 삶을 버리지 않았다. 그는 토리 무정부주의자였고, 사회주의를 비판한 사회주의자였으며, 호색가면서 청교도적이었다. 이제 이런 복합적 성격의 지식인이자 행동가인 조지 오웰의 생애를 따라가 보자.

| 젊은 날의 이상과 제국의 경험 |

블레어 집안은 원래 스코틀랜드 출신으로, 영국을 지탱한 두 기둥인 '제국과 국교회'와 연관되어 있었다. 18세기에 살았던 오웰의 4대조 할아버지는 자메이카의 부재지주로 많은 돈을 벌어 웨스트모어랜드 백작의 딸과 결혼함으로써 신분상승에 성공했다.[2] 국교회 목사였던 할아버지

영국적인, 너무나 영국적인

는 인도와 오스트레일리아에서 선교활동을 벌였으며, 아버지도 그리 지위가 높지는 않았지만 어쨌든 인도 통치계급의 일원이었다. 어머니 집안도 식민지와 연관을 맺고 있었다. 아버지 대에 오면 선조들의 재산은 전부 사라지고 블레어 집안은 가난했다. 오웰은 자신의 배경을 "상층 중간계급 가운데 하류lower-upper-middle class"로 표현했다.3)

여섯 살에 본국으로 온 에릭은 명성 높은 예비학교에 다니다가 장학금을 받아 명문 사립학교 이튼에 진학했지만 그곳에 속하지 않는다는 콤플렉스를 느꼈고, 그 경험은 일생 그를 괴롭혔다. 오웰은 자신이 다닌 예비학교를 무척 싫어하여, 그때의 끔찍한 기억을 〈이런저런 즐거움〉에서 생생하게 묘사하고 있다. 그곳에 도착한 직후 에릭은 침대에 오줌을 지리고 교장으로부터 매를 맞는 등 적응에 어려움을 겪었다. 여덟 살 소년에게 당연히 일어나는 현상에 무자비한 처벌로 대응한 영국 사립학교의 실상을 알 수 있는 대목이다. 오웰은 이 학교를 상과 처벌이 교장과 그 부인의 변덕에 달린 전체주의 체제로 묘사했으며, 어떤 평론가들은 그때의 경험이 《1984년》의 기초가 되었다고 말하기도 한다. 1917년에 에릭이 이튼에 진학했을 때 그곳에는 약 1,100명의 재학생이 있었는데, 이들은 치열한 경쟁시험을 치르고 선택된 소년들이었다. 그 중 70명은 영광스런 국왕 장학생 자격으로 입학을 허락받은 학생들이었고, 에릭 블레어도 그 가운데 한 명이었다. 이튼은 예비학교보다 나았지만, 귀족 자제들 가운데서 에릭은 소외감과 콤플렉스를 느낄 수밖에 없었다. 그

---

2) 오웰은 백작의 딸이었던 이 할머니의 사진을 끝까지 모시고 다녔고, 초라한 오두막집에 살면서도 벽에 걸어 놓았다. Jeffrey Meyers, *Orwell: Wintry Conscience of a Generation*(Norton, 2000), p. 3.
3) George Orwell, *The Road to Wigan Pier*(Harvest, 1958), p. 122.

렇지만 그는 평생 이튼에서 맺은 관계를 놓지 않았고, 성인이 되어서도 이튼 시절의 친구들과 왕래하고 지냈다.

대여섯 살 때 이미 에릭은 자신이 장차 작가가 되어야 한다는 사실을 깨달았다. 외아들로 자란 그는 이야기를 만들어 내고 상상 속의 사람들과 대화를 나누기도 했다. 그는 네댓 살쯤에 첫 시를 썼는데, 어머니가 그 시를 받아 적었다고 한다.[4] 그는 자신의 문학적 야망이 처음부터 "소외되고 과소평가되었다는 감정"과 얽혀 있으며 자신의 글이 정치적 의도를 짙게 깔고 있음을 알고 있었다. 즉 예술품을 만들어 내겠다는 의도만으로 글쓰기에 임하지는 않았던 것이다. 그의 목표는 사람들에게 '알리는 것'이었다. 그러나 그의 염두에는 항상 문학이 자리 잡고 있었다. 그는 〈나는 왜 쓰는가Why I Write〉에서, '정치적인 글을 예술로' 만드는 데 최선을 다했다고 토로한다. 언제나 불의에 대한 의식이 그로 하여금 글을 쓰게 만들었지만, 그것이 동시에 미적인 경험이 아니라면 글을 쓰지 않았다는 것이다. 《카탈로니아 찬가》가 대표적인 예인데, 오웰 자신도 그 작품이 "정직하게 말해 정치적"임을 인정하지만, 거리를 두고 "문학적 본능을 거스르지 않고 진실을 이야기하려고" 무척 노력했다고 자평한다.[5]

오웰이 대학에 진학하지 않고 버마로 간 데 대해 다양한 설명들이 제시되어 왔다. 1927~33년에 이튼 졸업생의 57%가 옥스브리지로 진학하고, 20%는 육군, 그리고 16%는 사업으로 진출했다. 에릭은 이튼에서 뛰어난 학생이 아니었지만 옥스브리지에 쉽게 입학할 수는 있었을 터였

---

4) George Orwell, *A Collection of Essays*(NY: Harcourt Brace Jovanovich, 1953), p. 309.
5) Ibid., pp. 314~315.

영국적인, 너무나 영국적인

다. 장학금을 받을 만큼 뛰어나지는 못했지만 원한다면 이튼에서 학비 보조를 받을 수도 있었기 때문에, 그가 대학에 가지 않은 것은 무엇보다도 대학 진학에 큰 매력을 느끼지 못했기 때문인 듯하다. 그는 경찰 제복과 돈과 모험과 권위에 강하게 끌렸던 것 같다. 인도제국 경찰 관할인 버마 경찰은 당시 상당히 좋은 직업이었다. 그가 시험을 치른 1922년도에 인도 경찰관 시험은 8일간 계속되었고, 수험과목은 그리스어·라틴어·프랑스어·역사·지리·수학, 그리고 그림 그리기 등이었다. 그러나 모험과 권위를 찾아 떠난 버마에서의 경험은 그를 반제국주의로, 그리고 사회주의로 내몰았다. 그는 5년간 복무한 후 계약기간이 만료되기 몇 달 전에 사직했는데, 불의라고 간주하게 된 제국주의에 계속해서 봉사할 수는 없다는 것이 가장 중요한 이유였다.[6]

　　버마에서 그는 권력의 비이성적 본성을 경험했고, 그 경험은 그 후 그의 정치적 견해에 지대한 영향을 미쳤다. 그가 복무하던 1920년대에 버마에서는 민족주의가 고조되었다. 버마는 인도제국의 일부였는데, 당시 인도에는 정부 개혁이 도입되었지만 버마에서는 사정이 전혀 그렇지 않았기 때문이었다. 특히 불교 사원들이 민족주의 활동의 중심지였고, 젊은 불교 승들이 영국에 대해 가장 강한 적대감을 드러냈다. 버마에서 오웰은 제국주의를 증오하게 되었다. 그는 자신이 관찰한 한, 거의 모든 인도 주재 영국 관리들이 양심의 가책을 느꼈다고 주장한다. 그가 기차 안에서 어느 영국인과 나눈 솔직한 대화는 "예리하게, 그리고 내부로부터 영제국을 저주했다."[7] 《버마의 나날》에서 로빈슨 대위의 발작과 주

6) Meyers, *Orwell*, pp. 56, 68.
7) Orwell, *The Road to Wigan Pier*, p. 145.

버마 경찰로 복무하던 시절의 경험은 오웰(윗줄 왼쪽에서 세 번째)을 반제국주의자로, 또 사회주의자로 내몰았다.

인공 플로리의 자살은 오웰이 자신의 운명에 대해 비슷한 공포를 느끼고 있었음을 암시한다. 여기서 예외는 산림 관계 일을 맡고 있던 관리·의사·기술자들인데, 그들의 일은 명백히 유용하며 영국인이 있건 없건 해야 할 일들이기 때문이었다. 그러나 오웰은 경찰이었고 폭정의 일부였다.

오늘날 영문학의 필독 작품으로 자리 잡은 〈코끼리 쏘기Shooting an Elephant〉는 아마도 제국주의에 대한 오웰의 심중을 가장 적나라하게 보여주는 대표작일 것이다. 이는 버마에 근무하던 어느 날 거리로 뛰쳐나와 사람을 해친 코끼리를 다룬 소품이다. 야생이 아니라 길들여졌지만 발정기에 있던 코끼리는 시장에서 사람을 죽이며 난리를 친다. 보고를 받고 출동한 오웰이 도착했을 때 코끼리는 이미 진정하고서 얌전히 풀을 뜯고 있었지만, 그는 원주민들 앞에서 제국의 체면을 살리고 지배자의 권위를 보여주기 위해 코끼리를 죽여야만 했다. 문제는 오웰이

영국적인, 너무나 영국적인

그때 이미 제국주의를 사악한 것으로 결론짓고서 하루빨리 직장을 그만 두고 떠나야 한다고 결심하고 있었지만, 원주민들에게 "바보처럼 보이지 않기 위해" 그 짓을 했다는 사실이다. 코끼리는 "매우 천천히 큰 고통 속에서" 죽어 가는데, 이는 영제국의 마지막을 상징한다. 그러나 사실 그는 제국에 대한 증오심과, 자신에게 사사건건 반기를 드는 "못된 작은 동물들", 즉 불교 승들에 대한 분노 사이에 갇혀 있었다. 그리고 그런 식의 이중적 감정은 제국주의가 낳은 '정상적 부산물'이었다.[8]

오웰은 제국주의와 관련하여 여러 편의 에세이 외에, 버마에 사는 유럽인들의 따분한 나날과 주인공의 몰락을 그린 《버마의 나날》이라는 소설을 남겼다.[9] 이 소설은 E. M. 포스터의 《인도로 가는 길》(1924)에서 강한 영향을 받았는데, 포스터의 소설이 발표되었을 때 오웰은 버마에서 복무하고 있었다. 영국인들의 클럽을 무대로 한 영국인과 원주민 의사와의 우정, 서로의 이해 부족과 우정의 어려움, 식민지에 온 여성이 끼어드는 구도 등, 두 소설은 주제와 소재가 비슷하지만 오웰의 소설이 훨씬 더 비관적이다. 《인도로 가는 길》과 달리, 그의 소설에는 원주민과의 우정을 원하고 영국식 문명화의 오만함에 저항하는 무어 부인이나 필딩이 없기 때문이다. 《버마의 나날》에는 인도에 살면서 느끼는 감각, 즉 지루함과 증오의 한편으로, 인도에서의 삶을 열정적으로 찬양하는 정서가 잘 드러나 있다. 이 소설에 등장하는 유럽인들이 원주민을 대하는 태도는 거만하고 때로 포악하기도 하지만, 그들은 결코 한 가지로 정의내릴 수 있는 사람들이 아니다. 그들 가운데는 베럴 같은 냉혈한도 있

---

8) Orwell, *A Collection of Essays*, pp. 149, 156.
9) 우리말 번역은 《제국은 없다》(박경서 옮김, 서지원, 2002)로 되어 있다.

고 나름대로 직무에 충실하고자 하는 맥그리거 같은 영국인도 있다. 또한 영국의 '문명화의 사명'을 백인들 이상으로 확신하는 인도인 의사 베라스와미도 보이고, 제국에 기생하면서 자신의 동포들을 철저히 착취하는 버마인도 등장한다. 영국의 지배는 피상적으로 인식되는 것보다 훨씬 더 복잡했던 것이다.

기억할 것은 제국주의를 반대한 사람들도 영제국에 대해서는 존경심이 없지 않았고 그 점에서 오웰도 마찬가지였다는 사실이다. 그는 버마에 있는 영국인들을 증오했지만 원주민들을 향해 총을 갈기고 싶은 심정도 있었음을 솔직히 인정한다. 오웰의 성격에는 키플링적인 면이 있었으며, 그가 영제국을 완전히 부정적으로 본 것도 아니었다. 정치적 행동에서 보면 그는 철저한 반제국주의자였지만, 용감하게 '백인의 짐'을 짊어진 제국의 건설자들과 통치자들에 대해서는 상당한 존경심을 가지고 있었다. 《버마의 나날》에 등장하는 영국인 나리들은 잘못을 저지르고 부족한 점이 많지만, 반란을 일으킨 버마 군중에 직면하여 용기를 입증하고 성실하게 자신들의 의무를 다하는 모습으로 묘사된다. 그들은 아마도 우둔하고 잔인했을지 모르지만 용기와 끈기를 보여주었는데, 오웰은 용기와 끈기를 매우 높이 평가했던 것이다.

제국을 다룬 영국 작가들 가운데 오웰의 위치는 어떻게 평가할 수 있을까? 그것을 알기 위해서는 키플링과 오웰의 관계를 이해해야 한다. 키플링은 영국 식민지들을 광범위하고 심각하게 다룬 최초의 주요 작가이자 당대 가장 인기 있고 중요한 작가였다. 포스터의 《인도로 가는 길》이나 오웰의 《버마의 나날》이 모두 그의 영향력 하에 탄생했는데, 차이점은 키플링이 제국의 위대함을 찬양했다면 오웰은 제국의 쇠퇴를 기록했다는 것이다. 오웰은 키플링의 가장 철저한 비판자였지만 동시에 그

영국적인, 너무나 영국적인

를 흠모했다. 오웰은 키플링의 글의 내용을 비판했지만 그의 시를 '좋은 나쁜 시'라고 평가했고, 작가로서는 대단히 존경했다. 무거리지는 자신이 오웰에게 "당신과 키플링은 많은 공통점을 가지고 있다"고 말하면 그는 씩 웃고 화제를 바꾸곤 했다고 증언한다.[10]

1942년에 쓴 〈러저드 키플링Rudyard Kipling〉에서 오웰은 키플링이 국수주의적 제국주의자라는 사실을 인정하고 그를 "도덕적으로 무감각했고 미적으로 혐오스럽다"고 판단한다. 그렇지만 동시에 왜 다른 작가들은 다 잊혀졌는데 키플링만 살아남았는지 그 이유를 찾고자 한다. 오웰이 보기에 키플링은 제국주의자지만 소위 '계몽' 되었다고 주장하는 반反제국주의자들이 전혀 가지고 있지 않던 '의무감'을 가지고 있었다. 그것이 키플링으로 하여금 현실을 이해하게 만들었고, 덕분에 그는 아무런 공적 부담도 짊어지지 않은 채 비난만 퍼붓는 좌파 지식인들보다 훨씬 나은 인간이었다는 것이다. 키플링은 가장 어리석을 때조차 오스카 와일드의 "우스꽝스러운 경구"나 버나드 쇼의 《인간과 초인》 마지막에 나오는 "허풍스런 격언들"보다 덜 피상적이고 덜 신경을 건드린다는 것이다. 오웰은 키플링이 제국주의적 성향이나 야비함만큼이나 또한 미덕을 지니고 있기 때문에 중간계급 좌파로부터 미움을 사는 것이라고 판단한다.[11]

버마를 떠나고 10여 년이 지난 1943년에, 오웰은 버마를 독립시키는 것은 어리석은 짓이라고 말했다. 버마는 작고 후진적인 농업국가로 독립국가의 자질을 갖추지 못했으며, 지도자들도 나라를 이끌어갈 능력

---

10) Malcolm Muggeridge, "Burmese Days" in *George Orwell* ed. Harold Bloom(NY: Chelsea House, 1987), p. 23.
11) Orwell, *A Collection of Essays*, pp. 117, 119~120, 132.

이 없다는 것이었다. 그는 원칙적으로 식민지의 독립을 믿었지만, 실제로는 버마가 영국 지배 하에 있는 편이 더 낫다고 생각했다.[12] 여기서 보듯 제국과 식민통치에 대한 오웰의 정서는 모순적이었고, 이러한 양가성은 노동계급에 대한 그의 태도에서도 드러난다.

| 영국의 계급제도 |

제국주의에 대한 오웰의 비판은 영국 내 계급구조에 대한 비판으로 나아갔다. 영국에 돌아왔을 때 그는 노동계급을 보면서 그들 역시 불행한 버마인들과 마찬가지로 불의의 희생자라고 생각하게 되었다.

> 나는 제국주의뿐만 아니라 한 인간이 다른 인간을 지배하는 모든 형태로부터 도망쳐야 한다고 느꼈다. 나는 억압받는 사람들 속으로 침잠하여 그들 가운데 한 사람이 되기를 원했다. 그런 방법으로 내 사고가 영국 노동계급에게로 향했다. (……) 이제 억압과 착취를 발견하기 위해 버마까지 갈 필요가 없음을 깨달았다.[13]

그리하여 그의 사회주의자로서의 경력이 시작되었다. 영국에 돌아와서 발표한 첫 번째 작품인 《파리와 런던의 밑바닥 생활》은 사회학·인류학·정치학을 아우르는 동시에 여행안내서의 성격을 겸비한 책이었

---

12) Meyers, *Orwell*, p. 57
13) Orwell, *The Road to Wigan Pier*, p. 148.

영국적인, 너무나 영국적인

다. 이 책은 노동의 존엄성과 필요성을 주제로 했는데, 마침 대공황 시기였기 때문에 좋은 반응을 얻었다. 그러나 이때만 해도 밑바닥 생활을 스케치로 보여줄 뿐, 빈곤과 사회적 불평등을 야기한 구조에 대한 분석은 별로 찾아볼 수 없다. 오웰의 진정한 도약은 《위건 부두로 가는 길》과 더불어 찾아왔다.

1936년 1월, 오웰은 당시 영향력 있는 좌파 지식인이며 출판업자인 빅터 골란츠Victor Gollancz와 그가 시작한 좌익 독서클럽Left Book Club으로부터, 불경기를 겪고 있는 북부 잉글랜드의 산업지대를 조사하여 보고서를 작성해 달라는 의뢰를 받았다. 서점 점원으로 일하고 있던 오웰은 제안을 받자 즉시 일을 그만두고 광업도시인 위건으로 향했다. 이듬해 3월, 그 보고서인 《위건 부두로 가는 길》이 출간되자 논란이 일었다. 그것은 후원자들이 바라던 책이 아니었다. 《위건 부두》는 전반적으로 실업자들의 절망적 상태와 영국 노동계급의 굳건한 덕목들을 서술하고 있지만, 제2부에는 특히 영국식 사회주의에 대한 오웰의 강한 반대가 표현되어 있다. 여기서 그는 사회주의자들을 '어리석고, 공격적이며 불성실한 무리'라고 직설적으로 비난하면서 영국 사회주의의 문제점을 낱낱이 지적하고, 우파와 좌파를 싸잡아 공격했다. 골란츠는 "오웰 씨가 여전히 초기 환경과 가족과 사립학교의 희생자"지만 그의 양심은 그로 하여금 스스로를 사회주의자로 선언하도록 만든다고 지적하면서 사태를 무마하려 했다. 골란츠는 오웰의 논지를 반박하는 서문을 붙여 좌익 독서클럽 회원들의 분노를 잠재우려 했고, 오웰의 작품을 "가난과 억압에 대한 불타는 분노"라고 표현함으로써 핵심을 실업문제로 돌려놓으려 했다.[14] 덕분에 《위건 부두》는 논란 속에서도 좌익 독서클럽의 후원을 받아 4만 4,000부의 판매를 기록했다. 이로써 오웰의 이름이 처음으로

《**위건 부두로 가는 길**》에서 오웰은 진정한 도약을 이루었다. 그는 여기서 단순한 가난의 현상을 넘어 계급을 다루었으며, 고통스러우리만큼 개인적이고 강렬한 서술을 보여주었다.

영국적인, 너무나 영국적인

널리 알려지게 되고, 그는 별 볼일 없는 소설가에서 주요한 사회비평가로 도약했다.

일부 평론가들이 '최상의 사회학적 보고서'라고 예찬하는 《위건 부두》는 가난을 다룬 책이지만, 더욱 심오하게는 계급에 관한 책이다. 무엇보다도 이 보고서의 강렬한 힘은, 멀리 떨어져 있는 중립적 관찰자의 객관성을 전제하는 것이 아니라 가장 사적이고 때로는 고통스러울 정도로 개인적인 서술을 전달한다는 데 있다. 오웰은 몇 개월 동안 광부들과 함께 먹고 자고 생활하면서 느낀 솔직한 심정을 그대로 표현한다. 그는 노동계급에게 깊은 애정을 느끼고 그들이 당하는 부당함에 분노를 느끼지만, 동시에 그들의 저질 문화와 습관을 싫어하고 그 점을 솔직히 털어놓는다. 그의 복잡한 심정은 스페인 내전 당시 바르셀로나에서 만난 이탈리아 출신 무정부주의자를 묘사한 데서도 드러난다. 오웰은 25,6세 정도의 거칠게 생긴 이 젊은이의 얼굴에서 감동받는다. 그것은 "친구를 위해서라면 살인을 하고 자기 목숨도 던질 사람"의 얼굴이었다. 그러나 동시에 오웰은, 이 젊은이의 첫인상을 유지하려면 그를 다시 보아서는 안 된다는 사실도 알고 있었다.[15]

오웰은 영국 노동자들에 대해서도 똑같은 정서를 지니고 있었는데, 《위건 부두》에서 그 복잡한 심사를 길게 설명하고 있다. 앞서 언급했듯이 오웰은 자신의 출신 성분을 '상층 중간계급 가운데 하류'로 분류했다. 그는 영국의 계급이 결코 돈으로만 설명될 수 없으며 계급은 수입이 아니라 지위와 신분의 문제임을 알고 있었고, 따라서 사회적 지위가 전

---

14) Victor Gollancz, "Introduction", *The Road to Wigan Pier*, p. xv.
15) George Orwell, *Homage to Catalonia*(Harvest, 1952), pp. 3~4.

적으로 수입에 의해 결정된다는 식의 마르크스주의적 경제 환원론이 얼마나 단순한 사고인가를 지적한다. 경제적으로는 부자와 가난한 사람들이라는 두 계급밖에 없지만 사회적으로는 '계급들의 사다리'가 있으며, 자신은 경제적으로 광부나 막노동꾼과 같지만 문화적으로는 그들과 다르다는 것이다.

> 사회적 계층화가 곧바로 경제적 계층화에 상응한다면, 사립학교 졸업생은 그의 수입이 연간 200파운드 이하로 떨어진 그 날부터 노동자들의 어투로 말해야 할 것이다. 그러나 그런가? 반대로 그는 이전보다 20배는 더 사립학교 출신임을 강조할 것이다. (……) 나는 중간계급의 양육과 노동계급의 수입을 가진 사람이다.[16]

오웰은 자신이 이미 여섯 살 무렵에 계급 구분에 대해 알게 되었다고 말하는데, 그것은 냄새와 함께 찾아왔다. 즉 '노동자들에게서 나는 냄새'를 인식함으로써 계급을 구분하게 된 것이다. 중간계급 어린아이로서 그는 목을 씻는 것, 조국을 위해 목숨을 바치는 것, 그리고 하층계급을 멸시하는 것을 거의 동시에 배웠다고 한다.[17] 어린 시절의 가르침은 평생을 쫓아다니게 마련이고, 그러니 그것을 단순히 중간계급의 잘난 체로 치부해서는 안 된다는 것이었다. 《파리와 런던의 밑바닥 생활》에도 사실 유대인을 비하하는 상투적 언급이 여기저기 보이는데, 일부 비평가들은 그 점을 들어 오웰을 비난했다. 그러나 그는 유대인 친구들

---

16) Orwell, *The Road to Wigan Pier*, p. 225.
17) Ibid., p. 131.

영국적인, 너무나 영국적인

이 많았으며, 반유대주의에도 경계심을 늦추지 않았다. 문제는 유대인에 대한 그런 식의 상투적 언급이 자연스럽게 나타나도록 만든 그의 환경과 양육이고, 이는 다시 20세기 초 영국 중상층의 분위기로 귀결된다.

오웰은 노동자들의 문화가 결코 바람직하지 않다고 생각했고, 사회주의자라고 해서 굳이 그 문화를 따라야 한다고 믿지도 않았다. 수많은 부르주아 사회주의자들 가운데 어느 누구도 무산자들의 식사 습관을 따르지 않는 것은 마음속으로 그들의 매너가 혐오스럽다고 생각하기 때문이다. 오웰은 자신이 노동대중 가운데 한 사람이기를 원했으면서도 여전히 그들이 낯설고 위험하게 여겨졌음을 솔직히 고백한다. 그는 위건에서 몇 달 동안 광부들과 함께 지냈지만 '그들 가운데 한 명'은 아니었다. 무엇을 하건 계급적 차이가 있었다. 그는 자신이 무산자들처럼 행동할 수도 없고 그러고 싶어하지도 않는다는 사실을, 그것은 결코 좋고 싫고의 문제가 아니지만 결국 그와 무산자들 사이의 친근한 관계를 불가능하게 만든다는 사실을 깨달았다. 이런 솔직한 고백은 말로만 노동자들을 영웅 수준으로 격상시킬 뿐 속으로는 그들을 멸시하는 사회주의자들의 감상과 위선을 철저히 배격하는 것이었다.

| 좌파 지식인에 대한 비판 |

오웰은 '사회주의에 대한 가장 강력한 사회주의적 비판가'였다. 《위건 부두》가 제기한 중요한 질문은 '진정한 사회주의자란 어떤 사람인가?'였다. 오웰이 사회주의에 끌린 것은, 그의 표현처럼 '인간다운 삶의 길'을 찾기 위해서였다. 그에게 선택이란 인간적 세상과 비인간적 세상, 둘

버나드 쇼를 비롯한 '지식인 사회주의자'들의 엘리트주의는 오웰을 사회주의에 대한 사회주의적 비판가의 길로 이끌었다.

중 하나였다. 그는 사회주의가 모든 난센스에서 벗어날 경우 곧 정의와 자유를 의미하게 될 것이라고 확신했다. 1936년의 세상에서 그에게는 사회주의와 파시즘이라는 두 가지 선택지밖에 없는 것으로 보였고, 그 렇다면 사회주의는 너무도 명백한 해답일진대 그것이 아직 확립되지 않 았던 것이다. 그가 위건 노동자들의 삶에서 발견한 것은 사회주의가 기 반을 쌓아야 할 곳에서 오히려 기반을 잃고 있다는 사실이었고, 이는 충 격이었다. 그 이유를 오웰은 사회주의 지식인들에게서 찾는다.

오웰은 사회주의자를 두 그룹으로 나누었다. 한쪽에는 생각하지 않 는, 따뜻한 마음을 가진 사회주의자들, 즉 '노동계급 사회주의자'들이 있다. 그들은 가난을 말소하기를 원하지만 그것이 내포하는 바를 항상 이해하지는 못한다. 다른 한쪽에는 '지식인 사회주의자'들이 있는데, 그들은 현재의 문명을 전복하려 하고 부르주아를 비난하지만 그들이 원하는 혁명은 위로부터의 개혁일 뿐이다. 그리고 그런 지식인 사회주의자의 대표는 버나드 쇼 같은 사람이다. 좌파 지식인에 대한 그의 적대감은 마치 루소가 계몽사상가들에게 가졌던 감정과 흡사하다고 할 수 있다. 그가 싸잡아 비판한 좌파 지식인으로는 웹 부부, 콜Cole 부부, 그리고 버나드 쇼 등이 있었다. 오웰은 19세기 말에 런던 빈민층 거주지역을 대상으로 사회조사를 실시한 비어트리스 웹을, 자신과 달리 "달동네를 방문한 고상한 사회주의자"라고 조롱조로 평한 바 있다.

　오웰이 이들에게서 비판한 것은 엘리트주의였다. 그는 대중을 아무 것도 모르는 무지렁이로 간주하고 자신들이 위로부터 부과하는 개혁과 혁명을 따라야 하는 존재로 파악하는 것을 참지 못했다. 엘리트주의는 권력 그 자체를 위해 권력을 숭배하게 만든다는 것이 오웰의 생각이었다. 그는 자신이 스페인 내전 시 만난 정통 사회주의가, 정당을 차지하고 있는 '거대한 몹쓸 지도부'나 '번드르르한 교수들'과는 공통점이 없다고 확신했다.[18] 그가 노동대중에게 느낀 애정은 《카탈로니아 찬가》의 한 구절에서 잘 나타나는데, 스페인에서 만난 이탈리아 자원병의 얼굴에서 그는 '정직함과 분노'를 발견한다. 일자무식의 그 이탈리아인은 행동의 인간이었고, 오웰은 그로부터 행동과 지식 사이의 대조를 깨닫게 된다. 《카탈로니아 찬가》의 영웅인 콥Kopp도 행동의 인간이며, 좌파적

18) Paul Thomas, "Mixed Feelings: Raymond Williams and George Orwell", *Theory and Society*, 14/4(July 1985), p. 421.

성정을 애국심과 자기신뢰, 그리고 행동의 자제 같은 보수주의적 가치들과 결합시킨 인물로 묘사된다. 순박한 노동자·농민을 배신한 사람들은 다름 아닌 좌파 지식인들이다.

오웰은 영국의 좌파를 믿지 않았다. 영국 노동계급을 노동귀족으로 규정한 오웰은 고도로 산업화된 영국 같은 나라의 좌익 정당들을 기본적으로 '협잡꾼'이라고 보았다. 잘 사는 나라, 특히 제국주의 국가의 좌파 정치인들과 선전가들은 자신들이 "진정으로 원하지는 않는 무언가"를 요구함으로써 삶을 꾸려가는 사람들이기 때문이다. 그들은 착취당하는 아시아의 쿨리coolie들에게 자유를 주어야 한다고 주장하지만, 자신들의 생활수준과 문명의 요구 때문에 도둑질을 계속해야만 한다.[19] 그가 관찰한 바에 따르면, 평범한 사람들은 '부르주아 이데올로기'나 '프롤레타리아 계급의 결속' 같은 문구를 듣고서 자극받는 것이 아니라 단순히 혐오를 느꼈다. 그런 사정을 좌파 지식인들이 이해하지 못하는 한 사회주의 영국의 도래는 불가능하리라는 것이 그의 판단이었다.

편협한 마르크스주의 좌파에 대한 오웰의 비판은 계속된다. 그는 사회주의자들에게, 육체노동자만이 유일한 무산자라고 가정하는 잘못을 버리고 노동대중과 공통의 대의를 가질 수 있는 하층 중간계급을 끌어들이라고 충고한다. 그러나 그에게는 여전히 딜레마가 남아 있다. 즉 노동대중은 "의식화할 때까지 결코 반란을 일으키지 않을 것이며, 반란을 일으키고 난 후에야 의식화할 것"이라는 딜레마다. 스페인과 영국에서의 경험으로부터 도출된 이 딜레마는 오웰을 절망으로 내몰았다. 아마도 오웰을 비판한 좌파 지식인들 역시 그가 옳을지도 모른다는 공포

---

19) Stephen Howe, *Anticolonialism in British Politics*(Oxford: Clarendon, 1993), p. 40.

를 느꼈을 것이다. 문학평론가인 테리 이글턴Terry Eagleton은 최근 "사자를 길들이는 사람보다 사자가 더 세다는 사실을 우리는 안다. 사자를 길들이는 사람도 안다. 문제는 사자가 모르고 있는 것"이라는 말로 이 딜레마를 표현했다.[20] 오웰은 사자가 어쩌면 영원히 모를지도 모른다는 의구심을 품게 되었던 것이다.

오웰과 좌파 지식인들 사이의 반목은 지속되었다. 좌파가 오웰을 싫어한 데는 여러 이유가 있는데, 그는 마르크스주의와 마르크스주의자들을 거부했으며, 자신의 글을 제일 많이 읽을 것임에 틀림없는 바로 그 좌파 지식인들을 의도적으로 화나게 하고 짜증나게 했다. 오웰의 글에서 발견되는 사라져 버린 영국에 대한 향수 역시 아마도 좌파 지식인들에게서 거부감을 불러일으켰을 것이다. 특히 좌파 지식인들 가운데 무산자 출신들은 오웰이 노동계급 출신이 아니라는 이유로 그를 불신했다. 예를 들어 마르크스주의 평론가 레이먼드 윌리엄스Raymond Williams는 저서 《문화와 사회Culture and Society》에서 오웰이 이해하는 사회주의를 부차적인 것, 잉여의 것, 잡동사니 범주로 치부하려는 경향을 보인다. 이튼 졸업생인 오웰은 결코 노동계급의 진정한 참여자가 될 수 없는, 외부 관찰자일 뿐이었다는 것이다.[21] 그러나 그렇지 않은 지식인이 과연 존재하는가? 비록 윌리엄스 자신은 노동계급 출신이라 하더라도, 노동계급에 대한 그의 개념 역시 선택적일 수밖에 없다는 점에서 그의 비판은 자가당착적이라고 할 수 있다.

오웰이 생각한 지식인의 이미지는, 너무도 어리석어서 중요한 일자

---

20) Thomas, "Mixed Feelings", p. 442.
21) Raymond Williams, *Culture and Society 1780-1950*(Penguin, 1982), ch. 6.

리로부터 철저히 배제된 채 문학비평 아니면 좌파 정당에서만 기능할 수 있는 사람들이었다. '그런 걸 믿는 사람은 지식인밖에 없으며, 평범한 사람은 그렇게 어리석지 않다'는 것이었다. 1930년대라는 결정적 시점에서 사회주의자들이 대중에게 호소력을 갖지 못한 채 오히려 대중을 파시즘으로 내몰고 있는 상황을 오웰은 심각하게 판단했다. 사회주의자는 기분 나쁘고 따분한 사람이라는 인식이 널리 퍼져 있었는데, 그런 현상을 낳은 것은 무엇보다도 사회주의자들이 애국심이나 종교를 공격하기 때문이었다. 애국심과 종교적 정서는 경제적 동기보다 더 깊숙한 곳에 자리 잡고 있는데 공산주의자들은 그 진실을 이해하지 못한다는 것이다. 오웰은 끊임없이 영국 지식인들의 애국심 결여와 자기기만, 그리고 대중과의 괴리를 지적했다. 영국인들은 애국심, 상식, 그리고 전체주의에 대한 불신으로 대표되는 본질적인 천재성을 가지고 있는데 지식인들은 이 모든 면과 동떨어져 있기 때문에 러시아를 숭배한다는 것이다. "지식인들은 음식은 파리에서, 의견은 모스크바에서 얻어 온다."[22] 오웰은 지식인들이 공통된 국민문화로부터 분리되어 있음을 지적하는데, 그들은 조국을 창피하게 여기고 그 결과 대중에게 아무런 영향력을 발휘하지 못한다는 것이 그의 결론이었다. 따라서 1930~40년대를 통해 그의 사고에서 가장 중심적인 문제는, 어떻게 하면 사회주의가 대중으로부터 격리되지 않고 신뢰와 지지를 얻을 수 있을까 하는 것이었다. 오웰은 그 답을 사회주의와 애국주의의 결합에서 찾았다.

22) Orwell, *A Collection of Essays*, pp. 274~275.

영국적인, 너무나 영국적인

| 오웰의 애국주의 |

오웰의 특이성은 1930년대에 정치적 성숙기에 도달한 사람으로서 조국에 대한 깊은 애정과 사회주의를 결합시켰다는 점이다. 특히 지식인들 사이에서 반反애국주의가 성행하던 시대적 분위기를 고려할 때, 그의 애국주의는 예외적이며 매우 흥미로운 현상이다. 《1984년》의 주인공 이름은 '윈스턴 스미스'인데, 여기서 '윈스턴'은 처칠의 이름에서 따온 것이며 '스미스'는 영국에서 '아무나'를 대표하는 성이다. 또 오웰의 애국심이 절절히 묻어나는 〈잉글랜드 당신의 잉글랜드England Your England〉 (1941)는 헨리W. E. Henley의 애국시 〈잉글랜드를 위하여For England's Sake〉(1892)의 시구에서 제목을 따왔다.

> 그대를 위해 난 무엇을 했던가
> 잉글랜드여, 나의 잉글랜드여
> 그대를 위해 무엇이건 못하리
> 잉글랜드, 나의 것이여
> What have I done for you,
> England, my England
> What is there I would not do,
> England, my own?

오웰은 조국의 문화에 자부심을 가졌고 '영국 국민'의 존재를 확실히 믿었다. 4천 6백만 명의 서로 다른 개인들이지만, '영국 문명'이라는 이름으로 구분되고 인식될 수 있는 무언가가 있다는 것이다. 오웰은 그

예로 영국인들의 꽃을 사랑하는 습성을 들었는데, 외국에 나갔다 돌아오면 금방 눈에 띠는 것이 영국의 정원과 꽃이며 단번에 다른 공기를 맛보게 된다는 것이다. "맥주는 더 쓰고, 동전은 더 무겁고, 풀은 더 푸르다." 아무리 영국을 혐오하거나 조롱한다 해도 영국인들은 고국으로부터 오랫동안 떨어져서는 행복하지 못하다. 좋건 나쁘건 그것은 "당신 것이고 당신은 그것에 속한다." 오웰은 영국인들의 애국심이 계급에 따라 다른 형태를 취한다는 사실을 인정하지만, 애국심이 거의 "모든 계급을 꿰뚫는 실"과 같다고 생각한다.[23] 마치 늑대에 직면한 양떼들처럼 국민 전체가 어느 순간 갑자기 같은 행동을 하게 되고 같은 마음을 가지게 되는 이 현상을 그는 긍정적으로 평가한다. 영국인들의 정서적 통일감, 극도의 위기 순간에 비슷하게 느끼고 똑같이 행동하는 것, 그것이 바로 '국민'이었다.

　　오웰은 영국의 중요한 특징을 무엇보다도 헌정주의와 준법정신에서 찾았고, 그 자신도 그것들을 깊이 신뢰했다. 이것이 다른 사회주의자들과 다른 오웰의 면모다. 그는 "국가와 개인 위에 존재하는 법"에 대한 믿음을 다른 영국인들과 공유하며, 그 법이 "잔인하고 어리석긴 하지만 어쨌든 부패하지 않았음"을 믿는다. 물론 누구나 법이 정당하다고 믿는 것은 아니다. 영국에는 '부자들을 위한 법'이 따로 있고 '가난한 사람들을 위한 법'이 따로 있지만, 법 그 자체가 존중되어야 한다는 점만큼은 누구나 당연시한다는 것이다. 사회의 적들조차 이런 정서를 공유한다는 데서 오웰은 영국의 특성을 찾는다.[24] 스페인 내전에서, 특히 스탈린의

---

23) Orwell, *A Collection of Essays*, pp. 254~255.
24) Ibid., p. 260.

　　　　　　　　　　　　　　　　　　　영국적인, 너무나 영국적인

사주를 받은 공산당이 다른 조직들을 괴멸시키는 과정에서, 오웰은 그 생소함에 치를 떨게 된다. 그 모든 것이 너무나 "우스꽝스러웠던" 것이다. 여기서 오웰은 자신이 "지울 수 없는 영국인으로서의 신념," 즉 법을 위반하지 않았으면 체포될 수 없다는 신념을 가지고 있음을 발견한다.[25]

오웰 역시, 앞서 2장에서 설명한 전원적 잉글랜드의 이상에 흠뻑 빠져 있었다. 전원적 잉글랜드에 대한 사랑은 특히 스페인 내전에서 돌아온 그에게 강렬히 다가왔다.

> 잉글랜드, 남부 잉글랜드. 아마도 이 세상에서 가장 단정한 풍광. 일본에서 지진이 나고 중국에서 기근이 발생하고 멕시코에서 혁명이 발발해도 걱정 마시라. 내일 아침에는 우유가 문 밖에 배달될 것이고, 〈뉴스테이츠먼New Statesman〉은 금요일에 발간될 것이다. 이곳은 여전히 내가 어린 시절에 알고 있던 그 잉글랜드다. 야생화 속에 파묻혀 있는 기차 길, 빛나는 말들이 풀을 뜯고 생각에 잠겨 있는 드넓은 초원, 버드나무가 울타리를 치고 있는 사이를 느리게 흐르는 시냇물 (……) 트라팔가 광장의 비둘기들, 빨간 버스들, 푸른색 복장의 경찰. 모두 모두 잉글랜드의 깊은 단잠에 빠져 있다.[26]

물론 오웰은 단잠에 빠져 있는 그의 조국이 폭탄소리에 놀라 경련을 일으키기 전에는 그 깊은 잠으로부터 깨어나지 않을 것을 우려한다.

---

25) Orwell, *Homage to Catalonia*, p. 226.
26) Ibid., pp. 231~232.

그는 영국인의 유명한 '섬나라 근성'과 '외국인을 싫어하는 근성'이 부르주아보다 노동계급에게서 훨씬 더 강하다고 판단한다.

> 모든 나라에서 가난한 사람들은 부자들보다 더 민족적이다. 그러나 영국 노동계급은 외국의 습관을 혐오한다는 데서 타의 추종을 불허한다. 몇 년을 어쩔 수 없이 외국에 산다 해도 그곳의 음식이나 언어에 전혀 동화되지 않는다. 지난 전쟁에서 4년 동안 프랑스 땅에 있으면서도 포도주를 좋아하는 습관조차 취득하지 못했다.[27]

사회주의자로서 그는 런던의 증권거래소가 사라지고 시골의 대저택들이 어린이들의 휴일 캠프로 바뀌고 이튼과 해로의 축구시합이 잊혀질 날을 기대했지만, 그런 날이 와도 영국은 여전히 영국일 것이었다. 이처럼 오웰은 사회주의 혁명도 영국 문명의 명백한 표식들을 손대서는 안 된다고 주장하고 있는 것이다. 영국은 이 세상에서 가장 계급적으로 분할된 나라고 현학과 특권의 나라지만, 그 나라는 또한 유럽에서 "유일하게 수십만 명의 거주민들을 망명 보내거나 수용소에 집어넣지 않는" 나라다.[28]

특히 1930년대 중반에 이르러 애국주의가 우파에 의해 장악되고 그에 대한 대응으로 좌파가 애국주의를 무시하는 경향을 보이자, 오웰은 혁명과 파시즘에 대한 저항을 어떻게 조화시킬 것인가라는 문제에 봉착했다. 그는 이 딜레마를 해결하는 실마리를 스페인에서의 경험으로부터

---

27) Orwell, *A Collection of Essays*, pp. 263~264.
28) Ibid., pp. 266, 279.

영국적인, 너무나 영국적인

찾아냈다. 즉 사회주의와 애국주의는 적대적일 필요가 없고, 사회적으로 정당한 대의와 지각 있는 애국주의는 얼마든지 결합될 수 있으며, 그 두 가지를 동원해야 전쟁에 이길 수 있다는 사실을 깨달은 것이다.[29] 오 웰은 국왕에게 충성하고 애국심을 느끼는 영국의 노동계급이 반드시 보 수적이지는 않다는 사실을 알게 되었다. 그 사실을 모르는 어리석은 지 식인들만이 애국심을 포기하고 음식은 파리에서, 의견은 모스크바에서 얻어 오는 것이다.

| 전체주의에 대한 경고 |

좌파 지식인들이 갖는 부정적 이미지와 달리, 오웰을 진정한 사회주의 자로 만들고 그 비전에 헌신하도록 만든 것은 스페인 내전의 경험과 노 동대중에 대한 애정이었다. 《위건 부두》를 쓸 때 스페인 내전이 발발했 는데, 오웰은 그 책을 끝내자마자 곧장 스페인으로 향했다. 그는 가족을 안심시키기 위해 취재차 가는 것이라고 말했지만, 사실은 처음부터 싸 울 생각이었다. 그러나 '국제연대International Brigade'에 속한 영국인 자원병들을 통제하던 영국 공산당은 오웰에게 소개서를 발부하기를 거 부했다. 오웰은 대신 독립노동당에서 '마르크스주의 통일노동당POUM' 으로 보낸 소개서를 가지고 바르셀로나에 도착했다. 이 조직은 반反스탈 린파 공산주의자들과 트로츠키 추종자들의 단체로, 조직력이나 군사력

---

29) Stephen Lutman, "Orwell's Patriotism", *Journal of Contemporary History* 2/2(April 1967), p. 154.

오웰은 **스페인 내전**에서의 경험을 통해 스탈린식 공산주의의 실상을 깨닫게 되었다.

이 약했다. 처음에 오웰은 스페인 내 세력 갈등에 대해 잘 몰랐지만, 트로츠키파는 즉각적 혁명을 원하고 스탈린주의자들은 전쟁에서의 승리를 원하기 때문에 서로 대립하며, 그 결과 결국 혁명도 승리도 얻지 못하고 있다는 사실을 나중에 깨닫게 된다.

처음 스페인에 도착했을 때, 오웰은 바르셀로나의 해방구에서 사회적 평등과 인간 존엄성의 비전이 실현되는 엄청난 장면들을 보았고 마침내 사회주의를 믿게 되었다. 그는 자신이 17,8세 때 "잘난 체하는" 혁명가였고 모든 권위에 저항했으며 버나드 쇼, 웰스, 골즈워디John Galsworthy의 작품들을 읽고 또 읽었지만, "사회주의가 무엇인지 잘 몰랐다"고 토로했다.[30] 그러나 바르셀로나는 그로 하여금 사회주의 낙원이 무엇인지, 이상세계란 어떤 것인지를 잠시나마 실감하게 해주었다. 그 후 일생 동안 그는 바르셀로나에서 배운 교훈을 고귀하게 간직한다.

30) Orwell, *The Road to Wigan Pier*, pp. 140~141.

영국적인, 너무나 영국적인

그러나 오웰은 곧 이상적 사회주의 사회의 비전이 배신당하고 있으며, 그것은 바로 권력 그 자체에만 관심을 가진 좌파에 의해 저질러진 배신이라는 사실을 깨닫게 된다. 공화국에 몸 바친 스페인 사람들의 꿈을 러시아라는 외국의 정책에 봉사하는 세력이 배신하고 있음을 알게 된 것이다.

처음에 오웰은 스탈린이 스페인 공산당 지도부에 POUM을 파멸시키라는 명령을 내린 것을 몰랐다. 1937년 5월 3일에 바르셀로나에서 공산주의자와 무정부주의자들 사이에 전투가 발발했다. 6월에 오웰이 중상을 입고 전선을 떠나 바르셀로나로 돌아왔을 때, 그 도시는 이미 예전의 혁명 핵심지 색채를 잃고서 스탈린주의자들이 무정부주의자들을 색출하여 몰살하는 반혁명의 현장으로 전락해 있었다. 그런데도 미국과 영국의 좌파 지식인들은 소련의 선전만 믿는 실정이었다. 그가 볼 때 스페인 내전은 전쟁이 아니라 팬터마임이었다. 그는 자신이 몸담고 있던 POUM이 스탈린 추종자들에 의해 어떻게 대의를 위해 싸우는 전사들이 아니라 배반자로 매도되는가를 경험했고, 그것에 경악했다. 간신히 극적으로 탈출하여 영국에 돌아온 오웰은, 좌파 언론이 스페인의 실상을 오도하는 것을 보고서 그 실상을 생생하게 고발하는《카탈로니아 찬가》를 집필했다. 그는 원고를 골란츠에게 보냈지만 그 책이 담고 있는 스탈린식 공산주의에 대한 공격 때문에 거절당했다. 원고는 몇 군데 좌파 출판사들을 전전한 끝에 드디어 출간되었지만, 그의 생전에는 몇 백 권 팔리지 못했다.[31]

---

31) 한국전쟁이 한창일 때, 오웰의 반공산주의가 갖는 설득력 때문에 《카탈로니아 찬가》가 미국에서 출판되었다.

《카탈로니아 찬가》는 어떤 의미에서 오웰의 작품 가운데 가장 독특하고, 작가 자신의 감정이 깊이 스며들어 있으며, 따라서 무척 감동적인 작품이다. 그는 그 책에서, 스페인 공산당이 스탈린을 등에 업고 경쟁자들을 여지없이 제거하려 날뛰는 가운데 결국 프랑코Francisco Franco와 파시스트들에게 패배할 수밖에 없게 되는 비극의 과정을 낱낱이 밝히고 있다. 오웰은 공산당의 진정한 의도가 혁명이 실제로 일어나지 못하도록 철저히 막는 것임을, 즉 적절한 시기가 올 때까지 혁명을 연기하는 것이 아니라 결코 일어나지 않게 하는 것임을 지적한다. 상황은 온통 러시아로부터 무기를 지원받고 특권적 지위를 누리는 스페인 공산당이 주도하고 있었고, 그들이 주도권을 잡지 못하면 러시아의 지원은 취소될 것이었다. 그러는 사이 전쟁은 패배로 치닫고 있었다. 무기가 있는데도 무정부주의자들에게는 무기를 지급하지 않음으로써 프랑코를 몰아낼 수 있는 기회를 놓쳤던 것이다.

전체주의의 공포와 자유의 존엄성에 대한 오웰의 절절한 호소는 《동물농장》과 《1984년》에서 극에 달했다. 이 두 작품은 권력의 부패를 다루면서, 이념의 부패가 권력의 부패를 어떻게 돕는가를 적나라하게 보여준다. 《동물농장》은 스탈린 체제의 잔혹함을 보여주고, 《1984년》은 자유에 대한 갈구와 폭정에 대한 증오를 더 이상 어쩔 수 없을 정도로 느끼게 만든다. 《동물농장》은 1944년 2월에 완성되었지만 골란츠는 이 원고를 거부했다. 《동물농장》이 당시 페이버Faber&Faber 출판사의 편집장이던 보수주의 시인 T. S. 엘리엇으로부터도 거절당했다는 사실은 하나의 아이러니다. 엘리엇은 이 책이 트로츠키적이라고 오해했던 것이다. 《동물농장》은 결국 다섯 출판사로부터 거부당하고 나서야 출간될 수 있었다.

영국적인, 너무나 영국적인

《동물농장》은 스탈린의 강제 집산화, 대숙청, 독소동맹과 히틀러의 침략 등을 소재로 하는데, 특히 나폴레옹(스탈린)과 스노우볼(트로츠키)이라는 두 돼지의 싸움에서 해학의 절정을 보여준다. 실제로 시골에서 농사를 짓기도 했던 오웰은 동물들을 좋아했지만 돼지는 싫어했다고 한다. 오웰은 이 작품으로 영문학사상 최고의 해학 문학인 조너선 스위프트에 비유되었는데, 그 자신은 《동물농장》을 정치적 목적과 예술적 목적을 하나로 혼합하려 시도한 첫 번째 작품이라고 평가했다. 이 소설에는 바르셀로나 해방구의 경험이 모습을 바꾸어 나타난다. 즉 동물들은 주인을 쫓아낸 후 결코 가능하리라 생각지 못했던 행복을 맛본다. 평자 가운데는 《동물농장》의 해학을 높이 평가하면서도 그 작품이 과대평가되었다고 보는 사람들도 있다. 《동물농장》은 출간 2주 만에 매진될 정도로 폭발적 반응을 불러일으켰다. 엘리자베스 여왕이 그 책을 구입하려고 시종을 출판사에 보냈지만 재고가 없어서 어느 무정부주의자의 서점에서 사야 했다는 일화도 전해진다.[32] 오웰이 1936년 이후 외쳐온 메시지는 드디어 《동물농장》이 흥행에 큰 성공을 거둠으로써 전달될 수 있었다.

한편 냉전이 한창이던 1949년 6월에 출간된 《1984년》은, 그처럼 철저하게 자유에 대한 갈망을 깨닫게 한 작품은 없다는 평을 듣는다. 문학평론가 해럴드 블룸Harold Bloom은 오웰의 작품들이 그 스스로 언젠가 분류한 대로 '좋은 나쁜 책들good bad books'에 속한다고 평했다. 오웰은 그런 책의 대표적인 예로 《톰 아저씨의 오두막》을 들었는데, 블룸은 《1984년》이 미학적으로 그 시대의 《톰 아저씨의 오두막》이라고 판단한다.[33] 오웰이 죽음을 눈앞에 두고 시간에 쫓기며 쓴 《1984년》에는, 그

---

32) Meyers, *Orwell*, p. 251.

가 어렸을 때 다녔던 예비학교는 물론, 죽기 얼마 전에 결핵 치료를 위해 입원했던 병원에서의 경험이 반영되어 있다. 《1984년》은 정치적 우화로서 눈부신 성공을 거두었다. 그 작품은 오웰의 역사의식을 보여주며, 절대적 이데올로기 하에서 처벌받고 학살된 수백만 명에 대한 동정심을 적나라하게 표현한다. 이튼에서 오웰을 가르친 스승이자 《멋진 신세계Brave New World》(1932)의 저자인 올더스 헉슬리Aldos Huxley는 오웰에게 편지를 보내어, 몇 가지 지적에도 불구하고 그 작품이 매우 훌륭하고 중요하다고 격려해 주었다.

오웰은 《1984년》을 통해 사회주의나 영국 노동당을 공격하려는 것은 아니라고 말했지만, 공산주의와 파시즘 체제에서 현실화된 중앙집권적 통제의 타락상을 보여주고 있다는 점은 확실하다. 그는 자신이 그린 그런 사회가 실제로 도래하리라고는 믿지 않지만, 그와 비슷한 사회가 도래할 수는 있다고 생각했다. 《1984년》은 그때까지 소련 체제에 동정적이던 미국과 유럽의 지식인들에게도 파고 들 수 있었다. 반면 공산주의 평론들은, 그가 공산주의를 비판하는 것을 보니 자본주의를 지지하는 것이 틀림없다며 격렬하게 비난했다. 공산주의 언론이 그를 "구더기, 하이에나, 돼지, 낙지"—유해한 세력을 떨치는 사람을 뜻한다—라고 욕하자, 오웰은 친구에게 "저 사람들은 동물을 매우 좋아하는군"이라고 평했다.[34] 《1984년》의 초판은 영국에서 2만 6,500부가 팔렸고, 1984년에는 영국에서 출간된 펭귄사 판이 한 해 동안 75만 부가 판매되었으며, 미국에서 나온 종이표지 판은 하루에 1천 부씩 팔려나가 오웰을 오늘날

33) Harold Bloom, "Introduction", in *George Orwell* ed. Bloom, p. 2.
34) Meyers, *Orwell*, p. 290.

영국적인, 너무나 영국적인

오웰의 《1984년》은 《동물농장》과 더불어, 전체주의의 공포와 자유의 존엄성을 절절히 보여준다.

가장 인기 있는 영국 작가로 만드는 데 기여했다.

　역사가 스탠스키Peter Stansky는, 자신이 사랑하는 영국이 언젠가 전체주의 체제가 될 수도 있다는 공포가 오웰로 하여금 《1984년》을 쓰게 만든 추동력이었다고 분석한다.[35] 무엇보다도 오웰이 우려한 바는 전체주의적 사고가 이 세상 모든 곳의 지식인들에게 뿌리내렸다는 사실이었다. 지식인들이 보여주는 전체주의적 사고의 전형을 오웰은 다음의

35) Peter Stansky, "*Nineteen Eighty-Four*: Ten Years Later" in *More Adventures with Britannia* ed. Wm. Roger Louis(Austin: University of Texas, 1998), p. 173.

일화에서 찾는다. 마르크스주의 신문인 〈주간 노동자Worker's Weekly〉
에 셰익스피어에 관한 언급이 실렸는데, 이에 대해 어떤 독자가 "동무,
우리는 셰익스피어 같은 부르주아 작가들에 대해 듣고 싶지 않습니다.
좀더 무산자적인 읽을거리를 제공할 수는 없소?"라며 화를 냈다. 편집
자의 답은 간단했다. "마르크스의 《자본론》 색인을 보면 셰익스피어가
몇 번 언급되어 있습니다." 그 후 반대 목소리는 잠잠해졌다. 즉 '마르크
스의 축복'을 받자마자 셰익스피어는 존경할 만한 인물이 되었던 것이
다.[36] 오웰은 그런 식의 정신상태가 지각 있는 일반 사람들을 사회주의
운동으로부터 떨어져 나가게 만든다고 보았다.

　　오웰이 죽은 지 46년이 지난 1996년, 그가 죽기 얼마 전에 행한 어
떤 행위가 대중에게 밝혀지면서 파문이 일었다. 그는 1949년 4월 외무
부 정보연구국에 근무하는 친구에게 문인·배우·언론인들 가운데 공산
주의 성향을 가진 35명의 명단을 제공한 적이 있었다. 이 사실은 1980년
에 발간된 전기에 이미 언급되었지만, 1996년에야 그가 작성한 리스트
가 공개되었던 것이다. 거기에는 오손 웰스Orson Welles, 버나드 쇼 등
의 이름과 함께 각각의 인물에 대한 오웰 나름의 간단한 평이 붙어 있었
다. 예를 들어 버나드 쇼에게는 '모든 주요 이슈에서 친소적'이라는 평
이 붙어 있었고, 간단히 '유대인' 혹은 '반유대인'이라는 식의 짤막한
메모가 붙어 있는 경우도 있었다. 이 명단이 알려지자 오웰이 친구들을
배신했으며 스스로의 사회주의 원칙도 배반했다는 비난이 일었다. 그
런 행동은 빅 브라더의 역할이나 마찬가지며, 《1984년》에서 윈스턴 스
미스가 '사상경찰thought police'에 협력하는 행위나 다를 바 없다는 것

---

36) Orwell, *The Road to Wigan Pier*, p. 223.

　　　　　　　　　　　　　　　　　　　영국적인, 너무나 영국적인

이었다.[37]

　　그러나 외무부 정보연구국은 사상경찰과 아무런 상관이 없었다. 오웰이 그 명단을 작성한 의도는 당시 그가 느낀 절박감으로 설명할 수 있다. 다시 말해, 그는 스탈린식 전체주의가 막연한 것이 아니라 즉각적이고 현실적인 위협이라고 판단했던 것이다. 정치적으로 믿을 수 없는 사람들의 명단을 작성한 것은 많은 해를 끼칠 수 있는 중요한 선전 일에 그들이 관여하는 것을 방지하기 위해서였다. 오웰의 판단은 그 자신의 경험에 근거하고 있었다. 그는 스페인에서 스탈린이 자기 노선을 따르지 않는 사회주의자들을 어떻게 괴멸시켰는지를 직접 눈으로 보았다. 게다가 그는 1930년대 중반, 정부 정책에 반하여 곡물을 숨긴 부모를 고발했다가 동네사람들에게 맞아 죽은 14세의 소련 소년을 국가가 영웅으로 만드는 것에 심한 혐오감을 느꼈다. 다른 한편 오웰은 1943년에 폴란드에서 스탈린의 명령으로 폴란드 사회주의연맹이 괴멸되고 그 추종자들이 대량 학살된 사건을 대중에게 알리려 했다가 좌절한 경험을 가지고 있었다. 그의 저작물을 블랙리스트에 올려 유통을 막으려는 공산주의 성향의 언론인과 관리들 때문에 개인적으로도 고통을 겪었던 것이다.[38]

　　한마디로 오웰은 1930~40년대에 작가로 살아남기 위해 투쟁해야 했다. 그의 행동은 냉전이 고조된 1949년이라는 맥락에서 이해할 만한 것이었다. 그는 공산주의 체제에서 벌어지고 있던 검열과 배신행위, 그리고 인권 박탈을 혐오했다. 그는 민주적이고 사회주의적인 가치들이

---

37) Myers, *Orwell*, pp. 295~296.
38) Christopher Hitchins, "Orwell's List", *New York Review of Books*(2002. 9. 26).

스탈린과의 투쟁에서 패배하고 있다고 판단했으며, 사회주의자와 급진주의자들 가운데서 공산주의에 대항해 싸울 사람들을 모집하고 '좌파민주주의자'을 결속해야 할 필요성을 느꼈다. 그에게 명단 작성은 애국적 의무였던 것이다.

어릴 때부터 오웰은 기관지가 약해 기관지염과 폐렴을 달고 살다시피 했다. 《동물농장》의 발간이 돌풍을 불러일으키며 명성을 가져다준 후인 1947년, 젊은 시절부터 그를 괴롭히던 폐결핵 증세가 악화되기 시작했다. 그는 여러 차례 병원에 입원하여 치료를 받았지만, 후유증 때문에 당시로선 최상의 치료약이던 스트랩토마이신의 투약을 포기할 수밖에 없었다. 의료진도 수준 이하였다.

오웰은 인간적인 결점을 지니고 있었다. 그는 부자이고 싶어했고 매력적이고 싶어했으며 여자들을 뇌살시키고 싶어했다. 여성은 그에게 항상 중요했고 그의 여성 편력은 복잡했다. 죽기 3개월 전인 1949년 10월에 오웰은 소냐 브라우넬Sonia Brownell과 재혼했다. 그는 첫 번째 아내인 아일린Eileen이 살아 있는 동안에도 여러 여성들과 관계를 맺었다. 《1984년》에서 줄리아로 묘사된 소냐에게는 이미 몇 년 전에 청혼했다 거절당한 적이 있었다. 그는 당시 결혼할 상황이 아니었다. '거의 살아 있다고도 할 수 없는 상태'였기 때문이다. 병원 입원실에서 거행된 결혼식에 참석했던 친지들은 뼈만 앙상한 오웰이 마치 간디처럼 보였다고 증언한다. 그가 죽음을 앞두고 소냐와의 결혼을 강행한 것은 아마도 외로움과 절망감을 조금이나마 해소해 보려는 몸부림이었을 것이다. 그로

영국적인, 너무나 영국적인

오웰은 복잡한 여성 편력을 보여주었으며, 죽기 3개월 전 뼈만 앙상한 상태에서도 **소냐 브라우넬**(왼쪽)과 재혼했다.

부터 석 달이 조금 지난 1950년 1월 21일, 오웰은 격렬한 각혈 끝에 눈을 감았다. 그가 유산과 저작권을 전부 소냐에게 넘겨주고 아일린이 살았을 때 입양한 아들과 그를 보살펴준 자신의 누이에게는 거의 아무것도 남기지 않은 것은 이해하기 어려운 행동이었다.[39)]

오웰은 일관성이 없다는 평을 듣기도 한다. 그는 본질적으로 평화주의자였지만 약자와 억압받는 자를 보호하기 위해 무기를 들려는 충동을 거부할 수 없었다. 그는 이튼 학교를 졸업한 엘리트였지만 사회의 가장 밑바닥 생활을 직접 겪고 그 실상을 고발하는 작업을 사명으로 받아들였다. 그는 제국주의를 혐오했지만 제국의 옹호자 키플링을 존경했으

39) Meyers, *Orwell*, p. 307.

며, 노동계급에 대한 감정도 결코 단순하지 않았다. 이처럼 오웰은 모든 인간들이 그렇듯, 기본적으로 모순된 인간이었다. 그럼에도 그는 '고결한 인간'으로 기억된다.

오웰은 20세기 전반기가 직면했던 세 가지 악, 즉 제국주의와 스탈린주의, 그리고 파시즘 모두에 대적한 작가였다. 그를 진정한 사회주의자로 만들고 배신당한 비전에 헌신하도록 만든 것은 스페인이었다. 레이먼드 윌리엄스나 E. P. 톰슨 같은 좌파 지식인들은 오웰을 "혁명과 사회주의의 불가피한 실패에 대한 정치적 환멸의 목소리"로 파악했지만, 오웰은 자신이 1936년 이래 전체주의에 맞서서, 그리고 "민주적 사회주의"를 위해 적극적으로 글을 써왔다고 말한다. 그는 《1984년》를 발표한 후에도 민주적 사회주의를 자본주의와 스탈린주의 모두에 대한 대안으로 생각했고 그것에 헌신했다. 그는 사회주의 지식인들의 현학과 교조화의 폐해를 깨달았고, 효과적인 사회주의 정당을 만들지 않으면 파시즘과의 싸움에서 이길 수 없다는 사실을 누누이 강조했으며, 다른 사람들보다 더 빨리 공산주의의 사악함을 깨닫고 이를 밝히는 것을 소명으로 받아들였다.

제국주의, 두 차례의 세계대전, 러시아 혁명과 스탈린의 대숙청, 스페인 내전 등의 역사적 격변기를 살았던 오웰은, 그 경험으로부터 민주적 사회주의만이 해답이라고 확신하게 되었다. 그는 사회주의자였지만 '개인'의 중요성에 헌신한 사회주의자였다. 그가 소련식 관료제와 허식, 5개년 계획, 선전들을 증오한 것은 그것들이 자유와 양립할 수 없기 때문이었다. 오웰은 또한 행동의 인간이었다. 그는 진정한 사회주의자라면 단순히 사회주의를 바람직하다고 여겨 받아들이는 데 그칠 것이 아니라 그 이상의 무언가를 해야 한다고 확신했다. 동시에 그는 대중이 사회주의 운동의 주인공이라고 생각했고, 좌파 지식인들의 엘리트주의와 위선을 배격했으며, 대중의 애국적이고 일견 보수적인 성향을 존중했다. 실제로 영국에서는 1930년대에 코민테른과 호민테른[40]으로 대표되는 일탈적이고 궤변적인 사회주의 물결이 한차례 휩쓸고 지나가자, '건전하고 잉글랜드적'인 사회주의에 대한 주장이 나타났다. 오웰은 그런 사회주의를 예고한 사회주의자였다. 그는 지식인의 임무란 사회주의를 거부하는 것이 아니라 그것을 인간화하는 일이라는 자신의 신념에 철저했던 지식인이었다.

---

40) 호민테른에 대해서는 이 책의 11장 참조.

참고문헌

신문·잡지

- *Cycling Magazine*
- *Cycling Yearbook*
- *The Economist*
- *The Gentlewoman's Book*
- *Hub*
- *Nineteenth Century*
- *Pall Mall Gazette*
- *The Queen*
- *Rational Dress Society Gazette*
- *Sanitary Record*
- *The Times*
- *The Transactions of the International Congress of Women of 1899*
- *Votes for Women*
- *Wheelwoman*

단행본·논문 [달리 표기하지 않는 한 출판 장소는 런던이나 뉴욕임]

- Adburgham, Alison, *A Punch History of Manners and Modes 1841-1940* (Hutchinson, 1961)
- Addison, Paul, "Churchill's Three Careers" in *Winston Churchill in the Twenty-First Century* eds. David Cannadine & Roland Quinault (Cambridge: Cambridge University Press, 2004)
- Anderson, R. D., *Universities and elites in Britain since 1800* (Cambridge: Cambridge University Press, 1995)
- Annan, Noel, "The Intellectual Aristocracy" in *Studies in Social History* ed. J. H. Plumb

(1969)

· Annan, Noel, *Our Age: the Generation that made Post-Britain* (Fontana, 1991)

· Ashton, T. H., "Robin Hood" in *Peasants, Knights and Heretics* ed. J. C. Holt (Cambridge: Cambridge University Press, 1981)

· Bailey, Peter, *Leisure and Class in Victorian England* (Methuen, 1987)

· Baldwin, Stanley, "On England" in *Writing Englishness 1900-1950* eds. Judy Giles & Tim Middleton (Routledge, 1995)

· Barber, Richard, *King Arthur: Hero and Legend* (Woodbridge, Suffolk: Boydell, 1986)

· Barber, Richard, *Legends of King Arthur* (Woodbridge, Suffolk: Boydell, 2001)

· Barber, Richard, ed., *Myths and Legends of the British Isles* (Woodbridge, Suffolk: Boydell, 1999)

· Barczewski, Steohanie L., *Myth and National Identity in Nineteenth-Century Britain: The Legends of King Arthur and Robin Hood* (Oxford: Oxford University Press, 2000)

· Barker, Ernest, "The Character of England" in *Writing Englishness 1900-1950* eds. Judy Giles & Tim Middleton (Routledge, 1995).

· BBC, *British Greats* (Cassell & Co, 2001)

· Bell, Quentin, *Bloomsbury* (Phoenix Giant, 1986)

· Benn, Tony, "Recollection" in *Winston Churchill in the Twenty-First Century* eds. David Cannadine & Roland Quinault (Cambridge: Cambridge University Press, 2004)

· Bermingham, Ann, *Landscape and Ideology: The English Rustic Tradition 1740-1860* (Berkeley: University of California Press, 1986)

· Berthelot, Anne, *King Arthur: Chivalry and Legend* (Thames & Hudson, 1997)

· Bloom, Harold, ed., *George Orwell* (Chelsea House, 1987)

· Boehn, Max Von & Oskar Fischel, *Modes and Manners of the Nineteenth Century* (J. M. Dent, 1927)

· Buckman, S. S., "Lady Harberton and Rational Dress", *Notes and Queries, 24* (February 1977)

· Cannadine, David ed., *The Speeches of Winston Churchill* (Penguin, 1990)

· Cannadine, David & Roland Quinault eds., *Winston Churchill in the Twenty-First Century* (Cambridge: Cambridge University Press, 2004)

· Carlton, David, "Churchill and the two 'Evil Empires'", in *Winston Churchill in the Twenty-First Century* eds. David Cannadine & Roland Quinault (Cambridge: Cambridge University Press, 2004)

영국적인, 너무나 영국적인

· Carter, Miranda, *Anthony Blunt: His Lives* (Farrar, Straus & Giroux, 2001)
· Churchill, Winston, *Memoirs of the Second World War, An Abridgment* (Bonanza, 1978)
· Colley, Linda, *Britons: Forging the Nation* (New Haven: Yale University Press, 1992)
· Collini, Stefan, *Public Moralists: Political Thought and Intellectual Life in Britain 1650-1930* (Oxford: Oxford University Press, 1991)
· Colls, Robert, *Identity of England* (Oxford: Oxford University Press, 2004)
· Colls, Robert & Philip Dodd eds., *Englishness: Politics and Culture 1880-1920* (Croom Helm, 1987)
· Cressy, David, "National Memory in Early Modern England" in *Commemorations: The Politics of National Identity* ed. John R. Gillis (Princeton: Princeton University Press, 1994)
· Cronwright-Schreiner, S. C., *The life of Olive Schreiner* (Boston: Haskell House, 1924)
· Cuffe, Kathleen, "A Reply from the Daughters", *Nineteenth Century*, vol. 35 (March 1894)
· Cunnington, C. W., *Feminine Attitudes in the Nineteenth Century* (Haskell, 1935)
· Cunnington, Phillis & Alan Mansfield, *English Costume for Sports and Outdoor Recreation* (Black, 1969)
· Daniels, Stephen, *Fields of Vision* (Polity, 1993)
· Defoe, Daniel, *The Best of Defoe's Review* compiled & edited by William L. Payne (Columbia University Press, 1951)
· Defoe, Daniel, *A Tour Through the Whole Island of Great Britain*, abridged & edited by Pat Rogers (Penguin, 1971/1986)
· Defoe, Daniel, *The Works of Daniel Defoe* (Brooklyn: W. W. Swayne, n.d.)
· Defoe, Daniel, *Political and Economic Writings of Daniel Defoe* vol. 4 *Union with Scotland* ed. D. W. Hayton (Pickering & Chatto, 2000)
· Delamont, Sara, "The Contradictions in Ladies' Education" in *The Nineteenth Century Women*, eds. Sara Delamont & Lorna Duffin (Croom Helm, 1978)
· Deslandes, Paul R., "The Foreign Element: Newcomers and the Rhetoric of Race, Nation and Empire in Oxbridge Undergraduate Culture, 1850-1920", *Journal of British Studies*, 37/1 (January 1998)
· Dobson, Michael & Nicola J. Watson, *England's Elizabeth* (Oxford: Oxford University Press, 2002)
· Doran, Susan, *Elizabeth: The Exhibition of the National Maritime Museum* (National

Maritime Museum, 2003)

· Duckworth, Alistair M., "'Whig' Landscapes in Defoe's Tour", *Philological Quarterly*, vol. 61 (1982)

· Dumbleby, David, *A Picture of Britain* (Tate Publishing, 2005)

· Ebbutt, M. I., *Hero-Myths and Legends of the British Race* (Amsterdam: Fredonia Books, 2002)

· Engel, Anthur, "The English Universities and Professional Education",in *The Transformation of higher Learning 1860-1930* ed. Konrad H. Jarausch (Chicago: University of Chicago Press, 1983)

· Epstein, James, "Understanding the Cap of Liberty: Symbolic Practice and Social Conflict in Early Nineteenth-Century England", *Past and Present*, no. 122 (February 1989)

· Erskine, F. J., *Lady Cycling* (1897)

· Escott, T. S., *Social Transformations of Victorian Age* (Seeley, 1897)

· Field, Sean, "Devotion, Discontent, and the Henrician Reformation:　The Evidence of the Robin Hood Stories", *Journal of British Studies*, 41 (January 2002)

· Fleming-William, Ian & Leslie Parris, *The Discovery of Constable* (Holmes Meier, 1984)

· Frye, Susan, *Elizabeth I: The Competition for Representation* (Oxford: Oxford University Press, 1993)

· Ford, Boris ed., *The Cambridge Cultural History of Britain* vol. 7: *Victorian Britain* (Cambridge: Cambridge University Press, 1995)

· Gernsheim, Alison, *Victorian and Edwardian Fashion: A Photographic Survey* (Dover, 1982)

· Gikandi, Simon, *Maps of Englishness: Writing Identity in the Culture of Colonialism* (Columbia University Press, 1996)

· Giles, Judy & Tim Middleton eds., *Writing Englishness 1900-1950* (Routledge, 1995)

· Gillis, John R. ed., *Commemorations: The Politics of National Identity* (Princeton: Princeton University Press, 1994)

· Goodwin, Craufurd D., "Bloomsbury and the Destructive Power of Myth" in *Still more Adventures with Britannia* ed. Wm. Roger Louis (I. B. Tauris, 2003)

· Green, Janet M., "I Myself: Queen Elizabeth I's Oration at Tilbury Camp", *Sixteenth Century Journal*, XXVIII no.2 (1997)

· Greville, Lady Violet ed., *The Gentlewoman's Book of Sports* (n. d.)

· Gunn, Simon & Rachel Bell, *Middle Classes* (Phoenix, 2002)
· Guy, John, ed., *The reign of Elizabeth I: Court and culture in the last decade* (Cambridge: Cambridge University Press, 1995)
· Hargreaves, Jennifer, "Playing Like Gentlemen While Behaving Like Ladies", *British Journal of Sports History*, vol. 2 (May 1985)
· Harvie, Christopher, *Scotland and Nationalism: Scottish Society and Politics 1707-1994* (Routledge, 1994)
· Heathorn, Stephen, "Let us remember that we, too, are English", *Victorian Studies*, vol. 38 no. 3 (1995)
· Helsinger, Elizabeth, "Constable: The Making of a National Painter", *Critical Inquiry*, 15 (Winter 1989)
· Helsinger, Elizabeth, "Turner and the Representation of England", in *Landscape and Power*, ed. W. J. T. Mitchell (Chicago: University of Chicago Press, 1994)
· Heyck, Thomas W., *The Transformation of Intellectual Life in Victorian England* (St. Martin's, 1984)
· Heyck, Thomas W., "Myths and Meanings of Intellectuals in Twentieth-Century British National Identity", *Journal of British Studies*, 37/2 (April 1998)
· Himmelfarb, Gertrude, *Victorian Minds* (Gloucester, Mass.: Peter Smith, 1975)
· Hitchins, Christopher, "Orwell's List", *New York Review of Books* [2002. 9. 26]
· Hobsbawm, Eric, *Primitive Rebels* (Norton, 1959)
· Holt, J. C. ed., *Peasants, Knights and Heretics* (Cambridge: Cambridge University Press, 1981)
· Holt, J. C., *Robin Hood* (Thames & Hudson, 1996)
· Holt, Richard, *Sport and the British* (Clarendon, 1992)
· Holt, Richard, "Contrasting Nationalisms: Sport, Militarism and the Unitary State in Britain and France before 1914" in *Tribal Identities: Nationalism, Europe, Sport* ed. J. A. Mangan (Frank Cass, 1996)
· Holt, Richard & J. A. Mangan eds., *European Heroes: Myth, Identity, Sport* (Frank Cass, 1996)
· Holt, Richard, "Cricket and Englishness" in *European Heroes: Myth, Identity, Sport* eds. Holt & J. A. Mangan (Frank Cass, 1996)
· Holt, Richard & Tony Mason, *Sport in Britain 1945-2000* (Oxford: Blackwell, 2000)
· Hooson, David, *Geography and National Identity* (Oxford: Blackwell, 1994)

· Hoskins, W. G., *Provincial England* (Macmillan, 1963)

· Howe, Stephen, *Anticolonialism in British Politics* (Oxford: Clarendon, 1993)

· Howkins, Alun, "The Discovery of Rural England" in *Englishness: Politics and Culture 1880-1920* eds. Robert Colls & Philip Dodd (Croom Helm, 1987)

· Hughes, Thomas, *Tom Brown's Schooldays* (Puffin Books, 1984)

· Hyam, Ronald, *Empire and Sexuality* (Manchester: Manchester University Press, 1992)

· Isaacs, George, "Churchill and the Trade Unions" in *Churchill by His Contemporaries*, ed. Charles Eade (Simon & Schuster, 1954)

· Jarausch, Konrad H. ed., *The Transformation of higher Learning 1860-1930* (Chicago: University of Chicago Press, 1983)

· Jenkins, Hester & D. Caradog Jones, "Social Class of Cambridge University Alumni of the 18th and 19th Centuries", *British Journal of Sociology*, vol. 1 no. 2 (June 1950)

· Jones, Edwin, *The English Nation: The Great Myth* (Thrupp, Gloucestershire: Sutton, 2000)

· Jordan, Constance, "Woman's Rule in Sixteenth-Century British Political Thought", *Renaissance Quarterly*, vol. 40 no. 3 (Autumn 1987)

· Keen, Maurice, "Robin Hood--Peasant or Gentleman?", *Past and Present*, no. 19 (April 1961)

· Keen, Maurice, *The Outlaws of Medieval Legend* (RKP, 1979)

· Kimball, Warren F., "'A Victorian Tory': Churchill, the Americans, and Self-Determination" in *More Adventures with Britannia* ed. Wm. Louis (Austin: University of Texas Press, 1998)

· King, John N., "Queen Elizabeth I: Representations of the Virgin Queen", *Renaissance Quarterly*, vol. 43 no. 1 (Spring 1990)

· Kinnane-Roelofsma, Derk, "Britannia and Melita: Pseudomorphic Sisters", *Journal of Warburg and Courtauld Institute*, vol. 59 (1996)

· Knight, Stephen, *Robin Hood A Complete Study of the English Outlaw* (Oxford: Blackwell, 1995)

· Langford, Paul, *Englishness Identified: Manners and Character 1650-1850* (Oxford: Oxford University Press, 2000)

· Lee, Hermione, *Virginia Woolf* (Vintage, 1997)

· Levin, Carol, "'We Shall never have a merry world while the Queene lyveth': Gender, Monarchy and the Power of Seditious Words" in *Dissing Elizabeth: Negative*

영국적인, 너무나 영국적인

Representations of Gloriana ed. Julia M. Walker (Durham: Duke University Press, 1998)

· Louis, Wm. ed., *More Adventures with Britannia* (Austin: University of Texas Press, 1998)

· Lowe, Roy, "The Expansion of Higher Education in England" in *The Transformation of Higher Learning 1860-1930*, ed. Konrad H. Jarausch (Chicago: University of Chicago Press, 1983)

· Lowenthal, David, "British National Identity and the English Landscape", *Rural History*, vol. 2 no. 2 (October 1991)

· Lowenthal, David, "European and English Landscapes as National Symbols" in *Geography and National Identity* ed. David Hooson (Blackwell, 1994)

· Lowerson, John, *Sport and the English middle Classes* (Manchester: Manchester University Press, 1995)

· Lubenow, William C., "University History and the History of Universities in the Nineteenth Century", *Journal of British History*, vol. 39 no. 2 (April 2000)

· Lukacs, John, *Churchill: Visionary, Statesman, Historian* (New Haven: Yale University Press, 2002)

· Lutman, Stephen, "Orwell's Patriotism", *Journal of Contemporary History*, vol. 2 no. 2 (April 1967)

· Mackay, Jane & Pat Thane, "The Englishwoman" in *Englishness: Politics and Culture 1880-1920* eds. Robert Colls & Philip Dodd (Croom Helm, 1987)

· Mandler, Peter & Susan Pederson eds., *After the Victorians* (Routledge, 1994)

· Mandler, Peter, "Against 'Englishness': English Culture and the Limits to Rural Nostalgia, 1850-1940", *Transactions of the Royal Historical Society*, 6th series, vol. 7 (1997)

· Mangan, J. A., "The grit of our forefathers" in *Imperialism and Popular Culture* ed. John MacKenzie (Manchester: Manchester University Press, 1986)

· Mangan, J. A. ed., *Tribal Identities: Nationalism, Europe, Sport* (Frank Cass, 1996)

· Marsh, Jan, *Back to the Land* (Quartet Books, 1982)

· Matless, David, *Landscape and Englishness* (Reaktion Books, 1998)

· Matthews, Roy, "Britannia and John Bull: From Birth to Maturity", *The Historian*, vol. 62 (2000)

· Meyers, Jeffrey, *Orwell: Wintry Conscience of a Generation* (Norton, 2000)

· Mill, John Stuart, *On Liberty and Other Essays* (Oxford: Oxford University Press, 1998)

- Mitchell, W. J. T. ed., *Landscape and Power* (Chicago: University of Chicago Press, 1994)
- Moorhouse, H. F., "One State, Several Countries: Soccer and Nationality in a 'United' Kingdom" in *Tribal Identities: Nationalism, Europe, Sport* ed. J. A. Mangan (Frank Cass, 1996)
- Morgan, Kenneth, *The People's Peace* (Oxford: Oxford University Press, 1992)
- Morgan, Marjorie, *National Identities and Travel in Victorian Britain* (Palgrave, 2001)
- Mosse, George, *The Image of Man* (Oxford: Oxford University Press, 1998)
- Muggeridge, Malcolm, "Burmese Days" in *George Orwell* ed. Harold Bloom (Chelsea House, 1987)
- Mackenzie, Norman & Jeanne Mackenzie, *The Fabians* (Simon Schuster, 1978)
- Novak, Maximilian E., *Daniel Defoe, Master of Fictions: His Life and Ideas* (Oxford: Oxford University Press, 2001)
- Orwell, George, *Animal Farm* (Harcourt Brace Janovich, 1946)
- Orwell, George, *Homage to Catalonia* (Harvest, 1952)
- Orwell, George, *A Collection of Essays* (Harcourt Brace Janovich, 1953)
- Orwell, George, *The Road to Wigan Pier* (Harvest, 1958)
- Orwell, George, *Down and Out in Paris and London* (Harvest, 1972)
- Orwell, George, *Burmese Days* (Penguin, 1977)
- Pankhurst, Sylvia, *The Suffragette Movement* (Longmans, Green, 1931)
- Park, Roberta J., "Sports, Gender and Society in Transatlantic Victorian Perspective", *British Journal of Sports History*, vol. 2 (May 1985)
- Parkes, Christopher, "'A True Survey of the Ground': Defoe's Tour and the Rise of Thematic Cartography", *Philological Quarterly*, 74 (Fall 1995)
- Perkin, Harold, "The Pattern of Social Transformation in England" in *The Transformation of higher Learning 1860-1930* ed. Konrad H. Jarausch (Chicago: University of Chicago Press, 1983)
- Pevsner, Nickolaus, *The Englishness of English Art* (Harmondsworth, Middlesex: Penguin, 1976)
- Philby, Rufina, ed., *The Private Life of Kim Philby: The Moscow Years* (St Ermin's Press, 2003)
- Pittock, Murray G. H., *Inventing and Resisting Britain* (Palgrave, 1997)
- Pointon, Marie, "Factors influencing the Participation of Women and Girls", *History*

영국적인, 너무나 영국적인

of Education Society Bulletin, vol. 24 (Autumn 1979)
- Pollard, Sidney, *Britain's Prime and Britain's Decline* (Edward Arnold, 1991)
- Pomeroy, Florence, Viscountess Harberton, *Reasons for Reform in Dress* (c.1885)
- Porter, Roy, ed., *Myths of the English* (Polity, 1994)
- Ramsden, John, "'That Will Depend on Who Writes the History': Winston Churchill as his Own Historian" in *More Adventures with Britannia*, ed., Wm. Louis (Austin: University of Texas Press, 1998)
- Ramsden, John, *Man of the Century: Winston Churchill and his Legend since 1945* (Harper Collins, 2002)
- Rees, Ronald, "Constable, Turner, and Views of Nature in the Nineteenth Century", *Geographical Review*, 72/3 (July 1982)
- Reynolds, David, *Britannia Overruled* (Longman, 2000)
- Richards, Judith R., "To Promote a Woman to Beare Rule": Talking of Queens in Mid-Tudor England, *Sixteenth Century Journal*, vol. 28 no. 1 (Spring 1997)
- Richetti, John, *Daniel Defoe* (Boston: Twayne Publishers, 1987)
- Roberts, Helene E., "The Exquisite Slave; the Role of Clothes in the Making of the Victorian Woman", *Signs*, vol. 2 (Spring 1977).
- Rogers, Pat, *The Text of Great Britain: Theme and Design in Defoe's Tour* (Newark: University of Delaware Press, 1998)
- Rothblatt, Sheldon, "The Diversification of Higher Education in England" in *The Transformation of Higher Learning 1860-1930* ed. Konrad H. Jarausch (Chicago: University of Chicago Press, 1983)
- Rubinstein, David, "Cycling in the 1890's", *Victorian Studies*, vol. 21 (Autumn 1977)
- Rubinstein, W. D., *Capitalism, Culture, and Decline in Britain 1750-1990* (Routledge, 1993)
- Samuel, Raphael, ed., *Patriotism: The Making and Unmaking of British National Identity vol III: National Fictions* (Routledge, 1989)
- Samuel, Raphael, *Island Stories: Unravelling Britain* (Verso, 1999)
- Sanderson, Michael, "The English Civic Universities and the 'Industrial Spirit' 1870-1914", *Historical Research*, vol. 61 no. 146 (1988)
- Schama, Simon, *A History of Britain*, vol. I (BBC Worldwide, 2002)
- Schellenberg, Betty A., "Imagining the Nation in Defoe's *A Tour Through the Whole Island of Great Britain*", *ELH* 62 (1995)

- Scott, Paul H., *Defoe in Edinburgh and Other Papers* (East Lothian, Scotland: Tuckwell Press, 1995)
- Scruton, Roger, *England: An Elegy* (Pimlico, 2001)
- Searby, Peter, *A History of The University of Cambridge*, vol. III 1750-1870 (Cambridge: Cambridge University Press, 1997)
- Semmel, Bernard, *Jamaican Blood and Victorian Conscience: The Governor Eyre Controversy* (Greenwood, 1976)
- Sinclair, *The Red and the Blue: Intelligence, Treason and the Universities* (Coronet, 1987)
- Skidelsky, Robert, *Interests and Obsessions: Historical Essays* (Macmillan, 1994)
- Soffer, Reba, "The Modern University and National Values, 1850-1930", *Historical Research*, vol. 60 no. 142 (1987)
- Solomos, John, *Race and Racism in Britain* (Mamillan, 1993)
- Spencer, Colin, *Homosexuality: A History* (Fourth Estate, 1995)
- Stafford, William, *John Stuart Mill* (Macmillan, 1998)
- Stansky, Peter, "*Nineteen Eighty-Four*: Ten Years Later" in *More Adventures with Britannia* ed., Wm. Roger Louis (University of Texas, 1998)
- Steele, Valerie, *Fashion and Eroticism* (Oxford: Oxford University Press, 1985)
- Stokes, John, *Oscar Wilde: Myths, Miracles and Imitations* (Cambridge: Cambridge University Press, 1996)
- Storry, Mike & Peter Childs eds., *British Cultural Identities* (Routledge, 2002)
- Stringer, Mabel, *Golfing Reminiscences* (Mills & Boon, 1924)
- Strong, Roy, *The Cult of Elizabeth: Elizabethan Portraiture and Pageantry* (Limlico, 1999)
- Surel, Jeannine, "John Bull" in *Patriotism: The Making and Unmaking of British National Identity vol III: National Fictions* ed. Raphael Samuel (Routledge, 1989)
- Taylor, A. J. P., "The Statesman" in *Churchill Revised: A Critical Assessment*, Taylor et al. (NY: Diall Press, 1969)
- Taylor, A. J. P. et al ed., *Churchill Revised: A Critical Assessment* (Diall Press, 1969)
- Taylor, Miles, "John Bull and the Iconography of Public Opinion in England", *Past and Present*, no. 134 (February 1992)
- Thomas, Paul, "Mixed Feelings: Raymond Williams and George Orwell", *Theory and Society*, 14/4 (July 1985)
- Tosh, John, "Gentlemanly Politeness and Manly Simplicity in Victorian England", *Royal Historical Society Transactions*, vol.12 (2002)

영국적인, 너무나 영국적인

- Tranter, Neil, *Sport, economy and society in Britain 1750-1914* (Cambridge: Cambridge University Press, 1998)
- Turner, Katherine, "Defoe's *Tour*: The Changing 'Face of Things'", *British Journal for Eighteenth-Century Studies*, vol. 24 (Autumn 2001)
- Vamplew, Wray, *Pay up and play the game: Professional Sport in Britain*, 1875-1914 (Cambridge: Cambridge University Press, 2004)
- Vicinus, Martha, *Independent Women* (Chicago: University of Chicago Press, 1985)
- Vickery, Amanda, "Golden Age to Separate Spheres?", *Historical Journal*, 36/2 (1993)
- Walker, Julia, "Posthumous Images of Elizabeth and Stuart Politics" in *The reign of Elizabeth I: Court and culture in the last decade* ed. John Guy (Cambridge: Cambridge University Press, 1995)
- Walker, Julia M. ed., *Dissing Elizabeth: Negative Representations of Gloriana* (Durham: Duke University Press, 1998)
- Ward, Paul, *Britishness since 1870* (Routledge, 2004)
- Weston, Jessie, *Popular Studies in Mythology, Romance and Folklore* (1899)
- Weight, Richard, Patriots: *National Identity in Britain 1940-2000* (Macmillan, 2002)
- White, Richard ed., *King Arthur in Legend and History* (Routledge, 1997)
- Wiener, Martin, *English Culture and the Decline of the Industrial Spirit 1850-1980* (Penguin, 1992
- Wilde, Oscar, "More Radical Ideas upon Dress Reform", *Pall Mall Gazette* [1884]
- Williams, Jack, *Cricket and England* (Frank Cass, 1999)
- Williams, Raymond, *Culture and Society 1780-1950* (Penguin, 1982)
- Withey, Lynne, *Grand Tours and Cook's Tours: A History of Leisure Travel, 1750 to 1915* (William Morrow, 1997)
- Wood, Michael, *In Search of England: Journeys into the English Past* (Berkeley: University of California Press, 1999)
- Wright, Patrick, *On Living in an Old Country: The National Past in Contemporary Britain* (Verso, 1991)
- Young, John W., "Churchill and the East-West Detente" in *Winston Churchill in the Twenty-First Century* eds. David Cannadine & Roland Quinault (Cambridge: Cambridge University Press, 2004)

· 김상수, 〈옥스브리지의 컬리지어트 시스템〉, 《영국연구》 제14호 (2005. 12.)

· 김중락, 〈케임브리지대학과 여성교육, 1870-1949〉, 《영국연구》 제14호 (2005. 12.)

· 나종일/ 송규범, 《영국의 역사》 상 · 하 (한울, 2005)

· 나카니시 테루마사, 서재봉 옮김, 《대영제국 쇠망사》 (까치, 2000)

· 마순자, 《자연, 풍경 그리고 인간: 서양 풍경화의 전통에 관한 연구》 (아카넷, 2003)

· 바알, 알프레드, 지현 옮김, 《축구의 역사》 (시공사, 2002)

· 박지향, 《영국사: 보수와 개혁의 드라마》 (까치, 1997)

· 박지향, 《제국주의: 신화와 현실》 (서울대학교 출판부, 1997)

· 박지향, 《슬픈 아일랜드: 역사와 문학 속의 아일랜드》 (새물결, 2002)

· 박형지 · 설혜심, 《제국주의와 남성성》 (아카넷, 2004)

· 설혜심, 〈영국의 인상: 튜더-스튜어트 시대 외국인 여행기 분석〉, 《서양사 연구》 제32호 (2005
년 5월)

· 설혜심, 〈튜더왕조의 국가정체성 만들기: 존 릴랜드의 답사기〉, 《서양사론》 제82호 (2004년
9월)

· 스트래치, 리튼, 이태숙 옮김, 《빅토리아시대의 명사들》 (경희대학교 출판부, 2003)

· 에이브럼즈, M. H. 외, 김재환 옮김, 《노튼 영문학 개관》 II (까치, 1995)

· 엘리아스, 노르베르트, 박미애 옮김, 《문명화과정》 II (한길사, 1999)

· 오리, 파스칼 · 시리넬리, 한택수 옮김, 《지식인의 탄생: 드레퓌스부터 현대까지》 (당대, 2005)

· 이성숙, 〈영국 여성들의 대학교육과 여성 직업〉, 《영국연구》 제14호(2005. 12.)

· 이영석, 《다시 돌아본 자본의 시대》 (소나무, 1999)

· 이영석, 《역사가가 그린 근대의 풍경》 (푸른 역사, 2003)

· 자거, 페터, 박규호 옮김, 《옥스퍼드 & 케임브리지》 (갑인공방, 2005)

· 정희라, 〈차별에서 평등으로: 종교적 불평등 폐지를 위한 19세기 영국의 개혁〉, 《영국연구》
제13호 (2005. 6.)

· 홉스봄, 에릭 외, 박지향 · 장문석 옮김, 《만들어진 전통》 (휴머니스트, 2004)

영국적인, 너무나 영국적인

찾아보기

영국적인, 너무나 영국적인

영국적인, 너무나 영국적인

영국적인, 너무나 영국적인

영국적인, 너무나 영국적인

영국적인, 너무나 영국적인